DIE SCHÖNSTEN BLUMENGÄRTEN

Penelope Hobhouse

DIE SCHÖNSTEN BLUMEN-GÄRTEN

Franckh-Kosmos

Aus dem Englischen übersetzt von Dr. Wolfgang Hensel, Bornheim-Rösberg.
Fachliche Bearbeitung: Dipl. Ing. Gisela Zinkernagel, Freising.
Titel der englischen Originalausgabe: „Flower Gardens", konzipiert, herausgegeben und gestaltet von Frances Lincoln Limited, Apollo Works, 5 Charlton Kings Road, London NW5, 2 SB, 1991, unter der ISBN 0-7112-0545-0

Umschlaggestaltung von Atelier Reichert, Stuttgart, unter Verwendung eines Farbfotos von Andrew Lawson (Umschlagfoto) und eines Fotos der Autorin von Georges Lévêque.
Das Umschlagfoto zeigt eine Iris-Rabatte im Cedar-Court in Tintinhull, im Juni 1990 fotografiert, als die Blütezeiten von *Nigella damascena* 'Miss Jekyll', *Iris* und *Allium (A. christophii)* zusammenfielen.

Mit 281 Farbfotos

Die Deutsche Bibliothek - CIP-Einheitsaufnahme

Hobhouse, Penelope:
Die schönsten Blumengärten / Penelope Hobhouse. [Aus dem Engl. übers. von Wolfgang Hensel. Fachl. Bearb.: Gisela Zinkernagel]. - Stuttgart : Franckh-Kosmos, 1992
Einheitssacht.: Flower gardens <dt.>
ISBN 3-440-06332-1
NE: Zinkernagel, Gisela [Bearb.]

Für die deutschsprachige Ausgabe:

Lektorat: Silvia Langer
Herstellung: Lilo Pabel
Printed in Hong Kong / Imprimé en Hong Kong
Satz: Kittelberger, Reutlingen
Druck: Kwong Fat, Hongkong

Inhalt

Links: Chilcombe in Dorset ist ein perfekter Blumengarten mit einer Reihe abgetrennter Garten„räume", die, durch Bögen und „grüne" Torwege verbunden, immer neue Perspektiven eröffnen. Kletterrosen und Clematis ranken sich an alten Obstbäumen empor, am Boden drängen sich die Blumen in Beeten und Rabatten.

Seite 1: In einem Blumengarten sind Blattformen, -farben und -strukturen ebenso wichtig wie die Blüten. Die stachelspitzigen Blätter von Galactites tomentosa *stehen in auffälligem Kontrast zu den spitzen Blättern der Schwertlilie; ihre Blüten jedoch (und die von* Geranium malviflorum*) sind in malvenartigem Rosa aufeinander abgestimmt.*

Seite 2: In dieser spätsommerlichen Rabatte auf Powis Castle bildet die auf einem stützenden Gerüst überreich samtig blühende Clematis × jackmanii *den Hintergrund für dicht gedrängten Blauen Eisenhut und rosafarbene Schildblume* (Chelone obliqua).

Vorwort

Wohl jedem, der beginnt, sich für Gartengestaltung zu interessieren, fallen zunächst einzelne Pflanzen auf. Ohne genauere Vorstellungen zu haben, wie sie sich in einen Garten einfügen, verlieben wir uns in ihre Schönheit und Anmut. Es sind vor allem die Blüten, die wir besonders eindrucksvoll finden: Ihre Farben –, oftmals fein abgestufte Nuancen und Schattierungen – die Struktur der Blütenblätter – dick und stabil bei Päonien, zart und zerbrechlich beim Mohn – und ihre große Vielfalt ungewöhnlicher und wunderbarer Blütenformen. Auch ich habe, bevor ich begann, Gärten zu planen und geeignete Pflanzen dafür zu suchen, zuerst nur bestimmte, besonders faszinierende Blumen angepflanzt. Bald stiegen aber meine Ansprüche, und neben den Pflanzen mit besonders eindrucksvollen Blüten, hielt ich nun auch nach solchen mit wohlgestalteten Blättern oder Formen Ausschau.

Selbst die unwiderstehlichste Blütenpflanze, ich nenne sie Leitpflanze, ist aber nur Teil eines Gesamtentwurfs. Genauso wie sie als einzelne Blume bezaubert, muß sie auch als Komponente in einem großen Ganzen wirken. Dieses Buch behandelt Blumengärten, nicht etwa nur die Einzelblume als solche. Es beginnt mit der genaueren Behandlung einzelner Blüten, geht dann über zur Berücksichtigung des Gesamteindrucks einer Pflanze und ihrer potentiellen Rolle in einem Pflanzkonzept, um schließlich den Stil ganzer Gärten zu betrachten, die im Zusammenspiel ihrer Blumenpracht wirken.

Wenn man wie ich über Blumen und ihre Verwendungsmöglichkeiten in Gärten schreibt, muß man auch den wesentlichsten praktischen Aspekt der Gartenarbeit mit einbeziehen: Nicht nur die täglichen, mit Zupacken verbundenen Arbeiten, sondern auch all jene Überlegungen zur Gestaltung, woraus die ursprüngliche Auswahl von Pflanzen und Blumen resultiert. Das Anliegen meines Buches ist es, die Blumengärten den allgemeinen stilistischen und gestalterischen Grundlagen des Gartenbaus als eigenständig gegenüberzustellen. Davon unberührt bleibt aber, daß letztere als grundlegende Bestandteile einer umfassenderen Gartenphilosophie übergeordnet bleiben.

Es macht mich sehr glücklich, in Tintinhull leben zu können, das mir immer wie ein lebendes, wachsendes Beispiel eines wirklichen Blumengartens erscheint. Es ist wie in einer in sich gekehrten, abgeschlossenen Oase, die ihre Wirkung weniger ihrer Lage, als vielmehr den Bäumen, Mauern und Hecken zu verdanken hat, die sie einrahmen und von der umgebenden Landschaft Somersets abtrennen. Der Garten von Tintinhull ist eine eigene Welt; die Blumen tragen nur zusätzlich zu seiner Schönheit bei. Irgend jemand hat ihn trefflich geplant und eingerichtet; wir pflegen ihn nur für den National Trust, doch bieten mir die einzelnen „Räume" des Gartens, jeder mit einem anderen Pflanzen- oder Farbthema, die Möglichkeit, mit allen Arten von Blumen zu experimentieren. In unserem Garten gibt es Bereiche, die in etwa auch mit den in diesem Buch beschriebenen Gartentypen übereinstimmen. Wir haben unterschiedliche Arten der Rabattenbepflanzung – darunter recht eigenwillige Farbkompositionen –, von Hekken eingerahmte Beete und daneben auch naturnahe Flächen, in denen es den Pflanzen möglich ist, jegliche vorgeplante Rolle zu durchbrechen.

Im Unterschied zu vielen anderen Kunstformen verlangt die Gartengestaltung eine gute zeitliche Planung. Pflanzen ändern sich, sie wachsen während einer Vegetationsperiode und über die Jahre hinweg. Wenn man in einem Garten lebt und das Schauspiel der Pflanzen und Blüten im Laufe der Jahreszeiten verfolgt, dann entwickelt sich ein besonderes Gefühl für die Fähigkeiten von Pflanzen, selbst wenn ihnen in eher enttäuschenden Jahren der winterliche Frost und die sommerliche Dürre zu schaffen macht. In der Tat sind solche Versuche nur Teil des Lernprozesses und weiten den Blick für die Pflege eines Blumengartens. Ich hoffe, mit diesem Buch sowohl die tiefe Freude zu vermitteln, die mir die Schönheit der Blumen erschließt, als auch die Lust, mit blühenden Pflanzen einen wirklich begeisternden Garten zu gestalten.

Der Garten von Frank Cabot liegt nahe dem St. Lorenz Strom in Canada, achtzig Meilen nördlich von Montreal. Die Vegetationsperiode ist kurz und der Winter hart, obwohl die ausdauernden Pflanzen zum Glück oft durch eine schützende Schneedecke verdeckt werden. Die beiden großen Staudenbeete am Hang unterhalb des Hauses wurden rechts und links eines achsenartigen Grasweges angelegt, der sich bis zu den hohen Pappeln erstreckt. Die Steigung wird durch flache Steinstufen gegliedert. Bäume und Sträucher schützen die Beete, trennen die Blumenbeete optisch von den übrigen Gartenanlagen und steigern damit deren Wirkung. Blumenbeete werden nicht nur durch die Blüten bestimmt; genauso wichtig sind die Farben und Formen der Blätter, von denen sich die eher flüchtigen Blüten kulissenartig abheben. Im Juli bilden die hier prächtig wachsenden Rittersporne den üppigen Hintergrund für blühende Astilben, Silberkerzen und Greiskraut – alle nicht nur wegen ihrer Blüten, sondern auch wegen ihres prächtigen Laubes ausgewählt.

Blüten im Detail

Verlockende Blütenpracht

Pflanzenzüchtung und Selektion

Aufzucht gesunder Pflanzen

Es ist ein glücklicher Zufall, daß viele der Bestäubungseinrichtungen, die von den Pflanzen für eine erfolgreiche Samenproduktion und Vermehrung entwickelt werden, auch uns Menschen ansprechen. Damit haben sich solche Pflanzen einen festen Platz unter den beliebtesten Gartenpflanzen erobert. Einige vom Wind bestäubte Blüten, wie Kätzchen oder die Ähren von Gräsern, sind von mehr unterschwelliger Schönheit. Kräftig gefärbte Samen und Beeren locken die für ihre Verbreitung wichtigen Vögel oder Insekten an, sie dienen aber gleichermaßen auch als dekorative Elemente bei jeder Gartengestaltung. Dieses Buch wird sich jedoch vor allem mit den „echten" Blumen befassen.

Die Mechanismen der Blütenpflanzen zur Anlokkung spezieller Bestäuber, meist Insekten, vermögen mit ihrem außergewöhnlichen Repertoire verführerischer Farben, Muster und Düfte auch den Gartenliebhaber zu begeistern. Manchmal sind es Form und Farbe, die eine Blüte auf überwältigende Weise bemerkenswert machen; in anderen Fällen sind die Blütenorgane selbst viel unscheinbarer, werden aber von Blättern eingerahmt, die der Pflanze als Ganzes einen gewissen dekorativen Wert verleihen.

Und ebenso wie die wachsende Kenntnis von Pflanzennamen die Begeisterung für Pflanzen noch verstärken kann, wird durch das Verständnis der botanischen Abläufe bei der Blütenbildung das Bewußtsein und die Zufriedenheit vieler Gartenliebhaber noch gesteigert. Oft ist es sehr hilfreich zu wissen, wie einige dieser Fortpflanzungsmechanismen funktionieren - sei es auch nur als Hinweis auf die Vorzüge oder Nachteile gefüllter Blüten.

Einige Gärtner wählen vielleicht Blumen bewußt wegen ihrer Anziehungskraft auf Bienen oder Schmetterlinge aus. Und manchmal wird das Interesse für Pflanzen noch mehr geweckt, wenn man erfährt, daß diese oder jene Blüte erst gegen Abend zu duften beginnt, um Nachtschmetterlinge anzulokken, oder daß es zu Farbverschiebungen nach der Befruchtung kommt. Vielleicht betrachtet auch der eine oder andere das verborgene Zentrum einer Röhrenblüte, um den markierten Weg zu finden, der eine Biene zum Ziel führt.

Wir wollen hier nur einige wenige Aspekte der Blütenform und -farbe - der Anatomie der Blüten - besprechen, ehe wir uns der allgemeineren Bedeutung dieser Blüten bei der Gestaltung eines Gartens zuwenden.

Die kuppelförmig hochgewölbten Blütenköpfe der Sterndolde setzen sich aus winzigen Einzelblüten zusammen, die umgeben von einem dekorativen Kragen aus schmalen, gegliederten Hochblättern, den bezaubernden Eindruck eines Sterns erwecken. Diese Anordnung ist typisch für die Apiaceae *oder Doldengewächse. Die zu Dolden gruppenweise zusammengefaßten kleinen Blüten bieten reichliche Mengen an Nektar und günstige Landeplattformen dar, was die Doldengewächse bei bestäubenden Insekten und räuberischen Tieren gleichermaßen beliebt macht.*

Verlockende Blütenpracht

Die meisten unserer blühenden Gartenpflanzen gehören zu den Angiospermen (Bedecktsamer), deren dekorative Blütenstruktur auf die Umgestaltung eines Sproßorgans zurückzuführen ist und zwei Funktionen dient: dem Schutz der Fortpflanzungsorgane und der Sicherung einer erfolgreichen Bestäubung.

Vom Wind bestäubte Blüten sind in der Regel klein und unscheinbar; sie produzieren weder Duft noch Nektar, und ihre Färbung ist eher nebensächlich, müssen sie doch nicht ins Blickfeld bestimmter Vögel oder Insekten gelangen. Dennoch werden einige von ihnen von den Gartenliebhabern sehr geschätzt, darunter die Kätzchen der Haselnuß, der Trichterschwertel *(Dierama)* mit schmalen, herabhängenden Glockenblüten und viele Ziergräser.

Als aktive Partner bei der Bestäubung kommen vor allem Insekten, aber auch Vögel, Schnecken und Fledermäuse in Frage. Alle diese Tiere bewegen sich und besuchen auf ihrer Suche nach Futter auch die Blüten. Durch Übertragung des Pollens von den männlichen auf die weiblichen Blütenorgane, die später Samen bilden, führen sie die Befruchtung herbei.

In der Evolution zeigen sich beeindruckende Parallelentwicklungen zwischen den verschiedenen Arten der Sinneswahrnehmung bei bestäubenden Insektenklassen und den verschiedenen Blütenanpassungen in der Form, der Farbe, dem Nektar oder Duft. Die frühesten Bestäuber waren höchstwahrscheinlich flügellose Insekten, später abgelöst von verschiedenen Formen von Käfern. Diese Insekten krabbelten in die einfachen Blüten, um dort den Pollen zu fressen. Bestimmte, höher entwickelte Blüten bildeten Nektardrüsen aus, um Fliegen anzulocken - und später die intelligenteren Bienen, Nachtfalter und Schmetterlinge. Auf dem Weg zu den Nektarvorräten streiften sie zufällig am Pollen vorbei und trugen ihn mit sich, um andere Blüten oder andere Pflanzen zu bestäuben. Blüten in Röhrenform oder mit besonders angepaßten, nektarproduzierenden Gebilden

Unten links: Die Christrose (Helleborus orientalis) *besitzt schalenförmige Blüten mit Kronblättern in cremefarbenen Tönen, die purpurrot überlaufen oder gefleckt sind. Die deutlich hervorstehenden Narben überragen die mit goldenem Blütenstaub bedeckten Staubblätter.*

Unten: Die gefüllten Blüten dieser Rittersporn-Sorte sind im Garten von nachdrücklicher Wirkung. Die auffallenden Sporne produzieren bei Wildformen Nektar für die Bestäuber, hier wurden sie jedoch in einen weiteren Ring schmückender Kronblätter umgewandelt.

(wie z. B. die auffälligen Sporne der Akelei oder des Rittersporns) bildeten sich erstmals Hand in Hand mit der Evolution von Insekten oder Vögeln mit verlängerten Saugrüsseln oder Schnäbeln heraus, die damit den Nektar erreichen konnten.

Um die Fremdbestäubung sicherzustellen, besitzen manche Arten besonders geformte Blüten oder ihre männlichen und weiblichen Fortpflanzungsorgane werden zu unterschiedlichen Zeiten reif. Manchmal dient die Blütenform dazu, den gewünschten Bestäuber anzulocken und aufzunehmen, während unerwünschte Gäste abgehalten werden. Bei manchen komplizierten Blüten, wie dem Löwenmäulchen oder dem Leinkraut, öffnet sich die Blüte erst, wenn ein genügend großes und schweres Insekt auf der Unterlippe landet. Höhere Insekten wie die Bienen gelangen entlang komplizierter visueller Signale zu den Nektarien, wobei sie sich häufig durch Verengungen der Blüte hindurchquetschen müssen. Bei dem hochspezialisierten Bestäubungsmechanismus des Salbeis gelangt das Insekt an den Nektar, indem es gegen den unteren Teil des Staubblattes drückt. Dadurch schlägt dessen Oberteil nach unten und pudert den Insektenrücken mit Pollen ein. Alle Einzelblüten in einem Blütenstand von *Lobelia cardinalis* durchlaufen zunächst die pollenproduzierende männliche Phase, ehe die weiblichen Geschlechtsorgane reifen. Daher ist es möglich, die älteren, unteren Blüten, welche die weibliche Phase erreicht haben, mit den sich öffnenden männlichen Blüten zu vergleichen.

Eine andere Anpassung ist der Duft, um Insekten mit gutem Geruchssinn über größere Entfernungen anzulocken. Zwar empfinden wir den Blütenduft häufig als außerordentlich wohlriechend, wie jedoch das Beispiel der Aronstabgewächse zeigt, deren Geruch nach verwesendem Fleisch die bestäubenden Aasfliegen anlockt, muß dies nicht zwangsläufig der Fall sein. Einigen Blüten, z. B. der Levkojen, des Tabaks und der chilenischen *Cestrum parqui,* entströmt ihr Duft erst gegen Abend, wenn die Farben in der Dämmerung verschwinden. Andere öffnen sich nach Einbruch der Dunkelheit. Die Nachtkerzen beispielsweise öffnen ihre Blüten mit dem schwindenden Tageslicht und schließen sie erst bei Anbruch der Morgendämmerung. Viele Blüten locken Nachtschmetterlinge an, die einen scharfen Geruchssinn besitzen. Aus Nordamerika beispielsweise ist eine besonders starke gegenseitige Abhängigkeit der in der Nacht duftenden *Yucca* und der Motte *Pronuba yucasella* bekannt. Die weibliche Motte bestäubt die Yuccablüte während der Eiablage; Mottenlarven und Pflanzensamen entwickeln sich dann gemeinsam.

Der Schauapparat der Blüten

Die Blütenhülle (Perianth) umhüllt und schützt die Fortpflanzungsorgane. Gewöhnlich besteht sie aus der Krone (Corolla), die oft in Kronblätter oder Petalen geteilt ist, und dem Kelch (Calyx), einer äußeren Hülle, die manchmal in Kelchblätter oder Sepalen gegliedert ist. Die Kronblätter, farbig und häufig duftend, sind üblicherweise die prächtigsten Schaueinrichtungen einer Blüte. Manchmal sind sie getrennt voneinander in einer einfachen, tellerförmigen Blüte ausgebreitet wie beim Storchschnabel oder der Malve. Bei anderen ist die Form komplizierter, sie können zu einer Röhre oder, wie bei den Schmetterlingsblütlern, zu noch stärker spezialisierten Formen verschmelzen. Die Kelchblätter können grün oder bräunlich sein; bei manchen Pflanzen, wie etwa

Die Blüten des Salbeis besitzen die deutlich hervortretenden Lippen der Lippenblütler, die blütenbesuchenden, bestäubenden Insekten eine gute Landeplattform bieten. Sobald ein Bestäuber, am Grunde der Kronröhre auf der Suche nach Nektar, den unteren Teil des Staubblatts berührt, schnappt es hebelartig nach unten und überträgt Pollen auf den Rücken des Blütenbesuchers. Bei der nächsten Blüte wird der Pollen dann wieder abgestreift. Die tiefblaue Salvia patens *aus Mexiko produziert wie die meisten amerikanischen und europäischen Salbei-Arten in vielen Gärten keimfähige Samen.*

Oben links: Die Seerose war eine der ersten Pflanzen in der Evolution, die Pollen als Lockmittel für Käfer produzierte. Bei ursprünglichen Pflanzen vermischen sich die inneren Kron- mit den Staubblättern, die äußeren verschmelzen mit den Kelchblättern. Die moderne Nymphaea tuberosa *'Richardsonii' besitzt grünschattierte, äußere Kronblätter.*

Oben rechts: Wie bei anderen Aronstabgewächsen umschließt auch hier bei der Scheinkalla ein auffälliges Hochblatt (Spatha) eine einzelne Ähre mit winzigen männlichen und weiblichen Blüten. Die gelbe Lysichiton americanus *„duftet" widerlich, während die Blüten von* L. camtschatcensis *mit ihren weißen äußeren Hochblättern einen gefälligeren Duft verströmen.*

Unten: Kaffernfuchsie (Phygelius) *und Fingerhut* (Digitalis) *gehören beide zu den Scrophulariaceae, in deren Röhrenblüten die bestäubenden Insekten hineinkriechen müssen. Die Blüten der Garten-Zuchtform von* Phygelius aequalis *'Yellow Trumpet' (unten links) haben keine ausgeprägten Male, obwohl sowohl die Elternarten als auch andere Sorten, bei zartrot oder korallenrot gefärbtem Äußerem, einen zitronengelben Schlund und mahagonifarbene Lippen besitzen, die in ihrer südafrikanischen Heimat Insekten anlocken. Die Male des Fingerhuts* Digitalis ferruginea *(unten rechts) treten deutlich hervor.*

Bei dieser Wildform des Klatschmohns (Papaver rhoeas) *umgeben wunderschön durchscheinende Kronblätter einen dekorativen Kranz aus Staubgefäßen, die ihrerseits die Narbe einrahmen. Die Staubblätter bestehen als die männlichen Fortpflanzungsorgane aus Filamenten, denen die pollenproduzierenden Antheren aufsitzen. Insekten werden vom Pollen angelockt und übertragen ihn dabei auf die Narbe. Später werden sich die grünen Mohnkapseln öffnen, um den Samen auszustreuen. Mohn-Arten lassen sich leicht hybridisieren und bilden dabei die unterschiedlichsten Farbvariationen. Sie keimen in der Regel im nächsten Frühjahr direkt am Standort aus, doch vermag der Samen in unbearbeitetem Boden jahrelang keimfähig zu bleiben.*

der *Clematis* und der Anemone, ähneln sie auch den Kronblättern und können sogar deren Funktion übernehmen.

Die Staubblätter - die männlichen Fortpflanzungsorgane, bestehend aus einem Filament, das an seiner Spitze die pollenbildenden Antheren trägt - übernehmen oft ebenfalls eine Schmuckfunktion. Bei den im Winter blühenden Sträuchern wie Hamamelis, Winterblüte *(Chimonanthus praecox)* und Fleischbeere sind die Blüten, die aus kaum mehr als einem Büschel duftender Staubblätter bestehen, weniger anfällig gegenüber Frost- und Regenschäden als die zarten Kronblätter. Bei einigen Pflanzen wurden die Staub- in Kronblätter umgewandelt, woraus gefüllte Blüten resultieren. Ihre Chancen, fruchtbare Samen zu produzieren, sind sehr gering; daher müssen sie im Garten vegetativ vermehrt werden (Gärtner werden dies mit gemischten Gefühlen betrachten, denn eine gefüllte Rugosa-Rose wird geringere Aussichten haben, im Herbst attraktive Hagebutten zu bilden als eine einfache Wildform. Andererseits blühen gefüllte Blüten um Tage länger als einfache, beginnen sie doch nicht so rasch mit dem Samenansatz). Bei anderen Blüten haben sich die weiblichen Organe zu besonders prächtigen Formen entwickelt. So entsprechen bei der Bartiris die drei herabhängenden und die drei aufrechten Blütenblätter den echten Kronblättern. Die drei inneren „Kronblätter" sind jedoch in der Tat weibliche Fruchtblätter, umgewandelt in eine abgeflachte, kronblattähnliche Form. Der gekräuselte, helmartig ausgebuchtete Bogen schützt die fertilen Narben der Innenseite.

Brakteen (Hochblätter) sind Sonderformen von Laubblättern, die an der Basis der Blütenstiele oder am Stengel eines Blütenstandes entstehen. Fast immer, wenn Brakteen kräftig gefärbt und auffallend angeordnet sind, ist zu erwarten, daß sie Gruppen kleiner, kronblattloser Blüten umhüllen. Anziehend auf die Insekten oder Vögel wirken nicht die eigentlichen, befruchtungsfähigen Blüten, sondern die sterilen Brakteen.

Die „Blüte" der Aronstabgewächse ist in Wirklichkeit ein Hochblatt (Spatha), das eine interessante Aufgabe bei der Bestäubung übernimmt. Innerhalb der etwas aufgeblähten Basis der eingerollten Spatha drängen sich die eigentlichen Blüten auf einer zentralen, stielförmigen Spadix. Die unten liegenden weiblichen Blüten werden früher reif als die oben liegenden männlichen. Die obersten männlichen Blüten sind zu borstenartigen Haaren umgewandelt: vom Nektar angelockte Fliegen, die in die Spatha hineingefallen sind, können so nicht mehr heraus. Während sie herumkriechen, bestäuben sie die weiblichen Blüten mit Pollen, den sie von einer anderen Pflanze mitgebracht haben. Schließlich verwelken die Haare, geben den Weg frei, und die Fliegen können entkommen, nicht ohne sich noch mit Pollen der nun reifen männlichen Blüten einzustäuben. Bei der nächsten Pflanze wiederholt sich dieser Vorgang.

Färbungen und Muster wie Punkte oder Linien, etwa bei der Roßkastanie, der Gauklerblume und dem Augentrost, sind bei manchen Arten so angeordnet, daß sie den nektarsuchenden Insekten einen Weg vorzeichnen. Nicht immer kann der Mensch diese Male wahrnehmen. Bienen, Wespen, Käfer und Vögel haben ein etwas abweichendes Sehvermögen. So nehmen z. B. Bienen die kurzwelligen, ultravioletten Strahlen wahr, die für uns Menschen unsichtbar sind (Staubblätter besitzen oft diese Farbmale).

Nachdem sie ihre Aufgaben bei der Anlockung eines Bestäubers erfüllt haben, beginnen Kronblätter gewöhnlich zu welken. Einige jedoch, wie die der sterilen, gefüllten Blüten bleiben von der Befruchtung unbeeinflußt. Blüten mit zarten Kronblättern sind sehr kurzlebig: Sonnenröschen und *Cistus*-Arten, Taglilien und große Seerosen blühen nur für einen Tag, die Blüten der Trichterwinde gehen mor-

gens auf und verwelken am Nachmittag. Viele Blüten öffnen sich in Anpassung an ihre Bestäuber zu bestimmten Tageszeiten: Die Wunderblume heißt in England daher auch „Vier-Uhr-Pflanze".

Unter den langlebigen Blüten gibt es einige, deren Aussehen sich während der Blühperiode drastisch verändert. Vor ihrer Öffnung sind Blütenknospen häufig gänzlich anders gefärbt als die offenen Kronblätter, und auch absterbende Blüten wechseln ihre Farbpalette. Einige Blüten verändern ihre Farben sogar nach einer erfolgreichen Befruchtung. Sobald sie keine Bestäuber mehr anlocken müssen, verblassen sie normalerweise und wirken weniger anziehend. Auch Blätter, insbesondere solche von intensiv grauer oder silberner Farbe, verblassen nach der Befruchtung der Blüten.

Die Farbe von Blüten und Blättern

Die erstaunlichen Farbabstufungen und Zeichnungen der Blütenkronblätter beruhen auf der Verteilung von Farbstoffen, die meist im Zellsaft gelöst sind, und ihrer chemischen Bindungen. Was wir als Farbton wahrnehmen, wird auch durch die molekulare Struktur der Oberflächen bestimmt. Je nachdem ob glatt und glänzend, wächsern, matt oder samten, reflektieren sie das auffallende Licht auf unterschiedliche Weise. Diese optischen Qualitäten bestimmen unsere Vorliebe für bestimmte Blumen und die Art, wie wir sie pflanzen.

Die wichtigsten Blütenfarbstoffe (Pigmente) sind wasserlösliche Anthocyane und Anthoxanthine. Anthocyane tragen zu den roten Farbtönen in Blüten und Blättern bei, sie lassen die Pelargonien scharlachrot, die Rosen rot und magentarot erscheinen und die Rittersporne malvenfarben, purpurn und blau. Anthoxanthine verursachen eine Skala von Gelbtönen, von Elfenbein bis zum tiefsten Primelgelb. Manchmal sind beide Gruppen löslicher Farbstoffe vorhanden, die Farben variieren dann zwischen Braun-, Rot- und Blautönen. Das Weiß der Kronblätter wird manchmal von Lufträumen im Blattgewebe hervorgerufen, die das Licht vollständig reflektieren und daher die Oberfläche weiß erscheinen lassen.

Nicht wasserlöslich sind die Farbstoffe der Plastiden, kleine Zelleinschlüsse entlang der Zellwände. Der wichtigste Plastidenfarbstoff ist das grüne Chlorophyll, das vor allem in Zellen des Sprosses und der Blätter vorkommt und deren grüne Farbe bestimmt. Häufig nuanciert es auch die Farbe von Kelch- und Kronblättern. Chlorophyll ist als Photosynthesepigment lebenswichtig. Zur Unterstützung der Photosynthese richten viele Pflanzen ihre Blätter waagerecht aus, damit sie maximal dem Lichteinfall ausgesetzt werden. Von unten betrachtet ordnen sich die Blätter eines Baumes daher mosaikartig an, während straff aufgerichtete niedrigere Pflanzen ihre Blätter auf starren Stielen ebenfalls horizontal ausrichten. In beiden Fällen wird eine funktionelle Notwendigkeit zum dekorativen Vorzug.

Auch in den Blattzellen sind die wasserlöslichen Farbstoffe vorhanden, wenn auch die meiste Zeit vom Grün des Chlorophylls überdeckt. In einigen Pflanzen jedoch setzen sich diese Pigmente gegen die grünen Töne durch, und die Blätter erscheinen in verschiedenen Nuancen von Bronze, Purpur, Rot

Oben links: Einige Blüten können nur durch Nachtschmetterlinge bestäubt werden. Junge Knospen der Nachtkerze springen in der Abenddämmerung auf, und die Blüten schließen sich erst wieder in der Morgendämmerung. Die Blüten und Stengel von Oenothera speciosa *sind rosa überlaufen, doch können die Nachtschmetterlinge das fahle Glänzen der Kronblattoberflächen auch im Dunkeln deutlich wahrnehmen.*

Rot getöntes Laubwerk ist nicht nur ein Zeichen des Herbstes, wenn die sinkende Temperatur den Abbau von Chlorophyll hervorruft und sich die Pigmente des Zellsaftes gelb, rot und bronze verfärben. Bei immergrünen Pflanzen wie Pieris formosa *var.* forrestii *'Jermyns' (oben Mitte) und* Photinia × fraseri *'Birmingham' (oben rechts) sind die im Frühling austreibenden jungen Blättchen deutlich rot überlaufen und durchscheinend.*

und Rosa. Bei laubabwerfenden Pflanzen bleiben diese Farben während der gesamten Vegetationsperiode erhalten, obwohl sie gegen Ende des Sommers gewöhnlich dunkler und weniger auffällig erscheinen und purpurrote Blätter dunkel und schwer wirken. Bei den immergrünen Pflanzen ist es das junge Laub, das mit attraktiven, spritzigen Farbtönen überzeugt.

Im Spätsommer wird das Chlorophyll abgebaut, die in den Plastiden verbleibenden Carotinoide lassen das Blatt gelb erscheinen. Mit zunehmender Nachtkühle bildet sich Zucker im Pflanzengewebe (bei den Blättern der Judasbäume ruft dies den Duft reifer Erdbeeren hervor, der Zuckerahorn riecht kräftig nach Ahornsirup). Der erhöhte Zuckergehalt aktiviert die färbenden Pigmente - die Anthocyane und Anthoxanthine - im Zellsaft, die Blätter färben sich rot und gold. In Gegenden mit früh einsetzenden starken Frösten verfärben sich die Blätter ebenfalls in leuchtenden Farben. Die langsame und allmähliche Temperaturabnahme, wie häufig im englischen Herbst, führt zum Verfall und Absterben der Blattstruktur, noch bevor sich Zucker ansammeln kann.

Die attraktiven und für die Gartengestaltung interessanten panaschierten oder marmorierten Blätter sind oft ein Zeichen für schlechte Gesundheit, weisen sie doch auf defekte Chloroplasten in den Blattzellen hin. Fehlen Chloroplasten in den randlichen Blattzellen, erscheint das Blatt weiß- oder gelbgerändert. Entsprechend sind bei Blättern mit grünen Rändern um zentrale weiße oder goldene Flecken bzw. Male die inneren Zellagen geschädigt.

Die im Zentrum hellen Blätter von Pflanzen wie Ilex, Pfaffenhütchen und Ölweide *(Elaeagnus)* können sich wieder zu gleichförmig grünen Blättern zurückentwickeln, während weiß- oder gelbrandige Blätter - darunter andere *Ilex*- und *Elaeagnus*-Arten, wie auch viele andere sehr dekorative Funkien und Gräser - sich meist den ganzen Sommer über nicht verändern. Bei bestimmten Liliengewächsen mit panaschierten Blättern, darunter Lilien, Salomonssiegel, Taglilien, *Phormium* und Funkien, ebenso bei Gräsern und Bambus, beruhen die cremefarbenen oder gelben Längsstreifen ebenfalls auf dem Fehlen von Chloroplasten. Botanisch betrachtet sind Pflanzen mit solchen Zeichnungen krank und gedeihen selten so üppig wie jene mit „makellos“ grünen Blättern. Stets sind sie weniger kräftig und dafür anfälliger gegenüber Trockenheit oder Krankheit. Bei einigen Formen panaschierter Blätter kann zusätzliche Düngung die Blätter ergrünen lassen.

Links: Die besonders prächtigen Lilienblüten sind mit Farbmalen für Insekten versehen. Die aus Kalifornien stammende Lilium pardalinum *besitzt attraktiv hochgebogene, gefleckte Tepalen, so bezeichnet man gleichgestaltete Einzelteile der Blütenhülle (keine Kronblätter im eigentlichen Sinn), hervorragende Narben und Staubblätter.*

Unten: Die Anziehungskraft der Zaubernuß (Hamamelis japonica) *für den Garten ist gänzlich anders. Sie blüht im Winter, ihre spinnenartigen Staubblattbüschel widerstehen Frost und Regen besser als größere, auffälligere Kronblätter. Statt mit einem auffallenden Muster scharfsichtige Bestäuber anzulocken, wirken die Blüten der Zaubernuß relativ bescheiden, obwohl einige Arten durchaus süßen Duft verströmen.*

Pflanzenzüchtung und Selektion

Unter der Vielzahl der in Gärtnereien und Garten-Centern erhältlichen Pflanzen gibt es nur wenige echte Arten, denn die meisten Gartenpflanzen wurden in besonderen Zuchtprogrammen „verbessert“. Manchmal betreffen solche Änderungen nur kürzere oder längere Blütenstiele, doch alle zielen darauf ab, die gärtnerischen Einsatzmöglichkeiten zu erweitern.

Das Hauptziel der Züchtung ist es, nützliche oder dekorative Eigenschaften stärker zu betonen, die weniger wünschenswerten jedoch zu verdrängen. Früher mußten dafür die Züchter oft jahrelang nach Keimlingen suchen, die endlich eine deutliche Verbesserung der Qualität aufwiesen. Ein heutiger Züchter wählt - zumindest in der Theorie - zwei gut geeignete Wild- oder Gartenformen (Arten oder Sorten) einer Gattung und kreuzt sie miteinander. Dabei hofft er, eine neue Rasse zu produzieren, die nur das jeweils Beste der beiden Eltern in sich vereinigt. Besonders die Entdeckung, daß die Hybriden der ersten Generation (auf Samenpäckchen als F_1-Hybriden bezeichnet) gleichförmig erbtreu sind und eine hohe Vitalität besitzen, hat den Samenhandel stark beeinflußt. Bewährte Rassen von ausdauernden oder einjährigen Gartenpflanzen lassen sich somit durch neue Kreuzungen der entsprechenden Eltern jährlich neu herstellen.

Durch die wissenschaftliche Züchtung kann manchmal das harmonische Gleichgewicht natürlicher Formen verändert werden. „Hochgezüchteten“ Pflanzen mit besonders hervorstechenden Eigenschaften, wie etwa übermäßiger Blütenbildung, fehlt die einfache Anmut ihrer elterlichen Wildformen. Je länger ich mich mit der Gartenkunst beschäftige, um so mehr bevorzuge ich die eleganten, natürlichen Proportionen der wilden Arten, obwohl ich weiß, daß ihr Erscheinungsbild eher unauffällig ist. Bei Bäumen und Sträuchern wäre eine solche Zurückhaltung sicher kein Problem, doch für den Blumengarten wäre meine Auswahl an einjährigen und ausdauernden Pflanzen doch recht beschränkt und ohne „verbesserte“ Pflanzen weniger befriedigend. Ich glaube aber, daß es durchaus interessant wäre, einmal einen Garten zu planen, der nur echte Arten enthält. Im allgemeinen jedoch verwenden wir die „tausendundeine Möglichkeiten“, mit denen uns die Züchter versorgen. Aus ihrem Angebot können wir Pflanzen für jede Art der Gartengestaltung auswählen. Für einen naturnahen Garten sind echte Arten oft genau die richtigen; für ein streng geplantes Staudenbeet brauchen wir jedoch Pflanzen mit berechenbarer Wirkung. Züchtungen mit länger andauernder Blühperiode, kürzeren Stengeln und höherer Stabilität sind dabei von großem Vorteil.

Schon vor Jahrhunderten haben die Chinesen Chrysanthemen und Päonien durch Kreuzungen hybridisiert, und die Türken steigerten die Pracht der natürlichen Tulpen ebenso ernsthaft wie irgendein holländischer Tulpenzüchter zur Zeit der „Tulpenmanie“ im siebzehnten Jahrhundert. Die englischen Perfektionisten, die sich zu Ende des siebzehnten Jahrhunderts in 'Florist's Societies' zusammenschlossen, beschäftigten sich mit nur acht Pflanzengruppen: Anemonen, Aurikeln, Edel- und Gartennelken,

Oben: Intergenerische Hybriden, Kreuzungsprodukte von Eltern, die zwei unterschiedlichen Gattungen angehören, vereinigen häufig wünschenswerte Eigenschaften beider Eltern in sich. × Heucherella tiarelloides *besitzt die wunderbar marmorierten Blätter von* Heuchera brizoides *und die Blühfreudigkeit von* Tiarella cordifolia, *jedoch mit mattrosa Büten an Stelle der cremefarbenen Glocken der Schaumblüte.*

Rechts: Als sich die Wohlriechende Wicke (Lathyrus odoratus), *die Samen wurden 1699 aus Sizilien eingeführt, zum ersten Mal in unseren Gärten entfaltete, trugen zierlich aufrechte Stengel süß duftende, purpurrote und weiße Blüten. Mitte des neunzehnten Jahrhunderts kannte man als Produkte einer natürlichen Auslese bereits einige andersgefärbte Rassen. Seither hat man durch immer intensivere Kreuzung ständig größere Blüten erzeugt, wie die Spencer-Platterbse, entstanden im Jahr 1900. Leider duften die höher gezüchteten Formen kaum noch. Heute beginnen die Züchter neben der Zucht reiner Farben, sich auch der alten duftenden Varietäten zu erinnern.*

Hyazinthen, Polyantha-Rosen, Hahnenfußgewächsen und Tulpen. Die schon damals aus der Neuen Welt und Südafrika eingeführten neuen Blütenpflanzen ignorierten sie fast völlig. Da man noch keine Vorstellung von den Fortpflanzungsmechanismen der Pflanzen hatte (Linné veröffentlichte erst gegen Mitte des achtzehnten Jahrhunderts), wählte ein Pflanzenliebhaber schöne oder ungewöhnliche Keimlinge aus einer größeren Probe aus. Er vermehrte sie dann vegetativ und erhielt mit viel Glück vielleicht auch wirklich einige schöne Hybriden. Thomas Fairchild (Autor des 1722 erschienenen Buches 'The City Gardener') kreuzte eine Nelke mit einer Bartnelke zu der ersten wissenschaftlich erzeugten Hybride, der *Dianthus caryophyllus* × *barbatus,* auch bekannt als *Dianthus* 'Fairchild's Mule'. Erste kommerzielle Hybriden wurden jedoch erst verfügbar, nachdem die Mechanismen der Vererbung besser verstanden waren.

Vor weniger als zweihundert Jahren entstand auf der Insel Réunion aus einer Zufallskreuzung chinesischer mit Damaszener-Rosen die wiederholt blühende Bourbon-Rose, die Eigenschaften beider Eltern in sich vereinigte. Seither entwickelte sich die Rosenzucht zur hohen Kunst. Spencer-Platterbsen mit flachen statt gewellten oberen Kronblättern, Russel-Lupinen mit dichteren Blütenähren als die ursprüngliche kalifornische *Lupinus douglasii,* Shirley-Mohn und Excelsior-Rassen des Fingerhuts mit besseren, dichteren Blütenähren als *Digitalis purpurea,* alle nahmen ihren Anfang in spontan entstandenen Keimlingen.

Die wissenschaftliche Aufklärung der geschlechtlichen (generativen) Fortpflanzung der Pflanzen, unter Berücksichtigung des genetischen Materials in den Chromosomen, hat es den Genetikern ermög-

Oben: Die Rose 'Charles de Mills' hat schalenförmig gefüllte, karmesinrote Blüten, zusammengesetzt aus tief eingefalteten, samtigen Kronblättern. Das Erbe von Rosa gallica *besteht in Form des Duftes und einer einmaligen Blühperiode im Sommer fort. Die* Rosa gallica *gehört zu den Ahnen all unserer Rosenhybriden für den Garten.*

Links: In ihrer Heimat Peru blüht die Kapuzinerkresse (Tropaeolum majus) *auch bei Trockenheit. In nährstoffreicher, feuchter Gartenerde bildet die Pflanze mehr Blätter als Blüten aus. Durch Rückschnitt der Blätter und spärliches Gießen vermag der Gärtner sie manchmal zur Bildung neuer Blütenknospen zu veranlassen.*

licht, Voraussagen zu treffen und Zuchtlinien auf bestimmte Eigenschaften hin zu kontrollieren. Kreuzungen zwischen verschiedenen Familien - in der Natur äußerst selten - sind nunmehr möglich, Artenkreuzungen innerhalb derselben Gattung gehören beinahe zur Tagesordnung. Verwendet werden diese neuen Fertigkeiten, um die Blühperiode zu verlängern, Zwergformen bekannter und beliebter Formen zu züchten und schließlich die Palette möglicher Farben zu erweitern.

Durch Anzucht unter künstlichen Kulturbedingungen können Pflanzen und ihre Blüten verändert werden. Die Unbilden der Natur können in einem Garten abgemildert werden. Unsere Kulturpflanzen besetzen künstliche Lebensräume, in denen sie zu Dürrezeiten gewässert, gegen Kälte und Hitze geschützt, vor Schädlingen und Krankheiten bewahrt und in denen die konkurrierenden Unkräuter ausgerottet werden. Man hat oft beobachtet, wie Pflanzen unter diesen „gemäßigten" Bedingungen größer und besser - manchmal sogar zu üppig - wuchsen. In der Tat werden einheimische Pflanzen in naturnahen Gärten oft zu groß oder zu holzig für den normalen Gebrauch, während fremde Einwanderer in neuer Gartenumgebung größere Blüten und Blätter als an ihrem ursprünglichen Standort ausbilden. In einen Garten verpflanzte „Wild"blumen entwickeln sich dort unter Umständen weit prächtiger, als dies in ihrer natürlichen Umgebung unter Konkurrenzdruck möglich wäre; gibt man ihnen noch Dünger und Raum, wachsen sie sogar noch besser. Ein gutes Beispiel ist die Burnet-Rose, die entlang schottischer Küsten nur wenige Zentimeter hoch wird, in gutem Boden jedoch leicht Kopfhöhe erreicht.

Aufzucht gesunder Pflanzen

Pflanzen zur Blüte zu bringen ist nicht dasselbe wie sie gesund wachsen und aussehen zu lassen. Ihr bestes Aussehen erreichen Blütenpflanzen nur, wenn man sich um sie kümmert, sie an geeignete Standorte pflanzt und ihnen die besten Wachstumsbedingungen bietet. Die Fähigkeiten eines Gärtners zeigen sich nicht zuletzt darin, daß er den Ansprüchen der Pflanzen an Licht, Wasser und Boden gerecht wird und zu jeder Jahreszeit ein optimales Verhältnis an Nährstoffen anbietet. Nur so zeigen die Pflanzen ein kräftiges Wachstum und bestechen durch einen üppigen Blütenflor. Zu den Hauptnährstoffen gehören

Russell-Lupinen, von der kalifornischen Lupinus polyphyllus *abstammend, wurden wegen ihrer dichteren Blütenähren und berechenbarer Farben für den Garten gezüchtet. Solche nach ästhetischen Gesichtspunkten, aber auch des höheren Ertrags wegen ausgewählte Züchtungen beruhen mehr und mehr auf dem Einsatz wissenschaftlicher Methoden und weniger auf der selektiven Auswahl von Keimlingen.*

Stickstoff (N), Phosphor (P) und Kalium (K), lebensnotwendig sind auch Magnesium (Mg), Calcium (Ca) und Schwefel (S). Daneben gibt es sechs Mineralien von etwas geringerer Bedeutung (Eisen, Mangan, Bor, Kupfer, Zink, Molybdän) und eine Reihe von Spurenelementen. Durch Verwertung des aus dem Garten stammenden organischen Materials - Kompost aus abgefallenem Laub, Blüten, Stengeln und Rasenschnitt, der meist in Form einer Mulchschicht aufgebracht wird -, aber auch in Form löslicher mineralischer Dünger werden diese Nährstoffe dem Boden zugeführt. Der Boden muß die Mineralsalze so lange speichern können, bis die Pflanze sie aufnimmt, wobei jeder einzelnen Pflanze genau diejenigen Stoffe zur Verfügung stehen müssen, deren sie bedarf.

Mit einer pH-Skala läßt sich der Basen- oder Säuregehalt des Gartenbodens bestimmen. Die zu den Heidekrautgewächsen gehörenden Rhododendren, Erika-Arten und Kamelien gedeihen wie viele andere Pflanzen (oft aus den sauren Waldgebieten Amerikas oder Japans stammend) auf basischen Böden nicht besonders gut. Der Grund ist ihre fehlende Kalktoleranz, so daß diese kalkmeidenden Pflanzen lebensnotwendige Elemente wie Eisen und Mangan nicht mehr aufnehmen können. Päonien und *Clematis* ziehen andererseits einen basischen Boden vor. Grundsätzlich sollte man die durch den vorhandenen pH-Wert des Gartenbodens vorgegebenen Grenzen auch akzeptieren, obwohl es durchaus möglich ist, durch Zugabe von Kalk einen niedrigen pH-Wert anzuheben.

Unter optimalen Bedingungen geben die Pflanzen ihr Bestes, ihre wohlausgebildeten Blüten heben sich dann gegen einen erfrischenden Hintergrund grünen Blattwerks ab. Wird der Boden regelmäßig mit humusbildendem organischem Kompost gemulcht, so gedeihen die meisten Pflanzen prächtig. Ein ausgewogener mineralischer Volldünger (zur gleichzeitigen Erhöhung des Stickstoff-, Phosphor- und Kaliumgehaltes) gleicht Mangelerscheinungen aus und fördert das Wachstum im Frühling. Zu viel Stickstoff kann jedoch das Gegenteil bewirken. Vor allem Pflanzen mit weichen Sprossen, die innerhalb einer Vegetationsperiode stark wachsen, stecken dann leicht alle Energie in die Sproß- und Blattbildung und weniger in die Blütenentwicklung. Ihre Stengel können sich neigen und werden anfällig gegenüber Pilzbefall. Für die kräftigen einjährigen und sommerblütigen ausdauernden Pflanzen sind ausreichende Phosphatgaben von besonderer Bedeutung. Kalium trägt bei Sträuchern dazu bei, das Holz erstarken zu lassen, ihre Blütenknospen für das nächste Jahr zu bilden und die Farbwirkung der Blumen zu unterstreichen.

Andere Pflanzen, vor allem solche mit silbrigen Blättern als Schutz gegen die Sonnenhitze, gedeihen am besten in gut wasserdurchlässigen, steinigen Böden, die denen ihrer natürlichen Lebensräume entsprechen. Oftmals blühen sie erst, wenn sich das Laub verfärbt und dessen Verfall beginnt. In der Tat blühen einige Pflanzen am besten unter Streß; droht ihnen der Tod durch Trockenheit oder Krankheit, beeilen sie sich mit der Produktion von Blüten und Samen, um das Überleben zu sichern. Das ringförmige Abstechen der Wurzeln kann beispielsweise unter extremen Umständen einen Baum dazu bringen, doch noch Blüten zu treiben.

In heißen Regionen oder in ungewöhnlich heißen, trockenen Sommern setzt die Blüte der Stauden früher ein und dauert viel kürzer. Gut gemulchter und wasserspeichernder Boden kann das Ausbleiben von Regen besser ausgleichen. In den amerikanischen Südstaaten reduzieren heiße Tage und Nächte und die hohe Luftfeuchtigkeit die Dauer der Blühperiode beträchtlich. Weiter nördlich in Neuengland oder an der amerikanischen Westküste sind die Sommer heißer als im englischen Durchschnitt, daher ist die Blühperiode verkürzt. Andererseits blühen sonnenliebende Pflanzen (besonders südafrikanische *Phygelius, Apaganthus* und *Nerine*) am besten und längsten während heißer Sommer oder in heißen Ländern. Selbst auf den Britischen Inseln gibt es deutliche Unterschiede zwischen dem Erscheinungsbild sonnenliebender Pflanzen in East Anglia und in den Gebieten der feuchteren Westküste.

Daher muß der Gartenliebhaber bemüht sein, sowohl geeignete Bedingungen und den richtigen Boden für die einzelne Pflanze zu schaffen, als auch angemessene Pflanzengesellschaften zu vereinen. Es wäre mehr als sinnlos, feuchteliebende Pflanzen direkt neben solchen zu plazieren, die einen durchlässigen Boden benötigen, oder aber säure- mit basenliebenden Pflanzen zu kombinieren und so weiter. Die Kunst des Gartenbaus erschöpft sich nicht nur in der Gestaltung mit Formen und Farben; in einer erfolgreichen Komposition sollten Pflanzen gut aussehen und miteinander auskommen, weil sie die gleichen Standortansprüche haben. Gewisse Merkmale einer Gartengestaltung beruhen auf dem gesunden Menschenverstand, werden aber dennoch von dem Blumen-Gärtner leicht übersehen, der zunächst eher an Farb- und Blattkompositionen als an Grundlagen denkt. Im fruchtbaren Boden, den Rosen benötigen, gedeihen Lavendelsträucher eben nicht gut; die meisten Formen der Schwertlilie mögen keinen nährstoffreichen Boden und kümmern in gut gemulchten Rabatten. Weiterhin sollte ein Gärtner berücksichtigen, daß das Laub silbriger und grauer Pflanzen in gutem Boden rasch grün wird. Schwächere Verholzung und größere Anfälligkeit gegenüber winterlicher Kälte sind gleichermaßen Folgeerscheinungen.

Für eine erfolgreiche Aufzucht von Pflanzen ist oftmals das Entfernen abgeblühter Blüten oder das Beschneiden der einzelnen Pflanzen notwendig - selbstverständlich auch entsprechend ihrer Verwendung im Gartenkonzept. Auf die Blüten folgen manchmal hübsche Früchte oder Beeren, die eine

Links: Zerreibt man die Blätter von Iris foetidissima, *so nimmt man einen aromatischen Duft wahr - daher der englische Name „roast beef plant". Gut im Schatten laubabwerfender Bäume oder Sträucher gedeihend, sind die sommerlichen Blüten eher unscheinbar. Ihre Stunde schlägt im Herbst und Winter, wenn sich ihre prachtvollen orangeroten Samenkapseln entfalten.*

Oben rechts: Das einjährige Gras Pennisetum villosum *besitzt wenig auffällige Blätter. Sein Wert liegt vielmehr in den locker geneigten Stengeln, die lange, weißflockige Blütenstände tragen, bald gefolgt von bronzefarbenen Samen. Gräser mit anmutiger Wuchsform, mit Stengeln, die sich im leichten Wind neigen, kontrastieren gut mit der mehr steif aufrechten Gestalt vieler ausdauernder Pflanzen. Viele Ziergräser sehen am schönsten im Herbst aus, wenn die übrigen krautigen Pflanzen ihren Glanz bereits verloren haben.*

Unten rechts: Einige Pflanzen wie dieses gelbblühende Geum montanum *sind sowohl im Blüten- wie Samenschmuck attraktiv. Die wunderschönen büscheligen, rosa- und isabellfarben überhauchten Sammelfrüchte dieser Nelkenwurz verleihen ihr einen Wert, der die Saison überdauert. Viele Blumen und Gräser sind im Samenstadium gleichermaßen dekorativ, doch einige Pflanzen werden geschwächt, wenn man sie regelmäßig Samen ansetzen läßt.*

Pflanze attraktiv erscheinen lassen, daher pflegt man sie für ihre Prachtentfaltung während der späteren Jahreszeiten. Die fedrigen Blütenstände der Gräser wirken in ihrer isabellfarben verblühten Pracht ebenso wie während ihres Aufblühens im Sommer. In Nordamerika ist der Herbst nur kurz, daher wird die Alterung der Gräser und vieler anderer Blätter verzögert, so daß sich wundervolle Farbeffekte bis in die Weihnachtszeit hinein erhalten. In Großbritannien dagegen folgt das feuchte Herbstwetter auf gewöhnlich nässere, kühlere Sommer; daher ist das Herbstschauspiel deutlich eingeschränkt.

Durch das Entfernen von Verblühtem werden Pflanzen zur neuen Blüte angeregt, und die verbleibenden Blütenblätter intensivieren ihre Farbwirkung. Viele Stauden und die meisten einjährigen Pflanzen blühen den ganzen Sommer lang, sofern die verwelkten Blüten regelmäßig entfernt werden. An unauffälligen Stellen kann man einige Blüten bis zur Samenreife gelangen lassen, so daß neuer Samen für Anzuchten zur Verfügung steht.

Einige Sträucher (insbesondere die wiederholt blühenden Strauchrosen) reagieren auch auf das Entfernen der Blüten, doch in der Regel sollte sich der sommerliche Rückschnitt auf das Entfernen der Blütensprosse beschränken, damit das junge Holz nachwachsen und im nächsten Jahr Blüten treiben kann. Andere Holzpflanzen - in der Regel solche, die spät im Jahr blühen - werden schon im Winter zurückgeschnitten, um das Wachstum neuen, blütentreibenden Holzes anzuregen.

Jeder Gartenliebhaber muß selbst entscheiden, welches Erscheinungsbild er für seinen Garten bevorzugt und wie er die Besonderheiten eines Standortes am besten betont. In einigen Fällen, wie etwa bei blühenden Hecken, wird man zugunsten eines dekorativen Schnittes auf den späteren Blüte- oder Fruchtansatz verzichten müssen. Sträucher lassen sich zu geometrischen Formen stutzen oder man erlaubt ihnen, natürlicher zu wachsen. Auch manche Kletterpflanzen vertragen ein Beschneiden genausogut wie das unbeschränkte freie Wachstum: Für ein formelles Staudenbeet sind säulenförmig gezogene Glyzinen eine echte Bereicherung. Nicht nur die richtige Auswahl von Zierpflanzen aus einem breiten Spektrum erhältlicher Formen stellt eine Herausforderung für den Gartenliebhaber dar, sondern gerade auch seine gärtnerischen Fähigkeiten, die sich in der Anzucht gesunder, sich harmonisch in ein Gartenbild einfügender Pflanzen äußern.

Die ganze Pflanzenpalette

Leitpflanzen

Begleitpflanzen

Flächendeckende Pflanzen

Pflanzen für die Gartenkulisse

Die Farben im Blumengarten

Wie ein Maler sich der Farben bedient, so wird sich ein Gartengestalter die unterschiedlichen Eigenschaften von Pflanzen zunutze machen, um seinen Garten zu komponieren. So entstehen individuelle Entwürfe, die manchmal vielleicht an bestimmte Stile oder Lehren erinnern, in ihrer Gesamtheit aber einzigartig sind.

Pflanzen, besonders Blumen, sind veränderliche Gestaltungselemente. Farben und Formen von Blüte und Blatt sind selbst über kurze Zeiträume nicht gleichbleibend. Als Teile eines Gartenbildes müssen die meisten Blumen zusammen mit dem Grün im Hintergrund und weniger als isolierte Farbflecke betrachtet werden. Während einer Vegetationsperiode sollte das Verhalten einer Pflanze als Ganzes in Betracht gezogen werden: Durch die Blüte kann sich die Farbbalance einer Fläche drastisch verändern, doch auch vor und nach der Blütezeit wird der Anblick vom Erscheinungsbild der Pflanze bestimmt. Manche Pflanzen verändern sich nur zögerlich, sie verblassen nach der Blüte mit Grazie oder rufen neues Interesse durch Farbveränderungen oder Samen hervor. Andere verschwinden schneller oder - vielleicht noch schlimmer - verlieren ihre Farbe, verkümmern und werden unansehnlich. Auch Größe und Form einer Pflanze sind Veränderungen unterworfen: selbst die sehr langsam wachsenden Vertreter werden nach und nach fülliger, während einige der schnellwachsenden Einjährigen und Knollengewächse täglich meßbare Fortschritte machen. Pflanzenkenntnis ist bei der Gestaltung eines erfolgreichen Gartenbildes durch nichts zu ersetzen. Jeder Aspekt des pflanzlichen Erscheinungsbildes trägt das seine zur augenblicklichen Wirkung einer Anlage bei. Wie ein guter Dirigent muß der Gartenkünstler den Beitrag der Stauden, der ein- und zweijährigen Pflanzen, der Knollen und Zwiebeln, der Sträucher und Kletterpflanzen zum Gesamtkonzept durch gezielte Kulturmaßnahmen und richtige Pflege bestimmen.

Pflanzen können nach ihrer Farbe oder nach ihrer Blütezeit eingeteilt werden, so daß jede eine maßgeschneiderte Rolle im „Gartenschauspiel" übernimmt. Sie können die Rolle der Leitpflanzen spielen, die Rolle der Begleitpflanzen oder der flächendeckenden Pflanzen einnehmen oder auch einfach als Kulisse dienen. Es ist unvermeidlich, daß viele Pflanzen nicht auf eine einzige Rolle festzulegen sind: sie können in vielerlei Verkleidung daherkommen - je nachdem wie sie gruppiert und präsentiert werden, und welches Konzept hinter der Gartenanlage steckt.

Damit das Entzücken während der gesamten Vegetationsperiode erhalten bleibt, muß ein Gartenkünstler sein Gartenbild ebenso fein abgestimmt komponieren wie ein Maler sein Gemälde - mit Blüten und Blättern als Hilfsmittel. In diesem holländischen Garten heben sich miteinander blühende Katzenminze, rosafarbene Salvia viridis, *Berufkraut und Astilben vor einem Hintergrund einjähriger Schmuckkörbchen, Sonnenwende und Spinnenpflanze sowie der ausdauernden* Campanula lactiflora *'Loddon Anna', purpurroten Wasserdosts und* Lysimachia clethroides *voneinander ab.*

Leitpflanzen

Zu den Eigenschaften, mit denen sich Leitpflanzen von ihren Nachbarn abheben, gehören sowohl herausragende Größe, auffallende Farben als auch besondere Wuchsformen. Solche Akzente setzende Pflanzen bleiben dominierend, gleichgültig ob sie isoliert oder in einer anmutigen Gruppe stehen. Ihr Einsatz im Gartenkonzept empfiehlt sich für jede Art von Garten, wird damit doch die Struktur eines eher formellen Entwurfs besonders betont. Auch in naturnah angelegten Beeten dienen sie als Blickfang und unterstreichen die scheinbar zwanglose Komposition, indem sie der Fläche Tiefe und Deutlichkeit verleihen. Auch ungewöhnliche Pflanzen, die wegen ihrer Seltenheit die Aufmerksamkeit anziehen, können als Leitpflanzen gelten. Pflanzenliebhaber werden auf dem Spaziergang durch einen Garten von solchen Exemplaren regelrecht zum Anhalten gezwungen. Von überzeugten Anhängern einer reinen Gartenlehre manchmal als Sammelstücke verschmäht, sorgen sie für die notwendige Würze und liefern Gesprächsstoff. Viele ungewöhnliche Pflanzen heben sich aber weniger durch prunkvolles Auftreten als vielmehr durch ein besonders graziles Äußeres von den alltäglichen Pflanzenformen ab. Die Kunst des Pflanzen- und Gartenliebhabers besteht darin, das Licht dieser zarten Vertreter zum Leuchten zu bringen, ohne daß sich ihre kecken Nachbarn allzusehr in den Vordergrund drängen.

Solch wohlüberlegte Präsentation ist in der Tat das Geheimnis für jeden erfolgreichen Einsatz von Leitpflanzen. Verwendet man zu viele dieser auffallenden Pflanzen, wird das Gartenbild schnell zu einem geschwätzigen Durcheinander. Damit ein Höhepunkt auch wirklich zu einem solchen wird, müssen sich die benachbarten Pflanzen auf der Szene angemessen unterordnen. Ein gutes Beispiel liefern Kübelpflanzen, die oft als Mittelpunkte eingesetzt

Die kugeligen Blütenstände von Allium giganteum *überragen in diesem küstennahen Garten ein Meer dichten Lavendels und bilden damit den dramatischen Blickfang in einer Komposition, der Substanz durch die eleganten rauschenden Gräser verliehen wird. Dieser im Frühsommer blühende Lauch vermittelt zwischen den im Frühling blühenden Zwiebelblumen und den Stauden. Andere Arten können ihre Blütezeit bis in den Sommer hinein verlängern.*

werden. Ihre wohlgestalteten Blüten sind die Stars vor einem kontrastierenden Hintergrund aus Laubwerk. Je extremer der Kontrast aufgebaut wird, desto dramatischer wirkt der Höhepunkt.

Die Wirkung von Leitpflanzen hängt auch vom Standort und der Präsentation ab: Vor der Kulisse einer Eibenhecke stellt ein kleiner, mit Tulpen bepflanzter Topf durchaus einen Blickfang dar. Pflanzt man sie jedoch in ein größeres Beet, bilden dieselben Tulpen nun den Hintergrundteppich, vor dem eine betont geometrisch in Form geschnittene Eibe als Höhepunkt fungiert.

Knollen- und Zwiebelgewächse im Mittelpunkt

Knollen- und Zwiebelpflanzen sind gute Beispiele für die „jahreszeitenübergreifende Wirkung" von Wuchsformen und Blüten, da viele über klare Linien und deutliche Formen verfügen, die sich in einer gemischten Gruppe gut „lesen" lassen. Im Frühling erheben sich die Kaiserkronen mit ihren Gruppen roter, orangefarbener oder gelber glockenförmiger Blüten auf würdevollen, beblätterten Stengeln über die Triebe der dicht belaubten, austreibenden Stauden. Für manchen Pflanzenkenner dürfte die graublättrige *Fritillaria persica* 'Adiyaman' mit ihren dunkelpflaumenfarbigen, herabhängenden Glocken allerdings die raffiniertere Alternative darstellen.

Im Frühsommer erregen höher wachsende *Allium*-Arten mit ihren vielblütigen, runden Blütenständen unsere Aufmerksamkeit. Empfehlenswert sind *Allium christophii* mit hellen, amethystfarbenen Blüten und grasartigen Blättern, die nach der Blüte zierlich absterben, oder *Allium* (syn. *siculum) bulgaricum* mit hängenden, grünlichweißen Blütenständen auf hohen, geschmeidigen Stengeln. Zwischen niedrigwüchsigen, krautigen Pflanzen - selbst zwischen den kompakten Blättern und kunstvollen Blüten der Schwertlilien - steigern die wohlgestalteten Blütenstände der *Allium*-Arten die Wirkung jedes Blumenbeetes.

Während der Blütezeit werden einige Lilien aufgrund ihrer bloßen Größe zu Leitpflanzen. Steppenkerzen wirken kostbar und würdevoll: *Eremurus robustus* mit sternförmigen, lilienähnlichen rosa Blüten auf überaus hohen Stengeln ist die auffälligste Erscheinung in Sommerrabatten. Die Riesenlilie *Cardiocrinum giganteum* - sie braucht bis zur Blühreife mehrere Jahre - ist in waldiger Umgebung krönender Mittelpunkt.

Unvergleichlich prachtvoll sehen Lilien im engeren Sinne (*Lilium*-Arten) in später im Jahr blühenden Beeten aus. Eine einzelne, einstengelige Lilie setzt ein dekoratives Zeichen, und Gruppen machen sich gut in Staudenbeeten, da ihre scharf umrissenen Blütenköpfe benachbarte, eher verwischte Strukturen deutlich betonen.

Auch in naturnah wirkenden Pflanzungen ist diese Eigenschaft von Wert. Gruppen von Goldbandlilien mit ihren golden strahlenden Blüten sind zum Ende der Gartensaison in einem waldigen Garten von aufsehenerregender Intensität, ebenso wie prächtige Tuffs aus orangefarbenen Blüten von *L. lancifolium* zur hochsommerlichen Färbung offener Rabatten beitragen.

Zur Bepflanzung dekorativer Blumentöpfe sind Lilien geradezu prädestiniert. Wir flankieren die Westtür unseres Hauses in Tintinhull mit in Steintöpfen gepflanzten Königslilien *(Lilium regale)*. So betonen sie nicht nur unseren Eingang, sie erfüllen auch noch den Garten mit köstlichem Duft und leuchten gespenstisch weiß in der Dämmerung. Die Rolle von Pflanzgefäßen bei der Gestaltung kann deshalb nicht hoch genug bewertet werden.

Beherrschende Bestandteile dieses Sumpfbeetes in einer feuchten Zone von Frau Goossenaerts Garten in Holland sind zwei Leitpflanzen. Die japanische Iris laevigata *posiert vor einer Gruppe des Schildblatts* (Darmera peltata) *mit seinen großen, etwa herzförmigen Blättern. Viele feuchteliebende Pflanzen besitzen wohlgeformtes Laub, das sie als Blickfang wichtig macht.* Darmera *hat darüber hinaus noch attraktive rosa Blüten, die sich im Frühling öffnen. Eine imposante Erscheinung ist die sonnenliebende* Iris *mit violettblauen samtigen Blüten, die sich in humusreichem Boden wohlfühlt; eine Pflanze, die in einem Gartenkonzept der wichtigste Blickfang sein kann.*

Dichte Gruppen von Salvia officinalis *setzen mit ihren blaupurpurnen Blüten deutliche Akzente gegenüber der eher zierlichen* Knautia macedonia *und der im Hintergrund erkennbaren Schafgarbe. Betontes Pflanzen in wiederkehrender Reihenfolge läßt einen Entwurf geschlossener erscheinen.*

Grüne Architektur

Einige Leitpflanzen tragen mit ihrem hübschen Laub und ihren faszinierenden Blüten ganzjährig zur Gartenausstattung bei, daher sind sie auch außerhalb der eigentlichen Blühperiode Hauptdarsteller. Zu den immergrünen Stauden, die in jeder Jahreszeit hübsch aussehen, gehören zwei der strauchigen Wolfsmilch-Arten, *Euphorbia characias* (empfindliche Pflanze) und *E. c. ssp. wulfenii*. In ihrem Frühlingsgarten zog Gertrude Jekyll die beiden zwischen Gruppen kleiner Zwiebelpflanzen und den sich öffnenden, gefalteten Blättern des Germers an, um ein architektonisches Zeichen zu setzen. Solche von G. Jekyll propagierten „ineinandergreifende Pflanzenflächen“ tragen wesentlich dazu bei, einer Komposition Natürlichkeit zu verleihen. Sie setzte die Pflanzen nicht in streng geometrischer Anordnung, sondern in geschwungenen, fließenden Bändern oder Gruppen. Im Frühsommer wird die brillante rotblühende *E. griffithii* 'Fireglow' zu einem farbenprächtigen Blickpunkt. Bereits eine einzige Pflanze vergrößert sich rasch und erhellt mit dichten Wolken pulsierender Blütenköpfe den lichten Schatten unter laubabwerfenden Bäumen und Sträuchern.

Helleborus-Arten mit ihrer eleganten Belaubung und den prächtig weißen, creme- oder malvenfarbenen und purpur-gefleckten Blütenblättern können einzeln oder in Gruppen gepflanzt werden. *Helleborus niger* (Christrose), *H. orientalis* und andere Arten oder Hybriden mit grünen und cremefarbenen Blütenschalen dehnen die *Helleborus*-Saison über den gesamten Frühling hinweg aus. *H. foetidus* mit tief geteilten dunklen, immergrünen Blättern kontrastiert hervorragend zu benachbarten glänzenden Bergenien und gemaserten Funkien; jede der glockenförmigen, grünen Blüten ist kastanienbraun gerändert, und die Pflanze wächst zu schönen individuellen Gruppen aus.

Unter den Salomonssiegeln gibt es viele Formen mit interessant panaschierten, dekorativen Blättern, doch keines verdient mehr unsere Bewunderung als das nostalgische *Polygonatum odoratum* der Bauerngärten mit nickenden, grünweißen Glöckchen auf hohen, überhängenden Blütenstielen.

Wertvolle Architekturpflanzen sind auch Schwertlilien mit schwertförmigen Blättern, die gut zu weicheren Linien und runderen Formen kontrastieren, und deren raffiniert gefärbte Blüten für eine kurze Zeit wunderbar aufblühen. Beidseitig eines Weges oder in Gruppen zu drei oder mehr eignen sie sich hervorragend, um einem mehrjährigen Staudenbeet Struktur zu verleihen. Früher verwendete man Bartiris flächendeckend in besonders zugeschnittenen Beeten, doch solche Anlagen beanspruchen heute zu viel Platz und sind zu arbeitsaufwendig, daher bezähmt man sie mit geeigneten Gefährten, die das Auge von den verwelkenden Irisblättern ablenken.

Die Bartiris gedeiht gut in wasserdurchlässigem Boden und voller Sonne, doch andere gärtnerisch wertvolle *Iris*-Arten, so *I. sibirica* und die Sumpf-

Schwertlilie *(I. pseudacorus),* brauchen oder tolerieren zumindest während der Vegetationsperiode Feuchtigkeit im Bereich ihrer Rhizome und ertragen ein gewisses Maß an Schatten. Die Blätter von *I. p.* 'Variegata' sind zu Beginn der Vegetationsperiode ein wahrer Blickfang, wenn sich auch ihre Blätter später einfach grün verfärben. Das Blühmaximum erreichen die meisten *Iris*-Arten zwar erst im Frühsommer, ihre Blätter spielen jedoch bereits viel früher eine dekorative Rolle.

Mit Pflanzen Akzente setzen

Pflanzen, deren Silhouetten sich aus der Masse der Pflanzen abheben, können zum wertvollen Angelpunkt einer jeden Gartenanlage werden und deren strenge Formgebung noch betonen. Durch den wiederholten Einsatz solcher Pflanzen entstehen nützliche Rhythmen - vielleicht der unwiderstehliche Eindruck einer Allee, oder einfach nur eine feste Grundlinie zur Straffung einer ansonsten aufgelockerten Mischung von Rabattenpflanzen. Mit ihren dramatisch akzentuierenden Formen werden Fackellilien und Yuccapalmen zu prägenden Pflanzen für vollsonnige Standorte. Fackellilien sind eher für kleinere Gärten geeignet, ihre Büschel riemenartiger Blätter dienen als Kulisse für zitronengelbe bis intensiv rotgefärbte Blütenstände. Yuccapalmen eignen sich eher als Solitärpflanzen für einen größeren Rasenplatz, sie sind ideale Eckpflanzen, um das Ende einer Rabatte einzurahmen oder um einen Torweg zu flankieren.

Einen wichtigen Platz in jedem Gartenplan verdient das anmutige Gras *Stipa gigantea* (Federgras): Paarweise am Ende eines Weges gepflanzt, wirkt es vielleicht wie ein Torbogen, durch den man einen anderen Teil des Gartens betritt. Von der Sonne im Gegenlicht durchstrahlt, sehen die großen, zunächst purpurgetönten, später lohgelben Blütenstände wunderschön aus.

Wunderbar für Eckpositionen sind auch die auf-

In dieser wirklich großartigen Gartenkomposition übernehmen viele Pflanzen die Rolle von Hauptdarstellern. Zu Pilzformen gezogene Scheinzypressen und in Form geschnittener Buchsbaum im Mittelpunkt werden von einem Paar silbrigblättriger Heiligenkräuter (Santolina neapolitana) *eingerahmt. Dadurch entsteht ein strukturierter Hintergrund für dekorative Blattpflanzen und ihre jahreszeitliche Blüte. Zur Vervollständigung des Bildes tragen Funkien und Stiefmütterchen bei.*

Sowohl ihre großen grauen Blätter (manchmal auch grün) als auch die Blüten lassen die Königskerzen betont dekorativ erscheinen. Im Garten von Beth Chatto im White Barn House in Essex prunkt im Vordergrund einer Rabatte eine schöne Gruppe aus zweijährigen Verbascum olympicum *(vielleicht auch die sehr ähnliche* V. bombycife-rum*), deren verzweigte Blütensprosse während des ganzen Sommers an vielarmige Leuchter erinnern.*

strebenden Blätter silbriger Artischocken geeignet - und die nah verwandten Sorten von *Cynara*: In Tintinhull setzen wir sie am Beetende ein, wo sie im Frühling gut mit einer zwanglosen Gruppe sich selbst aussäender kleiner, schwarzblütiger Veilchen und Nachtviolen sowie den rosa Blüten von *Geranium striatum* (syn. *versicolor)* 'Glenluce' kontrastieren. Später bilden die hohen Blütenstengel der Artischocken mit riesigen distelähnlichen Blütenköpfen die Kulisse für rosafarbene Rosen, Katzenminze und *Verbena patagonica*. (Diese bemerkenswerte Verbene sät sich in Tintinhull selber aus und erhebt sich mitten im Sommer wie ein flüchtiger Nebel aus purpur- bis lilafarbenen Blüten auf hohen Stengeln aus der Katzenminze.)

Ausgezeichnet für Beetecken geeignet ist auch *Salvia sclarea* mit großen pelzigen, nach Moschus duftenden Blättern und einer architektonisch wirkenden, ausgebreiteten Wuchsform. Sie ist zweijährig, wie viele andere der bewährten Salbei-Arten auch.

Wegen ihrer im ersten Jahr großen, samtig silbernen Blattrosetten wird auch *S. argentea* oft als gestalterisches Element verwendet. Im zweiten Jahr ergrünen die Blätter und die Pflanze erhebt auf hohen Stielen ihre entzückenden, weißlichgrünen typischen Salbeiblüten.

Einige Stauden sind allein aufgrund ihres Laubes als Blickfang von Bedeutung, während die Blüten eine eher flüchtige Erscheinung darstellen. Die sonnenliebende *Melianthus major* trägt große silbergrüne, fast gräulichgrüne Blätter. Unter milden Klimabedingungen bildet sie im Frühling kastanienbraune Blüten auf hohen Stielen aus. Zur Leitpflanze eines Sonnenbeetes wird diese Pflanze aber durch die plastische Qualität ihrer Blätter. Gut sichtbar in einem dekorativen Gefäß gepflanzt, wird sie zum Mittelpunkt einer Anlage.

Pflanzen von Format

Manche Pflanzen werden durch ihre bloße Größe zu Leitpflanzen. Die riesige, einjährige *Ferula communis,* der Riesenfenchel, blüht zwar nicht in jedem Jahr, doch lohnt sich das Warten auf die turmhohen Stengel, die von grünlichgelben kerbelähnlichen Dolden gekrönt werden. Währenddessen bieten die fein eingeschnittenen, mittelgrünen Blätter während der Sommermonate ein hübsches Bild. Riesenformen des Meerkohls - mit Wolken kleiner weißer Blüten, die sich über dunkle herzförmige Blätter erheben - sind Höhepunkte für Rabattenanlagen und besonders gut für die Ecken zu verwenden.

Eine Schlüsselrolle in einem Blumengarten kommt auch den zweijährigen Pflanzen zu, selbst wenn sie zwei Vegetationsperioden bis zur Blüte benötigen. Im ersten Jahr bildet die Engelswurz große, geteilte Blätter, im zweiten hohe, bemerkenswerte gelblichgrüne Dolden aus. Ich verwende die Engelwurz dazu, einem Küchengärtchen mehr „Körper" zu verleihen oder um Lücken in Staudenbeeten während des ersten Jahres zu füllen. Die zwei- oder mehrjährig gezogenen Königskerzen recken ihre Blütenstengel über eine Rosette grüner Blätter 2,40 m oder höher empor. Ihre gelben Blütenstände, von Graham Stuart Thomson als „großer Malerpinsel in einer Gartenlandschaft" bezeichnet, bleiben im Sommer etwa acht Wochen lang erhalten. Die metallisch glänzenden Blätter des Mannstreu, wie etwa der geisterhaften *Eryngium giganteum* und die silbrigfarbene *Onopordum acanthium* eignen sich gut zur Einrah-

mung von Wegen oder Türen. Und auch die Stockrosen der Bauerngärten mit ihren warmen Rosa- und Rottönen gewinnen mit Recht wieder an Bedeutung.

Sofern genügend Platz für seine ausufernde Wurzelbildung vorhanden ist, sollte man dem stattlichen Federmohn (*Macleaya microcarpa*) erlauben, seine benachbarten, mehrjährigen Gefährten zu überragen. Er trägt im Sommer auffällig grünbronzene, gelappte Blätter und Rispen mit flaumigen, rosa Blüten.

Schönheit im Kleinen

Auch kleinere Pflanzen können durchaus Akzente im Garten setzen, indem sie freie Bodenflächen verschönern; dadurch werden sie zu Recht zu wertvollen und eigenständigen Pflanzen und weniger zu bloßen Begleitpflanzen. Beispielsweise gehören die Küchenschellen mit ihren fedrigen Blättern und den offenen Kronblättern in Tönen und Schattierungen von malven- bis purpurfarben und hellen, gelben Zentren dazu. Bemerkenswert sind auch kriechender Phlox der Sorte 'Chattahoochee', dessen sternförmig blaue Blüten rosa überhaucht sind, *Viola* 'Irish Molly' mit grünlich-bronzegelben Kronblättern, *Diascia*-Arten, deren kriechende Triebe den ganzen Sommer über mit rosafarbenen Blüten übersät sind und schließlich *Sedum* 'Vera Jameson', die sich durch bläulichgrüne bis purpurne Blätter und düsterrosa Blütenköpfe auszeichnet.

Wertvolle Pflanzen für Rabatten

Das Interesse an den Pflanzen einer Rabatte kann durch bestimmte Stauden noch gesteigert werden. So hat zum Beispiel *Amsonia tabernaemontana* geschmeidige Triebe und schmale Blätter, die zwar maßvoll wirken, in einer Frühlingsrabatte aber dennoch zum Blickfang werden. Im Herbst verfärben sich Blätter und Sprosse zu lohfarbenem Gold. Die Färberhülse (Baptisia australis) ist ebenso gut geeignet. Auch das Pflanzen von *Paeonia mlokosewitschii* mit ihren klaren zitronengelben, kugeligen Blüten und der kleinen *P. cambessedesii* mit ihren exotischen

Schwertlilien und strauchförmige Wolfsmilch-Arten wie Euphorbia characias *ssp.* wulfenii *sind ausdrucksvolle Leitpflanzen. Stehen sie wie hier in Tintinhull in voller Blüte, bilden sie hinter einem säumenden Geflecht aus* Viola riviniana *'Purpurea' und* Phlox *'Chattahoochee' einen harmonischen Einklang.*

Oben: Gaura lindheimeri *erträgt sowohl Trockenheit als auch Feuchte und bildet auf gut wasserdurchlässigem Boden in voller Sonne aufrechte, schlanke Stengel, die unauffällige, aber reizende weiße Blüten tragen.*

Oben rechts: Ein leuchtend rosa gefärbter Storchschnabel aus Madeira mit dunklen Trieben und frischen grünen Blättern verleiht grauem Laubwerk ein markantes Flair. In vielen Gegenden eher schwächlich, sät er sich in diesem kalifornischen Garten immer wieder selbst aus.

rotschattierten Trieben und Blättern lohnt die Mühe.

Zwar ist *Gypsophila paniculata* 'Bristol Fairy', das große Schleierkraut, oft launisch und kurzlebig, wegen der im Sommer gebildeten bauschigen, weißen Blütenrispen lohnt sich aber auch ihre Anzucht. Die Staude *Gillenia trifoliata,* die einem überhängenden Spierstrauch gleicht, trägt - mit den Worten William Robinsons - „eine lockere Rispe weißer Blüten, zierlich und mit Würde". Ein echter Superlativ ist die weißblühende, mehrjährige Form von *Epilobium angustifolium,* dem Weidenröschen. Seine ätherischen Blütenstände steigern die Wirkung jeder weißen Rabatte und ziehen die Blicke auf sich, gleichgültig ob es im Schatten oder in der Sonne wächst.

Kirengeshoma palmata gedeiht gut auf feuchten, sauren Lehmböden im Halbschatten, blüht aber erst später. Sie hat herabhängende, gelbe Blütenglocken und trägt das ganze Jahr über bemerkenswerte, weinähnliche Blätter.

Andere spätsommerliche Pflanzen müssen regelrecht in der Sonne braten. Die zierliche *Gaura lindheimeri* mit ihren kleinen zartrosa bis weißen Blüten und weidenähnlichen Blättern erreicht nur bescheidene Größe, gruppenweise gepflanzt ist sie aber ein Blickfang für eine heiße, trockene Rabatte. Die meisten Salbei-Arten, von denen manche zu kleinen Halbsträuchern heranwachsen, gewinnen gegen Ende des Sommers an Wert. Sie fühlen sich in der heißen Sonne wohl, brauchen aber reichlich Wasser. Für die nicht winterharten verzweigten Pflanzen mit dunkel- oder karmesinroten Blüten, wie etwa Sorten von *Salvia microphylla* var. *neurepia* und *S. fulgens,* oder für einige Arten mit intensiv blauen Blüten, zum Beispiel *S. guarantica,* sollten bevorzugte Stellen im Garten reserviert werden.

Der frostempfindliche Sumpfeibisch *(Hibiscus moscheutos)* bildet weit offene rote, rosafarbene oder weiße malvenartige Blüten aus, deren Oberflächen seidig glänzen. In Gegenden mit starker Sonneneinstrahlung gehört sie zu den bemerkenswertesten spätblühenden Schönheiten.

Kübelpflanzen als Blickfang

In gewisser Weise signalisiert ein Pflanzgefäß bereits, daß sein Inhalt etwas Besonderes darstellt, werden jedoch Leitpflanzen auf diese Weise hervorgehoben, so entsteht der Eindruck von Schönheit und Eleganz.

In kälteren Regionen überleben viele der am natürlichen Standort ausdauernden Pflanzen nur als Einjährige. Am besten nutzt man sie flächendeckend, verbrauchen sie doch so viel Energie für ihre Blüten, daß nur wenig für gutes Blattwerk oder die Wuchsform übrigbleibt. Für mich sind Einjährige allerdings immer dann von besonderer Bedeutung, wenn sie als Topfpflanzen beeindrucken: Ein hervorragendes Beispiel ist *Hibiscus trionum* (Stundeneibisch), dessen zerbrechlich wirkende, cremefarbene Blütenblätter im Zentrum mit einem purpurbraunen, unregelmäßigen Fleck geziert sind. In einem Krug wirkt *Datura innoxia* mit ihren graugrünen Blättern und weit geöffneten Trompetenblüten sehr exotisch.

Empfindliche Gehölze können sommers in Ziergefäßen draußen wachsen und in einem Gewächshaus überwintern - mit dieser Praxis erweitern viele Gartenliebhaber die Auswahl der erwünschten Pflanzen. Ich selber verwende die margeritenähnliche *Chrysanthemum frutescens* mit ihren laubsägefeinen bläulichgrünen Blättern und weißen Blütenköpfchen ebenso wie die rosa blühende *Anisodentea capensis* als krönende Effekte in Stein- oder Terracottakrügen. Sie brauchen ebenso wie die grün- oder bronzeblättrige Keulenlilie (*Cordyline australis* und *C. a.* var. *purpurea*) mit Büscheln schwertförmiger Blätter einen vollsonnigen Standort. Schattige Plätze lassen sich im Spätsommer durch orange-, rot- und gelbblühende *Mimulus aurantiacus* schmücken.

Zu den interessantesten Kübelpflanzen gehören die an der Basis verholzenden Halbsträucher, die in den Wintermonaten der kalten oder gemäßigten Breiten absterben, in jedem Frühjahr jedoch wie eine winterharte Staude an der Basis neu austreiben. Besonders gut geeignet sind exotisch und üppig aussehende Fuchsien, die überreich in den Herbstmonaten blühen. In Pflanzgefäßen ziehe ich auch die dahlienartige dunkelpurpurrote *Cosmos atrosanguineus* an. Wie ich herausgefunden habe, blühen sie früher im Sommer, wenn ich sie über Winter im Topf halte. Ansonsten blühen sie nur ab Mitte des Sommers, benötigen aber ganzjährig wertvollen Platz im Beet.

Für tropische Effekte in spätblühenden Rabatten sorgt *Hedychium* mit cannaähnlichen Blättern und schwerem Duft; sie müssen allerdings im Winter dick gemulcht werden. Bei reichlicher Bewässerung eignen sie sich auch für Töpfe. Winterhärter, aber ebenso tropisch in ihrem Aussehen ist *Cautleya spicata* 'Robusta' mit aufgerichteten Stengeln und zweigeteilten Blattspreiten; die Blüten sind von einem dunklen Gelb, jeweils von kastanienbraunen Brakteen eingeschlossen. Da die Knollen der Schopflilie *(Eucomis)* ihre Blätter im Freien erst relativ spät ausbilden, geraten sie leicht in Vergessenheit; ihre fleischigen basalen Blattrosetten und dichten Ähren sternförmiger Blüten machen sich gut in Töpfen, und die Pflanzen lassen sich gut überwintern.

In ihrem Garten von Old Rectory, Burghfield in Berkshire, bepflanzt Frau Ralph Merton hübsche Terracotta-Zierkübel mit üppig überhängenden Pflanzen. Eine amerikanische Agave mit panaschierten Blättern, eine Gruppe von Funkien, Helichrysum petiolare *'Limelight' und* Euphorbia mellifera *bilden das Gegengewicht für* Argyranthemum *'Jamaica Primrose' und die tiefgelbe* Bidens ferulifolia. *Der Hintergrund wird von der purpurblütigen* Tibouchina semidecandra *eingenommen.*

Begleitpflanzen

Begleitpflanzen sind die unentbehrlichen „Ausstattungsstücke" eines Gartens, die das Grundgerüst - bestehend aus den Leitpflanzen und den örtlichen Gegebenheiten wie Mauern, Grasflächen u. v. m. - ausschmücken. Ihr dekorativer Wert ist dagegen eher unterschwellig und wird weniger leicht wahrgenommen. Selbst als schöne Gruppe gepflanzt, werden sie kaum aus sich selbst heraus wirken; ihr Beitrag für die Gartenszene beruht vielmehr auf der Gemeinschaft mit anderen Pflanzen. Um sie sinnvoll und zu ihrem Vorteil einsetzen zu können, bedarf es deshalb eines geschulten Blickes.

Da winterharte Stauden nicht immer genügend beeindrucken, um als Leitpflanzen zu gelten, gehören sie meist zu den Begleitpflanzen. Zu Gruppen angeordnet, sind sie die Grundlage einer jeden Rabatte. Schon die vielfältigen Möglichkeiten, Stauden miteinander zu arrangieren, scheinen unerschöpflich zu sein. Noch mehr läßt sich die Wirkung eines Gartens allerdings steigern, wenn beispielsweise Knollen- und Zwiebelpflanzen und eigens angezogene Einjährige mit Pflanzen kombiniert werden, die sich selbst aussäen.

In einem gut geplanten Garten sollte kein Stück nackter Erde zu sehen sein. Im Frühsommer sind deshalb besonders die sich selbst aussäenden Pflanzen von Bedeutung, da die wichtigsten Stauden erst später im Jahr in Schwung kommen. Manchmal kann es auch nützlich sein, einjährige Pflanzen gruppenweise einzusetzen, um die Farbabstufungen in einem Bereich der Rabattenbepflanzung harmonisch zu gestalten.

Ausgesäte Begleitpflanzen

Sie treten in vielerlei Gestalt auf und bestehen aus: Echten Zweijährigen, die vor dem Absterben blühen und Samen produzieren; Stauden, die als Zweijährige behandelt werden, und Einjährigen, die sich selbst aussäen und im nächsten Jahr an derselben Stelle (in situ) blühen - oder der Gärtner hilft lückenfüllend durch Aussaat an geeigneten Stellen etwas nach.

Einige Begleitpflanzen bilden entzückend zwanglose Teppiche um und zwischen anderen herausragenden Pflanzen. Niederwüchsige Veilchenarten und Hybriden säen sich unter laubabwerfenden Sträuchern und Rosen, selbst in Pflasterfugen, aus. Besonders wertvoll sind sie unter Sträuchern mit zierlichem Laub wie der Bartblume *(Caryopteris)*, deren Blätter erst spät austreiben. Man sollte sie wie Zweijährige behandeln und nach der Blüte ausreißen, es sei denn, man möchte auch im nächsten Jahr Keimlinge haben. Auch Vergißmeinnicht blühen früh; die in kräftigen Blautönen blühenden F_1-Hybriden sehen am besten in größeren Flächen aus. Ihre Samen wachsen danach zu Pflanzen mit schwächer gefärbten Blütentönen aus.

Auf Kieseln oder Trockenmauern kann die Spornblume, mit weißen oder tiefrosa Blüten, natürlich aussehende Pflanzengruppen bilden. Auch der graublättrige, intensiv blühende Hornmohn liebt gut wasserdurchlässigen Gartenboden. *Meconopsis cambrica* streut ihren Samen weithin aus und wächst in Sonne oder Schatten auf jedem Boden. Der Färberwaid *(Isatis tinctoria)* sät sich an vollsonnigen Standorten selbst aus, seine strahlend zitronengelben Rispen erheben sich über bläulichgrüne Blätter. Eine interessante Alternative für schattige Plätze ist die ähnlich

Für eine besonders ausdrucksvolle Gestaltung von Beeten und Rabatten sollten Pflanzenkombinationen verwendet werden, die harmonisch miteinander verschmelzen. In diesem holländischen Garten wird durch eine gesellige Gruppe aus der mehrjährigen Anemone × hybrida *'Honorine Jobert' mit ausgezeichnetem, weinähnlichem Laub und der einjährigen* Cosmos bipinnatus, *mit mehr spitzenartigen Blättern, ein weißer Grundton aufrechterhalten. Die Blätter des später blühenden Tabaks bekräftigen die Gruppenwirkung, und Blüten von Stiefmütterchen, Zinnien und Gänseblümchen füllen die Lücken nackten Bodens aus.*

Im Garten von Phoebe Noble auf Vancouver Island zeigen im Frühsommer weiß- und rosablütige Formen der zweijährigen Nachtviole (Hesperis matronalis) *und Spornblume* (Centranthus ruber) *ihre Blütenpracht vor einer großen rosa* Weigelia florida, *durch deren Zweige eine* Clematis *'Nelly Moser' mit leuchtend rosa und weiß gestreiften Blüten klettert. Durch benachbarte Pflanzung können sich ungehemmte Selbstaussäer wie Nachtviole und Spornblume in glücklicher Harmonie vermischen. Einzelne Keimlinge, die vom rechten Weg abweichen und sich in Farbkonzepte verirren, in denen sie nicht willkommen sind, lassen sich leicht entfernen.*

gefärbte *Smyrnium perfoliatum,* die weniger ins Auge fallende Blütendolden, dafür aber attraktive herzförmige Blätter ausbildet.

Zu den sich selbst aussäenden Zweijährigen, die als Begleitpflanzen geeignet sind, gehören einige mit eindrucksvollerer Gestalt, so die hohen Blütenähren der purpurnen und weißen Fingerhüte (*Digitalis purpurea* und *D. alba*), die sich auf Waldlichtungen zu Hause fühlen, jedoch auch in der Sonne gedeihen. Die jungen grünen Blätter der Elfenbeindistel werden vor der Blütezeit im zweiten Jahr metallisch silbern, und die polierten Blütenköpfe glänzen zwischen schwächer gefärbten Glockenblumen und dem strahlenderen Phlox. Wollkräuter und zweijährige Nachtkerzen *(Oenothera biennis)* schaffen eine Atmosphäre erfreulicher „Planlosigkeit", wenn ihre sich auftürmenden Blütenstengel über die benachbarten Pflanzen hinweg strahlen – ihre hellen Kronblätter öffnen sich weit bei Einbruch der Dämmerung.

Im Frühjahr gesäte Einjährige lassen sich gut in Gruppen mit Rabattenstauden kombinieren. Wunderbar als Schnittblumen sind die strahlenden Rosa- und Rottöne des Schmuckkörbchens *(Cosmos bipinnatus)* geeignet, sie wirken aber auch anmutig in konventionellen Rabatten. Die niederwüchsigen, graublättrigen Gazanien sind zwar ausdauernd, werden aber in der Regel wie einjährige Pflanzen in wintermilden Gebieten behandelt: Ihre weit ausgebreiteten, hauptsächlich orangefarbenen Blütenköpfchen verleihen dem Vordergrund einer Rabatte Farbe. Dazwischengepflanzte Gruppen von violetten, rosa oder weißen Formen der Spinnenpflanze wirken wie Sprenkel gemischter Pastelltöne.

Aufrechtstehende, einjährige Formen des Rittersporns *(Delphinium ajacis)* sind schnellwüchsig; große Formen blühen fast in Kopfhöhe, damit werden sie für die Planung von Rabatten fast so wichtig wie ihre ausdauernden Verwandten – und bereiten weniger Probleme. Kurzlebige, niedriger wachsende, ausdauernde Rittersporne kommen bereits im ersten Jahr nach der Saat zur Blüte. Ich bevorzuge sie eher in kleineren Gruppen, um die Wirkung höherer Pflanzen zu ergänzen.

Gesellig gepflanzt wirkt der allabendlich süß duftende Tabak attraktiv. Als Gruppe hinter im Spätsommer blühenden Pflanzen ist *Nicotiana sylvestris* unschätzbar. Seine emporstrebenden Blütenstände tragen weiße Röhrenblüten. Die schwefelgelben Röhrenblüten der niedriger wachsenden *N. langsdorfii* passen in jedes Farbkonzept.

Empfindlichere Begleitpflanzen

Einige der oft verwendeten Begleitpflanzen werden für gärtnerische Zwecke wie Einjährige behandelt; dazu gehören beispielsweise Bartfaden, Kapastern, silberblättriger Beifuß und Strohblumen. Kapastern mit gelben Zentren inmitten blauer Blütenstrahlen, dehnen sich im Vordergrund sonniger Blumenbeete wie Miniatur-Margeriten aus. Prächtig gedeihen sie auch in Töpfen, wo sie wochenlang blühen, sofern Verblühtes regelmäßig entfernt wird. Gleichermaßen lassen sich *Osteospermum*-Arten (syn. *Dimorphotheca*) mit großen weißen oder rosa Blütenköpfchen verwenden. Eine unverzichtbare Rabattenpflanze ist der Bartfaden in raffiniert reicher Colorierung; in gutem Boden blüht er sehr lange. Manche Arten dieser Gattung sind winterhart, sehen aber gegen Ende des Winters sehr mitgenommen aus; daher ist es günstiger, jeden Herbst Stecklinge von ihnen zu nehmen.

Zu den besten Begleitpflanzen gehören die Verbe-

Im Dubliner Stadtgarten von Helen Dillon wurden sorgfältig ausgewählte, kräftige Farben in Beeten nahe der Eingangstür miteinander kombiniert. Ähren orangegelber Fackellilien und aufstrebenden Federmohns (Macleaya cordata) *dominieren über niederwüchsige Pflanzen wie gelbe Lilien, Purpurglöckchen und Bartfaden, während die zarte* Dahlia *'Bishop of Llandaff' der sommerlichen Farbkomposition Kontinuität verleiht.* Verbena patagonica, *mit luftigen Blütenköpfchen auf einem Geflecht hoher Zweige, liefert einen malvenfarbenen Hauch für den Hintergrund.*

nen. Ihre dunkelgrünen, tief eingeschnittenen Blätter bilden die Kulisse für verschiedenfarbige Blütentupfer in Purpur, Mauve, eisigem Rosa, Weiß und anderen Farben. Am besten zieht man sie jedes Jahr aus Stecklingen, die sich leicht bewurzeln lassen, neu an und pflanzt sie in Gruppen am Beetrand. Aus Knollen gezogene Dahlien sind wertvoll wegen ihrer ungebrochenen Blühwilligkeit und sind vor allem dort von Nutzen, wo es auf Kontinuität einer Farbkomposition ankommt. Bis auf die anmutig luftig wirkende *Dahlia merckii* mit geteilten Blättern und einzelnen, fahlen Blütenköpfchen, müssen alle Dahlien gruppenweise verpflanzt werden, so daß sie leicht an Stangen hochgebunden werden können. Sofern Verblühtes regelmäßig entfernt wird, blühen sie in guter, nährstoffreicher Erde viele Monate lang. Für einen Farbenliebhaber bietet es sich an, mit einigen der weitgefächerten Blütenfarben und -formen zu experimentieren, die in Form unzähliger Hybrid-Linien verfügbar sind. Dahlienartige Knollen besitzt die Wunderblume *(Mirabilis jalapa),* sie verlangt eine ähnliche Behandlung. Jeden Nachmittag öffnen sich ihre frischen weißen, gelben oder karmesinroten Blüten.

Links: In einem Staudenbeet auf Powis Castle fügen sich Inkalilien (Alstromeria-Ligtu-Hybriden) *und duftende Taglilien* (Hemerocallis lilio-asphodelus) *zu einer Komposition orangefarbener, rosa und gelber Töne zusammen. Die unordentlich aussehenden Blätter der Inkalilie, deren Verfall mit dem Ende der Blüte beginnt, werden durch das grasartige Laub der Taglilien verdeckt.*

Unten: Im Garten von George Radford in Vancouver bilden die großen Blätter von Ligularia veitchiana *eine Kulisse für die tiefroten Blüten und das hübsche Laub von* Paeonia officinalis *'Rubra Plena'.*

Robuste Begleitpflanzen

Eine Handvoll bewährter Stauden liefern als Begleitpflanzen von weniger dauerhaften „Pflanzen-Stars" langfristig einen guten Unterbau für Rabatten. Im Übergang vom Winter zum Frühling blühen die lederblättrigen Bergenien mit ihren kriechenden Rhizomen. Meist haben sie wenig bemerkenswerte purpurrosa Blüten, doch *B.* 'Silberlicht' bildet weiße Blüten aus, die mit dem Alter rosa überlaufen aussehen. Bergenien sind gut als winterliche Bodendekker geeignet, sie können in Gruppen oder auch als Randbegrenzung gepflanzt werden, um benachbarte Gruppen von Christrosen, *Brunnera macrophylla,* mehr- oder zweijährige Schildblatt-Arten oder die Kronen blühender Zierkirschen zu betonen. Im wesentlichen immergrün, verfärben sich die Blätter mancher Formen nach dem Frost in Purpurtönen. Gertrude Jekyll setzte Bergenien in vielen ihrer Pflanzkonzepte ein. Im Garten von Great Plat in Hestercombe, steht auf einer gemähten Wiese ein Beet mit *B.* × *smithii*, in dem Rosen, Lilien und Rittersporn erst später im Jahr blühen. Einen schönen frühherbstlichen Effekt erzielte Gertrude Jekyll am Rand eines nach Norden weisenden Beetes, indem sie *Aster divaricatus* mit sternförmigen, weißen Blütenköpfchen auf biegsamen schwarzen Stengeln kaskadenartig über Bergenien wuchern ließ. Päonien blühen zusammen mit den ersten Rosen, sie verleihen frühsommerlichen Rabatten Farbe und Atmosphäre, sehen aber auch gut unter den Fittichen sich zierlich herabneigender, laubabwerfender Sträucher aus. Sowohl die nostalgisch wirkende *Paeonia officinalis* mit ihren hochroten Blüten, die an die Üppigkeit alter Bauerngärten erinnern, als auch die „aristokratischeren" Hybriden von *P. lactiflora* besitzen Laub, das den gesamten Sommer über seinen dekorativen Wert behält.

Einige der winterharten Storchschnabel-Arten eignen sich besser für flächendeckenden Einsatz; die weniger wüchsigen passen jedoch gut zu Strauchrosen und können im Rabattenvordergrund an sonnigen oder schattigen Plätzen gepflanzt werden. Ein Rückschnitt nach der Blüte regt sie zu neuem Blattwachstum an. *Geranium renardii* hat graugrüne Blätter und weiße Blüten, die ansprechend mit kastanienbraunen Streifen geädert sind. Um wirkungsvoll zu den gestalterisch interessanteren Blättern der Iris-Arten zu kontrastieren, ist ein Standort in voller Sonne nötig. *G. × magnificum* hat tief eingeschnittene, behaarte, grüne Blätter, die sich im Herbst rot tönen, und blauviolette Blüten. Unter den überhängenden Zweigen der hellgelben *Rosa* 'Frühlingsgold' wächst

Dieser Ausschnitt aus einem harmonischen Pflanzkonzept stammt aus einer der inneren Abteilungen im „umrahmten" Garten bei Paris (siehe Seiten 152-153). Eine helle Iris *'Rose Queen', winterharte* Geranium × magnificum *(die auf dem Photo weicher und intensiver rosa aussieht als in der Realität), limonengrüne* Alchemilla mollis *und hohe, sich selbst aussäende* Campanula glomerata *verschmelzen zu einem Muster aus sanften Farben. Für die Auswahl geeigneter Begleitpflanzen gilt es nicht nur, die gleichartigen Ansprüche an den Standort, sondern auch den Kontrast der Blätter und das Aussehen der Blüten zu bedenken. Sowohl Storchschnabel als auch Frauenmantel bilden neues Laub, wenn man sie nach der Blüte zurückschneidet.*

es genauso gut wie zu Füßen fächerförmiger *Moschata*-Hybriden wie der hellrosa *R.* 'Penelope' oder der zart aprikosenfarben schattierten *R.* 'Buff Beauty'. Zwar verfärben sich auch die Blätter des höheren, aufrechteren *Geranium psilostemon,* doch wir verwenden es wegen seiner prächtig magentafarbenen Blüten mit schwarzem Zentrum. Diese erglühen am schönsten neben den silbernen Blättern von Beifußarten oder erheben sich über bauschig blühende Frauenmäntel.

Wegen ihrer hellgrünen Blätter und der fedrigen, zitronengelben Blütenstände kann man auf Frauenmantel-Arten als niederwüchsige Begleitpflanzen während einer langen Vegetationsperiode kaum verzichten. Sie blühen gleichzeitig mit rosa- oder rotblütigen Purpurglöckchen und × *Heucherella.* Zum Bestandteil einer gelungenen Gartenkomposition werden sie in Kombination mit dem hohen, bläulichgrün beblätterten *Thalictrum flavum* ssp. *glaucum* mit gelben flaumig-fedrigen Blütenständen und Gruppen blaublühender Rittersporne. *Sedum*-Arten füllen den sonnigen Vordergrund eines Beetes mit hübschem grünen Laub, und ihre aus Myriaden kleiner Sterne zusammengesetzten Blütenstände sind bei Schmetterlingen sehr beliebt. Vom winterlichen Frost bronziert, wirken sie sehr attraktiv. Über ihre dekorativen, fleischigen Blätter hebt *Sedum* 'Herbstfreude' große, rosa Blütenstände auf steifen Stengeln empor, die sich später kupferrot verfärben.

Beetstauden

Nur wenige der traditionellen Stauden blühen früh genug, um Frühlingssträucher und Zwiebelgewächse in der Sonne oder im Schatten zu begleiten, oder entfalten in großen Rabatten ihre Blüten zusammen mit eleganten Polstern junger Blätter. Früh im Jahr blühen dagegen viele kleine, meist aus den Waldgebieten Amerikas stammende Pflanzen, die sich gut für das Verwildern in torfigem Boden eignen. Der halbimmergrüne *Phlox divaricata* und der kriechende, immergrüne *P. stolonifera* blühen im Frühling. Mit ihren tellerförmigen Blüten auf aufrechten Stengeln, neben Gruppenpflanzungen von Dreiblatt, Hundszahn, Goldsiegel, *Jeffersonia* und, etwas prosaischer, der weniger anspruchsvollen Nabelwurz und Lungenkräutern zieren sie den Vordergrund von Waldbeeten. Gleiche Bedingungen mögen die graublättrigen Blauglöckchen *(Mertensia pulmonarioides)* für ihre lavendelblauen Blüten, doch Formen von *Phlox subulata* und *P. douglasii* lieben die Sonne. Anstelle des verbreiteten Blaukissens und Steinkrauts sollten sie sich kaskadenartig über Rabattenränder ergießen. Durch ihr verwelkendes Laub können sich die später im Jahr blühenden Knollen- und Zwiebelpflanzen in die Höhe schieben.

Freche Gruppen des zweijährigen Silberblattes *(Lunaria rediviva)* mit behaarten Blättern und lavendelweißen Blüten gedeihen in leichtem Schatten entlang cremefarben blühender *Helleborus argutifolius* und der immergrünen *Euphorbia amygdaloides* 'Robbiae' mit grünen Blattrosetten und hellgelben Brakteen. Im Hintergrund unserer Rabatten pflanzen wir Gruppen von *Lathyrus vernus* mit purpurnen, rosa oder weißen Schmetterlingsblüten. Sie sind kleinwüchsig und blühen im Frühling, passen aber gut zu den frischen jungen Blättern der später blühenden Stauden im Vordergrund. *Veronica gentianoides* bildet Geflechte und sollte ihre eisblauen Blüten über die glänzenden Grundblätter erheben dürfen. Ich

Wichtig für den Vordergrund von Rabatten ist der polsterbildende Ehrenpreis Veronica gentianoides *mit hellblauen Blüten über grünen Blattrosetten. Er blüht im Frühsommer und zeigt eine schöne Nachblüte, wenn abgeblühte Blütenstände zeitig zurückgeschnitten werden.*

pflanze sie als Einfassung eines Staudenbeetes dicht gruppiert vor der gelbblühenden *Paeonia mlokosewitschii* und als Kontrast zu der immergrünen, strauchigen Wolfsmilch *Euphorbia characias* ssp. *wulfenii.* Etwas später blüht *Veronica austriaca* ssp. *teucrium* in viel strahlenderem Blau. In Kombination mit purpurgetönten Blättern und karmesinroten Rosen (*Rosa* 'Rosemary Rose' hat dafür geeignete Blätter und Blüten) oder mit Sträuchern wie dem halbimmergrünen *Piptanthus nepalensis* mit kontrastierenden gelben Schmetterlingsblüten wirkt sie regelrecht brillant.

Die Beschreibung einiger Klassiker unter den Stauden unterstreicht ihre Bedeutung als frühsommerliche Blüher. Die meisten Jakobsleitern *(Polemonium)* tragen attraktiv gefiederte Blätter und blühen zusammen mit den Rosen. Die für gewöhnlich aufrechte *Polemonium caeruleum* blüht viele Wochen lang und füllt so gut die Lücke in der vergleichsweise blütenarmen Zeit zwischen der Schwertlilie und den traditionellen ausdauernden Sommerblühern. In Tintinhull pflanzen wir lilablütige *P. foliosissimum* als große, sich ausbreitende Gruppe neben silberblättrigen *Dorycnium hirsutum.*

Eine Hauptstütze der Staudenbeete sind die fiederblättrigen Geißrauten. Trotz ihrer ausgesprochen raumgreifenden Wüchsigkeit ist *Galega orientalis* mit violettblauen Schmetterlingsblüten prachtvoll. Dazu paßt gut das Gelb von *Thalictrum flavum* ssp. *glaucum* und die skabiosenähnlichen Blütenstände von *Cephalaria gigantea.*

Die sonnenliebenden Inkalilien sind für Staudenbeete durch nichts zu ersetzen. Wenn sich ihre attraktiven Blätter im Frühling öffnen, sollten sie unauffällig gestützt werden. *Alstroemeria-Ligtu*-Hybriden haben sanft nuancierte Kronblätter, deren Farbskala Rosarot, kräftiges Korallenrot, kühles Aprikosenorange und Gelb umfaßt und mit fast jeder benachbarten Blüte harmoniert.

Gegen Mitte des Sommers ist das Laub der winterharten Stauden voll entwickelt und viele von ihnen stehen in Blüte. So präsentiert zum Beispiel die Schafgarbe ihre flachen Blütenstände aus winzigen Einzelblüten. In Kombination mit ihren fedrigen Blättern bildet sie zierliche Tuffs, die gut mit anderen Compositen wie Hundskamille oder Beifuß, aber auch mit Glockenblumen harmonieren. Vorzüglich ist auch das kontrastierende Blattwerk etwa der Fackellilien, Taglilien und der später blühenden Montbretien. Schafgarben fügen sich mit ihren hellgelben Blüten in jedes Staudenbeet ein; die hohen, kräftiger wachsenden Sorten (wie *Achillea* 'Coronation Gold') bilden flache Doldentrauben in strahlendem Gelb, die geradezu nach Aufmerksamkeit schreien. Am besten sehen sie in intensiv gefärbten Beeten neben den orangefarbenen Ähren der Fackellilien oder den scharlachroten Lichtnelken aus.

Im Sommer kommen die Sterndolden als vorzügliche Begleitpflanzen für auffällige Tuffs der Hundskamille oder der silbrigblättrigen Perlpfötchen hinzu, sofern sie in voller Sonne stehen und gut mit Nährstoffen versorgt werden. Genauso wirksam präsentieren sie sich in einer schattigen Ecke, wo sie sich über die nickenden gelben Tupfer der flach wachsenden *Chiastophyllum oppositifolium* erheben. Aromatisch duftende Beifuß-Arten, häufig mit silbrigen oder grauen, filigranen Blättern, bilden die Kulisse für benachbarte Blüten- oder Laubfarben. Trotz ihrer manchmal unscheinbaren Blüten türmen sie ganze Hügel attraktiven Laubes an den Rändern von Blumenbeeten auf. Diese häufig kurzlebigen Pflanzen brauchen einen vollsonnigen Standort und einen gut wasserdurchlässigen Boden. Andere wie *Artemisia lactiflora* haben dunkelgrüne Blätter und hohe Stengel, die spitz zulaufende cremefarbene Rispen tragen.

Im frühen Sommer gibt die beinahe blaupurpurne Farbe von Galega orientalis *dem Rand eines Staudenbeets in Tintinhull einen dramatischen Anstrich. Diese Geißraute verbreitet sich ungehemmt und braucht genauso wüchsige Nachbarn, sonst überwuchert sie diese innerhalb weniger Vegetationsperioden. Um die Balance der Pflanzungen in Tintinhull aufrechtzuerhalten, müssen wir sie alle paar Jahre teilen; doch lohnt diese Mühe wegen ihrer prägenden Rolle bei der Gestaltung. Ideale Begleitpflanzen sind aufgrund ihrer vollständig anderen Wuchsform und Laubwirkung die silbrigblättrige* Artemisia *'Powis Castle' und* Acanthus mollis *(hier nicht sichtbar).*

Diese kräftigen Stauden brauchen einen nährstoffreichen, feuchtespeichernden Boden und sollten nach Art von G. Jekyll in deutlich hervortretenden Gruppen neben krautige Pflanzen gesetzt werden, die ähnliche Bedingungen lieben. Dazu gehören gelbblütige Schafgarbe, der Geißbart mit seinen cremefarbenen fedrigen Blütenständen, später blühende Schildblumen und purpurblättrige Lobelien.

Ausdauernde Glockenblumen sind als Begleitpflanzen für sonnige Beete durch nichts zu ersetzen, wenn sie auch als Einzelpflanze kaum klar hervortreten. Pflanzt man sie aber mit ihren zartblauen, sehr hellen rosa oder weißen Blütenglocken in üppigen Tuffs, dann fügen sie sich sehr gut neben Pflanzen mit stärkerer Blüten- oder Laubwirkung in Rabattenkonzepte ein. Viele der kleineren büschelförmigen Pflanzen blühen im Frühjahr oder Frühsommer, die größeren Formen dagegen ab dem Sommer. Das Mädchenauge *(Coreopsis verticillata)* hat fadenförmige Blätter und leuchtendgelbe Blütenköpfchen; die hellere *C. v.* 'Moonbeam' wuchert in heißen Sommern und blüht bis in den Herbst hinein. Sie sollten in den Vordergrund einer Rabatte, neben im Frühling blühenden Sonnenröschen oder einjährigen Sommerpflanzen wie Eisenkraut oder Leberbalsam, gepflanzt werden. Der Gartenphlox blüht verläßlich im Sommer bis Spätsommer. *Phlox maculata* mit zylindrischen Blütenständen purpurner, rosa oder weiß überlaufener rosa Blüten und Sorten des beliebten *P. paniculata* bilden zwischen anderen konventionellen Rabattenpflanzen schöne Gruppen. Zwar gedeihen Astilben gut in der Sonne, genausogut machen sie sich aber als Schattenpflanzen in Waldbeeten, vorausgesetzt der Boden ist nährstoffreich und behält in den heißen Sommermonaten seine Feuchte. Fedrige Blütenstände in Weiß, Rosa und Rot ergänzen das zierliche, bronzegetönte Laub.

Gegen Ende des Sommers beanspruchen die orchideenähnlichen Blüten der Krötenlilie die Aufmerksamkeit in schattigen Rabatten. Bereits früher im Jahr, wenn sich ihre gefältelten, glänzenden Blätter entfalten, stehlen sie den Christrosen und Salomonssiegeln die Schau. Eine imposante Erscheinung ist der nordamerikanische Wasserdost. Seine Gartenform *Eupatorium maculatum* 'Atropurpureum' ist unentbehrlich für spätsommerliche Staudenbeete. Stengel und Blätter sind purpurn überlaufen, die rosaroten Blüten weit geöffnet. In ausgebreiteten Gruppen ist er ein idealer Partner für die hohen, spitzen Blütenstände blauer oder weißer *Veronica virginica*

Links: In diesem offenen Beet liefert eine Gruppe blaublühender Anchusa azurea *den verschwimmenden Hintergrund für die blendenden Gelbtöne von Hundskamille und Schafgarbe. Begleitpflanzen müssen die gleichen Boden- und Standortansprüche haben; diese hier gedeihen in voller Sonne und brauchen gut wasserdurchlässigen Boden.*

Unten: Die Gartenarchitekten Oehme und van Sweden haben hier Lavendel und Perovskia, *beide mit weichen, grauen Blättern in kleinen Gruppen zwischen hohen Gruppen sich wiegender Gräser, mit den pulsierenden Gelbtönen der Schafgarbe kombiniert.*

oder der Schildblume. Von Astern gibt es viele spätblühende Formen, die nicht nur deswegen wünschenswert sind, weil sie das Staudenbeet in den Winter geleiten. Hybriden von *Aster × frikartii* wie *A. × f.* 'Mönch' oder *A. × f.* 'Wunder von Stäfa' tragen während des gesamten Spätsommers und Herbstes zierliche blaue Strahlenblüten über graugrünen Blättern. Andere Compositen lassen sich zu schönen Gruppen zusammenfassen, wie etwa gelbe und bronzefarbene Sonnenbraut, Sonnenblume und Sonnenauge; die Herbstfarben dieser unscheinbar belaubten Stauden sind durch nichts zu ersetzen.

Knollen- und Zwiebelgewächse als Begleitpflanzen

Die hohen Zwiebel- und Knollenpflanzen, deren sichtbare Blätter und Stengel fast ebenso wichtig sind wie die Blüten, machen sich gut unter dem Blätterdach von Bäumen, zu Füßen von Sträuchern und in Beeten zwischen Gruppen von Rabattenpflanzen. Da viele der Zwiebeln aus extremen Klimazonen kommen, müssen ihnen auch im Garten die Bedingungen ihrer natürlichen Standorte geboten werden. Nicht alle gedeihen und vermehren sich daher in Staudenbeeten und gemischten Rabatten.

Dennoch, viele Frühblüher - Narzissen, Tulpen, *Fritillaria*, Präriekerzen, *Gladiolus byzantinus*, verschiedene Formen von Zwiebel- und Rhizomiris, Märzenbecher und *Allium*-Arten (etwa nach ihrer Blühfolge geordnet) - fühlen sich wohl und harmonieren mit den im Frühling blühenden Sträuchern. Manche, wie etwa Tulpen-Hybriden, sollten jedoch wie Einjährige behandelt und jedes Jahr neu gepflanzt werden. Hohe Narzissen-Hybriden und einige der kleineren Narzissen„schätze" wie *Narcissus cyclamineus* sind gut für Blumenbeete geeignet. In Blumenbeeten sollten sie jedoch so plaziert werden, daß die verwelkenden Blätter am Ende der Blühperiode von dem Laub der Stauden verdeckt werden. In Tintinhull ziehen wir die *Allium*-Arten im Irisbeet, *Gladiolus byzantinus* streckt ihre Blüten durch die ausgebreiteten unteren Äste von Sträuchern, *Leucojum aestivum*, die im Spätfrühling blüht, erhebt ihre weißen Blüten aus einem mit *Rosa gallica 'Officinalis'* dicht bepflanzten Beet, und die stattlichen, im Frühling blühenden Kaiserkronen prunken hinter Sommerstauden.

Die Wirkung von Sommerrabatten kann durch Gruppen geeigneter Lilien, Arten der Trichterschwertel *(Dierama)*, nicht winterharten Zimmerkalla *(Zantedeschia aethiopica)*, *Crocosmia crocosmiflora* und anderer Montbretien noch gesteigert werden. Der Herbst kündigt sich mit Sommer-Hyazinthen *(Galtonia candicans)*, Hakenlilien, der zarten *Gladiolus callianthus*, Nerine und Amaryllis an, die nur an heißen Standorten gut gedeihen.

In offenen Rabatten sind Königslilien anfälliger gegenüber Spätfrösten, die ihre jungen Sprosse schädigen und die Blüte ruinieren, als unter Bäumen. Bei genügend Licht werden sie gut geschützt, indem man sie zwischen sich verzweigendem Steinsame, zwischen zweijähriges Silberblatt, hinter Rhizomiris oder tief in Beeten von ausgebreiteten Holzgewächsen oder Italienischen Anemonen einpflanzt. Knollen- und Zwiebelpflanzen wie Hundszahn und Dreiblatt, kleiner Lerchensporn, exotisch aussehende Aronstabgewächse mit gefleckten Blättern und bestimmte *Fritillaria*-Arten sollte man gruppenweise im Halbschatten unter dem Blätterdach laubabwerfender Bäume oder Sträucher pflanzen, da sie gut zu anderen kleinen Pflanzen eines Waldbeetes passen.

Links: Ein hoher Blütenstand der Königslilie (Lilium regale) *erhebt sich vor einem blühenden* Philadelphus *'Belle Etoile'-Busch. Die meisten Lilien bevorzugen Standorte im Schutz von Sträuchern oder unter Bodendeckern, so daß ihre austretenden Sproßspitzen vor Spätfrösten geschützt sind. Laubabwerfende Sträucher mit flach ausgebreiteten Zweigen, die im Frühjahr nur leichten Schatten spenden, sind besonders geeignete Nachbarn. Niedrig wachsende Anemonen oder Blausternchen bieten aber oft genausoguten Schutz.*

Gegenüberliegende Seite: In Old Court nahe Malvern wurden, jeweils vor hohen Hecken, gegenüberliegende Rabatten mit Rauhblattastern und Glattblattastern in Farbabstufungen von Weiß und Karmesinrot bis zu Dunkelblau und der malvenfarbenen Aster *'Pink Lace' bepflanzt. Viel zu wenige Gartenliebhaber nutzen diese spätblühenden Pflanzen, um den Sommer in den Herbst hinein zu verlängern; eher noch weniger lassen Raum frei für diese Pracht, eine Reminiszenz an die wunderschönen Compositen-Rabatten, die Gertrude Jekyll um die Jahrhundertwende auf Munstead Wood anlegte.*

Filoli in Kalifornien ist ein Beispiel für die außerordentlich kluge Verwendung von flächendeckenden Pflanzungen (siehe Seiten 154-155). Hier liefert ein atemberaubendes Blütenmeer aus weißer Gänsekresse den sanften Hintergrund für Hyazinthen. Am äußeren Rand bildet die blaublühende Form von Hyacinthus orientalis *ein Blumenmuster zwischen beschnittenen Buchshecken, während eine weiße Form einen solideren Eindruck im inneren Rechteck hervoruft.*

Flächendeckende Pflanzen

Auch wenn man die genauen Einzelheiten einer Pflanze vergessen mag, im Gedächtnis bleibt ein allgemeiner Eindruck haften, der die Grundlage späterer Inspiration sein kann. Einige der beeindruckendsten Gartenszenen wurden aus flächenhaften Blüten- oder Blattmassen komponiert - die einfachste Art des Pflanzens, bestimmt durch eine begrenzte Zahl von Sorten und weniger durch eine ruhelose Kombination punktförmig gesetzter Pflanzen.

Es gibt sehr viele Pflanzen, die individuelle Schönheit besitzen und sich gut präsentieren - vielleicht während einer langen Blühperiode im Sommer oder durch wertvolles Blattwerk, das sich von benachbarten Blütengruppen absetzt - doch nur selten werden sie als Solitäre gepflanzt. Statt dessen verdanken sie ihre Wirkung einer flächendeckenden Pflanzung, daher erscheinen sie als leicht bewegte, fast horizontale Fläche von bestimmter Farbe und Struktur. In weniger geometrisch aufgebauten Gärten fungieren die flächenhaft gepflanzten Arten, in Form von geselligen Pflanzengruppen und je nach Bodenart und Zweck ausgewählt, als Begleitpflanzen für höhere Stauden und Holzgewächse. Sie bilden einen Bodenteppich unter Sträuchern, wo sie sich scheinbar ungeplant ausdehnen, indem sie den natürlichen Bodenkonturen oder den Schattenflächen des Blätterdachs von Bäumen folgen. In größerem Maßstab können sich entsprechende Pflanzen auch dazu eignen, steile Böschungen zu bedecken, wo das Mähen oder Unkrautjäten schwierig ist - möglicherweise verflechten sie sich zu sogenannten Bodendeckern.

Um Pflanzen, dauerhaft oder kurzfristig, erfolg-

reich zur Deckung von Flächen einsetzen zu können, muß der Boden des gesamten Beetes gut vorbereitet, gesäubert und ausreichend mit Nährstoffen versorgt sein. Ausdauernde Pflanzen sind auf die Bedingungen angewiesen, die an ihrem natürlichen Standort herrschen: Zu gut gedüngter Boden hat ein mastiges Wachstum zur Folge und wird die Pflanze eher zur Blatt- denn zur Blütenbildung anregen. Andererseits muß der Boden für schnellwüchsige Formen sehr nährstoffreich und fruchtbar sein. Einjährige, die innerhalb weniger Monate (oder sogar Wochen) aus dem Samen bis zur Blüte gelangen, brauchen jede Art von Unterstützung, insbesondere wenn sie über längere Zeit blühen sollen.

Reine Farben mit Pflanzen

Die Hauptstütze eines schachbrettartigen Pflanzmusters sind die hochgezüchteten Hybriden, die wegen ihrer guten Blütenfarbe, ihrer langen Blühdauer oder wegen anderer wünschenswerter Eigenschaften ausgesucht werden. Die von Pflanzenliebhabern geschätzten Eigenschaften, wie natürliche Grazie und gute Wuchsform (deren Verlust oft in Kauf genommen werden muß, wenn nur das Blühpotential besonders verstärkt wird), sind ohne Bedeutung, wenn es darauf ankommt, Pflanzen flächendeckend zu verwenden. Der Gärtner sucht dann wirkungsvolle Pflanzen aus, die schon bald den Eindruck dichter Farbe oder Struktur vermitteln. Will man jahreszeitlich unterschiedliche Beete einrichten, verlangt dies zweimal im Jahr besondere Anstrengung. Nach dem Auspflanzen sollten die Pflanzen nur noch wenig Bearbeitung erfordern: Ein gut vorbereiteter und ausreichend mit Nährstoffen versorgter Boden sowie regelmäßiges Entfernen von Verblühtem sollte eine langdauernde Blüte gewährleisten. Zu den im Frühling blühenden Einjährigen gehören die samtigen Stiefmütterchen und Goldlack mit ihren reichen warmen Farben und die luftigen Vergißmeinnicht. Wie Einjährige werden auch Zwiebeln und Hybrid-Tulpen behandelt: nach dem ersten Jahr läßt meist ihre Blühwilligkeit nach, sie sollten nach der Blüte deshalb herausgenommen, getrocknet und in den nachfolgenden Jahren an weniger auffallenden Stellen ausgepflanzt werden. Sind die einjährigen Frühlingspflanzen verblüht, sollten sie entfernt werden, um den Sommerblumen Platz zu machen, die erst nach den letzten Frösten gepflanzt werden sollten. Viele sommerblühende Einjährige werden an Ort und Stelle im Frühling ausgesät. Duftsteinrich keimt und blüht innerhalb von sechs Wochen. Andere Einjährige, als Solitäre ohne Bedeutung, verschmelzen in der Gruppe zu hübschen Farbflecken oder -flächen, dazu gehören Clarkien, Natternkopf (wie *Echium* 'Blue Bedder'), Strauchpappel, Sumpfblume *(Limnanthes douglasii)*, Leinkraut, *Malva moschata*, Gartenresede, *Malcomia maritima* und die in der Nacht duftende *Matthiola bicornis*, blaublühende Jungfer-im-Grünen und *Phacelia*. Einige von ihnen säen sich selbst wieder aus. Der kleine Knöterich *Persicaria capitata* blüht und bildet seine Samen im Vordergrund von Rabatten und Steingärten, während das Zymbelkraut *(Linaria cymbalaria)*, mit muschelförmigen Blättern und blauen Blüten mit gelbem Augenfleck, sich zwischen Zwiebeln genausogut aussät und zu einem flachen Teppich auswächst wie es in Mauerritzen Fuß faßt.

Von Hybriden darf nicht erwartet werden, daß sie sich über Samen selbst fortpflanzen und Jahr für Jahr im selben Beet oder Rabatte neu erscheinen; ihre Samen sind nicht erbtreu. Die meisten einjährigen Hybriden müssen daher Jahr für Jahr mit frischem Samen ausgesät werden, nachdem die Frostgefahr vorüber ist. Sofern es möglich ist, sich eine ansprechende Auswahl zusammenzustellen, ist der Kauf von Einjährigen für Pflanzenliebhaber mit sehr kleinen Gärten sicher die ideale Lösung. Gut geeignet für phantastische Farbteppiche in sonnigen Staudenbee-

Wunderbar künstlich erscheinen diese sonnenliebenden Zinnien, wenn sie flächendeckend in einer geometrischen Anlage gepflanzt werden. In Filoli werden die Pflanzungen, deren Grenzen scharf umrissen sind, ausgezeichnet gepflegt, so daß jede Pflanze vollendet gesund und blühend erscheint - eine echte Antithese zum natürlichen Gartenstil. Art und Farbe der jeweiligen Pflanzung werden in den geometrischen Anlagen von Filoli durch genau festgelegte Pläne bestimmt. Der Erfolg hängt von der richtigen Auswahl der passenden Sorte für jede Fläche ab, und man braucht ein gut entwickeltes Gefühl für Farbnuancen, um die raffinierte Balance zu wahren. Allein die Pflege des Gartens verlangt ein hohes Maß an Können.

*Links: Flächendeckende Pflanzung ist nicht nur mit Einjährigen möglich. Stauden oder Sträucher, ausgewählt nach ihrer geeigneten Wuchshöhe, können genauso gute Blütenteppiche bilden und Unkraut unterdrücken. Hier im Garten von Frau Goossenaert in Holland blühen im Frühling Bergenien unter einer rosafarbenen Zierkirsche (*Prunus subhirtella *'Pendula') und werden auf der Wasseroberfläche zu einem Doppelbild widergespiegelt.*

Unten: Im Obstgarten von Phoebe Noble auf Vancouver Island wirkt die flächenhaft in Feldern gepflanzte winterharte Geranium macrorrhizum *sehr ausdrucksvoll und kontrastiert gut zu dem gemähten Gras. Diese Art der Gartengestaltung - einfach in einem positiven Sinne - ist nicht nur schön, sondern erfordert, sofern einmal angelegt, auch fast keine Arbeit (das Mähen ausgenommen).*

ten sind: Leberbalsam mit stahlblauen Blüten, *Alonsoa*, die köpfchenblütige *Brachyscome,* Ringelblume, Kugelamaranth, Schleierkraut mit bauschigen weißen Blüten, scharlachroter Lein, Lobelien, Mittagsblumen, Wunderblume, *Nemesia,* Pelargonien, Petunien, der kleine *Phlox drummondii,* Salbei, französische und afrikanische Ringelblumen, Tabak, Hibiscus und Verbenen. Begonien und Springkraut (die aus Samen oder Stecklingen gezogen werden können) entwickeln sich auch im Schatten gut.

Empfindliche Pflanzen können ein Ersatz für echte Einjährige sein. Werden sie aus Stecklingen herangezogen und entsprechend abgehärtet, sind sie weniger anfällig gegenüber späten Frösten und können früher ausgepflanzt werden als die aus Samen herangezogenen Einjährigen. Sie wachsen schnell zusammen und verdecken nackte Erdoberflächen. Ich empfehle die weichstengeligen *Diascia-* und *Osteo-*

spermum-Arten (Syn. *Dimorphotheca*), Bartfaden und Verbenen zusammen mit den stärker verholzten silberblättrigen Beifußarten, Strauchmargerite, Pantoffelblume, Kapastern, Strohblumen und Salbei-Arten.

Reizvolle Blumenteppiche

Durch dauerhafte Pflanzungen niederwüchsiger Sträucher, Stauden oder Zwiebelpflanzen spart man im Vergleich mit saisonalen Einjährigen etwas Arbeit. Zwar wird in den ersten Jahren das Unkrautjäten mit der Hand erforderlich sein, doch sobald sich die Pflanzen über dem gut vorbereiteten Boden geschlossen haben, entsteht ein schattiger Teppich, der sowohl ein- wie mehrjährige Unkräuter unterdrückt.

Gut geeignet sind auch Sträucher wie Schneebeere, Johanniskraut, Dickmännchen *(Pachysandra)*, Schneeball, Immergrün und Efeu - meist wegen ihres Laubes angepflanzt -, deren breit horizontal ausgerichtete Zweige oder Sprößlinge den Boden abdekken. Leichter zu handhaben sind krautige, Tuffs bildende Pflanzen wie etwa sich ausbreitende Taglilien, Storchschnabel, Schaumblüte und Falsche Alraunwurzel oder Günsel, Steinsame, Tränendes Herz, *Lysimachia nummularia* und Taubnesseln, die alle über weitreichende Wurzelsysteme verfügen.

Einige der sonnenliebenden Pflanzen haben den Vorteil, sowohl schöne Blüten als auch wunderbares Laub während des ganzen Sommers auszubilden. Statt arbeitsintensiver, traditioneller Einjähriger kann man diese durchaus in formalen Anlagen oder als Füllung für schwierige Ecken des Blumengartens verwenden. Sofern die Proportionen stimmen, sind solche Pflanzen als kleine homogene Gruppen ebenso wirksam wie flächenhaft im großen Maßstab auf eindrucksvollen Gartenparterren oder in Waldbeet-

Ein Paar bronzeblättriger Perückensträucher bewacht von außen das Hoftor von Tintinhull. Wahrscheinlich stammen beide von einem dunkelblättrigen Cotinus coggyria *'Rubrifolius' oder einem* C. c. *'Royal Purple' ab. Unter ihrem Schutz wächst das gelbblühende Johanniskraut* (Hypericum calycinum), *eingerahmt von Steinen, damit es sich nicht zu breit macht. Es bildet nicht nur einen wirksamen Kontrast zu den höheren Nachbarn, sondern verhindert auch das Hochkommen von Unkraut. In Situationen wie dieser, wo es auf überraschende Effekte ankommt, ziehe ich einfache Gruppen einer Mischung unterschiedlicher Blüten und Blätter vor.*

Links: In La Garoupe an der französischen Riviera wird ein großes Beet durch ein Rückgrat aus Olivenbäumen teilweise beschattet. Bepflanzt ist es mit wohlentwickelten Chasmanthe aethiopica, *einer mit den Montbretien verwandten Zwiebelpflanze mit zerbrechlich wirkenden orangeroten Blüten. Hinter dem flächendeckenden Einsatz von Pflanzen muß nicht immer ein geometrisches Konzept stehen, obwohl hier der Verlauf einer Allee nachgezeichnet wird. Die eindrucksvollsten Effekte erzielt man durch Verwendung einer einzigen Pflanzenart, weniger durch eine verschwommene Mischung. In etwas unfreundlicheren Regionen kann die Wirkung dieses exotischen Beetes durch Verwendung von winterharten Pflanzen nachgeahmt werden.*

Rechts: In einem Garten nahe der Küste von Devon überzeugt diese bewußt ungezwungene Anpflanzung durch ihre Mischung aus Etagenprimeln und einer ungewöhnlichen portugiesischen Form der Paradieslilie (Paradisea lusitanica) *mit grasartigen Blättern und weißen, trompetenförmigen Blüten auf hohen Stengeln. Die Primeln säen sich an zusagenden Plätzen selbst aus, bedecken den Boden im wahrsten Wortsinn, und verdrängen jegliches Unkraut. Eine silbrigblättrige Weide* (Salix lanata) *gedeiht gut in dem feuchten Uferboden, bleibt aber niedrig.*

szenerien. Pflanzen dieser Art fehlt es nicht etwa an Individualität: Häufig sind sie für sich wunderschön, doch wird ihre Wirkung noch dadurch gesteigert, daß sie konzentriert auf einer einzigen Fläche wachsen, mit allen Blüten und Blättern in der gleichen Höhe und miteinander zu einem zurückhaltenden Teppichmuster oder einem Kissen verwoben. Zu den kompakteren flächendeckenden Pflanzen gehören Pflanzen wie Stachelnüßchen, Zwergglockenblumen und Filziges Hornkraut, die Trockenmauern wie einen Vorhang verhüllen und Lücken zwischen Steingartenpflanzen schließen, Steinbrech und duftender Thymian; auch *Euphorbia cyparissias, Lamium maculatum* (mit weißen oder hellrosa Blüten und schön panaschierten Blättern), *Anthemis nobile* (mit denen man Kamillenrasen gestalten kann), niederliegender Ehrenpreis und ausgesäte Veilchen gehören dazu. Akanthus mit seinen glänzenden Blättern, Frauenmantel, die höheren Wolfsmilch-Arten und Storchschnabel (einige Formen wachsen gut im Schatten) eignen sich besser für größere Flächen.

Bei einigen Pflanzen sind es vor allem Farbe, Form und Struktur ihrer Blätter, mit denen sie sich für einen dauerhaften Teppich empfehlen. Während der gesamten Gartensaison ist ihr Laub ebenso wichtig wie die Farbe irgendeiner Blüte. Solche Pflanzen lassen sich in geometrischen Mustern flächenhaft anpflanzen oder in Rabatten freier gruppieren. Silber- und graublättrige Pflanzen, wie z. B. (die strauchige *Senecio* 'Sunshine') Beifuß, Strohblumen und Ziest, liefern eine Kulisse aus Blattwerk für kräftige Blütenfarben. Lavendel, Rosmarin, Heiligenkraut und Formen von *Salvia officinalis* mit schönem Laub lieben sonnige Standorte und haben aromatische Blätter (und in der richtigen Jahreszeit attraktive Blüten). Für weniger sonnige Standorte sind schönblättrige Stauden wie die nicht winterharte *Tolmiea* und Taubnesseln mit weiß- und cremefarben-gemusterten Blättern (*Lamium maculatum* 'Beacon Silver' und *L. m.* 'White Nancy') empfehlenswert.

Die Auswahl der flächendeckenden Pflanzenarten sollte sich nach Standort und Boden richten: In Problemzonen müssen die Pflanzen gesund sein, um die bloßliegende Erde abzudecken. Niederliegende Wacholder-Arten gedeihen gut auf trockenen Böschungen, dazwischen die nicht winterharte Liriope, verschiedene Formen von ausläuferbildenden Minzen, darunter auch die graublättrige *Mentha × rotundifolia* 'Bowles' (syn. *M. × villosa alopecuroides*). An schattigen Standorten werden Sträucher vor allem wegen ihres Laubes gepflanzt. Gut geeignet sind *Lonicera pileata,* groß- und kleinblättrige Efeu-Arten, Formen des Pfaffenhütchens mit grünen oder panaschierten Blättern und die säureliebende *Pachysandra.* Schöne schattentolerante Sträucher mit attraktiven Blüten und Früchten sind auch Felsenmispel, Heiden, Johanniskraut, Fleischbeere und Schneebeere. Unter hohen Bäumen in Waldgebieten breiten sich all diese Sträucher teppichartig aus.

Gut geeignet für eine dichte Bepflanzung sehr schattiger Bereiche sind die niederwüchsigen Günsel-Arten mit grünen oder farbigen Blättern und blauen Blüten, immergrüne Elfenblumen, *Asarum europaeum* mit seinen glänzenden Blättern, *Brunnera macrophylla,* Waldmeister, Christrose, Taglilien, Funkien, Nabelwurz mit blauen Blütensternen, Lungenkräuter mit gefleckten Blättern, Formen des Beinwells *(Symphytum),* Schaumblüte, Falsche Alraunwurzel und die gelbblühende *Waldsteinia ternata.* Unter den Zweigen von Sträuchern decken sie den Boden ab und wachsen zu einem dichten Teppich zusammen,

Von dem attraktiven Frühlingslaub des Hundszahns (Erythronium) *heben sich die rosa, weißen oder gelben Blüten ab, die am besten aussehen, wenn sie wie hier in Knightshayes in einem Wald wachsen. Die rosa* Erythronium revolutum, *mit großen cremefarbenen, zurückgebogenen Blüten und gemusterten Blättern, flankiert* E. *'White Beauty' (wahrscheinlich eine Form von* E. oregonum). *Alle diese Pflanzen bevorzugen saure Böden und sind anspruchslos.*

der für Unkraut undurchdringlich wird. Einige von ihnen, wie z. B. der blaublühende Steinsame, sind ausgesprochen säureliebend.

Naturnahe Pflanzungen

Ein Garten, in dem sich die Pflanzen scheinbar nach Belieben ausbreiten können, ruft die Erinnerung an ein Paradies hervor. Als Frank Kingdon Ward im Jahre 1626 in Tibet zum ersten Mal den blauen Himalaja-Scheinmohn *(Meconopsis betonicifolia)* entdeckte, glaubte er, sein eigenes Paradies gefunden zu haben: „Plötzlich blickte ich auf und sah einen Strom blauer Mohnblüten, die im fahlen Licht wie Saphire glitzerten - wie ein vom Himmel herabgefallenes, blaues Feld". Die Anzucht dieser Himalaja-Wunder gelingt nur wenigen, doch andere „Blaue" wie *Buglossoides, Anemone apennina,* selbst das recht prosaische Vergißmeinnicht fügen sich zu lebendigen Gartenteppichen zusammen.

Wirkliche Wildblumen in ihrer natürlichen Umgebung sind atemberaubend schön und können - sofern geschickt gepflanzt - auch im Garten entsprechend wirken. Ohne Hilfe von Gartenbautechniken lockt der Frühlingsregen auf den kalifornischen Hügeln prachtvollen Goldmohn und blaublühende Lupinen in farbigen Bögen hervor. Dagegen wirken die Schachbrettblumen auf den Wiesen von Oxfordshire eher bescheiden. Ebenfalls im Frühling besiedeln Primeln und Schneeglöckchen die Hänge auf den Britischen Inseln und bilden natürliche Blumenteppiche.

Zwiebelpflanzen, die in einer Wiese verteilt werden, erfordern nur wenig Aufwand, wenn auch die Pflege der Wiese als solche eine Menge an menschlicher Arbeit verlangt. Das Mähen sollte so geplant werden, daß das Gras nicht mit den Zwiebeln konkurriert, andererseits aber die Blätter der Zwiebelpflanzen nicht zu früh geschnitten werden. Gut in gemähten Wiesen oder naturnahen Obstgärten wachsen Krokus, Schneestolz, Traubenhyazinthen, Narzissen, Blausternchen und Schachbrettblumen. Gegen Ende des Sommers erscheinen Herbstzeitlose, Alpenveilchen und herbstblühende Krokus-Arten.

Andere kleine Zwiebeln und Knollen wachsen in Beeten zu Blumenteppichen aus. Einige davon, wie z. B. Alpenveilchen, Hundszahn und Dreiblatt, haben zusätzlich dekorative Blätter. Im Frühling blühen Anemonen zwar prächtig aber leider nur für kurze Zeit. *Allium*- und Tulpen-Arten geben einem Garten den Anschein von Alter und heiterer Reife.

Pflanzen für die Gartenkulisse

Kletterpflanzen und an Mauern hochgebundene Sträucher bereichern jede Anlage mit ihrer Schönheit. Beispielsweise erklimmen Kletterpflanzen wie Rosen oder *Clematis* Mauern oder Spaliere oberhalb einer Rabatte, und hohe Sträucher, freiwachsend oder in Form geschnitten, können mit ihren Blättern und Blüten ein Pflanz- oder Farbthema erweitern. Andere Sträucher oder kleine Bäume können hinter einer freistehenden Rabatte als durchgehende Heckenlinie oder, locker gruppiert, einen anziehenden Hintergrundeffekt erzeugen. Viele Hecken werden nur gepflanzt, um mit ihrer Masse gleichartig gefärbten Laubes eine Anlage zu verbinden, doch gibt es viele geeignete Heckenpflanzen, die außerdem noch schöne Blüten besitzen.

Alle diese „Hintergrundpflanzen“ können mit anderen kombiniert werden, um als individuelle Gruppe die Wirkung des Vordergrundes zu betonen. Senkrechte Pflanzen ziehen den Blick nach oben und sind daher insbesondere in kleinen Gärten von Nutzen.

Blühende Kletterpflanzen

Einige Kletterpflanzen sind wüchsige Selbstkletterer. Haben sie sich einmal etabliert, brauchen sie keine Kletterhilfen mehr. Durch Haftscheiben an den Zweigen fixieren beispielsweise *Parthenocissus*-Arten ihre Ranken an jeder Unterlage. Wie der Efeu, verhaften sich auch die Kletterhortensien mit ihren Luftwurzeln am Untergrund: *Hydrangea anomala* ssp. *petiolaris* ist die vielleicht häufigste Art. Die raffiniert unauffällige Schönheit ihrer grünlich-weißen Doldentrauben und ihrer frischen grünen Blätter bildet einen guten Hintergrund für Christrosen, schattentolerante *Euphorbia amygdaloides* 'Robbiae' für faltige Funkienblätter und Farne.

Die bekanntesten der blühenden Kletterpflanzen brauchen in der Regel eine leichte Kletterhilfe. Der Wein besitzt windende Ranken, *Clematis* rankt mit den Blattstielen mit leichter Kletterhilfe an jedem angebotenen Spalier, aber auch an den Zweigen anderer Pflanzen empor. Die Kletterrosen besitzen eingekrümmte Stacheln, mit denen sie sich an Drähten oder Zweigen festklammern. Kletternde Pflanzen wie die Glyzine und das Geißblatt winden sich mit ihren Sprossen um die Unterlage und heben damit ihre Blüten ans Sonnenlicht.

Die wahrscheinlich edelsten Kletterpflanzen sind die wüchsigen Glyzinen, gut geeignet für sonnige Wände, Pergolen und in wärmeren Regionen auch für Bäume, an denen sie hoch emporklettern. Mit langen Trauben duftender Schmetterlingsblüten in verschiedenen Nuancen von Blau, Violett oder Weiß, hüllen sie im Spätfrühling eine glatte Oberfläche in einen Duftvorhang ein. Durch Beschneiden lassen sie sich auch in Form eines kleinen hochstämmigen Baumes trimmen.

Die windenden Stämme des Geißblattes schmükken Spaliere, Pergolen und Zäune mit farbenfrohen – manchmal auch duftenden – Blüten: Die verschiedenen Formen blühen vom Frühling bis in den Sommer. Da Geißblatt nicht besonders stark wächst, eignet es sich besonders gut für kleinere Ecken in der Nachbarschaft hoher, breiter Sträucher – manche Formen vertragen auch Schatten. Die zarten Sommerjasmine erfüllen ebenfalls die Luft mit ihrem Duft. *Solanum crispum* 'Glasnevin' blüht blau, und

Im Garten von Frau Gwen Beaumont in The Gables wird dieser Türeingang von einer Kletterhortensie (Hydrangea anomala *ssp.* petiolaris) *eingerahmt, die sich mit den übrigen Pflanzen zu einem bezaubernden Bild zusammenfügt. Fast jeder Garten ist auf Umrahmungen angewiesen; man erreicht dies, indem man sich auf die natürlichen Formen von Bäumen verläßt oder indem man durch die Anlage künstlicher Strukturen den Blüten und Blättern die Gelegenheit bietet, sich zu einem dichten Wandteppich zu verweben.*

Formen der noch empfindlicheren *S. jasminoides* lassen sich gut beschneiden, so daß sie über Zäune und unschöne Schuppen klettern. Läßt man die Wohlriechende Wicke *(Lathyrus odoratus)* auf dreibeinigen Stützen wie *Clematis* emporranken, dann bereichert sie als besonderer Blickfang Blumenbeete, Kräutergärtchen, selbst Reihen von Gemüsebeeten.

Clematis und Rosen

Während ihrer kurzen Blütezeit werden einige der mehrjährigen Kletterpflanzen durch ihren überreichen Blütenflor zu Leitpflanzen. Sie ranken dann durch offene Spaliere, drapieren sich über Pergolen oder Zäune, fallen kaskadenartig über Dächer, bedekken Steine und Ziegel (wobei es manchmal hilfreich sein kann, ihnen etwas Hilfestellung zu geben) und werfen sich in hemmungsloser Romantik hoch in Bäume empor. Weniger kräftige Kletterer könnten vielleicht über Geländer oder niedrige Mauern fallen und sich über geneigte Böschungen ausbreiten. Für einige dieser Kletterpflanzen ist es jedoch am besten, wenn man sie gezielt auf Stützen oder an Wänden hochzieht.

Zu dieser Kategorie gehören vor allem *Clematis* und Rosen. Die verschiedenen *Clematis*-Arten begeistern während der meisten Monate des Jahres – einige mit einem besonders schönen Laubschleier, alle mit entzückenden Blüten (die oft zu seidigen Fruchtstän-

Zu den gelungensten Bauerngärten gehören jene, in denen Obstbäume, Gemüse und süß duftende Blumen miteinander wachsen. In Chilcombe klettert die Wohlriechende Wicke zwischen den Zweigen empor und gibt damit den regelmäßigen Reihen von Petersilie und Roter Rübe Höhe. Hinter ihnen umschlingen die Kletterrosen alte Obstbäume und verleihen so dem Garten einen Hauch von Wildnis. Die purpurne Clematis *'Perle d'Azur', eine der schönsten spätblühenden Arten, umschlingt die Äste eines Apfelbaumes und blüht noch, wenn die Früchte zu reifen beginnen.*

den werden). Viele können Mauern verhüllen, sich über Spaliere winden und an Gestellen hochklimmen, oder aber sie klammern sich in Nachbarpflanzen und treiben mit ihren kleinen, zierlichen oder größeren, schalenförmigen Blüten prächtigen Aufwand durch massierte Farben. *Clematis cirrhosa* deckt mit ihren farnartigen Blättern Wände ab und verwandelt sich im frühesten Frühjahr in einen Vorhang aus cremefarbenen Blüten. Eine andere immergrüne Art, *C. armandii*, trägt hübsche Blätter mit ledriger Oberflächenstruktur. Wie bei allen *Clematis*-Arten, sollten auch bei ihr die Wurzeln beschattet sein, doch ihre Blüten recken sich in besonnte Bereiche empor: Am besten pflanzt man sie auf die Schattenseite einer Mauer und läßt sie die Mauerkrone überwinden, so daß sich ihre duftenden Blüten von der Höhe auf die sonnigen Seiten ergießen, wo sie die ideale Kulisse für sonnenliebende Wolfsmilchgewächse und *Erysimum*-Arten, für die im Frühling blühenden Kronwicken, die malven- oder weißblühenden *Abutilon*-Arten und das sich entfaltende Laub der robusten Stauden bilden.

Die Sorten der robusten *Clematis montana* sind wüchsig und gesund, sie verlangen nur wenig Aufmerksamkeit und können große Flächen einer Wand verdecken oder größere Bäume mit cremefarbenen, hell- oder rosaroten Blüten verschönern. Ein Selbstkletterer ist *Clematis alpina*, die über niedrige Wände oder Balustraden hängt und sich in den unteren Zweigen einer Kletterrose verankern kann. Die von Gertrude Jekyll so geliebte *C. flammula*, die sie zur Bekränzung aller ihrer Pergolen verwendete, bringt duftende weiße Blüten hervor. Neben den bezaubernden *Clematis*-Arten kommen den Sommer über auch zahlreiche größerblütige Hybriden zur Blüte, die die meisten Stauden überragen. Sie sind besonders gut geeignet, um - unterstützt durch ein Gerüst - einem Staudenbeet Höhe zu geben, Teil einer Farbkomposition zu werden oder eigene Muster zu bilden, die sich von Blättern oder vom Menschen gemachten Oberflächen abheben.

Clematis sind der perfekte Partner für Rosen. Von beiden Gattungen gibt es eine solch breite Palette von Blütenfarben und -formen, daß die Zahl der möglichen Kombinationen schier unermeßlich scheint, von gleichförmig kattunähnlicher Blütenmasse bis hin zu eleganten, gestickten Strukturen.

Die Auswahl der Rosen für die Gartenkulisse ist nicht einfach nur die Entscheidung für eine Farbe, die gut zu den benachbarten Pflanzen paßt, sondern auch eine Frage der Stimmung und des Stils. Die „perfekteren" einzelnen Rosenknospen oder verblühte offene Blüten verlangen die Bewunderung aus der Nähe. Für eine auf einer Pergola oder einem Bogen wachsende Rose kann es günstig sein, von unten eine Clematis oder eine andere Kletterpflanze hochzuziehen, um die nackten Zweige der Rose zu verdekken. Soll eine Rose den Hintergrund eines Beetes oder einer Rabatte vorhangartig abschließen, empfehlen sich Gruppen kleiner Blüten, die auf frisch glänzendem grünen und üppig aussehenden Laub einen Kontrast zu den Blütenfarben des Vordergrunds bilden. Hellere Farben tragen zu einem diffuseren Effekt bei, doch besonders Gelbtöne, Karmesin- oder Tiefrot eignen sich besser für die Erzeugung eines sorgfältig komponierten Farbmusters.

Rambler-Rosen unterstützt man am besten durch ein offenes Spalier, Kletterrosen eignen sich eher für Wände. Nach der Blüte sollten Rambler-Rosen be-

Clematis 'Etoile Violette' blüht mit zarten, dunkelvioletten Blüten gleichzeitig mit der duftenden Kletterpflanze Lonicera × americana *oberhalb der Blätter von Taglilien. Sie decken die Wand hinter ihnen vollständig ab. Der gedämpfte Kontrast dieser Komplementärfarben fügt sich zu einer reichen Kulisse zusammen. Viele Kletterpflanzen, die sich unter natürlichen Bedingungen an Zweigen emporwinden, lieben es, wenn ihre Wurzeln im Schatten, die Blüten aber in der Sonne sind. Das gute Aussehen dieses Details zeigt deutlich, daß der Standort den natürlichen Ansprüchen der Pflanzen entspricht.*

Links: Viele Leute sehen in dem Garten von Ninfa südlich von Rom, einer romantischen Anlage in einem ruinösen Dorf des dreizehnten Jahrhunderts, ihre Vorstellung vom Paradies verwirklicht - ein Garten Eden, in dem der Mensch immer noch Zuschauer sein darf. Rosen und andere Kletterpflanzen (deren Identifizierung oft nicht möglich ist, da die noch vorhandenen alten Bestellisten etwas unklar sind) wachsen über alte Mauern und in die Bäume, um sich zu einer großartig wilden, überreich blühenden Kulisse zusammenzufügen. Farben, Duft und Schönheit verdichten die verzauberte Atmosphäre des Gartens.

Gegenüberliegende Seite: In dem ummauerten Garten von Mottisfont Abbey bedekken überreich wuchernde, alte Rosen die Beete und wachsen girlandenartig über Mauern. Als Kulisse eignen sich Rosa *'Blush Rambler' auf der hinteren Mauer und auf der rechten Seite die kräftige Moosrose 'William Lobb' mit dunklen, karmesinroten Blüten. Im Beet (vorne auf der linken Seite) erkennt man die einzeln wachsende helle* R. *'Mousseline', daneben* R. *'Salet' mit nur wenigen Blüten, dahinter wächst die höhere, blütenbedeckte* R. *'Belle Amour', die von* Rosa × alba *abstammt. Im Zentrum steht die tiefrote* Rosa rugosa *'Mrs. Anthony Waterer' hinter* R. *'Mme. Pierre Oger' und* R. *'Bourbon Queen'. Auf der rechten Seite wächst* Rosa gallica *'Spong'.*

schnitten werden, um die Bildung neuer Triebe zu fördern, die im nächsten Frühjahr Blütenknospen tragen. Eine beliebte Kletterrose ist 'Gloire de Dijon' mit großen, ledergelb-aprikosenfarbenen bis hellorange gefärbten Blüten. Sie blüht wiederholt während des Sommers, wobei sich ihre flachen Blüten mit unregelmäßigen oder viergeteilten Zentren öffnen. Der Standort vor einer warmen Wand erlaubt einander abwechselnde, entzückende Kombinationen von *R.* × *odorata* 'Pallida' (syn. 'Old Blush China') mit anderen Pflanzen. In Tintinhull lassen wir zwischen den halb gefüllten Blüten einer Rose *Clematis alpina* in einer schmalen Rabatte wuchern; darunter gedeihen die sonnenliebenden rosa Guernsey-Lilien und Amaryllis.

Während ihrer Hauptblühperiode können einige der kräftigeren Kletterrosen Hauptbestandteil eines markanten Farbkonzeptes sein: Tiefgelbe Rosen wie 'Golden Showers' eignen sich zusammen mit Gruppen von Tee-Hybriden als komplementäres Element für blaue und gelbe Rabattenkompositionen. Karmesinrote Rosen (zu den Besten gehört 'Crimson Conquest') vermischen sich ausgezeichnet mit purpurfarbigen Blättern und blauen Blüten im Vordergrund. Tiefe Rot- und Scharlachrottöne von der Art 'Guinée' und 'Danse du Feu' verlangen einen speziellen Platz in reicheren, wärmeren Farbkompositionen. Das glühend kräftige Blau von der Säckelblume wird durch rosafarbene Kletterpflanzen gemildert: Im Frühling paßt die gefüllte *Rosa* 'Madame Grégoire Staechelin' gut zu *Ceanothus* 'Cascade', während sich 'Old Blush China' durch eine im Sommer blühende Säckelblume zähmen läßt.

Etwas früher blühen die Rambler-Rosen, Formen der lieblich duftenden *Rosa banksiae* und *R. laevigata,* mit großen, cremigweißen duftenden Blüten. Sie bilden kaskadenartige Vorhänge vor heißen Wänden (etwas Unterstützung ist erforderlich) oder wachsen - in klimatisch günstigen Regionen wie dem Süden Amerikas - wild und frei in hohe Bäume hinein. Andere blühen erst dann, wenn die Beetrosen und die eher konventionellen Kletterrosen ihre Blüte bereits eingestellt haben. Auf hohen Spalieren oder frei in einem Baum kletternd, aus dem sich ihre blühenden Zweige herabneigen dürfen, sehen die Gruppen von kleinen weißen, im Zentrum gelben Blüten von *R.* 'Bobbie James', *R. mulliganii* und *R. filipes* 'Kiftsgate' großartig aus. Die üppig wuchernde *R.* 'Paulii' ist von Natur aus kriechend und kann langweilige Mauern und Hänge mit undurchdringlichen, stache-

Links: Die kräftige rosa Rosa *'Constance Spry' und eine dunkelblühende* Clematis viticella *rahmen in diesem südholländischen Garten eine schöne eiserne Sitzbank ein, die fast vollständig von Päonien und Frauenmantel eingeschlossen wird. Indem hinter Rabatten und Beeten die dritte Dimension einbezogen wird, erhält ein Pflanzenbild wie dieses eine gewisse architektonische Fülle. Zudem tragen die Pflanzen zur Erweiterung der Farbpalette in die Vertikale bei.*

Vitis vinifera *'Purpurea' ziert mit seinen purpurüberlaufenen jungen Blättern, die sich im Alter dunkler färben, das Sommerhaus in Tintinhull. Im Spätsommer wächst die ähnlich gefärbte, samtige* Clematis × jackmannii *durch ihn hindurch, ebenso auch die intensiv orangeblühende* Eccremocarpus scaber, *die - obwohl eine einjährige Kletterpflanze - sich gelegentlich selbst aussät. Dieser Vorhang aus Blättern und Blüten bildet den Hintergrund für Pflanzen, die jedes Jahr neu in Pflanzgefäßen arrangiert werden. Die hohe* Lobelia tupa *und die filigranen, silbernen Blätter von* Artemisia arborescens *erheben sich in ihren Töpfen über die kriechende* Osteospermum ecklonis.

ligen Zweigen und einer einmaligen, nach Gewürznelken riechenden, weißen Blütenpracht überziehen. Die bewährte hellrosa *Rosa* 'New Dawn', die sowohl kletternd wie rankend wachsen kann und mehrfach blüht, ist von prachtvoller Wirkung. In Hauptrabatten liefern Gruppen ihrer süß duftenden Blüten während des gesamten Sommers einen perfekt getönten Hintergrund. In Tintinhull ist sie ein idealer Partner für Pfeifenstrauch und herbstliche Hortensien.

Kletternde Begleitpflanzen

Weniger wüchsige, ausdauernde Kletterpflanzen, die im Winter zurückfrieren und einige einjährige Kletterer - wie auch die kleinblütige Clematis - müssen nicht unbedingt als gesonderter Blickfang dienen, sondern können auch durch Sträucher und Hecken hindurchranken.

Mit den Wurzeln im Schatten klettern rot-, orange- und gelbblühende Schönranke und scharlachrote *Tropaeolum speciosum* durch Eibenhecken; *T. peregrinum,* die gewöhnlich als Einjährige gezogen wird, drapiert sich im Hintergrund sonniger Rabatten über benachbarte Büsche. Passionsblumen *(Passiflora)* mit exotischen Blüten und Glockenrebe *(Cobaea scandens)* können die Wirkung von Rosen und anderen Kletterpflanzen unterstreichen. Zur Steigerung der Farbwirkung machen sie sich gut hinter einem gewöhnlichen Blumenbeet, eingewunden zwischen freistehenden Strauchrosen. Genausogut sind auch einjährige Prunkwinden und Staudenwicken *(Lathyrus latifolius)* mit rosa oder glänzenden weißen Blüten geeignet. Sträucher und Kletterpflanzen, die zur selben Zeit blühen, können zur Erzeugung besonderer Effekte nebeneinander gepflanzt werden, so daß eine besondere, auf der Vermischung der Blüten beruhende Farbwirkung entsteht.

Kletterpflanzen für die Gartenkulisse

Viele der blühenden Kletterpflanzen besitzen getöntes oder auch einfacheres, düster grünes Laub, während andere eigens wegen ihrer Blattfarben angepflanzt werden, um die Wirkung des Vordergrundes zu verstärken.

Der selbstkletternde, laubabwerfende *Parthenocissus henryana* besitzt Blätter mit gelblichen und rosa Malen, die selbst in tiefstem Schatten ihre glühenden Farben behalten - eine Qualität, die sie mit *Humulus lupulus* teilt, dem kletternden, winterharten, ausdauernden Hopfen mit Blättern von sehr hellem Gold. Beide bilden überwältigende Farbkulissen in kleinen Hausgärten, wo es nur wenig Sonne gibt. Farne mit spitzenartigen, grünen Blättern und Funkien mit bläulichgrünen, geäderten Blättern setzen sich gut vor auffallenden Laubvorhängen ab. Das immergrüne japanische Geißblatt (*Lonicera japonica* 'Aureoreticulata') - mit golden panaschierten Blättern, die sich im Spätsommer zu Goldbronze verfärben - ist eine weitere schattentolerante Pflanze, die eine dunkle Ecke verdecken kann, um als faszinierender Hintergrund besondere Farbeffekte zu liefern.

Schattentolerant sind auch eine Reihe panaschierter Formen des immergrünen, großblättrigen Efeus: Jedes Blatt von *Hedera canariensis* 'Gloire de Marengo' wird von Graugrün und Cremeweiß eingefaßt; *Hedera colchica* 'Sulphur Heart', syn. *H. c.* 'Paddy's Pride' besitzt grüne Blätter mit zentralen gelben Flekken. Sorten von *Hedera helix* mit kleineren Blättern gibt es in einer breiten Skala grüner Blattformen und einigen hübschen Panaschierungen in Gold, Cremeweiß und Silber.

Vitis vinifera 'Purpurea' hat im Frühling purpurüberzogene Blätter, die zu einem dunklen Purpur reifen; die von *V.* 'Brant' sind faszinierend bronzerot getönt. Beide sehen hinter Heliotrop oder blaublühendem Salbei gut aus.

Viele Weine werden allein wegen ihrer prachtvollen Herbstwirkung angepflanzt. *V. coignetiae* kann im Spätsommer eine Mauer hinter einer Rabatte, in der Gräser und andere Stauden bronze- und isabellfarbene Tönungen annehmen, unter karmesin- und scharlachroter Drapierung verschwinden lassen, oder aber an einem hohen Baum emporwuchern, um zu einem pulsierenden Vorhang zu werden. *Parthenocissus tricuspidata* 'Veitchii' und *P. quinquefolia* bieten ein ebenso beeindruckendes Schauspiel. *Ampelopsis brevipedunculata* trägt nach einem heißen Sommer porzellanblaue Beeren, die auf ihre Weise ebenso spektakulär sind wie jeder Blütenvorhang.

Empfindliche Kletterpflanzen wie die immergrüne *Stauntonia hexaphylla* mit violett getönten, stark duftenden Blüten im Frühling, brauchen im Sommer ein warmes Plätzchen in voller Sonne. Sehr ähnlich ist die verwandte *Holboellia coriaceae.* Wenn sie durch heftigen Frost tief zurückfriert, treibt sie oft im nächsten Jahr neue Blütensprosse aus. Von *Schisandra grandiflora* ziehen wir in Tintinhull nur die laubabwerfende Form.

Ein Gerüst aus Obstbäumen

Obstbäume als Spalier, in Reihe, als Fächer oder in eine andere geometrische Form geschnitten sind architektonische Gestaltungselemente. Mit gleichmäßigem Abstand entlang einer Wand oder an Drähten als freistehende Hecke gepflanzt, werden ihre markanten Formen zu Blickpunkten oder gleichmäßigen Linien hinter Beeten und Rabatten. Spaliere sehen das ganze Jahr über wunderbar aus: Ihre nackten Zweige bilden im Winter eine scharf umrissene Silhouette; im Frühling zieren Blüten ihre gleichmäßig angeordneten Äste und im späten Sommer geben die reifen Früchte einer Zierpflanzung den Anschein des Nützlichen. Starker jährlicher Rückschnitt trägt nicht nur zum besseren Aussehen bei, sondern sichert eine ausreichende Blüte und den Fruchtansatz. Standorte an warmen Wänden schützen die verletzlichen Blüten vor Spätfrösten und fördern die Bildung von Holz. In Tintinhull stehen Birnbaum-Spaliere hinter rosa Rosen und blauen Bartblumen. Solche beschnittenen Bäume sind aber nicht nur als traditioneller Bestandteil alter, ummauerter Gärten, sondern auch für moderne kleine Gärten sehr gut geeignet, da sie den Raum attraktiv unterteilen, ohne selbst zuviel Raum zu beanspruchen - dazu liefern sie noch Obst.

Dieser fächerförmig vor einer hohen Mauer gezogene Apfelbaum spielt in Holkham Hall in Norfolk das ganze Jahr über eine architektonische Rolle und ist auch - sofern von einem Experten beschnitten - von gleichermaßen praktischem Nutzen. Im Winter zeichnen die nackten Zweige ein geometrisches Muster, während die Blüten und Blätter den Frühling und Sommer attraktiv gestalten - dekorativ sind auch die reifenden Äpfel. Blumengärten, besonders Staudenbeete, denen es an Form und Rhythmus fehlt, profitieren von geometrisch strengen Blickpunkten wie beschnittenen Bäumen im Hintergrund. Spalierobstbäume verleihen einem Garten eine Atmosphäre von Reife.

Viele der strauchigen Immergrünen aus Kalifornien sind an exponierten Stellen ziemlich empfindlich, in geeignetem Mikroklima bilden sie jedoch stets verläßlich ihre Blüten. In kühleren Regionen ist es von großem Vorteil, sie vor besonnten Wänden wachsen zu lassen, so daß das Holz gut ausreifen kann und im nächsten Jahr reichlich Blütentriebe bildet. Carpentaria californica, *zum ersten Mal von Gertrude Jekyll auf Godalming 1855 zur Blüte gebracht, trägt große, weiße Blüten, deren zentrale, gelbe Staubblätter die Blütenkrone noch besonders betonen. An eine Wand gebunden, liefert sie einen schönen Hintergrund für Rabattenpflanzen.*

Spaliergehölze an Mauern

Viele Bäume und Sträucher werden robuster, blühen besser oder bilden reicheres Herbstlaub aus, wenn sie gegen eine Wand gebunden und in geometrischen Formen aufgezogen werden. Für die Gestaltung sind solche Pflanzen besonders wichtig, da sie wertvolle Höhe zu den Gartenkompositionen beitragen. Einzelexemplare werden hinter einer frei gestalteten Pflanzung zu prägenden Elementen, gut aufgezogene Sträucher, eingerahmt von niederwüchsigen Pflanzen, bilden rhythmische Muster.

Vor einer schützenden Wand gepflanzt, wachsen sowohl immergrüne als auch laubabwerfende Sträucher zu statischeren Formen heran, als wenn sie frei stünden. Abutilon-Arten und Lorbeerbäume entwickeln sich mit diesem zusätzlichen Schutz zu regelmäßigen Pyramiden; Perückensträucher, die immergrüne *Magnolia grandiflora,* Orangenbäume und Duftblüte *(Osmanthus)* bilden rundere Formen aus und gleichen stützenden Säulen. Manchmal werden sie auch beschnitten, um zylindrische oder kuppelförmige Blöcke zu bilden. Als hübschen Wandstrauch für den späten Sommer empfehle ich *Itea italica* mit ilexähnlichen, glänzenden Blättern und grünlichgelben Kätzchenblüten.

Pflanzen aus wärmeren Ländern profitieren ebenfalls von einer schützenden Wand, an der sie hochwachsen können, sie danken es mit besserer Blüte. Sowohl der nach Ananas riechende *Cytisus battandieri* als auch der Schmetterlingsblütler *Piptanthus nepalensis* - beides halbimmergrüne Pflanzen in warmen, in der Regel jedoch laubabwerfend in kühleren Regionen - verhalten sich bei dieser Aufzucht wie Kletterpflanzen. Viele *Escallonia*-Arten sind winterhart, doch *Escallonia* 'Iveyi' mit großen Rispen weißer Blüten profitiert außerhalb der wärmsten Regionen immer vom Schutz durch eine Wand. *Carpenteria californica* blüht ebenfalls am besten, wenn sie vor einer besonnten Wand ihr Holz ausbilden kann, damit es im nächsten Jahr weiße Blüten treibt. *Fremontodendron californicum* und die Säckelblume von der nordamerikanischen Westküste bilden dichte Blütenvorhänge. Die üppigen, intensiv gelben Blütenschalen der ersteren lassen sich gut als Kontrast zu blaublühendem Nachtschatten oder zu einem Vordergrund aus silbernem Laub und kühlen weißen Blüten pflanzen. Im Frühling sehen die blauen Blüten der Säckelblume reizvoll hinter Wolfsmilch-Arten mit blaugrünen Blättern und zitronengelben Brakteen aus.

Bäume und Sträucher als Solitärpflanzen

Kleine Bäume, große Sträucher und Strauchrosen können als Solitärpflanzen oder in passenden Gruppen gezogen werden, um hinter einem Blumenbeet ein freistehendes Gerüst zu bilden. Je nach Jahreszeit mit Blüten bedeckt, fügen sie hinter einer Bepflanzung zusätzliche Farbtupfer in Augenhöhe hinzu.

Im Winter oder im Frühling blühende Sträucher werden dort wichtig, wo die Stauden erst im Spätfrühling hervorkommen. Der immergrüne *Viburnum burkwoodii* hat weiße Blüten, die sich im Frühling aus rosa Knospen öffnen; im Sommer bilden seine attraktiven grünen Blätter einen dunklen Hintergrund für pulsierende Blütenfarben. Später im Jahr zeigen sich seine metallisch blauen Früchte in dichten Gruppen. Andere hohe Sträucher tragen schon im Vorfrühling ihre Blüten an blattlosen Zweigen. Holzapfelbäume mit großen Kronen, Weißdorn und Zierkirschen sind im Frühling und frühen Sommer mit zahlreichen Blüten beladen, und viele von ihnen besitzen dekorative Früchte und getöntes Laubwerk im Herbst. In ihrem Schatten ist Raum für Blumenbeete mit Christrosen im späten Winter, mit Lilien im Sommer und mit im Herbst blühenden Krötenlilien.

Laubabwerfende Magnolien, übersät mit lilien- oder sternförmigen Blüten auf blattlosen Zweigen, sind im Frühling und frühen Sommer prächtig anzusehen, jede für sich eine Kulisse für weniger großartige Sträucher. Im Sommer bildet ihr Blätterdach den notwendigen Schutz für schattenliebende Pflanzen. An anderer Stelle folgen auf blühenden Schneeball, Spiersträucher und Deutzien die Kolkwitzien mit überhängenden, rosablühenden Zweigen.

Strauchrosen in natürlicher Wuchsform können über kleinere Sträucher und Stauden ragen und sie überwachsen. Im Frühsommer blüht *Rosa moyesii* mit üppigen roten Blüten, gefolgt von bocksbeutelartigen Früchten. *R.* 'Complicata' trägt einzelne rosa Blüten und liebt es, in Sträucher wie den silberblättrigen Sanddorn *(Hippophaë rhamnoides)* einzuwachsen. Die wogenden Zweige von *Rosa souliena* sind in graugrüne Blätter eingehüllt und tragen cremiggelbe bis weiße, kleine Einzelblüten. Wenn genügend Platz zur Verfügung steht, sollten Sie die im Sommer blühende *R.* 'Cerise Bouquet' anpflanzen. Ihre prächtigen kirsch- bis scharlachroten Kronblätter fügen sich zu einer leicht gefüllten, „unordentlichen" Krone zusammen, die sich aus fast bläulichgrünen, dichten graugrünen Blättern auf wüchsigen horizontalen Sprossen emporheben. Diese Rose ist eine ideale Begleitpflanze für die sommerblütige *Spiraea veitchii,* mit ihren dichten weißen Doldentrauben auf leicht pendelnden Zweigen.

Einige der höheren *Cotoneaster*-Arten eignen sich gut als Hintergrund für Rabatten. Zur Blütezeit sind sie überreich von Blüten bedeckt und präsentieren im Spätsommer wunderschöne Früchte. *Cotoneaster* 'Cornubia' blüht im Frühsommer und hat scharlachrote Beeren. *C. lacteus* trägt milchigweiße Blüten und rote Früchte, während *C.* 'Rothschildianus' - ein sich stärker ausbreitender Strauch - cremegelbe Beeren besitzt. Die beste Winterhärte von allen *Escallonia*-Arten hat *E. rubra* var. *macrantha.* Dieser auch gut für Hecken geeignete Strauch bildet rosa bis karmesinrote Blüten und aromatisch duftende Blätter aus.

In diesem Küchengärtchen in Tintinhull wird das traditionell in Reihen gepflanzte Gemüse von Blumen umgeben. Höhe erhält das Arrangement durch sparsam eingesetzte säulenartige Kletterpflanzen und durch einige Zierpflanzen sowie Strauchrosen. Die rosafarbene Rosa *'Wolley Dod' (syn.* R. villosa *'Duplex') mit grauen Blättern umrahmt den Garten, während im Vordergrund* R. moyesii *'Geranium' ihre Zweige über eine weiße Jakobsleiter* (Polemonium caerulum *'Album') ausstreckt.*

E. 'Donard Brillance' ist eine ins Auge fallende Rabattenpflanze für den Hintergrund, im Sommer verschwinden ihre überhängenden Zweige unter rosaroten Blüten. Höhere Formen des Pfeifenstrauches *(Philadelphus)* können zu Gruppen hinter einem Staudenbeet zusammengefaßt werden. Obwohl Blätter und Formen in der Regel eher unauffällig sind, tragen die stark duftenden cremefarbenen Blüten zahlreicher Arten und Sorten während vieler Wochen des Sommers harmonisch zu allen möglichen Farbkompositionen bei.

Ein kleinwüchsiger Baum wie der spätblühende *Clerodendrum trichotomum* var. *fargesii,* mit seinen duftenden, weißen Blüten, eingeschlossen von auffallend kastanienbraunen Kelchen, liefert auf Waldbeeten lichten Schatten für Funkien und Astern.

Blühende Hecken

Hecken können die Pflanzen im Vordergrund betonen. Deshalb sollten ihre Blütenfarben danach ausgewählt werden, ob sie innerhalb einer Farbkomposition harmonisch oder kontrastreich wirken sollen. Im Unterschied zu traditionellen Eiben-, Buchen- oder Buchsbaumhecken, die wegen eines einheitlichen Hintergrundeffekts gepflanzt werden, sind blühende Hecken jedoch weniger anonym. Da sie gewöhnlich im Aufbau lockerer wirken, benötigen sie auch weniger Arbeitsaufwand, wenn Pflanzen verwendet werden, die natürlich überhängen und sich bogig neigen dürfen - anders als wenn sie zu geometrischen Umrissen zurechtgeschnitten würden.

Als höherwachsende Pflanzen im Hintergrund gemischter Rabatte oder Staudenbeete eignen sich Sauerdorn mit herabhängenden gelben Blüten (*Berberis darwinii* bildet mitten im Sommer prachtvolle türkisfarbene Beeren), *Cotoneaster* und *Escallonia*-Arten mit süß duftenden, nektarreichen weißen oder rosa Blüten und schattentoleranter Feuerdorn mit weißen, spitzenartigen Blüten. Niederwüchsige Sträucher können z. B. Beete mit Sonnenröschen oder Alpenpflanzen einrahmen. Dazu eignen sich: Johanniskraut mit gelben Blütenschüsseln im Sommer und im Herbst, blütenreiche und lange blühende Fingerkräuter und, in kleinerem Maßstab, Lavendel und Rosmarin. Sie alle bilden nicht nur während ihrer Blütezeit sondern auch durch ihr Laubwerk schöne Hecken. Rugosa-Rosen mit magenta- und malvenfarbenen, rosa oder weißen Blüten und frischen, grünen gefältelten Blättern bilden wunderbar lockere Hecken, entweder als äußere Begrenzung oder für die innere Gliederung. In einer natürlich wilden Landschaft sind sie ideale Grenzhecken, da sie den häuslichen Garten mit der Umgebung verschmelzen lassen. Ihre stacheligen Zweige halten Eindringlinge sicher ab. Besonders auffällig sind gefülltblühende Formen (wie 'Blanche Double de Coubert' und 'Roseraie de l'Hay', die beide zu dichten, kopfhohen Büschen auswachsen), doch die einfachen Formen bilden mehr Früchte: Die Form 'Fru Dagmar Hastrup' mit einfachen rosa Blüten ist etwas flacher und buschiger, wächst aber zu einer besonders zierlichen Form aus und bildet große Hagebutten.

Bereits von der Basis aus wachsen Moschata-Hybridrosen fächerförmig zu freistehenden Hecken heran, können aber auch an Geländern oder Zäunen aufgezogen werden. Durch Entfernen von Verblühtem können alle zur erneuten Blüte angeregt werden. Sowohl die aprikosenfarbene 'Penelope' wie die bronzene 'Buff Beauty' überzeugen als Kulisse hinter einer Rabatte mit pastellfarbigen Stauden.

Der immergrüne Strauch Azara serrata *aus Chile besitzt deutlich gezähnte Blätter und bildet im Frühling zahllose gelbe Blüten aus - im Gegensatz zu* A. microphylla *leider ohne Duft. Dennoch sorgt diese hübsche Pflanze als Wegbegrenzung in Somerset für die nötige Höhe.*

Die Farben im Blumengarten

Einer der wichtigsten Gründe dafür, ob eine Blume als Leit- oder Begleitpflanze, flächendeckend oder als Hintergrund in Frage kommt, ist ihre Farbe. Die Farbe bestimmt somit ihre potentielle Rolle im Gartenschauspiel. Im ersten Kapitel bin ich kurz auf die eher botanisch-chemischen Aspekte der Farben eingegangen. Hier geht es zunächst um die Frage, wie Farben wahrgenommen werden, ehe ich mich ihnen im Kontext widme.

Die verschiedenen Farben der Blüten

Die Farben bestimmter Pflanzen lassen sich einfach beschreiben: Es ist möglich, ein Kronblatt herauszuzupfen, es auf einer Farbtabelle anzulegen und mit einem Namen oder einer Nummer zu belegen: damit ist dann eine bestimmte *Clematis* oder Kapaster definiert. Andere Blüten oder -stände dagegen setzen sich aus einer ganzen Abstufung von Farbtönen zusammen, selbst zwei oder mehr reine Farbtöne kommen vor. Blickt man auf diese Pflanzen mit halbgeschlossenen Augen oder aus der Entfernung, so entsteht aus ihrer Vermischung nur eine dominierende Farbe. Das gleiche gilt für besonders kompliziert aufgebaute Blütenformen, die durch Licht und Schatten, aber auch durch ihre unterschiedlichen Pigmente in ihrem Erscheinungsbild deutlich modifiziert werden. Um erfolgreich mit Farben umzugehen, ist es unbedingt erforderlich, die Feinheiten einer Tönung „lesen“ zu können und abzumessen, ob die Gesamtwirkung einer Rose eher einem kalten, bläulichen, eisig-zuckrigen Rosa oder einem warmen, eher aprikosentonigen Rosa entspricht.

Die eigenständige Farbe einer Blüte wird durch die wechselnden Eigenschaften des Tageslichtes dauernd modifiziert. In praller Sonne sehen selbst die kräftigsten Töne - so das schreiendste Orange oder Scharlachrot - matt und leicht gelblich aus. In den gemäßigten Klimazonen läßt der feine graue, mit Wasser gesättigte Nebel selbst die pastellfarbenen Tönungen noch deutlich werden, während intensive, klare Töne auffallend und glänzend erscheinen. Gegen Abend beginnen mit dem Einbruch der Dämmerung helle und weiße Blüten zu leuchten, rote und blaue verschwinden jedoch rasch in der Dunkelheit, obwohl die kräftigen, „heißen“ Farben durch die rot verfärbten Sonnenstrahlen des ersten Abendlichts vertieft und weicher gezeichnet werden. Darüberhinaus dürfen Blüten nicht nur als isolierte Farbflecke, sondern müssen vor ihrem beblätterten Hintergrund betrachtet werden, der ihre Wirkung auf raffinierte Weise beeinflussen kann - genauso wie dies andere benachbarte Blüten- und Blattfarben auch tun. Will man einige der deutlicher faßbaren Farbphänomene zusammenfassen, ist es hilfreich, von einer Art „Kurzschrift“ Gebrauch zu machen. Wir reden beispielsweise von blauen Blüten, obwohl wir genau wissen, daß unter „Blau“ eine ganze Skala von Tönen und Schattierungen (denken Sie an die lockeren Rispen eines typischen Rittersporns) zusammengefaßt wird und daß eine Reihe äußerer Faktoren unsere Wahrnehmung dieser Bläue beeinflussen. Vier deutlich unterscheidbare Regionen des Farbspektrums - Weiß, Blau, Gelb und Rot - jede mit merklichen Auswirkungen auf die gärtnerische Praxis, sollen nun jeweils kurz betrachtet werden.

Im Garten von Christopher Lloyd in Great Dixter entfaltet sich im Frühling das purpurne Laub des Perückenstrauches und bildet einen Kontrast zu den orange getönten Tulpen und dem zweijährigen Vergißmeinnicht. Intensive Orangetöne drängen sich als Blickfang in den Vordergrund, während das tiefer nuancierte Purpur eher düster und zurückhaltend wirkt. Das Blau des Vergißmeinnichts wirkt ruhig und verbindend, da auch die Blätter des Perückenstrauchs einen blauen Farbton enthalten.

Reine und abgestufte Weißtöne

Ein nicht abgeschwächtes Wäschereiweiß zieht das Auge beständig auf sich und dürfte eine übertriebene Aufmerksamkeit erregen. Blüten in diesem klaren Weiß haben die einjährige *Lavateria trimestris* 'Mont Blanc', *Rosa* 'Frau Karl Druschki', weiße Japanische Anemonen und Gruppen von weißem Phlox, doch sieht man sie zum Glück nur selten als isolierte Pflanze. Fast immer werden sie von Blättern und anderen Blüten- oder Laubfarben begleitet, die dieses harte Weiß dämpfen.

In der Tat gibt es nur wenige wirklich weiße Blüten. Häufiger sind sie lavendel- oder cremefarben, hellblau oder grün abgestuft, oder erscheinen - sofern kombiniert mit dem kräftigen Grünton von Blättern - mit einem rosa Farbton überzogen. Die weißen Blüten von Mohn oder *Romneya* haben papierne, fast durchscheinende, zerbrechliche Kronblätter um zentrale Staubblätter, während *Clematis recta,* Schleierkraut und Meerkohl kleine, sternförmige Blüten auf verzweigten Stengeln tragen, die neblig wolkige, diffuse Farbeffekte hervorrufen. Ich ziehe es vor, die abgestuften Weißtöne zu verwenden: das strahlendere Wäschereiweiß wirkt verwirrend und nur selten beruhigend.

Um ihrer Wirkung als Blickfang etwas entgegenzuwirken, sollten weiße Blüten mit Pastelltönen und grauem oder silbrigem Laub kombiniert werden, so daß Tonabstufungen entstehen, die besser wirken als dunkles oder kräftiges Laub, das den starken Kontrast noch betont. Für stärker durchgeplante Konzepte kann jedoch die fesselnde Wirkung weißer Blüten dazu verwendet werden, um gestalterische Elemente zu schaffen, die als Wiederholungen am Rand oder in der Mitte einer Rabatte besonders wirksam sind.

Mit der Abenddämmerung beginnen weiße Blüten zu leuchten und strahlen sogar noch in der Nacht. Sie sind daher besonders gut für Beete geeignet, auf die man in der Abenddämmerung schaut. Jede schattige Ecke kann durch weißpanaschiertes Laub aufgehellt werden.

Durch weiße Blüten behalten benachbarte Farben ihren wahren Charakter, sie werden optisch vertieft und bereichert, so daß man Weiß als Trennung zwischen solchen Farben einsetzen kann, die ansonsten heftig aufeinanderprallen würden. Mit nuanciertem Weiß läßt sich ein solcher Übergang noch sanfter bewerkstelligen.

Links: Die kompakten, cremefarbenen Knopfblüten der silbrigblättrigen Anaphalis margaritacea *harmonieren gut mit den fedrigen Blütenständen von* Aruncus dioicus *im Hintergrund. Die Kronblätter der Iris-Hollandica-Hybriden und des Pfeifenstrauches sind zwar weißer, doch dank gelber Anteile wirkt ihre Helligkeit diffuser.*

Unten: Clematis *'Mrs. Oud' klettert zwischen den offenen Blüten der* Rosa *'Iceberg' und dämpft ihren Glanz etwas.*

Unten rechts: Die Tulpenblüten von Magnolia × soulangeana *sind an der Basis purpurrosa überlaufen.*

Rechts: Hinter Osteospermum ecklonis *(syn.* Dimorphotheca*), deren Blütenköpfchen unterseits blau gestreift sind, verschmelzen die grauen Blüten und Blätter von* Anaphalis cinnamomea *miteinander. Die silbrige* Artemisia canescens *besänftigt den Eindruck auch der kräftigsten weißen Blüten.*

Die Palette der Blautöne

Wie die Bienen erkennen auch wir Menschen die Blautöne auf verschiedene Weise. Das Blau mancher Blüten ist von „reinem" Himmelsblau, klar und intensiv. Andere Blautöne sind schattiert mit einem wärmeren rötlicheren Ton, mit einem Anflug ins Violette, Malvenfarbene oder Purpurne. Blaue Blüten sind selten einfarbig: Die Kronblätter sind im Zentrum am dunkelsten und werden zum Rand hin heller. Häufig sind sie mit kontrastierenden Malen in anderen Farben versehen, wie etwa Gelb oder Orange, die den Blaueindruck verwischen und die Bezeichnung der genauen Farbe erschweren.

Blütenteppiche im Frühling aus Blausternchen, Schneestolz, Traubenhyazinthen, *Anemone apennina,* Vergißmeinnicht, Glockenblumen und *Brunnera* sind immer prächtig und befriedigend, aber nicht alle Blautöne harmonieren gut miteinander. Der blaue Himalaja-Scheinmohn verliert seinen Glanz, wenn er neben der kriechenden *Gentiana acaulis,* deren kurzstengelige Blütentrompeten in einem schreiend brillanten Blau strahlen, gepflanzt wird. Schwerer zu identifizieren sind Blautöne mit erheblichen Rotanteilen, die dafür aber im Garten leichter zu verwenden sind. Diese malvenfarben abgestuften Blautöne sind die Farben des Schattens und der Entfernung. Wird ein Gartenweg von einer Allee aus Katzenminze gesäumt, entsteht der Eindruck von Weite, das Auge schweift mit den Blumen ab in eine verschwimmende Ferne.

Gertrude Jekyll glaubte, daß es in blauen Gärten nicht nur auf die blauen Blüten ankäme, erstrebenswert sei vielmehr das wunderschöne Endergebnis. Sie schlug daher vor, Weiß, Creme oder Gelb hinzuzufügen, um das Blau zu erwecken. Gärten mit blauen und gelben Blüten sind immer besonders beeindrukkend und das ohne Schwierigkeit während des gesamten Blumenjahres. Durch Blau wird ein Rot noch röter, selbst karmesinrote Pelargonien oder Rosen scheinen neben klaren Blautönen ihre Blauanteile zu verlieren und sehen dann mehr scharlach- oder zinnoberrot aus. Starke Rot- und Blautöne können in schreiendem Gegensatz stehen, sanfter wirken weichere, hellere Rosatöne zusammen mit Blau. Für jede Farbplanung von entscheidender Bedeutung sind zarte Blautöne, tiefes Violett und Malvenfarbe, da sie oft eine Vermittlungsfunktion zwischen sich beißenden Farben übernehmen.

Die Blätter von Gräsern, Funkien, Stachelnüßchen, *Ruta graveolens* 'Jackman's Blue' und hoher, strauchiger Euphorbien können ausgesprochen blau- oder bläulichgrün erscheinen. Von matterem Grün umgeben wirken sie sehr attraktiv, daher ist es gut, sie zu flächendeckenden Gruppen oder als ausgebreitete Teppiche zusammenzufassen. Häufig werden sie verwendet, um benachbarte helle Farben zu betonen oder zu intensivieren.

Rechts: Verschiedene Blautöne passen nicht unbedingt gut zueinander, doch hier liegt der warme Ton des Nachtschattens (Solanum crispum) *perfekt über den zarten purpurnen Blättern und den düsteren Blüten von* Salvia officinalis *'Purpurascens'. Das silberne Laub von* Cynara scolymus *bildet den Hintergrund, vor dem das Blau kräftiger leuchtet.*

Oben ganz rechts: Die Blüten der Jakobsleiter (Polemonium caerulum) *sind blau, mit auffallenden gelben Staubgefäßen. Ihr Blattwerk sieht gut zu der niederliegenden* Anthemis punctata *ssp.* cupaniana *aus, deren weiße Blüten das ruhigere Blau etwas beleben.*

Unten ganz rechts: Die in einem zarten Nebel verschwimmenden, hellblauen Blüten der Katzenminze tragen mehr zu Raum und Tiefe eines Gartens bei als dies ein kompakter Farbblock vermag. Als eindrucksvoller Kontrast erregen im Vordergrund die gefüllten, weißen Blüten von Tanacetum parthenium *syn.* Chrysanthemum *die Aufmerksamkeit.*

Links: Blaublühende Pflanzen breiten sich zu wunderbaren Frühlingsteppichen aus und vermitteln den Eindruck von Weite. Von einem niederliegenden Rasen aus säureliebenden, blauen Lithodora diffusa *heben sich benachbarte Blüten und Blätter jeglicher Farbe gut ab.*

Gelb und Gold

In einer Landschaft können gelbe Blüten und goldenes Laub niemals schwer wirken. Ob als gefaltete Rosenkronblätter, fedrige Frauenmäntel, Dolden von Engelwurz, durchsichtig scheinende Nachtkerzen oder blühende Sträucher mit Büscheln von spinnenähnlichen Staubblättern: Gelbe Blüten ziehen den Blick auf sich und verbreiten die Atmosphäre einer luftigen Leichtigkeit. Helle und goldene Blätter können zur Erweiterung des Raumes eingesetzt werden und scheinen die Grenzen des Gartens nach außen zu weiten.

Die blühenden Sträucher des Frühlings scheinen vor allem gelbe Blüten zu besitzen. Unter ihrem Schutz erblühen zunächst der kleinere Eisenhut und Krokus, dann Schlüsselblumen und Narzissen. Mitten im Sommer gibt es weniger gelbblühende Pflanzen, obwohl mit Rosen, Fingerkräutern, Taglilien und Frauenmantel ein breites Spektrum von Gelbtönen zur Verfügung steht. Im Spätsommer sind die Gelbtöne tiefer geworden, ihr Orangeanteil hat zugenommen, so daß sie auf die Braun- und Bronzetöne der reichblühenden Compositen, der Goldrute, der hohen Königskerzen und der goldstrahligen Lilien einstimmen. Viele gelbblühende Pflanzen bilden auch schönes Laub aus, daher werden sie häufig nicht nur um ihrer selbst willen, sondern auch als Gruppe erfolgreich angepflanzt. Ganze Rabatten, mit einer Abstufung gelber Farbtöne bepflanzt, sind sehr attraktiv und können bei sorgfältiger Planung den ganzen Sommer über blühen.

Ganz links: Gelbtöne wirken meist leicht und scheinen in einer Gartenanlage mehr zu flimmern und nicht als kompakte Farbblöcke zu wirken. Die hier abgebildeten wachsig glänzenden Blüten von Lilium *'Connecticut King' scheinen dagegen schwer neben den durchscheinenden Nachtkerzen zu liegen. Das dunkle Purpur der Blätter der einjährigen Gartenmelde* (Atriplex hortensis *'Rubra') fügt dem Ganzen eine weitere Dimension hinzu und sorgt für deutlichen Kontrast.*

Links: In diesem weiß-gelb gehaltenen Staudenbeet erhebt sich der zierliche Schuppenkopf (Cephalaria) *über die hellgelb blühende Wiesenraute und den cremegelben Fingerhut* (Digitalis grandiflora). *Die weißen Rosen kehren wiederholt als Kulisse wieder und fassen die Pflanzengruppen zusammen.* Artemisia ludoviciana *mit ihren silbrigen Blättern schlängelt sich wie ein Band durch den Vordergrund des Beetes.*

Rechts: In dieser Pflanzengruppe bildet die kräftige Schafgarbe den Blickpunkt, während die gelbfarbenen Begleitpflanzen, wie die unauffällige Alchemilla mollis, *daneben zurücktreten. Die grauen Blätter des Beifußes wirken als vermittelnde Hintergrundfarben, so daß extreme Effekte vermieden werden.*

Links: Die auffälligsten Blüten und Blätter in diesem roten Staudenbeet stammen von einjährigen Pflanzen, deren intensive Wirkung zeitlich befristet ist. Die Indianernesseln (Monarda didyma) *und Montbretien sind jedoch dauerhafte Bestandteile des Beetes. Scharlachrote Dahlien, Verbenen, Begonien und* Nicotiana *'Crimson Bedder' erstrahlen zwischen den Blättern von Rizinus, den scharlachroten Stielen des Roten Mangolds 'Ruby Chart' und Roter Bete.* Berberis × ottawensis *'Superba' und* Sedum telephium *'Atropurpureum' haben tief purpurfarbene Blätter, in denen der Blauanteil der dunkelroten Blüten wiederaufgenommen wird.*

Rechts oben: In ihren großartigen Rabatten hat Gertrude Jekyll oft Scharlachrot und grelles Gelb verwendet. Um den Geist aufzurütteln und das Auge von sanfteren Farbkombinationen abzulenken, gehen hier Telekia speciosa (*syn.* Buphthalmum speciosum) *und* Lychnis chalcedonica *eine verblüffende Partnerschaft ein. Für die meisten Gärten sind solche lebenssprühenden Farbkompositionen von großem Vorteil, da sie bei sorgfältiger Auswahl die Atmosphäre beleben.*

Rechts unten: Pelargonium *'Lord Blute' und eine dunkelblättrige Fuchsie mit Blüten in unauffälligen Rottönen harmonieren in diesem Ziergefäß ausgezeichnet über den schwülen, purpurüberlaufenen Blättern einer tropischen Buntnessel.*

Die verschiedenen Rottöne

Die wahrscheinlich umstrittenste Kombination unter den Blütenfarben besteht aus reinem intensivem Rot und blendendem Orange. Das Auge kann Rot nicht übersehen; es ist beherrschend und drängt sich in den Vordergrund, selbst das einhüllende Grün der eigenen Blätter intensiviert die Farbe. Vor Leben nur so sprühend sind das reinste und kräftigste Scharlachrot und Zinnoberrot – Rottöne ohne einen Blauanteil, der ihnen einen weicheren Stich ins Karmesinrote verleihen würde, und ohne irgendwelche Spuren von Gelb, die einen abkühlenden Orange- oder Braunton hinzufügen würden.

Diese verblüffenden Eigenschaften können daher auch die kräftigsten Rottöne durchaus wünschenswert erscheinen lassen. Von der Gleichförmigkeit ermüdet, leben Auge und Geist durch die Einführung eines Farbkontrastes wieder auf. Diese Rottöne – etwas aus der direkten Blickrichtung verlagert, etwa bewußt jenseits einer Ecke oder hinter einer Hecke – rütteln in jedem Garten den Geist wieder auf und bieten einen überraschenden Blickfang.

Rot drängt sich nach vorne, verzerrt und verkürzt die Entfernungen, doch selbst diese Eigenschaft kann zum Vorteil gewendet werden. Kleine, intime Gärten wirken behaglicher, sicherer und geheimnisvoller, wenn sich tiefe Rottöne gegen einen glänzenden Hintergrund aus grünen Hecken abzeichnen.

Scharlach- und Karmesinrot können heftig miteinander kollidieren, in reiferem Zustand jedoch harmonisieren sie, weil der Blauanteil im Karmesin das grelle, elektrisierende Scharlach besänftigt und weicher zeichnet. In der Rabatte sollten die Rottöne harmonisch eingesetzt werden: auf der einen Seite Orange und Gelb, auf der anderen sollten sich karmesinrot und violett getönte Blüten erstrecken.

Blüten in weicherem Rot – dunklere Schatten, oder hellere, pastellartige Rosatöne – lassen sich leichter verwenden und bieten weniger Grund für Kontroversen. Diese weichen Farben eignen sich gut für Kombinationen mit Blau. Purpurüberlaufene Blätter lassen z. B. blaue Farben in der Nachbarschaft harmonischer erscheinen. Rosa, besonders in Lachs- oder Aprikosentönen, eignet sich nur selten als Partner für Gelb. Andererseits ist Mauve dem Blau nahe genug verwandt, um einen vortrefflichen Kontrast zu den meisten hellen und kräftigen Gelbtönen zu bilden.

Farbzusammenstellungen und ihre Wirkung

Ein Gartenliebhaber sollte die Farbeindrücke der offenen Landschaft und der Gärten in sich aufnehmen und vor allem daraus lernen, wie Maler und andere mit Farben arbeitende Künstler Farbkompositionen in ihrem Werk verwenden. Vielleicht sind es sogar die Impressionisten, von denen ein Gartengestalter am meisten lernen kann. Ihre Sichtweise, wieder und wieder flüchtige Eindrücke in sich aufzunehmen, summiert sich zum Gesamteindruck unserer Gärten. Viele der großen Gartenkünstler waren gleichzeitig auch Maler: Monet hat seinen Garten in Giverny nur angelegt, um ihn später zu malen, daher können wir ihn umgesetzt auf Leinwand studieren. Da Gertrude Jekyll wegen nachlassenden Augenlichtes nicht weiter als Malerin arbeiten konnte, setzte sie ihre Farbstudien (viele gehen auf Turner zurück) zur Perfektionierung von Staudenbeeten ein. Durch Turner hatte sie die Farbwerte von Nebel und Sprühregen, Eis und Schnee kennengelernt; später setzte sie seine Theorien über Licht in die Praxis um und verwendete silbriges Laub, um benachbarte Blüten intensiver strahlen zu lassen. Die kraftvollen Abendtöne seiner Gemälde kehren in ihren Kompositionen aus orangefarbenen mit tiefvioletten Blüten wieder.

Eine golden-orange gefärbte Inkalilie und eine zitronengelbe Schafgarbe begleiten in dieser Rabatte die Elfenbeindistel (Eryngium giganteum). *Von dem fast bläulichen Farbton der silbernen Blätter und Blüten der Distel hebt sich das benachbarte Gelb gut ab, so daß es kräftiger und strahlender erscheint. Gertrude Jekyll liebte es, Pastellfarben mit Silber und Grau zu kombinieren, so daß ihr Farbton intensiver zur Geltung kam. Dieser Kunstgriff wirkt auch bei dem zarten Orangeton dieser Inkalilie.*

Die Grundlagen der Farbzusammenstellung bleiben vielfach dieselben, obwohl ein Maler mit genau gemischten Farben, der Gärtner jedoch mit einer sich ständig wandelnden Umgebung arbeitet. Für beide wirkt die Farbe nicht nur in gefälligen Zusammenstellungen, sondern auch als Medium, um architektonische und lineare Effekte zu vermitteln. Dunkle, kompakte Pflanzen wie die Eibe, Rhododendron, schwere purpurblättrige Zierkirschen oder Buchen verleihen Gewicht, während dichtverzweigte Büsche mit hellem Laub leicht und luftig wirken. Die Farben von Blüten und Blättern betonen die atmosphärische Perspektive; Maler und Gärtner wählen kühle Blau-, matte Grau- und Brauntöne und helle Schattierungen, um den Raum zu verzerren und den Anschein von Tiefe zu erwecken. „Warmes“ Rot, Orange, schimmerndes Gelb und solides Weiß verkürzen alle Dimensionen. Damit läßt sich die Länge eines Weges oder Staudenbeetes übertreiben, die Form von Blumenbeeten scheinbar ändern und das Auge zu bestimmten Punkten lenken

Der Gärtner kann nicht, wie der Maler, eine bestimmte Farbe auf einer Palette mischen. Die Farben, die er auswählt, werden aber wie in einem Bild durch ihre Position, durch die benachbarten Farben, die relative Größe der einzelnen Farbgruppen und den Betrachtungsabstand beeinflußt. Aus der Nähe betrachtet, unterscheiden sich die Farben sehr deutlich; von weiter entfernt erscheinen sie dagegen verschmolzen und verwoben wie in einem Orientteppich.

Das menschliche Auge tendiert dazu, scheinbare Unterschiede zu verstärken, daher werden zwei recht ähnliche Farben (etwa zwei Blautöne) sich deutlich unterscheiden, sofern man sie nahe nebeneinander plaziert. Unterschiedliche Farben werden durch Nachbarschaft noch stärker voneinander abstechen. Völlig einander gegenüberstehende oder komplementäre Farben des Regenbogens, die reinen, unvermischten Tönungen von Gelb/Violett, Orange/Blau und Rot/Grün - diese Paarungen besitzen jeweils keine gemeinsamen Farbanteile - werden, nebeneinander gepflanzt, sich gegenseitig an Intensität und

Neben den gelbgrünen Blüten des strauchigen Cestrum parqui *aus Chile bildet* Clematis *'Huldine' auf dieser Mauer in Tintinhull einen lichten Vorhang. Mit fast transparenten Kronblättern und einem im Zentrum hervortretenden Büschel grünlicher Staubblätter besitzen die Blüten von 'Huldine' eine Farbwirkung, die im Garten leicht einsetzbar ist. Sie schmeicheln dem Nachbarn, ohne sich in den Vordergrund zu drängen. Nuanciertes Weiß und flimmerndes Gelb stellen eine ideale Kombination dar.*

Glanz verstärken. Das „farblose" Grau dagegen konkurriert nicht mit anderen Farben, sondern läßt die benachbarten Tönungen noch leuchtender und brillanter erscheinen.

Wie diese gleichzeitige, sogenannte simultane Wirkung der Farbmischung, werden die im Auge eintreffenden Farbinformationen auch durch kurz nacheinander entstehende Bilder beeinflußt. Blickt man eine Farbe einige Zeit lang an, so tendiert das Auge dazu, die entsprechende Komplementär- oder Gegenfarbe zu „sehen". Im Garten kann man das Auge entsprechend vorbereiten, um damit eine Serie von Farbkompositionen mit maximaler Farbwirkung zu erzielen. So wird eine kräftig rote, „heiße" Rabatte noch strahlender erscheinen, wenn man ihrer nach einem Spaziergang durch eine relativ beruhigende grüne Grasfläche ansichtig wird. Goldene und gelbe Kompositionen sind wirksamer, wenn man vorher eine Fläche mit blauen oder malvenfarbenen Blüten gesehen hat. Ähnlich wirkt auch der Übergang aus dem Schatten in flirrendes Sonnenlicht.

Dieses Prinzip, Farben nacheinander anzusehen, entwickelte Gertrude Jekyll in ihren Vorschlägen für eine Reihe von Gärten mit „besonderen Farbzusammenstellungen". Jeder ihrer Gärten enthielt eine Abfolge von Flächen, in denen Orange, Grau, Gold, Blau oder Grün vorherrschte – jede bereitete das Auge auf die nächste vor. Ihr „Orange-Garten" ist eine lebendige Mischung aus gelb- und orangeblühenden Pflanzen wie Mädchenauge, Sonnenbraut, afrikanischen und französischen Ringelblumen, orangefarbenen Lilien und Fackellilien. Im grauen Garten bilden silbrig beblättertes Heiligenkraut, Nelken und Ziest zusammen mit graublättrigen Yuccapalmen und Katzenminzen den Rahmen für hellrosa-, malve- und weißblütige Blumen, alle mit hohen Tamarisken im Hintergrund. Den „goldenen" Abschnitt bildet vor allem ein Blättergarten; Stechpalmen, Ölweide, Pfaffenhütchen, kleinblättriger Buchsbaum, Holunder und Liguster bilden kompakte strauchige Gruppen, dazwischen schimmern hellgelbe Löwenmäulchen, Mädchenauge und Sonnenblumen. Im blauen Garten, wo die blauen Blüten durch cremefarbenen Geißbart, *Clematis recta,* Lilien und gelbe Wiesenraute betont werden, säumen wieder Eibenhecken die Rabatten. Der letzte Garten hat kühles Grün zum Thema. Verschiedene Blattstrukturen und Gräser reflektieren das Licht und werden zu einem Wandteppich aus ruhigen Farben verwoben.

Links: Auf Powis Castle werden üppige, rote Fuchsien in einer Reihe von Ziergefäßen mit Korbmuster von gelben Bidens ferulifolia *und blauen Kapastern gesäumt, um einer Balustrade einen deutlichen Akzent zu verleihen. Mitte des neunzehnten Jahrhunderts verwendete man häufig die reinen, primären Farbtöne wie Scharlachrot, Blau und Gelb, um die intensive, kräftige Wirkung von Sonnenlicht zu erzeugen. Die heutigen Pflanzkompositionen sind oft unnötig zurückhaltend; kräftigere Farbkombinationen können sehr wirksam sein.*

Rabattenkompositionen, die auf kräftig hervortretenden Rot- und Gelbtönen aufbauen, verkürzen die Entfernungen und können weite Räume kleiner erscheinen lassen. In diesem Garten (unten links), in dem ein Grasweg zwischen zwei leuchtenden, aber warmen Beeten hindurchführt, wird damit eine intime Atmosphäre geschaffen. Die großblütige Sorte von Hemerocallis *mit lebendigen, orangebraunen Kronblättern erhebt sich im Vordergrund über die benachbarte* × Solidaster *und Lilien in hellerem Gelb, während der silberblättrige Beifuß die Farben miteinander verknüpft. Diese „heiße" Rabatte in Tintinhull (rechts oben) bietet Rosen, scharlachroter Bartfaden, cremegelbes Wollkraut und Schafgarbe. Die Anlage kann über einen Rasen betrachtet werden, doch wenn man sich ihr von der Seite aus nähert, offenbart sie ihre überwältigende Wirkung.*

In Hidcote (rechts unten) verschmelzen scharlachrote Dahlien, rote Fuchsien und orange-ledergelbe Hemerocallis *miteinander, während die dunklen Blätter von* Salvia officinalis *'Purpurascens' und* Heuchera micrantha *'Palace Purple' im Vordergrund und dahinter* Corylus maxima *'Purpurea' vermittelnd wirken.*

Der naturnahe Garten

Der Kerngedanke einer naturnahen Gartengestaltung besteht darin, mit der Natur und nicht gegen sie zu arbeiten. Pflanzen sollten dabei so verwendet werden, wie es ihren Ansprüchen entspricht: Sie sollten frei wachsen können, sich in romantischem Überfluß mischen und, ausgebreitet in lockeren Gruppen, sich der umgebenden Landschaft angleichen. Möglich ist ein solcher natürlicher Ansatz für jede Gartengröße.

Eine wirklich „wilde“ Gartengestaltung, wie sie William Robinson im neunzehnten Jahrhundert propagierte, eignet sich besonders gut für waldige Regionen oder für Landschaften, deren Horizont durch Bäume und Hügel geprägt wird. Sie ist aber prinzipiell auch für ein taschentuchgroßes Blumenbeet geeignet, in dem Christrosen und Buschwindröschen im Schatten eines einzigen Baumes gedeihen.

Die Art der Pflanzung sollte in einem naturnahen Garten entspannt und unkompliziert sein. Im Idealfall erscheint der Standort der einzelnen Pflanze wie zufällig. Werden Pflanzen als Blickpunkte eingesetzt, sollten sie Formen und Strukturen einer zurückhaltenden Komposition vorsichtig unterstreichen, nicht aber mit auffallenden Kontrasten eine Anlage akzentuieren. Gruppen gut harmonierender Pflanzen und natürlich aussehende, sich ausbreitende Formen, fügen sich zu abstrakten Mustern zusammen, indem sie vorhandene Konturen und Schatten nachzeichnen.

Von Anfang an sollte man sich darüber im klaren sein, daß die Meinung, natürliches Gärtnern sei weniger arbeitsintensiv, auf falschen Vorstellungen beruht. Vielleicht ist etwas weniger Aufwand erforderlich, wenn aber Arbeit notwendig ist, dann muß sie gekonnt und feinfühlig gemacht werden. Zwar sollte eine natürliche Pflanzung in der Tat so aussehen, als sei wenig Pflege vonnöten, doch gerade dieses zwanglose Aussehen läßt sich nur durch vorsichtiges Jäten mit der Hand und jährlich neues Jonglieren mit den Pflanzen bewerkstelligen, um die relativen Größenanteile zwischen den Gruppen zu erhalten. Für ein Gartenbild, das locker aus Formen, Blüten und Blättern komponiert wird, muß der naturnahe Gärtner nicht nur ein Gefühl für Schönheit besitzen, vielmehr muß er die verschiedenen Pflanzentypen, ihre allgemeinen Bedürfnisse und relativen Wachstumsraten genau kennen – Kenntnisse also, die bei der Gestaltung geometrischer Gartenanlagen weniger wichtig sind.

Der Gartenteich von Mirabel Osler in Shropshire besitzt gerade den richtigen „natürlichen Touch“. Die Pflanzen sehen so aus, als hätten sie sich wie von selbst angesiedelt, und fühlen sich in dem feuchten Boden wohl. Der Teich selber, ohne scharfe Linien, lebt von einer angemessen lockeren Atmosphäre. Eine solche Pflanzung in Balance zu erhalten, ist eine sehr anspruchsvolle Aufgabe: Wüchsige Pflanzen verlangen eine beständige Pflege.

Vorbilder aus Kunst und Natur

Für den echten Ökologen ist jede Art von Garten, in der andere als Wildpflanzen verwendet werden, künstlich. Würde man sich auf den Britischen Inseln an diese Voraussetzung halten, sähen unsere Blumengärten sehr langweilig aus. Bedingt durch die Eiszeit und die Trennung der Inseln vom Kontinent, ist die Wildflora von Großbritannien nicht sehr artenreich. Aus der ausschließlichen Verwendung heimischer Pflanzen entstünden reizende Wiesen mit zierlichen Wildblumen – möglicherweise gut geeignet für die äußere Begrenzung eines Gartens –, doch ein Blumengarten als Ganzes würde ohne Zweifel arm aussehen.

In vielen anderen Gegenden der Welt, so in Nordamerika, Asien und Australien mit ihrem breiten Spektrum an Klimazonen und Landschaften, gibt es eine Riesenauswahl an Pflanzenmaterial und dem Gartenliebhaber stehen mehr Möglichkeiten für die Gestaltung naturnaher Gärten zur Verfügung. Die meisten Gärtner werden jedoch, selbst wenn sie ein naturalistisches Erscheinungsbild anstreben, auch eingeführte Pflanzen und gute Hybriden und Sorten verwenden, um bestimmte Effekte zu erzielen. Die Kunst des Gartengestalters besteht darin, Bedingungen für exotische Pflanzen zu schaffen, die denen ihrer natürlichen Standorte entsprechen, und selbst hochgezüchtete Gartenpflanzen so einzusetzen, daß sie so natürlich wie möglich aussehen.

Eine Alternative zur eingeschränkten Palette heimischer Pflanzen besteht auch in der Verwendung von „alten“, nicht verbesserten Arten in einfachen Anlagen im Stil von Bauerngärten. Hier reichen schon wenige typische Obstbäume (wenn möglich, alte Sorten) und einige alte Bauerngartenpflanzen – Rosen, Pfingstrosen, Akelei, Iris, Schachbrettblume – zwischen Rosmarin, Lavendel und Salat gepflanzt, als thematische Kennzeichnung aus.

Eine hölzerne Treppe am Rande eines Gartens an der Küste Long Islands wird von üppig gedeihenden Wildblumen begleitet. Margeriten, als Wildblumen in Nordamerika eingeführt, mischen sich mit aus Gärten verwilderten Taglilien und einer Reihe von Gräsern, die dem Ganzen eine sehr natürliche Atmosphäre verleihen. Selbst ein Purist, der nur die Verwendung einheimischer Pflanzen akzeptiert, müßte die Gegenwart von Pflanzen akzeptieren, die schon seit Jahrhunderten in Hausnähe wachsen.

Wegbereiter naturnaher Gärten

Der erste und wahrscheinlich einflußreichste Protagonist des naturnahen Gartens war William Robinson, dessen Buch „The wild garden" im Jahre 1870 zu einer Zeit erschien, als die Gartenkunst durch die Schlösser und ihre einflußreichen Obergärtner bestimmt wurde, die einen sehr künstlichen Stil vertraten. Empfindliche Beetpflanzen wurden ein- oder zweimal im Jahr ausgewechselt, um damit komplizierte Farbmuster und Flächeneffekte zu erzielen. Die Fähigkeiten und Techniken der Gärtner dienten allein dazu, die Überlegenheit des Menschen über die Natur und den Reichtum des Gartenbesitzers zu demonstrieren. Heimische oder eingeführte winterharte Pflanzen wurden in die Schnittblumenrabatten der Küchengärten verbannt; einige überlebten nur in kleineren Pfarrhaus- und Bauerngärten.

Der naturalistische Ansatz von Robinson erschien seinen Zeitgenossen, die viele seiner Ideen mißverstanden oder entstellten, revolutionär. Er schlug vor, Gruppen winterharter, heimischer und exotischer Pflanzen (vor allem Stauden und Zwiebeln) unter den Zweigen laubabwerfender Bäume am Waldrand oder in dem feuchten Boden eines Ufers wachsen und sich ausbreiten zu lassen. Er hoffte, daß sie sich nach dem Pflanzen natürlich vermehrten und schließlich so aussehen würden, als sei nie eines Menschen Hand tätig gewesen.

Andere wegbereitende Geister und ihre Nachfolger, wie Gertrude Jekyll, nahmen seine Themen auf und erweiterten sie auf die Anwendung in Blumengärten wie auch in Grenzbereichen, wo der Garten in die umgebende Landschaft übergeht. Damit ein Blumengarten natürlich aussieht, wurde er so geplant, als böte jeder seiner Bestandteile die Voraussetzungen für eine ganz bestimmte Art von Pflanzen, und sie legte Wert darauf, Pflanzen zu verwenden, die für den jeweiligen Standort geeignet waren. Nur selten wurden die Pflanzen als Blickfang oder architektonisch wirksam eingesetzt; vielmehr fügte man harmonische Gruppen zu fröhlich wirkenden Pflanzengesellschaften zusammen.

Nicht alle naturnahen Konzepte stammen aus Großbritannien. Moderne Gartengestalter berufen sich auf Idealvorstellungen, die von Gartenarchitekten und Züchtern wie Karl Foerster, der in Deutschland zwischen den beiden Weltkriegen tätig war, angeregt wurden. Foerster führte unter anderem blühende Stauden und Gräser in die Gartengestaltung ein, er lehnte steife Pflanzenarrangements ab. Jens Jensen, der im Mittleren Westen der Vereinigten Staaten, insbesondere in der Gegend von Chicago, wirkte, propagierte bereits heimische, amerikanische Pflanzen, als die meisten amerikanischen Gartengestalter - bis dahin vor allem von traditionellen europäischen Anlagen beeinflußt - noch Pflanzen aus Europa importierten und verwendeten. In einigen Fällen kehrten sogar heimische, amerikanische Pflanzen erst über den Weg der Veredlung wieder aus Europa an ihren Ursprungsort zurück.

In den neuen Gärten amerikanischen Stils der achtziger Jahre unseres Jahrhunderts, nahmen Oehme, van Sweden und andere diese Tradition wieder auf. Alle diese Pioniere, ganz gleich ob sie einem Konzept der „Natur-pur" anhingen oder ob sie geeignete winterharte Exoten einfügten, wählten Pflanzen, die für eine bestimmte Region geeignet waren und sich sinnvoll in das Thema eines Beetes oder einer Rabatte einfügten.

In diesem Garten in Neuengland schlängelt sich ein Pfad aus weichen Kiefernnadeln unter den Bäumen entlang und erschließt einen stimmungsvollen Raum. Selbst so künstlich wirkende Pflanzen wie Funkien, ursprünglich aus Asien eingeführt und von Züchtern während der letzten zwanzig Jahre zu über tausend Sorten „verbessert", erhalten in dieser einfachen, schlichten Pflanzweise ein naturnahes Aussehen. Schon William Robinson beschrieb die Funkien als „noble" Pflanzen, die sich flächendeckend oder als Begrenzung von Gesträuch eignen. Pflanzt man nur eine einzige Sorte von Funkien, sehen sie weniger exotisch aus und bilden einen ausgezeichneten Bodendekker.

Die Natur als Vorbild

Genau wie ein Maler seine Farben auf die Leinwand setzt, muß auch der Gartengestalter für einen naturnahen Garten eine ausgeglichene Komposition schaffen. Er muß mit Hilfe der Pflanzen Höhe und Tiefe, Weite und Helligkeit (vermittelt durch Wuchsform und Laubfarbe), Farbe und Struktur in den Garten bringen, genauso als würde er oder sie ein Bild malen. Pflanzen, die starke Akzente setzen, sollten in Hainen, in lockeren Gruppen arrangiert oder in regelmäßigen Mustern gepflanzt werden.

Ein Gartengestalter sollte das natürliche Zusammenspiel von Pflanzen noch steigern können. Ich erinnere mich an einige zauberhafte Szenen, die sehr gelungen in Gärten inszeniert wurden, um echt wirkende, natürliche Effekte zu erzielen, wobei sowohl heimische als auch eingeführte Pflanzen verwendet wurden. Mit Vergnügen denke ich an ein Feld heimischer Wiesenanemonen *(Anemone canadensis)* im Garten von Lincoln Foster - ein Meer von sternenhaft weißen Blüten, die sich in weitem Bogen neben einem steil abwärts strömenden Gewässer ergießen. Nur wenige Meter entfernt haben sonnenliebende

Links: Bärenlauch (Allium ursinum) *bildet eine attraktive, wenn auch stark duftende, Unkraut unterdrükkende Decke in feuchten Wäldern. Hier in Levens Hall bedeckt er den Boden unter den Zweigen einer breiten Buchenallee.*

Oben: In dem Garten von Catherine Hall, Massachusetts, erhebt sich die rosablühende Allium karataviense *aus einem Geflecht von Waldmeister. Niederwüchsige Pflanzen können eine schöne Kulisse für durchwachsende Zwiebelpflanzen bilden.*

europäische Euphorbien (die Zypressen-Wolfsmilch *Euphorbia cyparissias*) den flachgründigen, offenen Boden des anstehenden Felsens besiedelt.

Zu den beeindruckendsten amerikanischen Gärten gehören jene, die dem Wald abgerungen und in denen die Anpflanzungen so weit wie möglich den natürlichen Vorbildern nachempfunden wurden. Das Ausdünnen einiger weniger Bäume schafft Muster aus Licht und Schatten. Säureliebende Pflanzen wie Schattenblume *(Marianthemum)*, Bärentraube *(Arctostaphylos)*, Rebhuhnbeere *(Mitchella)*, auffallende Feuerkolben *(Arisaema)*, Blutwurz *(Sanguinaria)*, Purpurglöckchen, Porzellansternchen *(Hedyotis caerulea)*, rot- und gelbblühende *Aquilegia canadensis*, Nachtviole (eingeführt, aber inzwischen in den Wäldern Neu Englands verwildert) dehnen sich natürlich zwischen Hartriegel, breitblättriger Kalmie und heimischen Rhododendren genauso aus wie die exotischen, schattenliebenden Funkien und Farne. Zweijährige (selbst Einjährige) können sich an Ort und Stelle selbst aussäen und entwickeln sich ohne sichtbares Zutun des Menschen.

Diesen Beispielen aus Amerika stehen in meinen Augen einige gleichwertige auf den Britischen Inseln gegenüber. Der prachtvolle, im naturnahen Stil angelegte Garten in Glendurgan, Cornwall, profitiert von Steilhängen und einem milden Klima, das es erlaubt, viele seltene, eingeführte Pflanzen zu ziehen: So blühen zum Beispiel heimische englische Schlüsselblumen in einer wilden Wiese vor blühenden Japanischen Kirschen. Viele andere berühmte europäische Gärten bieten großartige Beispiele naturnaher Bepflanzungen, wobei der Zauber einer ins Gedächtnis zurückgerufenen Naturszene möglichst genau widergespiegelt wird. Selbst wenn es nicht möglich sein sollte, die besonderen Ansprüche an Wachstumsbedingungen, Boden und Klima genau herzustellen, kann man ähnliche Szenen oder Vorbilder in einen Garten einbringen, einfach indem man augenfällige Zeichen der Bearbeitung oder Künstlichkeit vermeidet.

Im Sheffield Park in Sussex gruppieren sich Riesenlilien *(Cardiocrinum giganteum)* auf lichten Waldflächen. Aus der Dämmerung leuchtet auf Knightshayes Court in Devon der weiße Fingerhut und in Winterthur in Delaware breiten sich rosa und weiße Azaleen unter Tulpenbäumen aus und sind ihrerseits unterpflanzt von breiten Bögen aus heimischem Phlox oder *Podophyllum peltatum* und europäischen Glockenblumen. Diese Triumphe gärtnerischer Kunst sind keineswegs ohne Aufwand zu erreichen (Gertrude Jekyll, die jeden Standort für Zwiebelpflanzen ausgraben und mit Mist füllen ließ, war stets amüsiert, wenn gelegentliche Besucher glaubten, ihre Erfolge seien einfach zu erreichen). Die Standorte des weißen Fingerhuts auf Knightshayes konnten nur entstehen, weil über lange Jahre jeder malvenblütige Eindringling konsequent ausgerissen wurde. Die verschmelzenden Farben der Azaleen in Winterthur mit den begleitenden Bögen aus eingewanderten Waldpflanzen verdanken ihre Schönheit einem langjährigen Geduldsspiel.

In einigen Gärten sind vielleicht schon natürliche Elemente vorhanden, die das Thema einer naturnahen Bepflanzung vorgeben oder auch verdeutlichen, welche Pflanzenarten überhaupt angebaut werden können – zum Beispiel ein Bachlauf, an dessen Ufern feuchteliebende Moorpflanzen wachsen können. Der Blumengarten könnte sich auch in ein natürliches

Helleborus orientalis *blühen in Knightshayes Court flächendeckend. Mit Blütenfarben, die zwischen Rosa und rotüberlaufenem Purpur schwanken, gedeihen häufig attraktiv gezeichnete Hybriden in schattigen Rabatten. Sie lieben reichliche Düngung, brauchen aber sonst, bis auf das Entfernen verwelkter Blätter, kaum Pflege. Formen mit bewährten Farben können ausgewählt und aus Stecklingen vermehrt werden, doch ist es gut, diese Christrosen sich selbst zu überlassen. Sie säen sich dann auch selbst aus.*

Waldgebiet hinein ausdehnen und mit unzähligen kleinen Schattenpflanzen und geeigneten Stauden bestückt werden. In manchen Gärten bieten offene Hänge und Wiesentäler ideale natürliche Standorte für sonnenliebende Kolonisten. In anderen Blumengärten sind vielleicht Lagen von geschichteten Felsen die Grundlage für einen naturnahen Steingarten mit alpinen Pflanzen, die auf der Suche nach Wasser ihre Wurzeln tief in die Erde wachsen lassen (siehe naturnahe Steingärten, Seite 94).

Anleihen aus der Kunst

Manch ein Gartengestalter wird sich auf der Suche nach einem Thema von Gemälden, Teppichen, Fliesen und Porzellan inspirieren lassen. Die Verbindung von Kunst und Garten ist ein periodisch wiederkehrendes Thema: Die romantischen Landschaften der Maler aus der Schule Claude Lorrains dürften wohl dazu beigetragen haben, die englische Landschaftsgestaltung des achtzehnten Jahrhunderts zu prägen. Andererseits hat auch das neue Landschaftsideal, das jegliche geometrische Formen und Einengung der Pflanzen ablehnte und durch sanfte Schwünge und Konturen ablöste, direkt die natürliche Form der Gartenanlagen, etwa von William Robinson, beeinflußt.

Auch die holländische Malerei des Barock im siebzehnten und achtzehnten Jahrhundert - in der Schneeglöckchen und Anemonen, Rosen und Päonien, Iris, *Fritillaria*-Arten und Tulpen, Lilien und Nelken zu üppigen und, bezogen auf die Blütezeit, auch unmöglichen Stilleben zusammengestellt wurden - könnte einen Ausgangspunkt liefern.

Die enge Verbindung zwischen den Impressionisten und ihren Gärten habe ich bereits erwähnt. Der berühmte, von Monet geschaffene Garten in Giverny lieferte ihm die Motive für seine Malerei. Renoir schätzte und erhielt die zeitlose Atmosphäre seines Gartens und Olivenhains in Les Collettes als Inspiration für seine Gemälde. Impressionistische Malereien können einen Gartengestalter direkt inspirieren. In einigen Bildern, die Ende des neunzehnten Jahrhunderts entstanden, ist eine Art von Freiheit und Überschwang im Stil von Blumenbeeten eingefangen, die eine genauere Betrachtung lohnt. Die Bilder, die Childe Hassam von den Gärten Celia Thaxters nahe der Küste von Maine um 1890 in den Vereinigten Staaten malte, zeigen impressionistische Schwünge und Bögen natürlich wachsender Pflanzen.

Selbst strenger geometrisch dargestellte Pflanzen können anregende Ideen für einen naturnahen Garten liefern. In den Mustern orientalischer Teppiche verschmelzen und mischen sich stilisierte Blumenformen und Farben innerhalb fester geometrischer Formen. Derselbe Effekt kann durch scharfe Konturen und horizontale Linien von begrenzenden Mauern und Hecken erzielt werden. Diese festgefügte Architektur liefert den Kontrast für einen freieren Pflanzstil im Innern. Rabatten in Hidcote, Sissinghurst und Tintinhull sind etwa in dieser Art gestaltet, so daß Vita Sackville-West von „maximaler Planlosigkeit der Pflanzweise in einer formellen Anlage“ sprach.

Die Pflanzenwahl

Das wesentliche Kennzeichen einer naturnahen Gartengestaltung ist es, unabhängig vom Thema der Anlage, jene Pflanzen auszuwählen, die in dem vorhandenen Boden und Klima so gut gedeihen, als seien sie in ihrer natürlichen Umgebung. Dieses Prinzip behält seine Gültigkeit, ob Ihr Garten nun mit Eigenschaften gesegnet ist, die ihn für eine naturnahe Entwicklung prädestinieren, ob es sich um einen städtischen Hinterhof oder um einen Vorstadtgarten handelt. Immer müssen die vorherrschenden Bodeneigenschaften genau berücksichtigt werden, so daß von Beginn an die richtigen Pflanzen ausgesucht werden und die Blumen auf natürliche Weise wachsen können.

Kein „naturnaher“ Garten, selbst einer, in dem nur heimische Pflanzen wachsen, bleibt ohne ständige Pflege erhalten. Robuste Pflanzen, denen gute Wachstumsbedingungen geboten werden, geraten rasch außer Kontrolle und verderben die Ausgewogenheit der Komposition. Es ist unvermeidlich, daß einige Pflanzen schneller wachsen als andere: die kräftigsten überleben, die schwächsten gehen unter. Um das erwünschte zwanglose Aussehen zu erreichen, müssen Sie die Konstitution und Bedürfnisse der einzelnen Pflanzen und ihre relativen Wachstumsraten in aufeinanderfolgenden Jahren genau kennen.

Sonnenliebende Pflanzen brauchen offene Plätze, und Schattenpflanzen ziehen die Umgebung eines Waldbeets vor. Die sonnenliebenden Pflanzen, von denen viele aus dem Mittelmeerraum stammen, brauchen einen gut wasserdurchlässigen und steinigen Boden. In gutem Gartenboden wachsen sie zu üppig

Eine Möglichkeit, ein natürliches Aussehen zu erreichen, ist die Wahl von Gartenpflanzen mit üppiger, lockerer Wuchsform, die vom Menschen geschaffene Strukturen durch Blüten und Blätter verhüllen. Im Latium südlich von Rom, in Ninfa, wuchern die Kletterpflanzen üppig über die alten Mauerruinen eines verlassenen Dorfes. Rosa Kletterrosen breiten sich hier in einem ummauerten Garten des siebzehnten Jahrhunderts aus. In diesem Klima, wo die Sonne das Holz für die Blütenpracht des kommenden Jahres reifen läßt, gedeiht eine wunderbare Zusammenstellung alter und neuer Rosen.

Unter den Zweigen eines Zimtahorns (Acer griseum) *breiten sich hier im Garten von Prinzessin Sturdza in Le Vasterival, nahe Dieppe, Hasenglöckchen zu einem blauen Teppich aus. Die Blätter des Frauenmantels werden bald die welkenden Blätter der Zwiebelpflanzen verdecken. Entscheidend für den naturnahen Garten ist es, Begleitpflanzen zu finden, die zur Verlängerung der Blütezeit gut miteinander auskommen und wenig Mühe machen.*

und überwuchern den Standort. Bis vor kurzem sah man die heimische Säckelblume oder Formen von *Romneya* so gut wie nie in kalifornischen Blumengärten, da sie unter den kultivierten Bedingungen viel zu stark wuchsen. Die Einrichtung künstlicher „Trocken"standorte innerhalb einer Gartenanlage hatte jedoch zur Folge, daß stärker von diesen Pflanzen Gebrauch gemacht werden konnte.

Einige Pflanzen, die unter natürlichen Bedingungen in der Konkurrenz mit anderen wohl kaum zum Blickfang würden, wandeln sich zu erstklassigen Gartenpflanzen, wenn sie in etwas fremder Umgebung gut ernährt werden. Dies gilt für eine Reihe von Astern aus Neu England. Doch sollte man Sorgfalt und gesunden Menschenverstand walten lassen. Säureliebende Pflanzen zum Beispiel sehen in einem naturnahen Garten nur dann gut aus, wenn sie bei niedrigem pH wachsen. Zwar ist es mit den gartenbaulichen Techniken möglich, Gartenerde komplett auszutauschen, doch sehen Pflanzen sowohl als Solitäre als auch in der Gruppe besser aus, wenn sie nach ihrer Eignung für die vorhandenen Bedingungen ausgewählt werden.

Legt man einen Garten neu an, dann schlage ich vor, zunächst in einen, oder besser noch in mehrere große Schattenbäume zu investieren. Exotische Bäume oder Wuchsformen, die die Aufmerksamkeit auf sich ziehen, sollten gemieden werden. Besser sind solche, die entweder in der Region heimisch sind, sich seit langem dort akklimatisieren konnten, oder sich in eine hausnahe Umgebung einfügen. Zu Gärten im bäuerlichen Stil passen am besten gebräuchliche Obstbäume wie Kirschen, Zierapfel (Formen von *Malus*) und Weißdorn (Formen von *Crataegus*). Zu den in englischen Gärten seit dem siebzehnten Jahrhundert bekannten und gepflanzten Bäumen und Sträuchern gehören unter anderem Steinlinde, Schneeball *(Viburnum tinus)*, Stechpalme, Pfaffenhütchen, Flieder, Goldregen und Kornelkirsche. Alle sind relativ unaufdringlich und fügen sich gut in die malerische Gesamtkomposition eines naturnahen Gartens ein.

Die Gartengröße

Als William Robinson seine Vorstellungen über wilde Gärten entwickelte, boten die großen Landsitze in England und Schottland den Gärtnern noch viele Morgen alter Wälder, die zu großflächigen Waldland-Blumengärten umgewandelt werden konnten. Solche Bedingungen finden heute nur wenige europäische Gärtner vor - der naturnahe Garten in Knightshayes Court gehört zu einer kleinen Anzahl prächtiger Gärten, die nach 1945 in einem bestehenden Wald entstanden.

Die meisten heutigen Gärten sind von deutlich bescheidenerer Größe und in der Regel in Hausnähe. Der enthusiastische Naturgärtner wird am besten eine natürliche Wirkung erzielen, wenn er die Regeln der sogenannten Bauerngärten übernimmt. Dies sollte nicht verwechselt werden mit dem Nutzgärtchen alter Bauernhöfe, in dem zwischen dem Gemüse und Obst für den Hausgebrauch nur einige wenige Blumen wachsen durften. In einem Bauerngarten sollten vor allem Blumen auf lockere Art und Weise gepflanzt werden, beschattet von einigen Zierbäumen

In Crook Hall in Durham bildet der Orientalische Mohn pulsierende Farbkleckse in einer dicht bepflanzten frühsommerlichen Rabatte, in der sich die einzelnen Pflanzen gegenseitig in der Wirkung verstärken. Dieser Gartenstil in der Art von Bauerngärten hängt von der scheinbar zufälligen Gruppierung ab, hier jedoch verleiht die Wiederholung von Gruppen rosa und blau blühender Storchschnäbel (Geranium endressii *und* G. × magnificum) *dem Entwurf einen eher formalen Charakter.*

und Sträuchern. Straff gegliedert durch umgebende Hecken und Mauern, sollte die eigentliche Pflanzung üppig und naturnah gestaltet werden. In einem Blumenbeet muß sich eine Mischung verschiedener Pflanzentypen drängen: kleine Bäume, Sträucher, Stauden, Einjährige und Zwiebeln.

Zierbäume und Sträucher bilden nicht nur lockere Barrieren zwischen den einzelnen Gartenflächen, sondern liefern auch den notwendigen Schatten für Waldblumen. Selbst wenn jeder einzelne dieser Gartenabschnitte nur sehr klein ist, bieten sie doch Raum für verschiedene Aspekte, so daß Entwürfe und Pflanzenthemen so ausgerichtet werden können, als seien sie natürlich und zufällig entstanden. Im Frühling blühende Zwiebelpflanzen wie Buschwindröschen, Alpenveilchen, *Scilla* und Schneestolz und Stauden wie Christrose und Frauenmantel können sich unter dem Laub von Bäumen und Sträuchern als Teil einer gemischten Rabatte, selbst um den Stamm eines schattenspendenden Solitärbaumes ausbreiten.

In Blumengärten werden Rabatten und Beete in der Regel von Rasen oder Wegen begrenzt. Sie grenzen als scharfe Trennlinien, entweder gebogen oder gerade, die bepflanzten Beete von den benachbarten Flächen aus Rasen, Kies oder Platten ab. Selbst innerhalb geometrischer Anlage kann durch eine aufgelockerte Pflanzweise ein natürlicher Effekt simuliert werden. Regelmäßige Rabattenentwürfe, mit kräftig gefärbten Blumen in symmetrischen Drei- oder Vierecken, verwandeln sich so zu freien, geschwungenen Flächen, in denen sich Blütenfarben und -blätter vermischen und miteinander verschmelzen.

Am äußeren Rand eines Gartens sollten sich heimische und exotische Pflanzen vermischen und sich in einer Wiese selbst aussäen dürfen, so daß verblüffende, wenn auch kurzlebige Eindrücke von Blütenwiesen entstehen. Ein ländlicher Garten kann fast unmerklich in die umgebende Landschaft übergehen, wenn heimische Pflanzen wohlüberlegt ausgesucht und locker an seinen Rändern gepflanzt werden. Wird in Stadtgärten ein wilderer, naturnaher Stil an den Rändern verwendet, so wird der Eindruck einer ländlichen Umgebung erweckt, der wohltuend von dem Betondschungel ablenkt.

Geeignete Knollen- und Zwiebelpflanzen

Knollige Pflanzen (solche, die unterirdische Speicherorgane wie Zwiebeln, Sproßknollen, Rhizome oder Wurzelknollen besitzen) lassen sich am besten dort für naturnahe Bepflanzungen verwenden, wo sie sich zwischen Sonne und Schatten wie in der Natur verteilen. Am besten erreicht man ein natürliches Aussehen, wenn man eine Handvoll Zwiebeln nicht in regelmäßigen Reihen oder symmetrischen Gruppen pflanzt, sondern sie auf den Boden wirft und dort eingräbt, wo sie hinfallen.

Schafft man Bedingungen, die den natürlichen Standorten angepaßt sind und läßt die Pflanzen sich locker ausbreiten, werden sich selbst jene mit den exotischsten Blüten wie zu Hause fühlen. Vögel und Mäuse können helfen, ihre Samen in nahe und weiter entfernte Gartenbereiche zu verbreiten.

Viele dieser Knollen- und Zwiebelpflanzen benötigen während ihrer sommerlichen Ruhephase nicht unbedingt volle Sonne, sondern ziehen kühlere, schattigere Plätze vor. Dazu gehören Eisenhut, Schneeglöckchen, Krokus, Alpenveilchen (von ihnen gibt es Arten mit ganzjährig attraktiven Blüten oder

Wenn er gut gelingt, ist ein Wiesengarten vielleicht die entzückendste Form der „wilden" Gartenstile. Im Garten von Miriam Rothschild in Northhamptonshire, gedeihen im kräftigen Gras üppig weiße Narzissen und Tulpen zusammen mit Wildblumen und selbst „Unkräutern". Läßt man sie verwildern, dann bilden hochgezüchtete Tulpen schließlich jedes Jahr kleinere Blüten aus, die sie weniger künstlich aussehen lassen als jene mit den zerzausten Blüten. Am besten funktioniert diese Art der Gartenanlage auf armem Boden, wo die konkurrierenden Gräser nicht so gut gedeihen.

Blättern), Blausternchen, Schneestolz, *Fritillaria*-Arten, Buschwindröschen, *Anemone alpina,* bestimmte Tulpen (etwa *Tulipa sylvestris*) und kleine Narzissen ebenso wie Traubenhyazinthen. In zusagendem Rabattenboden werden sich manche Zwiebel- und Knollenpflanzen nach und nach vermehren, die Blüte kann noch gesteigert werden, wenn man im Herbst mit Knochenmehl düngt. Sie gedeihen gut unter Zweigen laubabwerfender Bäume oder Sträucher, deren Blätter einige Wochen später austreiben und die Bodenoberfläche für den Rest des Sommers beschatten. In den offeneren Beetflächen können sie durch das Laub benachbarter krautiger Pflanzen beschattet werden.

Die im Frühjahr blühenden Märzenbecher (sowohl *Leucojum vernum* wie *L. aestivum*) und Hundszahn aus Europa, Asien und Amerika ziehen etwas feuchteren Boden vor und sind schattentolerant. Zur Speicherung der Feuchtigkeit sollten sie nach dem Absterben der Blätter dick mit organischem Material gemulcht werden. Werden sie sorgfältig mit anderen Pflanzen gemischt, so mit Hirschzunge oder dem farnblättrigen *Corydalis cheilanthifolia,* breiten sich deren Blätter rasch über die nackten Stellen aus, wenn die Blätter der Knollen- und Zwiebelpflanzen welken und absterben.

Die meisten *Allium*-Arten mit grauen, bandförmigen Blättern benötigen sonnige Standorte; in ihrer natürlichen Umgebung werden die Zwiebeln während der Ruhezeit in den Sommermonaten von der heißen Sonne regelrecht gebraten. Die Arten mit runden, malvenfarbenen Blütenköpfen blühen im Frühling und frühen Sommer; später werden ihre unordentlichen Blätter durch benachbarte Stauden verdeckt. Sie säen sich nicht nur reichlich selber aus, sondern bilden Tochterzwiebeln, die ihrerseits rasch zu blühenden Pflanzen heranwachsen. Die verwandte *Allium bulgaricum* mit herabhängenden, glockenförmigen, grünlichweißen, purpurüberlaufenen Blüten sät sich selbst – genau wie die kleineren schattentoleranten *Allium*-Arten – an unerwarteten Stellen aus und breitet sich rasch zu dichten blühenden Gruppen aus. *Allium moly* blüht mit runden, gelben Blütenköpfchen im Sommer; die weißblühende *A. tuberosum* wartet fast bis zum Ende der Vegetationsperiode, um dann an offenen oder beschatteten Stellen im Vordergrund von Rabatten zu blühen.

Die winzige, im Sommer blühende Grasschwertel *(Sisyrinchium angustifolium)* liebt die pralle Sonne und wird sich zwischen Pflastersteinen selbst aussäen; ihr größerer Vetter *S. striatum*, mit irisähnlichen Blättern blüht cremefarben.

Die meisten der südafrikanischen Zwiebel- und Knollenpflanzen brauchen den ganzen Sommer über die heiße Sonne und geschützte Plätze in nackter, nicht beschatteter Erde, daher passen sie nicht gut in gemischte Rabatten. Ausnahmen sind die Trichterschwertel *(Dierama pulcherrimum)* und die weißblühenden Riesenhyazinthen *(Galtonia candicans)*. Erstere hat herabhängende rosa Blüten und grasartige Blätter; sie sät sich an unerwarteten Stellen in der Sonne oder im Halbschatten selbst aus. Die etwas struppigeren Riesenhyazinthen müssen jedoch außer in den sonnenheißen Gärten milder Regionen regelmäßig erneuert werden.

Die Gattung der Lilien, deren Blüten oft stark duften, ist sehr umfassend. Dazu gehören einige der schönsten im Hoch- und Spätsommer blühenden Pflanzen. Sowohl schatten- wie sonnenliebende Lilien wachsen am besten als Rabattengruppe, wenn auch die Schattenformen mit ihren gedämpften Blütenfarben natürlicher aussehen. Die europäischen Türkenbundlilien mit rosa bis weißen Blüten sind weniger kleinlich und gedeihen im Schatten auf jedem Boden. Backhouse-Hybriden besitzen die Gene der Türkenbundlilie und sind krankheitsresistent. Die kanadische *Lilium canadense* trägt gelbe oder dunkelrote Blüten und gedeiht in feuchtem, humusreichem sauren Boden im Halbschatten. Obwohl ihre Blüten kräftig orangefarben sind, bersten die europäische *L. bulbiferum* und die asiatische *L. lancifolium* vor Lebenskraft, so daß große, ausgebreitete Gruppen zwischen Sträuchern und ebenso wüchsigen Stauden entspannt und locker erscheinen. Auf den „heißen" Rabatten in Tintinhull bilden Zuchtformen von *L. lancifolium* sehr wirksame goldene Sprenkel zwischen dunkelroten Rosen und dunkelpurpur beblätterten Pflanzen.

Im lichten Schatten von Obstbäumen sollten im Frühling Knollen- und Zwiebelpflanzen blühen. In Pitmuies in Schottland breiten sich Tulpen in einem üppig grünen Teppich unter blühenden Apfelbäumen aus. Rote Tulpen wirken leicht etwas streng, doch dank ihrer zufälligen Gruppierung und den dazwischen gepflanzten Begleitpflanzen sind sie hier Bestandteile eines naturnahen Aspektes.

In einer Ecke des Gartens von Frau Goossenaert erhebt eine weißblühende Form von Fritillaria meleagris *ihre Blüten auf schlanken Stengeln über einem Meer aus Faden-Ehrenpreis* (Veronica filiformis). *Schachbrettblumen säen sich selbst aus und vermehren sich in gemäßigten Regionen selbst bei dichtem Stand zwischen anderen Pflanzen.*

Lockere Pflanzungen mit Stauden

In naturnahen Rabatten zwingt man die Stauden nicht in vorher bedachte Blatt- und Blütenmuster; statt dessen erlaubt man, daß Pflanzengruppen ineinander übergehen und jedes Jahr in neuen Formen erscheinen; auf ein Körnchen Unordnung sollte sorgfältig geachtet werden. Hohe silbrigblättrige Artischocken, Königskerzen, Stockrosen und Fingerhut werden nicht an festen Standorten im Beethintergrund aufgereiht, sondern dürfen im Vordergrund sprießen und teilweise ruhig kleinere, direkt hinter ihnen wachsende Pflanzen verdecken.

Fast jede der bewährten Stauden kann zu einem zwanglosen Wuchs veranlaßt werden, insbesondere wenn man sie früh in der Vegetationsperiode unauffällig hochbindet. Für schnelle Erfolge sind ausläuferbildende Pflanzen und willige Selbstaussäer bestens geeignet. Dennoch sollten Sie es besser vermeiden, besonders ausufernde Pflanzen auf Hauptbeeten und Rabatten einzusetzen - besser wachsen sie in wilderen Außenbereichen des Gartens, wo sie durchaus steile Hänge bedecken, in Waldlichtungen wachsen oder Teiche und Bäche umsäumen dürfen.

Blumen naturnah aufziehen heißt, sie im Laufe der Jahre an Ort und Stelle ihre ureigensten Formen und Muster ausbilden zu lassen. Es ist daher sinnvoller, sich Gedanken über Laubeffekte und über das Abdecken der nackten Erde zu machen, als nur nach kontinuierlichen Farbzusammenstellungen zu suchen. Die besten Stauden für einen naturnahen Garten tragen vor und nach der Blüte attraktives Laub, sind gute Begleitpflanzen, müssen weder gestützt noch angebunden und nur selten geteilt und neu eingepflanzt werden. Sie sollten helle Blüten und solche mit zurückhaltenden Farben - z. B. dunkelblaue und violette - auswählen, so daß sie in einer Zusammenstellung harmonisch miteinander verschmelzen.

Viele der schönsten und besonders natürlich aussehenden Stauden bilden unterirdische Ausläufer. In örtlichen Staudengärtnereien sind sie leider häufig nicht erhältlich, da sie sich in Containern nicht wohl

Im Garten von Jim Reynold in Irland sind die Hauptrabatten eher frei gestaltet; die Pflanzen stehen dicht gepackt nebeneinander und scheinen sich, zu einem Spitzenmuster verwoben, fast aneinander anzulehnen. Reine Arten und „nostalgische" Pflanzen wirken in einem naturnahen Garten viel angemessener als hochgezüchtete Pflanzen, die übertrieben um Aufmerksamkeit zu buhlen scheinen. Die gedämpfte Palette heller Gelb- und Cremetöne und das mit Malve überlaufene Weiß bestimmt die Zartheit dieser Blütenkomposition. Gelbe Gänseblümchen (rechts) kontrastieren mit luftig weißen Lysimachia ephemerum, *die ihre hohen, weißen Blütenähren über fast bläulichgrüne Blätter erhebt. Veilchen und die zweijährige Elfenbeindistel* (Eryngium giganteum) *nehmen die vordere Position ein.*

Links: In einem anderen Teil von Jim Reynolds Sommerrabatte lehnen sich hohe Blütenstände von Campanula lactiflora *über einen Vordergrund aus dichtgedrängten* Astrantia major *und* Scrophularia auriculata *'Variegata'.*

fühlen. Wenn möglich, sollten sie in Gärtnereien direkt bestellt werden. Einige Arten säen sich auch willig selber aus. Reifer Samen kann gesammelt und im nächsten Frühjahr ausgesät werden; in den meisten Fällen blühen die Pflanzen dann im kommenden Jahr.

Mit kräftigen Stauden, die zu Gruppen oder Dikkichten zusammenwachsen und deren kontrastierende Blatt- und Blütenstrukturen sich locker ineinander verweben, lassen sich in Blumenbeeten attraktive, natürliche Wirkungen erzielen. Dafür eignen sich Inkalilien, einige Schafgarben, viele silberne Formen von Beifuß, Perlpfötchen, Pfirsichblättrige Glockenblumen, *Coreopsis verticillata,* krautige Clematis, die riesige *Crambe cordifolia,* Geißrauten (sowohl *Galega officinalis* als auch die sehr empfehlenswerte *G. orientalis*) und schattenliebende Salomonssiegel recht gut. Aus guten ausländischen Gärten eingeführte Stauden haben häufig heimische, weniger interessante Verwandten: Durch diese offensichtliche Ähnlichkeit wird das naturnahe Aussehen eines Blumenbeetes betont. So bilden Formen des amerikanischen Wasserdostes, verwandt mit dem europäischen *Eupatorium cannabinum,* an offenen Stellen einer Rabatte kompakte, spätblühende Gruppen.

Einige niederwüchsige Stauden breiten sich kriechend aus. Leider werden sie oft als sogenannte Bodendecker abgetan, doch die besten von ihnen tragen nicht nur die gesamte Vegetationsperiode hindurch attraktive Blätter, sondern besitzen auch eine gute Blühfähigkeit. Da sie ausgebreitet am Boden wachsen, unterdrücken sie unter Sträuchern und Strauchrosen oder zwischen kräftigen Gruppen größerer Stauden sehr wirkungsvoll das Unkraut. Lungenkraut, Steinsame und die üppigen *Buglossoides*-Arten bilden schöne Teppiche und können flächendeckend gepflanzt werden. Hübsch sehen sie auch in freier Verflechtung mit anderen Pflanzen aus. Das oft an

Lupinen-Hybriden mit blauvioletten, malven- und rosafarbenen Blüten - Nachkömmlinge des ursprünglichen Lupinus polyphyllus *aus dem westlichen Nordamerika - haben sich entlang dieser Straße in Dorset selber ausgesät und sind im Gras verwildert. Die verschmelzenden Farbtöne dieser Keimlinge weben sich zu einem raffinierten Bild zusammen und bilden einen entzückend entspannenden Farbeffekt, der jedem Garten zur Zierde gereichen würde. Wenn man Pflanzen erlaubt, sich völlig willkürlich auszusäen, erhält man oft genauso aufregende Wirkungen wie in einem sorgfältig geplanten Gartenprogramm.*

arme, schattige Standorte verbannte Immergrün blüht hervorragend auf nährstoffreichen Böden und offenen Stellen. Die in sehr milden Klimaten winterharten Pelargonien sind sehr blühfreudig. Als Kissen aus elegant geschnittenen Blättern füllen sie Lücken zwischen höheren Stauden oder Sträuchern oder wuchern auflockernd über die Ränder von Blumenbeeten nach außen. Der ausgebreitet wachsende Frauenmantel mit zarten, hellgrünen Blättern und fedrigen, limonengrünen Blüten verbreitet ebenfalls einen Anschein von Natürlichkeit. Zu Füßen höherer Pflanzen in lockerer Anordnung angepflanzt, paßt er gut in jedes Blumenkonzept.

Werden Beete rückwärtig von Mauern begrenzt, bildet ein weicher Vorhang aus Kletterpflanzen einen guten Hintergrund. Kletterpflanzen sollten sich aber frei ausbreiten können und nicht gefächert oder an Drähte gebunden werden. Über Mauern drapiert oder an Spalieren hochkletternd kaschieren oder verstecken sie unschöne Aspekte der Landschaft. Kletterpflanzen wie *Tropaeolum speciosum* winden sich durch die Zweige von Bäumen und schaffen ein Flair romantischen und wilden Überflusses.

Ein- und zweijährige Pflanzen

Der „Dschungel-Effekt", der sich durch die locker gestaltete Pflanzung von Gehölzen, winterharter Stauden und Knollen- oder Zwiebelpflanzen ergibt, kann durch die Verwendung von ein- und zweijährigen Pflanzen, die sich in wahllosen Gruppen selber aussäen und jedes freie Fleckchen des Bodens besiedeln, noch bereichert werden. Ein cleverer Gärtner kann diesem Effekt dadurch nachhelfen, daß er auf verfügbaren Flächen den Samen selber ausstreut.

Im Frühling entwickelt sich das zweijährige Silberblatt kräftig (Formen von *Lunaria annua,* die in den USA als Silberdollar-Pflanze bekannt ist) und breitet sich im lichten Schatten unter einem Obstbaum oder einer Zierkirsche aus. Seine malvenfarbenen Blüten kontrastieren auffällig zu den hellgelben Brakteen der fast immergrünen Wolfsmilch *Euphorbia amygdaloides 'Robbiae'* oder der kleineren *E. cyparissias,* die sich beide gleichermaßen an solchen Plätzen wohl fühlen. Ein weißblühendes Silberblatt (*Lunaria annua* 'Alba'), das in isolierter Stellung aus Samen wieder rein austreibt, könnte am hinteren Rand eines Beetes blühen, wo schattenliebende Stauden später im Jahr überwiegen. Zweijähriges Vergißmeinnicht (Formen von *Myosotis sylvatica*) vermehrt sich lustig in jeder schattigen Ecke, wenn man ihm erlaubt, sich jedes Jahr nach der Blüte im Frühling wieder auszusäen. Nach der Blüte können Pflanzen einfach herausgezogen werden. Robustere Pflanzen mit intensiver blauen Blüten sind als Samen erhältlich; sie sollten im Frühsommer ausgesät und im Herbst an den Ort der Blüte umgesetzt werden.

Zweijährige Fingerhüte für Sonne und Schatten passen ausgezeichnet in einen zwanglosen Garten. *Digitalis purpurea* besitzt trübrosa Blüten, doch können weißblühende Keimlinge ausgesondert werden, die jeder Rabatte Anmut und Bedeutung verleihen. Der südeuropäische *D. ferruginea* sieht mit seinen kupfergelben Blüten zwar exotisch aus, ist aber keineswegs zu exaltiert für einen naturnahen Garten. Obwohl eigentlich mehrjährig, sollte er wie eine zweijährige Pflanze behandelt werden. Lohnende Zweijährige für offene Plätze sind die würdevolle Engelwurz, die Nachtkerzen, hohe silberne Eselsdisteln (Formen von *Onopordum*), die Mariendistel mit grünen, weißgeäderten Blättern und die stachelspitzige Elfenbeindistel *(Ptilostemon),* die gut zu Gruppen dauerhafter Sträucher und Stauden passen; als Arten keimen sie alle rein aus Samen wieder aus.

Links: Formen der Akelei (meist Aquilegia vulgaris *mit Blüten in rosa bis blauen Schattierungen) haben sich in einer Rabatte in Wallington Hall frei ausgesät und verstärken die Wirkung dieser frühsommerlichen Szene. Wenn später die anderen Pflanzen zu blühen beginnen, kann man auf die Akelei verzichten; solange man einigen Samenansatz zuläßt, wird auch im nächsten Jahr wieder eine Reihe neuer Pflanzen blühen.*

Unten: Am Boden im irischen Garten von Jim Reynolds vermischen sich in diesem Detail rosa Storchschnabel (Geranium × *riversleaianum 'Russel Prichard'*) *und kleine Stiefmütterchen, die sich selbst aussäen.*

Dieser Ausschnitt von einjährigen Kornraden, Salbei, Mohn, Ringelblumen, Kornblumen und Jungfer-im-Grünen demonstriert die intensiven Wirkungen, die erzielt werden können, wenn den Pflanzen die Konkurrenz fehlt. Um diese scheinbar natürliche Üppigkeit zu erreichen, muß der Boden jedes Jahr neu aufbereitet werden, damit widerstandsfähige Gräser und einwachsende, ausdauernde Unkräuter keine Chance haben, den Blütenreichtum zu schwächen.

Der Gelbe Hornmohn *(Glaucium flavum)* mit grauen Blättern und kräftig gelben, papiernen Blüten breitet sich im Vordergrund sonniger Beete aus. Einige der zweijährigen Wollkräuter säen sich einzeln zwischen Staudengruppen aus. Sie tragen zur Höhe bei, während die sich reichhaltig aussäenden Veilchen und das Eisenkraut teppichartig den Boden bedecken und den Raum im Vordergrund von Rabatten lückenlos auffüllen. Einige Einjährige, oder Blumen, die wie Einjährige behandelt werden, vermehren sich über Samen selbst und passen gut in naturnahe Blumenbeete.

Manche Tabakpflanzen, wie etwa *Nicotiana sylvestris,* säen sich nach der Blüte an Ort und Stelle aus. Andere, wie die sehr hohe und fast verholzte *N. glauca,* erscheinen jedoch in dem gemäßigten Klima der Britischen Inseln nur selten spontan; in heißeren Gegenden, etwa in Kalifornien, sät sich diese Art selbst aus und wurde inzwischen zu einem Unkraut der Straßenränder. Viele Einjährige sind Kletterpflanzen, die sich durch früher blühende, kleine Bäume und Sträucher winden oder über nahestehende Pflanzen wuchern, was dem Ganzen einen ausgeprägt natürlichen Anschein gibt. Die sich selbst aussäende *Tropaeolum peregrinum* und die chilenische Schönranke *(Eccremocarpus scaber)* können weniger wüchsige Nachbarn durchaus erdrücken; letztere ist in warmen Klimaten mehrjährig, sät sich aber in kälteren Regionen jährlich selbst aus.

Der Wiesengarten

Es gibt zwei Möglichkeiten, einen Wiesengarten anzulegen: Einmal die ausdauernde Wiese, zusammengesetzt aus Knollen- und Zwiebelpflanzen, Ein-, Zweijährigen und Stauden, die im Konkurrenzkampf mit den Gräsern bestehen können. Das andere ist die jährlich in frisch vorbereitetem Boden neu angelegte einjährige Blumenwiese. Die ausdauernde Wiese, die nach der erstmaligen Anlage nicht mehr bepflanzt wird, kann wie der Wildblumengarten die Natur auf einfachste Weise widerspiegeln. Hasenglöckchen und Primeln besiedeln grasige Hänge in laubabwerfenden Waldgebieten, ein Meer aus Feigwurz mit Schachbrettblumen und Märzenbechern wächst auf englischen Uferwiesen in Oxfordshire, und Margeriten gedeihen prächtig an steilen Ufern. Andererseits kann die einjährige Blumenwiese eine Intensität an bunt getupfter Farbigkeit erreichen, die natürlicherweise sonst nur auf alpinen Matten vorkommt, wenn der Schnee sich zurückgezogen hat und die Wiesen im Frühling und Frühsommer in einem Blütenmeer versinken.

Der Wiesengarten muß aber nicht unbedingt auf die heimische Flora beschränkt bleiben: Flandrischer Ziermohn, *Agrostemma githago, Rudbeckia hirta,* einjähriger Phlox und Veilchen entfachen einen Aufstand kaleidoskopischer Farben. Gartengestalter aus Amerika und Großbritannien, also aus Ländern mit völlig voneinander abweichender Flora, verstehen unter Wiesengärten jeweils etwas anderes. Natürliche, britische Wiesen können etwas fade sein; eine Mischung aus heimischen und exotischen Pflanzen wird daher ihre Wertigkeit deutlich erhöhen. Ein Gartengestalter in Nordamerika kann es sich viel eher erlauben, nur auf heimische Pflanzen zurückzu-

Hier im Suffolk Country Park wurde eine einjährige Blumenwiese in großem Maßstab angelegt. Farbenprächtiger Mohn, Kornblumen, Kornraden und Kamille vermischen sich vor einem grünen Hintergrund und zaubern das Bild eines reichen, mittelalterlichen Wandteppichs oder eines „Blütenangers" hervor. Obwohl sich einige Pflanzen, wie der Mohn, selbst aussäen, kehrt dieser Farbenreichtum jedes Jahr nur dann wieder, wenn der Boden umgebrochen und die Mischung der erwünschten Blumensamen neu gesät wird.

greifen, da ihm ein viel prächtigeres Pflanzenrepertoire zur Verfügung steht. Grundsätzlich bedeutet die Anlage eines Wiesengartens, daß man Gartenarbeit im Gras verrichtet. Ob diese Art des Gartenbaus erfolgreich ist, hängt stark davon ab, ob man die Voraussetzungen schaffen und erhalten kann, unter denen Wiesenpflanzen wachsen und sich ausbreiten. Ein Wiesengarten muß weder im großen Stil angelegt, noch Teil eines größeren Entwurfs sein. Wiesen können kleine, intime Pflanzinseln direkt neben dem Haus oder im Vorgarten sein. Wird eine Wiese von gemähten Graswegen oder anderen Begrenzungen scharf gesäumt, so kommt ihr die Funktion eines Blumenbeetes oder einer gemischten Rabatte als Teil eines inneren Blumengartens zu.

Ob man nun ganz von vorne anfängt, einen Teil eines ungeschnittenen Rasens oder einen verwilderten Gartenabschnitt benutzt: Wiesen brauchen eine Reihe verschiedener Gräser. Dazwischen sollten winterharte Blumen, auch Knollen- und Zwiebelpflanzen, Stauden, Ein- und Zweijährige verwildern und sich ausbreiten. Die größten Konkurrenten sind die kräftigen Gräser, die allmählich einige der Blumen verdrängen können. Wiesen mit heimischen oder einer Mischung heimischer und exotischer, winterharter Blumen lassen sich am leichtesten in armen Böden einrichten. In nährstoffreichen Böden werden Gräser, Disteln und andere Unkräuter der Wegränder, darunter Wilde Möhre, in der Regel die Oberhand gewinnen, so daß die meisten der Blumen nach einigen Jahren verschwinden werden. Daher eignen sich Küchengärten, die über Jahrzehnte immer wieder gedüngt wurden, absolut nicht für die Anlage von Wiesengärten, obwohl sie für diesen Zweck ideal erscheinen.

Wiesen entstehen dann, wenn man allmählich Zwiebeln und krautige Pflanzen in einem existierenden Obstgarten oder einer unbearbeiteten Grasfläche einpflanzt; je ärmer der Boden ist, desto besser. Wenn man das Mähen zeitlich gut plant und verstellbare Mähblätter benutzt, können die Pflanzen Blätter und Blüten bilden und finden Zeit für die Samenbildung. Möglich ist es auch, die Wiese auf frischem Boden anzulegen, der gesäubert und umgebrochen wurde; eine Mischung aus Gras- und Blumensamen, je nach Bodentyp und Klima zusammengestellt, sollte dabei mehr-, zwei- und einjährige Pflanzen enthalten. Zwar ist es zur Beschleunigung der Wirkung durchaus möglich, Zwiebeln, Knollen und Containerpflanzen direkt einzeln zu pflanzen, doch eignet sich diese Methode nur für Flächen von geringerer Größe.

Leider sind einige der wünschenswerten Pflanzen, wie auch unerwünschte Unkräuter, von Natur aus wüchsige Kolonienbildner und werden, sofern man nichts unternimmt, ihre weniger aggressiven Nachbarn überwuchern. So locker ein Gartenstil auch geplant sein mag, es ist nötig, einige Pflanzen zu entfernen und andere zu fördern. Gräser, Zierkerbel, Disteln, Nesseln, Winden und Brombeeren, die in außen gelegene Wiesen einwandern, sind für manche Naturschützer als Bestandteile der lokalen Ökologie schützenswert. Genau wie unerwünschte Eindringlinge mögen sie die gleichen Bedingungen wie die Gartenpflanzen, besonders nackten Boden, der durch die Bearbeitung verbessert wurde.

Sowohl heimische als auch verwilderte, eingeführte Pflanzen können überhand nehmen, wenn ihnen passende Bedingungen geboten werden. In englischen Wiesen können starkwachsende Gräser und sogar Primeln Kolonien der Schachbrettblume, heimische Osterglocken, Storchschnabel und Sumpfdotterblume genauso gründlich auslöschen wie dies die Herbizide der Landwirte besorgen. Am Wasser können Seggen und Mädesüß durch den eingeschleppten Riesenbärenklau *(Heracleum mantegazzianum)* verdrängt werden. Der nach Nordamerika eingeführte europäische Blutweiderich *(Lythrum salicaria)* unterdrückt den dort heimischen *Lysichiton americanus* und blockiert die Wasserstraßen. Welche Blumen man schließlich auswählt, hängt vom Bodentyp ab, ob die Wiese offen im Sonnenlicht liegt oder teilweise beschattet wird. Manche Wiesen sind so geplant, daß sie den ganzen Sommer über blühen, andere erreichen ihre Schönheit nur für eine kurze Periode im Frühling.

Knollen- und Zwiebelpflanzen wie Eisenhut, Schneeglöckchen, Krokus, Blausternchen, Schachbrettblumen, Tulpen und Anemonen können im kurzgeschnittenen Gras verwildern, wenn man mit dem ersten Mähen so lange wartet, bis die Frühlingsblüte beendet ist; etwa sechs Wochen nach der Blüte kann wieder gemäht werden. Wiesen, die im Früh- und Hochsommer blühen, können durch Arten aus natürlichen Wiesen noch aufgewertet werden, z. B. durch weiße Margeriten, Kornblumen, Mohn und Storchschnabel.

In Nordamerika gibt es heimische Blütenpflanzen für jede nur denkbare Wiesenart in unterschiedlichen Klimaregionen, daher sind Blumenwiesen-Konzepte besonders anregend und umfangreich. Im Nordosten

In Great Dixter wächst ein Sternenhimmel aus weißblühenden Margeriten und gelbem Wiesen-Bocksbart im wilden Gras neben einem gemähten Pfad. In gewisser Weise spielt das hohe Gras die Rolle eines Beetes, in dem verschiedene Blumen im Frühling und frühen Sommer blühen. Die Samen hier in Dixter müssen reifen und herabfallen, bevor im Spätsommer das Gras geschnitten wird. Wiesengärten sind nicht so einfach zu gestalten wie es aussehen mag: Der Erfolg hängt davon ab, ob man alle Bedürfnisse der Pflanzen kennt und ob man einen geeigneten Standort findet.

spart man mit einer spätblühenden Wiese aus ausdauernden Pflanzen deutlich Arbeit: Heimischer *Asclepias tuberosa,* Wasserdost, Sonnenbraut und Sonnenauge, purpurfarbener Sonnenhut, Astern, Goldruten, Schafgarbe und Mädchenauge glänzen taillenhoch mit verwirrenden Farben zwischen den Gräsern; nur wenige verwilderte Fremdlinge wie Taglilien, Karden und Weiderich vergrößern das Spektrum. An schattigeren Plätzen wachsen heimische Akelei, *Geranium maculatum,* Färberhülse, *Claytonia,* Indianernessel, die zwergwüchsige *Iris cristata* und die *Aster novae-angliae* in unterschiedlicher Höhe. In den Grassteppen des Mittleren Westens, wo die Winter sehr kalt und die Sommer sehr heiß sind, haben die Wiesengärten eine wichtige Aufgabe im Naturschutz erhalten: wiederhergestellte Grassteppen repräsentieren eine natürliche Pflanzengesellschaft, in der fremde Pflanzen sehr leicht die natürliche Balance stören können. Auch hier sollten selbst in überwachten Gartenwiesen die Pflanzen auf die zahllosen heimischen Blumen und Gräser beschränkt bleiben, da sich Exoten zu leicht unkontrolliert verbreiten würden.

Der Wassergarten

Feuchte Plätze im Blumengarten, die Uferflächen von Wasserläufen und Tümpeln und ihre ruhigen Wasseroberflächen sind ideale Stellen für naturnahe Blumengärten. Für feuchte Senken im Innern von Blumengärten eignen sich ausgedehnte Gruppen von Pflanzen, die in wasserspeichernden Böden gut gedeihen wie Astilben, Silberkerzen, *Euphorbia griffithii,* Mädesüß, Funkien, einige Lobelien, *Lysimachia clethroides* und Ligularia mit wunderschönen herzförmigen Blättern und orangefarbenen Blüten. Wird das rechte Maß getroffen, eignen sich auch großblättriger Zierrhabarber und Schaublatt. Sie alle haben zur Blütezeit attraktive Blüten, tragen ihre interessanten Blätter aber den gesamten Sommer über. Rund- oder großblättrige Pflanzen sollten Seite an Seite mit kontrastierenden Blütenständen, z. B. von *Lobelia cardinalis,* oder mit schwertförmigen Blättern der Iris-Arten stehen: Sumpf-Schwertlilie *(I. pseudacorus),* die in jedem Boden wächst; die japanische *I. ensata* (syn. *I. kaempferi*) und *I. laevigata* brauchen sauren Boden. Teiche mit natürlichem Umriß können von Pflanzengruppen begrenzt werden, die den natürlichen Eindruck noch dadurch verstärken, daß Teile des Ufers frei bleiben und Pflanzen gesellig und nicht als Solitäre wachsen. Die leicht geneigten Ufer von Teichen und Bächen eignen sich ebenfalls ganz ausgezeichnet als Standorte für winterharte, blühende Pflanzen. Sie sollten es mit im Frühling und Sommer blühenden Primeln, Sumpf-Schwertlilien, Blutweiderich, Schaublatt, *Lysimachia punctata,* Schildblatt, Strauß- *(Mattheucia struthiopteris)* und Königsfarn *(Osmunda regalis),* Sumpfdotterblume *(Caltha palustris)* und gelben, weißen oder elfenbeinfarbenen Trollblumen wie auch mit Funkien, Astilben und Mädesüß versuchen.

Im flachen Uferbereich des Wassers wachsen *Acorus calamus* mit aromatischen Blättern, Scheinkalla und verschiedene Seggen und Binsen. Sofern die Winter nicht zu kalt sind, ist *Gunnera manicata* aus Brasilien mit riesigen, borstig behaarten, tief gelappten Blättern, eine großartige Uferpflanze. Ihre Blüten stehen an konischen, mattgrünen Ähren, gefolgt von orangebraunen Früchten. Gegen Ende des Sommers sollten Sie als Frostschutz die absterbenden Blätter nach oben über die Sproßspitzen umbiegen.

In Kildrummy in Schottland bieten saurer Boden und hohe Luftfeuchtigkeit sowohl dem Scheinmohn wie den Etagenprimeln genau die Bedingungen, unter denen sie so üppig wie am natürlichen Standort gedeihen. Diese im Stil Robinsons gesetzten Pflanzen sollten sich zwar selbst fortpflanzen dürfen, doch muß eine genaue Balance aufrechterhalten werden zwischen der für Meconopsis-Arten *notwendigen Feuchte, die nicht in Staunässe umschlagen darf, und der für Primeln erforderlichen feuchten Atmosphäre.*

Wasserpflanzen - Pflanzen wie die Seerosen, die physiologisch daran angepaßt sind, in Böden zurechtzukommen, die keinen Sauerstoff enthalten - gedeihen in verschiedenen Tiefen in flachem oder tieferem Wasser. In schnellfließendem Gewässer lassen sie sich nicht gut kultivieren, auch Strömungsänderungen sind ungünstig, doch wenn sie auf der Oberfläche eines ruhigen Teiches schwimmen, steigern sie die lockere Atmosphäre eines naturnahen Gartens und verleihen strengeren Anlagen eine gewisse Natürlichkeit. Ihre Blätter und Blumen lockern im Sommer die klare, reflektierende Wasseroberfläche auf, und ihre horizontal ausgebreiteten Formen bilden einen ruhigen Kontrast zu den unruhigen Umrissen benachbarter Pflanzen.

Im Fountain Garden von Tintinhull dominiert die weiße Farbe, dort gedeiht die amerikanische *Nymphaea odorata* mit zugespitzten weißen Kronblättern und grünlich-purpurnen Kelchen üppig im flachen Wasser. Im Pool Garden, wo das Wasser tiefer ist, tragen *N.* 'Marliacea Rosea', *N.* 'James Brydon' und *N.* 'Escarboucle' rote und scharlachrote Blüten, die mit den heißen Farben einer benachbarten Rabatte korrespondieren.

Um den natürlichen Eindruck einer Wasserfläche noch zu steigern, sollten Sie Pflanzen mit den gleichen Ansprüchen an den Boden wie im Rest des Gartens wählen - es sei denn, der Teich liegt etwas abgesondert und kann isoliert betrachtet werden. Pflanzen mit gänzlich anderen Ansprüchen, und ungeeignet für eine bestimmte Umgebung, schlagen oft eine mißtönende Note an. Der Zustand von Wasser- oder Sumpfgärten verschlechtert sich schneller als jeder andere Teil des Gartens. Zwar ist in jeder Art von Garten dauernde Pflege notwendig, damit die kräftigeren Pflanzen nicht die ganze Fläche überwuchern - oder um unerwünschte Eindringlinge auszuschließen -, aber die üppigen Bedingungen am Ufer verlangen eine besondere Wachsamkeit.

Im Idealfall sollte mindestens ein Drittel der Wasseroberfläche frei von Blättern bleiben.

Es ist nicht immer leicht, die Wasseroberfläche frei zu halten, besonders wenn der Teich in voller Sonne liegt. Algen entwickeln sich rasch und in riesigen Mengen und verwandeln klares, spiegelndes Wasser in eine grüne Suppe. Die schnellwachsenden Sommerblüher - Seerosen, Wasserhyazinthen und

*Links: In Heslington Manor in York wächst eine Etagenprimel (*Primula *'Inverewe') zwischen der grasblättrigen* Acorus calamus *'Variegatus' am Ufer. Dahinter schwimmen Seerosen auf der ruhigen Wasseroberfläche des Sees. Wie in allen naturnahen Gärten muß auch am Ufer dauernd eine Feinabstimmung zwischen den Pflanzenproportionen vorgenommen werden.*

Oben: In diesem Moorgarten in Saling Hall in Essex erheben sich die hellen Blüten der Funkien und die hohen gelben Blütenähren von Ligularia przewalskii *über einem Flechtwerk aus Farnblättern und damit kontrastierendem, großblättrigem Schildblatt. Sie alle gedeihen üppig in gutem, wasserspeicherndem Boden. Ein Ziergefäß bietet in dieser dschungelartigen Anlage einen guten Blickfang.*

Unten: Bei Roquebrune an der Französischen Riviera gedeihen sonnenliebende Pflanzen auf gut wasserdurchlässigem Boden. Das köpfchenblütige Erigeron karvinskianus *besiedelt Mauern und Terrassen mit zarten rosa und weißen Blüten.*

Unten rechts: In einer kühlen, feuchten Ecke im Garten von Kildrummy Castle in Schottland wachsen Primula *'Guinevere' und* P. sieboldii *üppig zwischen moosbedeckten Felsen und feuchteliebenden Farnen. In trokkeneren Klimazonen ist zur Erzeugung solcher humiden Bedingungen eine Sprühanlage erforderlich.*

Lotus *(Nelumbo)* - produzieren alle den zur Klärung der Wasseroberfläche notwendigen Sauerstoff. Stark besonnte Teiche sind aber auf zusätzliche sauerstoffproduzierende Pflanzen wie die Kanadische Wasserpest *(Elodea canadensis)* angewiesen, die unter Wasser leben und als Konkurrenten der unschönen Algen auftreten.

Der Steingarten

Windumtoste alpine Hänge in der Schweiz und Bergspitzen in den Rocky Mountains sind die natürliche Heimat unzähliger Gartenpflanzen. Ihre besonderen Boden- und Klimabedingungen sind im heimischen Garten nur schwer nachzuahmen. Der große Alpengärtner Reginald Farrer hatte anstehenden, heimischen Kalkstein in seinem Garten in Ingleborough, Yorkshire, der genau den Ansprüchen seiner kostbaren Bergpflanzen entsprach.

Obwohl Steingärten sich gut für Blumengärten machen, da sie die Palette möglicher Pflanzen erweitern, ist es nicht leicht, einen natürlich aussehenden Steingarten zu gestalten und ihn geschickt neben anderen Bereichen des Gartens zu plazieren. Echte alpine Pflanzen sind am natürlichen Standort im Winter von Schnee bedeckt. Werden sie in einem Garten gepflanzt, so brauchen sie einen ausgezeichnet wasserdurchlässigen Boden, damit die Sproßspitzen im Winter wirklich trocken bleiben. Auch tiefe Erdtaschen, in die Wurzeln auf ihrer Suche nach Wasser hineinwachsen können, müssen eingeplant werden. Kräftige Düngung ist aber nicht erforderlich.

Ein gut geplanter, naturnaher Steingarten ist dann am wirkungsvollsten, wenn die Anzahl seiner Pflanzen beschränkt wird. Ein an offener Stelle errichteter Geröllhang, mit einem Gitter bedeckt und mit einem gut vorbereiteten Wasserabzug, eignet sich besser als komplizierte Felsarrangements und ist dennoch auch optisch ansprechend.

Sonne und gute Drainage bieten die idealen Voraussetzungen für Knollen- und Zwiebelpflanzen aus

Südafrika, Sträucher und Stauden aus Kalifornien und Chile und für einige Pflanzen des südlichen Australiens, die kalte Wintertemperaturen überleben können. Vom Blake House in Kalifornien blickt man über die Bucht auf die Golden Gate Brücke; der dort anstehende, sonnenexponierte Fels wurde zur Heimat für mediterrane Zistrosen, australische Myrtenheide, neuseeländische Eisenholzbäume, südafrikanische Knollen und Zwiebeln und heimische kalifornische Sonnenliebhaber, die dort alle verwildern konnten und dem Garten eine wunderbar ungeplante Atmosphäre verleihen. In trockeneren Zonen Kaliforniens werden Hanggärten mit wasserspeichernden Sukkulenten bepflanzt: Agaven, Kakteen, Fetthennen- und Hauswurz-Arten mit ihren bläulichgrünen Blättern fühlen sich dort wohl und passen gut in die Landschaft.

Am besten plant man die Steingartenflächen in naturnahen Gärten möglichst einfach: mit ganz gewöhnlichen, kaskadenartig herabwachsenden sonnenliebenden Pflanzen wie *Phlox subulata,* Schleifenblume, Gartennelken, *Diascia,* Rosmarin und vielen silbrigblättrigen Pflanzen, die zwischen aufragenden Wacholdern, Säckelblumen und Ginstern wachsen. Auf der Schattenseite des Hanges fühlen sich auf trockenen Böden Farne und Moose, Blutwurz, Schaumblüte, *Campanula latifolia,* Elfenblume, *Iris foetidissima,* Salomonssiegel und Horstgräser wie *Luzula* wohl.

Am besten wird das erwünschte Flair einer entspannten Zwanglosigkeit durch Hänge vermittelt, die die lebenswichtige Drainage ohne die scharfen Linien von Stützmauern oder Hochbeeten gewährleisten. Aber selbst auf ebener Erde können Geröllbeete besonders präpariert werden, so daß das Wasser leicht abfließt. In schlecht vorbereiteten Beeten tötet das um die Sproßspitzen entstehende Eis die Pflanzen ab, nicht etwa zu tiefe Lufttemperatur. Viele alpinen Pflanzen können deshalb solche Bedingungen nur überleben, wenn man sie vor übermäßiger Feuchte im Winter durch Abdecken mit Folie schützt.

Im Garten von Margaret Charlton in British Columbia erweitern Steinmauern und Terrassen die Möglichkeiten eines steil nach Süden exponierten Hanges und erlauben so die Anlage eines Steingartens, der den Ansprüchen vieler Pflanzen genügt. Im Vordergrund blühen Erysimum *'Bowles' und 'Mauve',* Iris sibirica *und* Persicaria affinis *'Dimity'. Dahinter mischt sich gelbe Gemswurz mit den spitzigen Blättern von* Crocosmia *'Lucifer', und die Blattrosetten von* Barbarea vulgaris *'Variegata' setzen sich ab von Fetthenne, Steinkraut, Katzenminze und Bartfaden.*

Ein Garten in Neuengland

Der Stein- und Waldgarten von Catherine Hull, nördlich von Boston, steht in seiner Kombination aus vorzüglicher Pflanzenkenntnis, Eleganz und Geschmack einzigartig dar.

In fröhlicher Gesellschaft blühen heimische und exotische Pflanzen, genau wie von William Robinson in seinem Buch „The Wild Garden“ empfohlen. Der Steingarten - häufig eine heikle Angelegenheit der Gartenplanung - besteht aus natürlichen Steinen, die aussehen, als lägen sie schon immer dort. Den gleichen Eindruck vermitteln Partien kleiner Waldpflanzen, die unter heimischen Bäumen zu erblicken sind. Jeder Pflanze, auch den heiklen Alpenpflanzen, bietet der Garten genau die Bedingungen, in denen sie sich wohl fühlt.

Oben: Das Laub einer Gruppe von Salomonssiegeln zeichnet eine deutliche Struktur im lichtfleckigen Waldschatten und umhüllt die glatte Basis eines Baumstammes. Besonders attraktiv wirkt hier die panaschierte Form, Polygonatum odoratum *'Variegatum', deren weiße Blattränder an dem schattigen Platz gut sichtbar sind.*

Links: Im Frühsommer entwickeln sich in Erdtaschen auf anstehendem Fels die weißblühenden Götterblumen zu diesem zurückhaltenden Bild. Anstatt durch punktförmig verteilte Pflanzen Unruhe zu stiften, erzielt Frau Hull die wirksamsten Effekte mit einfachen Gruppen einer einzigen Pflanzenart. Solch einfach aussehenden Gartenkonzepte kaschieren die Fertigkeiten und Pflanzenkenntnis ihres Gestalters.

*Links: Frau Hull nutzt eine niederwüchsige Akelei (*Aquilegia flabellata *'Pumila'), um ihren Steingarten mit einer kleinen, besonders hübschen Pflanzengruppe zu schmücken. Diese aus Japan stammende Akelei fällt nach William Robinson unter die Kategorie der Exoten, paßt aber in ihrem Aussehen perfekt zum Flair dieses Ortes und verstärkt den Eindruck einer natürlichen Bepflanzung.*

Oben: In Amerika heimische Pflanzen wie der kleine Phlox divaricata *breiten sich auf den Sonneninseln zwischen den Bäumen aus. In ihrer Nachbarschaft sät sich die zweijährige* Lunaria annua *selbst aus. Das natürliche Aussehen wird noch durch das diffuse Sonnenlicht verstärkt. Die eingeschränkte Farbpalette dieses Blütenteppichs unterstreicht die einfache Stimmung.*

Ein holländischer Garten

Der Garten von Frau Goossenaert im Süden Hollands liegt versteckt und abgeschirmt von der Straße hinter immergrünen Gehölzen.

Viele wertvolle Pflanzen schaffen die Grundlage für naturnahe Bilder, die fließend von Pflanzung zu Pflanzung ineinander übergehen. Jeder Aspekt des Gartens wird bildhaft von größeren Bäumen und Sträuchern eingerahmt, während die einzelnen Pflanzengruppen aufgelockert und scheinbar ungeplant aussehen. Die erfolgreiche Verwirklichung dieser Art der Gartengestaltung - einer Kombination aus sorgfältiger Planung und „laissez-faire" - gehört zu den schwierigsten Aufgaben überhaupt. Dazu bedarf es eines sicheren Blickes für Formen und Muster, wie hier vollendet verwirklicht. In ihrem Garten wurden die Ansprüche der einzelnen Pflanzen durch ein Nebeneinander von sonnenliebenden und auf gute Entwässerung angewiesene Pflanzen mit gefällig eingefügten Schattenpflanzen berücksichtigt. Gelegentlich eingefügte geometrische Elemente oder beruhigende Flächen tragen dazu bei, die Geschlossenheit des Gartens und die wichtigen Kontraste zu betonen. Oft durch die Oberflächengestalt in ihrer Ausdehnung eingeschränkt, zeichnen sich holländische Gärten dadurch aus, eher mit bildhaften Pflanzenzusammenstellungen zu wirken als mit großen Effekten zu prunken: Bei begrenztem Raum darf auch nur das beste Pflanzengut verwendet werden. In dem gar nicht so kleinen Garten von Frau Goossenaert entfaltet sich diese traditionelle gärtnerische Kunst zu einem überwältigenden Eindruck.

Oben: Die weißblütige Clematis *'Moonlight' klettert durch eine Rose ins Licht, wo sich ihre Blüten zur passenden Zeit entfalten. Ineinander verflochtene, über Kopfhöhe reichende Pflanzen tragen dazu bei, dem Garten ein aufgelockertes und dschungelähnliches Gepräge zu geben. In der Tat erfordern selbst solche einfachen Effekte beträchtlichen Aufwand und fachliche Anleitung.*

Links: Ein zierlicher Strauch, die silbrigblättrige Buddleja alternifolia *'Argentea', erhebt sich aus einem Meer silbrigblättriger* Stachys byzantina *zu einem prächtigen Effekt, noch verstärkt im Sommer, wenn die Zweige der* Buddleja *unter duftenden lilafarbenen Blüten versinken.*

*Ein einladender Platz auf einer Frühlingswiese im Garten der Goossenaerts. Im Gras bieten die Blüten des Wiesenschaumkrauts (*Cardamine pratensis*) zusammen mit den frühen Osterglocken, in diesem Fall* Narcissus *'Dove Wings', und den Tulpen einen bezaubernden Anblick. Diese Art der „wilden" Gartengestaltung ist nicht ganz so einfach, wie es den Anschein hat. Das Wiesenschaumkraut sollte Frucht ansetzen und die Blätter der Osterglocken verwelkt sein, ehe man das Gras mäht. Läßt man sie auf der Wiese verwildern, blühen die meisten hochgezüchteten Tulpen viele Jahre. Dabei werden ihre Blüten nach und nach kleiner und sehen „natürlicher" aus, als wenn man sie in besonders vorbereitetem Kompost in Kübeln oder Beeten anzieht.*

Links: Im Frühling erscheinen die Blüten von Clematis montana *'Rubens' zusammen mit der üppigen Blütenpracht der herrlichen* Wisteria sinensis. *Am natürlichen Standort wachsen kletternde und windende Pflanzen hinauf ins Licht. Sowohl die Glyzine wie die Waldrebe sind wüchsig und winterhart (obwohl die Blütenknospen der Glyzine durch Spätfröste gefährdet sind) und können nach der Blüte gezielt zurückgeschnitten werden, damit ihr gegenseitiges Verhältnis in einem Gartenprogramm erhalten bleibt.*

Unten links: Dunkler Efeu, Blätter von Hosta sieboldiana *und blühende Hortensien bilden einen gedämpften herbstlichen Aspekt, in dem die Anordnung der Blätter ebenso wichtig ist wie die eher vergänglichen Blüteneffekte.*

Unten: Stattlicher Federmohn (Macleaya × kewensis) *und eine Rosa rugosa, durch die eine kleinblütige* Clematis viticella *'Purpurea Plena Elegans' hindurchwächst, entfalten sich oberhalb der bläulichgrünen Blätter von* Hosta sieboldiana. *Pflanzen mit attraktivem Laub sind in einer gemischten Rabatte das ganze Jahr über von eindrucksvoller Wirkung. Vom Frühling bis in den Herbst hinein liefern die Blätter des Federmohns und der Funkien eine ruhige Kulisse für benachbarte Blüten.*

Links: Aus einem Sommerbeet erheben sich vor dem Hintergrund einer silbrigen Hängebirne (Pyrus salicifolia *'Pendula') die weißen Blütenähren von* Lysimachia ephemerum *hinter einem Blütenmeer von Malven, Phlox, Glockenblumen und Hundskamille.*

Unten: In einer intimen Gartenecke herrscht mit beschnittenen Buchsbaumsträuchern in Pflanzkübeln, die auf Platten gestellt wurden, ein eher formeller Aspekt vor. Silbrigblättriges Heiligenkraut setzt sich von den kräftigen Grüntönen ab. Die winterharte, laubabwerfende Ceanothus × delileanus *'Gloire de Versailles' treibt im Spätsommer stahlblaue Blüten.*

Ein Garten in Vermont

Das Wesen eines naturnahen Gartens äußert sich darin, daß er seine Geheimnisse nur Schritt für Schritt enthüllt.

Dieser Garten findet sich auf dem Land im südlichen Vermont. Zwar haben Wayne Winterrowd und seine Mitarbeiter den Garten in einzelne „Räume" untergliedert, jeder mit einem besonderen Thema, doch der Geist des Gartens atmet aus seinen Bäumen und Sträuchern: Sie rahmen den Blick in den Himmel ein und liefern das Blätterdach, unter dem sich die Blumen in sommerlicher Fülle ausbreiten. Dies war nicht ohne Überwindung zahlreicher Schwierigkeiten zu erreichen. Es ehrt die Leistungen des Besitzers, der es mit immergrünen Gebüschen als Winterschutz fertiggebracht hat, eine ganze Reihe von Pflanzen auch außerhalb ihres normalen Verbreitungsgebietes anzupflanzen, ohne das Gefühl der Spontaneität zu beeinträchtigen.

Oben: Trittsteine am Wasserlauf leiten zum Blickpunkt, einer Robinia pseudoacacia *'Frisia' - von Wayne Winterrowd als „sommerlange Farbe frischer Butter" beschrieben. Im Vordergrund kontrastieren funkelnde, blaue* Meconopsis betonicifolia *mit den panaschierten Blättern des Schwadengrases und* Primula japonica *'Postford White'.*

Links: Als Hintergrund für eine Gruppe purpurrosa blühender Etagenprimeln (Primula japonica) *und blauer Sumpfvergißmeinnicht reichen eine pyramidenförmige* Chamaecyparis *'Boulevard' und eine bronze getönte* Rodgersia aesculifolia *aus dem Schatten in die Sonne eines Ufergartens hinein. Die Wirkung dieses Gartens beruht auf seinem Laubwerk.*

Unten: Von Sommer bis Herbst blühende Beete säumen diesen Rasenplatz, dessen drei Ebenen durch Mauern aus örtlichen Feldsteinen gestützt werden. Die gut ernährten Stauden verleihen dieser Gartenszene eine zwanglos lockere Stimmung. Päonien, Sibirische Wieseniris und Bartiris, winterharte Rabattengeranien, Taglilien, Phlox, Ballonblume und Astern sorgen für anhaltende Blüte. Auf den Steinmäuerchen genießen duftende Nelken Sonne und die gute Drainage.

Rechts: In dem diffusen Sonnenlicht erstrahlen Fingerhüte, die sich selbst ausgesät haben. Pflanzungen im Sinne Robinsons beruhen auf der freien Ansiedlung der Pflanzen, so daß sie natürlich und nicht künstlich wirken. Ein immergrünes Gerüst aus Kiefern und Wacholder wirkt vereinheitlichend auf die thematisch grundverschiedenen Pflanzgruppen, die jeweils aufgrund besonderer Ansprüche zusammengestellt wurden.

An der Französischen Riviera

Einige der schönsten Gärten Südfrankreichs entstanden zwischen den beiden Weltkriegen, und ihre Terrassen und eleganten Stufen spiegeln das müßige Leben jener Tage wider. Wegen der zu heißen und trockenen Sommer ist das Pflanzenwachstum auf den Winter beschränkt. Am besten gedeihen hier silbrigblättrige Pflanzen, fein behaart als Schutz gegen die gleißende Sonne, und solche, deren mit schützenden Ölen gefüllte Blätter aromatisch duften - beides heimische Pflanzen der Garrigue oder Macchie und dazu Exoten von ähnlichen Standorten aus der ganzen Welt.

Wegen des günstigen Kleinklimas konnte Norah Warre in Roquebrune weiter nach Norden ziehen als die meisten anderen „Wintergärtner" und pflanzt eine erstaunliche Vielfalt von Pflanzen aus Regionen vergleichbaren Klimas an, darunter südafrikanische Gänseblümchen, seltene australische Pflanzen (wie die rotblühende *Templetonia retusa*) und Pflanzen aus Kalifornien: In Roquebrune gibt es praktisch keinen Frost; der Garten ist vor den eisigen Nordwinden geschützt, und ausgewachsene Bäume bieten zusätzlichen Schutz.

Lawrence Johnston, der seinen Garten in einem kälteren Inlandstal bei La Serra de la Madone hatte, schickte neu entdeckte Pflanzen, die er selber nicht kultivieren konnte, an Norah Warre, die sie dann erfolgreich in ihrem Küstengarten aufzog.

Als Einfuhr aus Tasmanien wuchert Olearia phlogopappa *'Comber's Pink' mit malvenfarbenen Blütenköpfchen, die aus silbergrünen Blättern hervorschauen, neben der hellrosa Form einer halbgefüllten Strauchmargerite* (Argyranthemum *'Mary Wootton') und Ähren von englischem Lavendel. Eukalyptusbäume, amerikanische Agaven und Aloe verleihen Flächen aus südafrikanischen* Osteospermum ecklonis *mit fast weißen, unterseits blau überlaufenen Blüten, einen exotischen Hauch.*

Oben: Eine Reihe von Aleppo-Kiefern (Pinus halepensis), *entlang eines Terrassenrandes, schützt einen Orangenbaum, der aus einer Gruppe von* Iris barbata-elatior *herausragt. Die exotischen Pflanzen, die sich in diesem Klima wohl fühlen, sind hier zu einem Dschungel verwildert, der sich wahrscheinlich von den ursprünglichen Absichten des Besitzers weit fortentwikkelt hat. Empfindliche Rosen aus Burma und anderen Orten des Fernen Ostens, wie* Rosa gigantea *mit weit geöffneten, einfachen, weißen Blüten, wachsen als extravaganter Blütenvorhang über die alten Terrassenmauern. Diese Blütenfülle entsteht nur, weil die Pflanzen in diesem günstigen Kleinklima überleben können.*

Rechts: Kiefern und Eukalyptus liefern auf einer der Terrassen etwas Schutz vor der brennenden Sonne. Daher können zahlreiche Pflanzen die alten Terrassen bedecken und deren strengere Linien verwischen. Der Boden wird von einem Blütenteppich aus Osteospermum ecklonis *bedeckt. Obwohl der Garten nun im Zustand der Reife ist, spiegelt er noch immer die Kennerschaft von Frau Warre wider. Noch heute säen sich die wuchernden, empfindlichen Exoten selbst aus und vermehren sich wie in ihrer sonnendurchfluteten Heimat.*

Die Blumenrabatte

Verschiedene Rabattentypen

Themen und Konzepte

Crathes in Schottland

Stonecrop in New York State

Ashtree Cottage in Wiltshire

Eine Blumenrabatte entsteht dann, wenn Pflanzen nicht nur als Einzelexemplare zusammengepflanzt werden, sondern sich als Nachbar- und Begleitpflanzen einem umfassenden Konzept unterordnen. Entscheidend für die Auswahl und Anordnung der Pflanzen ist dabei nicht alleine die jeweilige Blatt- oder Blütenfarbe, sondern vielmehr ihr Beitrag zur Gesamtkomposition. Selbst besonders auffallende Pflanzen von hohem gestalterischem Wert sollen in erster Linie die Wirkung des Gesamtkonzepts steigern und nicht als einzelne Leitpflanzen wirken.

Der Begriff Rabatte wird durch die Gestaltung oder die Themen, nicht aber durch den Standort definiert. Ursprünglich begrenzten die Rabatten den Rasen, säumten Wege oder verliefen zu Füßen von Mauern oder Hecken. Heute gebraucht man den Begriff etwas weiter; alle Blumenbeete, in denen Pflanzen verschiedener Höhe und Tiefe verwendet und in unterschiedlichen Ebenen gepflanzt werden, nennt man Rabatten - selbst ein „Inselbeet" im Rasen kann eine Art Rabatte sein.

Verschiedene Rabattentypen

Blumenrabatten können mit allen Arten von Pflanzen bepflanzt werden. Traditionell bestanden sie aus winterharten, gruppenbildenden Stauden, die ihren schönsten Blütenflor vor allem im Hochsommer und Herbst entwickelten. Heutzutage fügt man dieser Art von Rabatten in der Regel noch im Frühling blühende Knollen- und Zwiebelpflanzen, frühblühende Stauden und einjährige Sommerpflanzen hinzu, so daß die Rabatte viel länger in Blüte steht. Als Alternative kann eine Rabatte auch vorwiegend aus sorgfältig ausgewählten Sträuchern bestehen, deren Blütezeiten nach und nach aufeinanderfolgen. Durch einige Knollen- und Zwiebelpflanzen und niederwüchsige Stauden unter den Zweigen laubabwerfender Gehölze läßt sich die Blütezeit in andere Jahreszeiten ausdehnen.

Bekannt ist auch die „gemischte Rabatte" - eine Kombination von Bäumen und Sträuchern, die dem Beet das ganze Jahr über Struktur verleihen und schattige Zonen schaffen, die je nach Jahreszeit unterschiedlich bepflanzt werden. Dazu eignen sich vor allem typische, aufrechte Stauden in konventionellen Gruppen, wie auch schattentolerante Bodendecker und Zwiebeln, Ein- und Zweijährige. Dieser Typ findet sich häufig in kleinen bis mittleren Gärten.

Diese doppelten Rabatten auf beiden Seiten des Weges in Bennington Lordship sprechen für ein gutes Auge bei der Gestaltung. Die Wiederholung von Staudengruppen, wie z.B. der gelben Lysimachia punctata, *der magentafarbenen* Geranium psilostemon *(im Vordergrund) und des luftig grünlichen Frauenmantels, schafft markante Farbblökke. Das Laub der schwertförmigen Iris, der sich neigenden Taglilien und der fahl geränderten* Symphytum × uplandicum *'Variegatum' bringt die brillanteren Blüten noch mehr zur Geltung.*

Oben: Sträucher, Gräser, Stauden und empfindliche „Lückenbüßer" strukturieren im Garten von Peter Wooster in Connecticut spätsommerliche Rabatten entlang gemähter Graswege. Solch ein sehr persönlicher Pflanzstil, der frei von dem Diktat der reglementierten Pflanzentypen ist, kann zu imponierenden Ergebnissen führen.

Gegenüberliegende Seite: Im Garten von Francis Cabot, nördlich von Montreal, wurden Thalictrum flavum *'Glaucum', cremefarbene Astilben, kräftig gelbe* Ligularia*-Arten so dicht gepflanzt, daß ihre Blätter und Blüten miteinander verschmelzen.*

In der Praxis überschneidet sich oft die Pflanzenwahl für die verschiedenen Rabattentypen; sicherlich hängt sie auch von den persönlichen Vorlieben und der verfügbaren Zeit ab. Ich bevorzuge einige wenige Sträucher in einer vorwiegend krautigen Rabatte, da sie dem Ganzen einen „Körper" verleihen und auch im Winter dekorativ sind. Ihre Dauerhaftigkeit bildet den Bezugspunkt, um den andere Pflanzen eingesetzt und arrangiert werden. Unsere Rabatten auf Tintinhull folgen diesem Typus. Andere halten konventionelle Rabattenstauden, die für die Frühjahrs- oder Herbstblüte geteilt und neu arrangiert werden, für weniger schwierig.

Welche Pflanzen auch immer verwendet werden, die gestalterischen Möglichkeiten reichen von der sehr formellen Rabatte, in der sich geometrisch wirkende Pflanzungen wiederholen und Serien wiederkehrender Farbmuster durch die Anlage fließen, bis hin zu der locker angeordneten oder naturnahen Rabatte wie im vorigen Kapitel beschrieben. Manchen Rabatten wird eine förmliche Begrenzung durch beschnittene Buchsbaumhecken gegeben; andere erstrecken sich vor dem Hintergrund neutraler Hekken, die als kontinuierliche, farbige Bänder die Pflanzungen im Vordergrund einfassen.

Die „englische" Staudenrabatte

Nachdem die winterharten Stauden, die in den viktorianischen Küchengärten nur als Schnittblumen gedient hatten, wiederentdeckt und in die Blumengärten eingekehrt waren, entstand das traditionelle „englische" Staudenbeet. Vor allem während der Zeit König Edwards – als Arbeitskräfte für die Pflege der Pflanzen noch keine Mangelware waren – waren diese großartigen Staudenbeete weit verbreitet.

Stauden wachsen nur dann, wenn die Bodentemperaturen 5 °C überschreiten – sie bilden dann innerhalb einer Vegetationsperiode Blätter, Sprosse, Blüten und Samen. Daher ermöglichte das gemäßigte Klima Englands, ohne ausgesprochene winter-oder sommerliche Extreme, das Gedeihen einer ganzen Reihe von Pflanzen aus verschiedenen Klimazonen. Die Blühperioden vieler eingeführter Pflanzen werden durch kühle Nächte und relativ kühle Sommertage verlängert, und ganzjährige Regenfälle erlauben Wachstum auch noch während des heißesten Teils des Jahres. Den Geist des englischen Rabattenstils können Gartenliebhaber auf der ganzen Welt einfangen, indem sie Pflanzengesellschaften mit solchen

*Im Garten von Tintinhull müssen die Rabatten während der gesamten sechsmonatigen Öffnungszeit, von April bis Oktober, gut aussehen. Diese Rabatte im Cedar Court ist im hochsommerlichen Zustand gezeigt. Den Hintergrund bilden Kletterrosen (*Rosa *'New Dawn'), duftendes Geißblatt und dazwischenkletternde Clematis, die etwas später blühen. Im Augenblick blühen Moschata-Hybridrosen und Katzenminze (*Nepeta *'Six Hills Giant') - beide blühen noch einmal im Herbst - und* × Heucherella tiarelloides *mit rosa, federförmigen Blütenständen. Eine große Gruppe der weißblühenden Form des aggressiven Weidenröschens (*Epilobium angustifolium *'Album'), einer meiner Lieblinge unter den Rabattenstauden, bestimmt das Konzept. Im schmalen Staudenbeet im Vordergrund, wo sich* Allium christophii *mit kugelförmigen Blütenständen wohl fühlt, wird jedes Jahr wieder der Samen der Jungfer-im-Grünen (*Nigella damascena *'Miss Jekyll') zwischen den Rhizomen der Bartiris (jetzt kaum sichtbar) ausgestreut.*

Stauden zusammenstellen, die auf das jeweilige Klima und den Boden abgestimmt sind. Länder mit heißen Sommern, besonders mit heißen Nächten, stellen die größten Anforderungen. Viele krautige Pflanzen vertragen keine intensive Hitze, vor allem wenn sie mit hoher Luftfeuchte gekoppelt ist. Daher ist es im Südosten der Vereinigten Staaten viel schwieriger, ein englisches Staudenbeet einzurichten und zu erhalten als in Kalifornien. Zum Glück geben viele Pflanzenzuchtanstalten heute die Toleranzen der einzelnen Pflanzen gegenüber Feuchte und Hitze an und teilen sie nach ihrer Winterhärte ein. Dagegen besteht das Hauptproblem in kalten Regionen in der kurzen Vegetationsperiode, die einer Staude für ihr Wachstum zur Verfügung steht. Die Auswirkungen dauernd gefrorenen Bodens im Winter können durch eine Schneedecke (oder dicke Mulchschicht) kompensiert werden, so daß die meisten Rabattenpflanzen vor Frostschäden geschützt sind.

Der Winterschutz für gefährdete Pflanzen ist nur eine der Aufgaben, die für die Erhaltung eines Staudenbeets gelöst werden müssen. Gruppenbildende Stauden müssen alle paar Jahre getrennt und geteilt werden, damit ihre Blühfreudigkeit erhalten bleibt. Jedes Jahr, irgendwann zwischen Herbst und dem folgenden Frühling, müssen Stengel und Blätter zurückgeschnitten werden. Der Boden muß gemulcht und junge, nicht standfeste Pflanzen im Frühsommer gestützt und angebunden werden. Gärtner, die ihren Garten im Winter gerne ordentlich haben, werden mit dem Zurückschneiden beginnen, sobald die Blätter welken und die Zweige verfaulen; andere warten damit lieber bis zum Frühlingsbeginn. Diejenigen, die auf natürliche Methoden schwören, werden Zweige und Blätter nur abschneiden und sie dann etwas zerkleinert liegen lassen; die Triebe des neuen Frühlings brechen durch, und das tote Material wird im Laufe der Zeit zu Mulch verrotten.

Für den Gärtner, dessen Rabatten jederzeit die bestmöglichen Erfolge zeigen sollen, reicht das einmalige Aufräumen im Herbst oder Frühling nicht aus. Er oder sie wird viele Stunden in der Woche damit verbringen müssen, die Gesamterscheinung des Sommerbeets zu überwachen und das Verhältnis der Pflanzen innerhalb des Staudenbeets anzugleichen.

In der Praxis wird die kurze Vegetationsperiode der Staudenbeete häufig durch Hinzufügen geeigneter Knollen- und Zwiebelpflanzen zwischen den Stauden verlängert. Tulpen, Holländische und Englische Iris, *Allium*-Arten und Präriekerzen sind am schönsten im Frühling und Frühsommer; danach wird ihr unordentliches Laub von den Blättern sommerblühender Stauden bedeckt. Sonnenverträgliche Lilien blühen im Hochsommer, gefolgt von Hakenlilie, *Galtonia candicans* und *Gladiolus callianthus* in späteren Monaten. Amaryllis und Guernsey-Lilien blühen nur dann gut, wenn sie an einem warmen Platz in voller Sonne stehen, ideal etwa zu Füßen einer schützenden Mauer.

Zur Bedeckung des nackten Bodens zwischen den Staudengruppen sind auch viele Einjährige geeignet, die als begleitende Tuffs gepflanzt werden. Während Stauden stets nur ein einziges Mal in der Vegetationsperiode blühen, tragen Einjährige den ganzen Sommer über Blüten. Sie sind als Pflanzen mit begrenzter und jahreszeitlicher Wirkung in vielerlei Hinsicht leichter zu handhaben als ausdauernde Pflanzen: Aus Samen gezogen und erst nach den letzten Frösten ins Freiland gesetzt, können sie kurz vor ihrer Blüte genau in die Lücken zwischen Rabattenpflanzen eingesetzt werden. In der Tat können Einjährige als

Farbplanung und die Proportionen der Pflanzenanordnung wurden in den Rabatten von Jenkyn Place in Hampshire mit viel Verständnis ausgeführt. Eine Begrenzung aus Steinen rahmt eine wunderschön gepflegte große Rabatte ein, die mit großen Gruppen traditioneller winterharter Stauden bepflanzt ist. Fedrige, cremefarbene Blütenstände von Aruncus dioicus *und die wolkigen Zweige von* Crambe cordifolia *bilden den Hintergrund für Kissen von* Geranium × magnificum. *Weiße und purpurfarbene Formen von* Dictamnus albus *wie auch die dunkelblütige* Lychnis coronaria *setzen das Farbthema fort.*

Die vom inzwischen verstorbenen Peter Coats im Buscot Park in Oxfordshire entworfenen Rabatten, zeichnen sich durch eine gelungene Mischung von kleinen Bäumen, Sträuchern und Stauden aus. Die stumpfnasigen, limonengrünen Blüten von Euphorbia characias *ssp.* wulfenii *passen gut zu den Gelbtönen der strauchigen* Phlomis fruticosa *vor der dunkelblättrigen* Berberis × ottawensis *'Superba'. Die blaugetönte* Geranium × magnificum *und die Katzenminze wuchern über die niedrige Buchsbaumhecke.*

solche ebenfalls sehr wirkungsvoll sein. Blühfreudige Sommerblumen, deren Anzucht nicht viel Arbeit erfordert, können ein prächtiges Blumenbeet entstehen lassen. Leberbalsam, Spinnenpflanze, Atlasblume, Winden, Bechermalve, Ziertabak und Salbei lassen sich in Gruppen arrangieren – die höheren Pflanzen im Hintergrund –, so daß sich die Farben beim Vorbeispazieren nach und nach entfalten, miteinander verschmelzen und den Eindruck eines traditionellen Blumenbeetes in seiner sommerlichen Pracht vermitteln.

Rabatten aus Sträuchern

Viel mehr Zeit und wesentlich mehr Raum muß zur Verfügung stehen, wenn man eine Rabatte nur aus Sträuchern komponieren möchte. Einmal geplant und eingerichtet, ist die Erhaltung einer „Strauch-Rabatte“ wenig anspruchsvoll. Man sollte

sich jedoch zwei wichtige Überlegungen von Anfang an vor Augen führen. Zum ersten brauchen diese holzigen Pflanzen Zeit, um ihr volles Potential zu erreichen. Da die Sträucher zweitens dauerhaft vorhanden sind, müssen alle benachbarten Pflanzen dieselben Ansprüche an Boden und Drainage haben. Wählt man Sträucher mit aufeinanderfolgenden Blühperioden, so behält die Rabatte den ganzen Sommer über ihre Wirkung.

Vor dem Pflanzen sollten die Eigenschaften der formgebenden Pflanzen berücksichtigt werden – die natürliche Form der Sträucher, die Farbe und Struktur der Blätter, Blütezeit und Aussehen der Früchte und die Wuchsdichte. (Einige, insbesondere immergrüne Gehölze, geben mit ihren dichten und dunklen Formen einem Gartenkonzept Gewicht; andere mit dünneren Zweigen und hellen Blättern verleihen eine leichtere Atmosphäre.) Eine ausgewogen gestaltete Rabatte sollte enthalten: Büsche mit rundem Umriß wie die immergrüne Duftblüte und der Perückenstrauch; einige Büsche, deren Zweige sich von unten her auffächern wie Hybriden der Moschata-Rosen, Pfeifenstrauch und die Schneebeere; und einige, die schließlich vertikale Akzente setzen wie *Abutilon* und panaschierte *Ilex*-Arten. Dessenungeachtet sollte eine Rabatte vor allem üppig blühen, daher ist die Wahl gutblühender Sträucher sehr wichtig; denn die Gestaltung einer Rabatte sollte nicht in einem „viktorianischen Gestrüpp“ enden.

Der Standort der Sträucher muß sehr sorgfältig geplant werden. Einzelne Exemplare sollten so weit auseinandergepflanzt werden, daß ihre Zweige im reifen Zustand gerade die ihrer Nachbarn berühren, ohne die anmutigen Umrißformen zu beeinträchtigen. In Gruppen gepflanzte Sträucher können sich mit den Zweigen durchaus verzahnen, sollten allerdings nicht auf benachbarte Einzelexemplare oder Gruppen übergreifen. Durch das Ineinanderpflanzen entstehen zwar für den Augenblick erwünschte Wirkungen, doch wird sich dies in späteren Jahren rächen. Die Bepflanzung eines Rabattentyps gleicht nicht dem Anlegen eines Waldes, in dem später abwechselnd Bäume oder Baumreihen entfernt werden, so daß die kräftigsten Exemplare (alle vom gleichen Typ) reifen können.

Jeder Strauch ist ein Individuum mit eigener Wachstumsrate und bestimmten Ansprüchen. Wird er neu gepflanzt, benötigt er Raum zum Atmen und Platz, um seine Wurzeln auszubreiten. Vor allem braucht er Licht und ausreichend Feuchtigkeit. Da-

In geeignetem Boden mit niedrigem pH-Wert und im Wald mit einem schützenden Blätterdach kann eine Pflanzung von pflegeleichten Azaleen und Rhododendren sehr wirkungsvoll sein. In der Ecke dieses Gartens von Prinzessin Sturdza im Norden Frankreichs wurden Bäume und Sträucher – die das Licht davon abhalten, bis zum Boden durchzudringen – mit schattentoleranten Hasenglöckchen in einer einfachen Zusammenstellung unterpflanzt. Flachwurzelnde Pflanzen wie diese nehmen das Harken des Beetes übel, doch eine dick aufgebrachte, organische Mulchschicht verhindert das Aufkommen von Unkraut. Am besten sehen solche majestätischen Waldpflanzen unter solchen Bedingungen aus, in kleineren Rabatten oder im vollen Sonnenlicht wirken sie lächerlich.

her sollten junge Sträucher nicht mit Einjährigen oder sogar Stauden umgeben werden, denen im endgültigen Gartenkonzept der Rabatte ohnehin keine Bedeutung zukommt. Einmal etabliert, werden Strauch-Rabatten nie wieder umgegraben, es sei denn, einige der Sträucher müssen entfernt werden. Eine jährlich aufgebrachte dicke Schicht organischen Mulchs zum Wachstumsbeginn im Frühling erhält den Boden fruchtbar und die Pflanzen gesund.

Alle holzigen Pflanzen in der Rabatte müssen jährlich mit einer Baumschere beschnitten werden, damit die Blüte des folgenden Jahres üppiger ausfällt: tote Blüten und Blütensprosse sollten entfernt werden, um neuen Wuchs zu fördern. Im Frühling und Frühsommer blühende Sträucher bilden die Blütensprosse für das nächste Jahr in der Regel nach der

Rechts: Eine Strauch-Rabatte wirkt mehr durch ihre Formen und die Laubfarben als durch großen Blütenreichtum. Als wirkungsvolle Nachbarn verdeutlichen eine goldblättrige Stechpalme (Ilex × altaclerensis *'Golden King') und* Hydrangea macrophylla *dieses Konzept, doch das Bild fängt gerade den Moment ein, in dem sich die Blüten der Hortensie an langen Stielen über die panaschierten Blätter erheben.*

diesjährigen Blühperiode und sollten daher sofort beschnitten werden. Gegen Ende des Sommers blühende Sträucher treiben ihre Blütensprosse aus dem Holz des laufenden Jahres und sollten erst im Frühling beschnitten werden.

Die „gemischte Rabatte"

In einer gemischten Rabatte werden Elemente des „englischen Staudenbeetes" und der eher nützlichen Strauch-Rabatte vereinigt. Dabei gedeihen kleine Bäume, Sträucher, Stauden, Ein- und Zweijährige und Knollen- und Zwiebelpflanzen in guter Nachbarschaft, wobei es die krautigen Pflanzen sind, die die Stimmung der Komposition beeinflussen, indem sie beständig impressionistische Farbflecke - besonders während der Sommermonate - zeichnen. In heutiger Zeit werden die meisten Pflanzkonzepte nach diesem Muster gestaltet, so daß der natürliche oder Bauerngartenstil wieder in die Rabatte einkehrt. Keine der Pflanzen wird um ihrer selbst willen ausgesucht: jede ist nur Teil eines großen Ganzen.

Im Unterschied zur Strauch-Rabatte oder einem Staudenbeet, kann eine gemischte Rabatte nicht in jedem Jahr gleich aussehen, ständig ändern sich die relativen Formen und Proportionen. Einige der besten Rabattenentwürfe aus der Zeit um die Jahrhundertwende benutzten das Prinzip der gemischten Bepflanzung. Eine Rabatte von Gertrude Jekyll könnte zum Beispiel einen breitkronigen Baum enthalten, der den Frühlingszwiebeln und Christrosen Schutz bietet, während Sträucher wie die im Frühling blühenden Spiersträucher und Schneebälle, später die Herbst-Hortensien und Bartblumen, mit dazwischengepflanzten Zwiebeln, die Blühsaison der Stauden ausdehnen. Einjährige Pflanzen und empfindliche Dahlien wurden von G. Jekyll verwendet, um die Wirkung der Dauerbepflanzung zu verstärken; manchmal grub sie sogar vorbereitete Blumentöpfe mit Lilien oder ähnlichen Exoten zwischen profane und bewährte Gruppen von Pflanzen ein. Die gemischte Rabatte mit ihren vielfältigen Elementen ist, sowohl was die Pflanzung als auch die Pflege betrifft, sicher das komplizierteste aller Konzepte. Es verlangt die Fertigkeiten des Architekten, der Höhen und Formen in den unterschiedlichen Pflanzebenen genau austarieren muß, wie auch das zweidimensionale Sehen des Malers, der in einer Ebene arbeitet. In der heutigen Zeit gelingt es nur noch wenigen Gartengestaltern, die erstaunlichen Erfolge Gertrude Jekylls und ihrer Zeitgenossen zu erzielen, die sich zudem auf die Hilfe hervorragender Hilfskräfte bei dieser arbeitsintensivsten aller Gartenformen verlassen konnten.

Obwohl es die Stauden sind, die das Thema der gemischten Rabatte bestimmen, sollten zuerst die kleinen Bäume und Sträucher gepflanzt werden. Anders als bei der Strauch-Rabatte sollten sich ihre Zweige im ausgewachsenen Zustand nicht berühren. Sie wurden ausgewählt, um dem Beet das ganze Jahr über Form zu geben und den weniger robusten Gruppen jahreszeitlich wachsender Stauden Struktur zu verleihen. Steht für den Garten nur relativ

Rechts: Zu den beeindruckendsten Rabatten Englands gehören die des verstorbenen Peter Healing in Kemerton. Obowhl diese Art der Perfektion Kenntnis, Fertigkeit und viel harte Arbeit wie auch ein Gespür für Farbkombinationen erfordert, denke ich doch, daß es lohnend wäre, seinem Werk nachzueifern. Hier rahmen eine Form von Buddleja davidii *und eine auf ein Rankgerüst kletternde* Clematis *am Boden wachsende, blütenreiche Astern, Dahlien,* Salvia farinacea *und Verbenen, darunter die luftige* V. patagonica, *ein.*

*Gegenüberliegende Seite: Die Rabatte im Garten von Susan Riley in Victoria auf Vancouver Island besticht durch ihre gemischte Bepflanzung: Sträucher, Stauden und Knollen spielen alle bei der Vervollständigung des Konzeptes eine Hauptrolle. Ein dunkelpurpurblättriger Perückenstrauch (*Cotinus coggyria *'Foliis Purpureis') beschattet einen rosa* Rhododendron lepidotum, *während niederwüchsige krautige Pflanzen und die attraktiven runden Blütenstände und hübschen Blätter von* Allium karataviense *den Vordergrund einnehmen. Später im Jahr wird* Lilium regale *blühen. Optisch ist diese Art der Bepflanzung sehr befriedigend: die Form der Sträucher und Zweige geben einem Konzept Substanz, während zartere, wogende Pflanzen mit weichen Stengeln für die Ausfüllung sorgen.*

wenig Zeit zur Verfügung, sollte die Auswahl der Pflanzen auf solche beschränkt bleiben, die wenig Pflege bedürfen. Kleinere Bäume, die nur lichten Schatten werfen, eignen sich besser als solche mit tiefem Schlagschatten: Besonders schön sehen in einer Rabatte der langsam wachsende Zimtahorn *(Acer griseum)* und Eschenahorn (*A. negundo*, vor allem die panaschierte Form), Hartriegel mit *Cornus mas* und *C. kousa* (und natürlich der amerikanische Hartriegel *C. florida*, wenn er sich bei Ihnen wohl fühlt – er braucht heiße Sommer), Goldregen, Storaxbaum, Schneeglöckchenbaum, Judasbaum und *Clerodendrum* aus. Zu den langsam wachsenden Sträuchern, die nicht viel beschnitten werden müssen, gehören der Perückenstrauch, die Orangenblume, die kleinwüchsigen *Rosa rugosa,* Deutzien und die strauchförmigen Fingerkräuter. Mediterrane Zistrosen nehmen das Beschneiden sogar übel und sind relativ kurzlebig. Die erfrorenen Zweige vieler Sträucher in Regionen mit kalten Wintern müssen im Frühjahr abgeschnitten werden.

Stauden sollten kräftig genug sein, um auch ohne Stütze zu wachsen; auf solche, die regelmäßig geteilt werden müssen, sollten Sie verzichten. Ich vermeide arbeitsintensive Rittersporne, die ständige Aufmerksamkeit verlangen (reiche Düngung, Stützen und Schutz vor Schnecken) zugunsten von Pflanzen wie Sterndolde, Glockenblume, Edeldistel, Wasserdost, Taglilien und Phlox.

Wählen Sie Knollen-, Zwiebel- und niedrigwachsende Teppichpflanzen, die sich natürlich ausbreiten und nicht dauernd neu gepflanzt werden müssen: Alle Arten von Blausternchen, Schneestolz, Glockenblumen und schöne Formen von Buschwindröschen und *Anemone apennina* für den Frühling; *Agapanthus, Allium*-Arten, Präriekerzen und Lilien für die Sommerblüte. Um die Ausgewogenheit der Pflanzung zu erhalten, müssen alle Rabatten im Frühling oder im Herbst überarbeitet werden: in einer gemischten Rabatte, in der die dauerhaften Sträucher jedes Jahr mehr Schatten werfen, müssen die „krautigen" Pflanzen zudem häufiger umgesetzt werden.

Links: Die doppelten Rabatten in Wallington Hall erscheinen, von der Höhe des Hügels aus besehen, als eine Mischung aus zartem Violett und Blautönen und gut dazu passenden komplementären Gelbtönen. Gertrude Jekyll liebte diese Kombination. Zum Glück steht eine ganze Reihe geeigneter winterharter Pflanzen mit diesen Farben zur Auswahl. Hier liefern Bartiris, Katzenminze und Hundszunge (Cynoglossum nervosum) *die blaue Farbe. Dichte Gruppen gelber, köpfchenblütiger Gemswurz ziehen die Blicke auf sich, dominieren den Vordergrund und bestimmen das Thema, nur von den goldenen Blättern von* Philadelphus coronarius *'Aureus' in den Schatten gestellt.*

*Rechts: Malvenfarbene Rittersporne und Storchschnabel (*Geranium × magnificum), *blaue* Nepeta sibirica *'Souvenir d'André Chaudron' und die aufsehenerregende magentafarbene* Geranium psilostemon *verschmelzen in diesem Garten bei Heerlen in Holland zu einer einzigen Farbharmonie, wobei die in allen Farben enthaltenen Blauanteile vereinheitlichend wirken. Ein einheitliches Thema, wie die Wiederholung von Farbblöcken oder architektonischen Formen, steigert die Wirkung einer Rabatte. Im Vordergrund greift das Weiß einer Zwergform des Schleierkrauts die silbrige Panaschierung der Minzenblätter (*Mentha suaveolens *'Variegata') wieder auf.*

Themen und Konzepte

Nur ein klarer Bepflanzungsplan kann sicherstellen, daß die Rabatte mehr ist als die Summe ihrer Teile und als Einheit auf den Betrachter wirkt. Die meisten Konzepte profitieren von einem vereinheitlichenden Thema. Ein solches kann in der wiederholten Verwendung von Bäumen, Sträuchern oder Stauden bestehen, die jeweils im Hinblick auf eine besondere Form- oder Farbeigenschaft ausgewählt wurden. Gleichgültig, ob es sich um einen strengen oder lokkeren Rhythmus handelt, die Wiederholungen verwandeln das gesamte Konzept in eine in sich geschlossene Komposition.

Ein Plan sollte versuchen, dreidimensionale Farbsequenzen heraufzubeschwören, die sich Woche für Woche entfalten, wenn die Blüten der unterschiedlichen Blumen ihren Höhepunkt erreichen, um dann zu verblassen. Nach dem Vorbild von Gertrude Jekyll können die Blütenfarben so komponiert werden, daß sie sich verschiedenen, auf Harmonie oder Kontrast basierenden, Themen unterordnen. Wie bereits erwähnt, kombinierte sie die „heißen" orange-, scharlach- und karmesinroten Töne mit einer harmonischen Abfolge von Farben und fügte die kühleren Farben - Blau, Grau und Gelb - in wohlerwogenen Kontrasten ein. In den Hauptrabatten auf Crathes Castle verwandeln sich die frühsommerlichen blauen und malvenfarbenen Gewebe im Herbst in die „wärmeren" gold- und bronzefarbenen Blumen. Sogar noch wichtiger als die Farbzusammenstellungen ist das Erscheinungsbild der Rabatte als Ganzes. Wiederholte Formen, Farbkompositionen und Pflanzengruppen, die wenigstens einmal in jeder möglichen Blickrichtung auftauchen, wirken beruhigend. Besonders schätzenswert ist dies in kleineren Gärten, wie zum Beispiel in Ashtree Cottage, wo der Blick auf die Rabatte durch Pflanzungen eingerahmt wird, die ähnliche Themen wiederholen. Um formelle, spiegelartige Wirkungen zu erzielen, werden manchmal Pflanzen- und Blumenfarben in gewissenhaftem, regelmäßigem Rhythmus wiederholt. Ohne wirklich symmetrisch zu sein, wirkt gelegentlich eine lockere Komposition - etwa als ob man ein Bild malt - ausgewogen und rhythmisch, wie zum Beispiel im Garten von Francis Cabot bei New York. Wir versuchen, in Tintinhull einen Kompromiß zwischen diesen beiden Positionen zu schließen. Bestimmte, regelmäßig plazierte Leitpflanzen halten die Gestaltung der Rabatte zusammen; ihre Auswahl und Verteilung verlangt ein Gespür für Ausgewogenheit. Da wir ein natürlich wirkendes, aber dennoch kontrolliertes malerisches Resultat anstreben, zielen unsere wiederholten Farbgruppen mehr auf Stabilität als auf Spiegelwirkung. Erfolgreiche Rabatten beruhen aber nicht nur auf einer ästhetisch ansprechenden Komposition, sondern müssen auch die Voraussetzungen für optimales pflanzliches Wachstum bieten.

Die Hauptstützen eines klassischen Staudenbeets wie Phlox, Päonien und Dahlien brauchen reichliche Düngung. Grau- und silbrigblättrige Pflanzen sind auf gut wasserdurchlässigen, nährstoffarmen Böden in voller Sonne angewiesen - ihr silbriges Erscheinungsbild beruht auf den kurzen Haaren, die die Blätter vor starker Sonneneinstrahlung schützen. Nur so können die Pflanzen in ihrer natürlichen Heimat die langen Perioden sommerlicher Trockenheit überleben. Mediterrane Pflanzen wie Beifuß, Silberdisteln und Artischocken passen gut zusammen.

*Eine andere Rabatte in Kemerton basiert mit orangefarbenen, scharlachroten und gelben Blüten auf „heißen" Farben, die gut zu den rot getönten Blättern passen. Aber auch die Strukturen und Formen der Kronblätter und des Laubes, selbst die Art wie sie an der Pflanze stehen, bestimmt unsere Sichtweise der Pflanzen als Individuen und somit die Rolle, die sie in Pflanzkonzepten spielen. Die Blütenähren der Fackellilie, deren dichte, orangefarbenen Kronblätter sich zur Basis hin nach Gelb verfärben, bilden in dieser Rabatte einen vollständigen Kontrast zu den halbgefüllten Dahlien mit ihren dunklen, bronze-getönten Blättern, Indianernesseln (*Monarda *'Cambridge Scarlet') und dem Sonnenhut im Vordergrund des Beetes, dessen große Blütenstrahlen zentrale, gefärbte Scheiben umgeben. Die rotstengeligen, gekräuselten Blätter des Roten Mangolds 'Ruby Chart' prägen eindrucksvoll den Rand. Genauso liebe ich, wie die zierlich überneigende *Rosa moyesii* mit ihren farbigen Hagebutten am Ende des Beetes besondere Akzente setzt, ohne einen allzu soliden Hintergrund zu bilden. Bei der Auswahl von Begleitpflanzen für eine Rabatte muß die Wuchsform einer jeden Pflanze genauso detailliert berücksichtigt werden wie die Grundlagen eines Konzeptes. Ich ziehe die deutlich akzentuierten Höhen und Tiefen wie in dieser Rabatte in Kemerton den flacheren Entwürfen vor, bei denen alle Pflanzen auf gleicher Höhe wachsen.*

Überall gibt es faszinierende Rabatten, beeindruckende Entwürfe, die uns mit neuen Pflanzen bescheren und deren Farbkompositionen das Herz des Betrachters erfreuen. Darüber hinaus liefern sie zahlreiche Vorbilder für eigene Ideen.

Die Planung der Rabatte

Von den Künstlern der traditionellen Blumenbeete können Gartengestalter noch immer lernen, wie man Pflanzen so miteinander kombiniert, daß wunderbare, großflächige Kompositionen entstehen. Viele der faszinierenden Effekte, die sich aus der Nachbarschaft von Blütenpflanzen ergeben, gelten auch für das majestätischere Erscheinungsbild von Strauch-Rabatten. Die großartige Wirkung von Blumenbeeten und gemischten Rabatten beruht aber auf ihren unsteten Bausteinen, den Stauden und den Knollen- und Zwiebelpflanzen.

Außer ihren im Winter absterbenden, weichen Stengeln, besitzen die krautigen Pflanzen kaum Gemeinsamkeiten. Pflanzen wie die Königskerze und der Rittersporn ragen kopfhoch und höher empor, während sich Ehrenpreis-Arten dem Boden anschmiegen, *Phlox subulata* kriecht und *Diascia* sich kräftig ausbreitet. Vielleicht noch variabler sind die Blüten: Päonien und Mohn haben flache, zerbrechliche Kronblätter. Andere – Schafgarbe, Wasserdost und Silberdisteln – besitzen winzige, luftige Blüten, die sich zu breiten, flachen Blütenständen zusammenschließen. Die Blütenstände von Astilben, Beifuß und Goldrute sind fedrig, während sich Edeldistel und Engelwurz durch kugelige Dolden auszeichnen. Zwar gibt es durchaus Pflanzen wie den Riesen-Winterkohl oder die silbrigen Eselsdisteln, die groß genug sind, um als Solitärpflanzen architektonische Aufgaben zu übernehmen, doch wird in einer Rabatte in der Regel auf Einzelpflanzen verzichtet. Die meisten werden als Gruppen gepflanzt, entweder in der Form von Blöcken oder Dreiecken. Große, städtische Rabatten werden häufig blockförmig angelegt, so daß das Stützen und Anbinden erleichtert wird. Deren geometrisch regelmäßiges Aussehen erstickt allerdings jeglichen Anschein eines verschwenderischen Überflusses im Keim.

Der Umfang einer Pflanzengruppe wird durch die erwünschte Wirkung bestimmt. Sollen einzelne Farben, auch aus größerer Entfernung, klar und getrennt voneinander wirken, müssen die Gruppen großflächig angelegt werden. Sollen sich dagegen die Farben mischen und verflechten (außer bei sehr naher Betrachtung), sollten die Gruppen klein sein. Auf jeden Fall muß die Gruppengröße der Fläche des Gesamtentwurfs angepaßt werden.

Bei der Planung der Rabatte ist die Höhe und die mögliche Ausbreitung einer jeden Gruppe ein wichtiger Faktor. Wird nur der Hintergrund mit hohen Gruppen bepflanzt, und nimmt die Höhe allmählich von hinten nach vorne ab, so entsteht eine unnatürliche Wirkung. Durch die Mischung von verschiedenen Pflanzenhöhen erreiche ich eine Abfolge von Kuppeln und Tälern, die sich durch die ganze Rabatte hindurchzieht. Werden jedoch die höchsten Pflanzen im Hintergrund als eine Art Rahmen für den Vordergrund gepflanzt, so können kleinere Pflanzengruppen in deren Schatten wachsen. Besser als in den Worten William Robinsons, die noch vor dem Ende des neunzehnten Jahrhunderts niedergeschrieben wurden, kann man es nicht sagen: „Sie sollten den üblichen Fehler vermeiden, die Pflanzen in ihrer Höhe von hinten nach vorne zu staffeln. Statt dessen sollten sie ruhig eine dreiste Pflanze zum Rand des Beets vorrücken lassen... und hier und da im Hintergrund einen kleinen Teppich aus Zwergpflanzen ein-

*Ein Bachlauf bestimmt die „Rabatte“ in diesem Garten an der Küste Devons. Die Planung eines Gartens gleicht dem Malen eines Bildes, obwohl sich die Wirkung von Pflanzen noch weniger vorhersagen läßt, als die der Farben auf einer Leinwand. Gärten am Wasser stellen eine besondere Herausforderung dar, da nur wenige holzige Pflanzen in Frage kommen, um Höhe und Substanz zu verleihen. Diese Komposition wird von dem architektonisch wirkenden Neuseeländischen Flachs (*Phormium tenax *'Purpureum') bestimmt, zusammen mit einer Gruppe scharlachroter Etagenprimeln, verstreuter* Iris ensata *und* I. laevigata *und weiteren Primeln in malerischen Violettönen.*

Im Teichgarten in Tintinhull gibt es eine Rabatte mit pastellfarbenen Blüten; eine andere, am Gegenufer des Kanals (auch auf Seite 71 gezeigt), hat rote, gelbe und cremefarbene Blüten. Ursprünglich von Phyllis Reiss angelegt, spiegeln sie noch immer ihre Vorstellung wider. Beide werden gesäumt von silbrigen Blättern, die in Abständen im Vordergrund der Beete wiederkehren. Da alle Pflanzengruppen unterschiedlich schnell wachsen, muß die gesamte Anlage ständig überarbeitet werden, damit die Proportionen erhalten bleiben. Damit wird der Platz für die jahreszeitlich wechselnden Pflanzen, vor allem gegen Ende des Sommers, immer mehr eingeengt. Wir versuchen gewöhnlich, Woche für Woche oder Monat für Monat andere Bereiche der Rabatten in Blüten versinken zu lassen und weniger, das gesamte Beet den Sommer über farbenfroh zu gestalten. In blütenarmen Perioden sorgen immer noch Pflanzen mit attraktiven Blättern, wie silberne Edeldistel, Chinaschilf, Binsenlilien und panaschierte Schneebeeren, für die notwendige Spannung.

fügen, so daß eine bewegte statt einer monotonen Oberfläche entsteht. Haben Sie keine Nachsicht mit nacktem Boden und bepflanzen Sie die Rabatte mit Zwergpflanzen; aber nicht nur entlang des vorderen Randes. Lassen Sie Leberblümchen und gefüllte und andere Primeln, Vergißmeinnicht, Zwergphlox und viele andere ähnliche Pflanzen den Boden zwischen höheren Pflanzen decken... im Hinter- wie im Vordergrund. Sie sollten die kleinen Bodenpflanzen zu zufälligen breiten Flecken und Kolonien auswachsen lassen, ganz wie es ihrer Natur entspricht, und sollten ihnen erlauben, auch zwischen und unter andere Pflanzen zu kriechen."

Höhepunkte im Jahresablauf

In wirklich großen Gärten gibt es Rabatten, die zu bestimmten Zeiten des Jahres ein Maximum an Wirkung erzielen, doch die meisten bescheidener geschnittenen Gärten sind auf Rabatten angewiesen, die das ganze Jahr über attraktiv aussehen. Das bedeutet nicht, daß das gesamte Beet ständig blüht - dies wäre unmöglich. Es ist noch nicht einmal ohne Schwierigkeiten möglich, während der gesamten Vegetationsperiode Farbflecke über die Rabatte zu verteilen. Am schönsten sieht es aus, wenn jeweils ein Teil der Rabatte zu einer bestimmten Zeit in Blüte steht, so daß eine Serie von „Blühexplosionen" aufeinander folgt. Während dieser Zeit werden die blühenden Pflanzen zu Stars, wie die Hauptdarsteller auf einer Bühne. Zu anderen Zeiten übernehmen sie Nebenrollen oder verschwinden sogar von der Bühne. Die Gartengestaltung mit Pflanzen hat etwas von der Tätigkeit eines Regisseurs, der für die Vorstellung probt: Ein gutes Timing und die Synchronisation der Wirkungen ist von größter Bedeutung, da sowohl Blüten wie Blätter zunächst einen Höhepunkt erreichen, um dann zu verwelken und Platz für neue Kombinationen zu machen.

Die Bedeutung attraktiven Laubes

Die nur dreimonatige Hauptblütezeit kann ausgedehnt und damit die Schönheit der Rabatte verlängert werden, wenn man Blütenpflanzen mit schönen Laubformen und -farben sowohl im Früh- wie im Spätsommer verwendet. Iris mit schwertförmigen Blättern, Montbretien, Taglilien, Fackellilien und die belaubte *Agapanthus* kontrastieren mit den runderen Formen des Frauenmantels, der Funkien, japanischer Anemonen und der eleganten *Kirengeshoma palmata.* Akanthus hebt sich mit weichen, glänzenden Blättern von der rauhen Struktur des Riesen-Winterkohls ab, hohe schimmernde Gräser rascheln neben den soliden Gruppen von Phlox und Neuenglischen Astern.

Gruppen lassen sich auch aus Pflanzen bilden, deren Blätter harmonisch zusammenklingen - Grün, Gold, Grau, Purpur und Bronze - oder in bewußtem Mißklang als überraschender Blickfang wirken. Silbriger Ziest und Beifuß, graublättriges Perlpfötchen

Die silbrige Stachys byzantina, *Sonnenröschen und Heiligenkraut, die spitzen Blätter von* Phalaris arundinacea *'Picta' und eine hohe, graublättrige* Buddleja *bilden den ganzen Sommer über eine gut aussehende Grundlage. Dahinter erheben sich die Ähren von* Eremurus himalaicus.

und Wiesenraute, *Ruta graveolens* 'Jackman's Blue' und die spitzen, bläulichgrünen Gräser wirken eindrucksvoll neben den Purpurtönen der scharlachrot blühenden Lobelien, *Heuchera micrantha* 'Palace Purple' und der spektakulären Nelke *Dianthus barbatus* 'Niger'. Durch Blattfarben kann ein Blütenfarben-Thema ausgedehnt oder kontrastierend verstärkt werden. Von goldenem und panaschiertem Laub setzen sich helle und schimmernde gelbe Blüten gut ab. Bläulichgrüne und graue Effekte lassen blaue Blüten blendend erscheinen, während purpurblättrige Sträucher und Stauden einen Hintergrund für rosa, blaue und scharlachrote Blüten bilden. Im Frühsommer sehen die frischen grünen Blätter und Sprosse vieler Stauden wie Geißraute, Edeldistel, Beifuß und Schafgarbe wunderschön aus. Viele - darunter auch stattliche Gräser - sterben einen anmutigen Tod in bronzenen, isabellfarbenen und gelben Tönen, die die Wirkung einer spätsommerlichen und winterlichen Rabatte bereichern. Schneidet man bei bestimmten Stauden, etwa Frauenmantel und Storchschnabel, die Blätter und Triebe nach der Blüte zurück, bilden sie kleine Polster aus dauerhaften, neuen Blättern, einige, wie die Katzenminze, blühen noch einmal.

Bäume und Sträucher als Strukturelemente

Einige wohlgeformte immergrüne Sträucher verleihen einer Rabatte auch im Winter Struktur. In regelmäßigen Abständen gepflanzt, wirken sie ausgesprochen rhythmisch und halten die Gestaltung der Rabatte ganzjährig zusammen. Ihre Formen und das Laub sind als Gestaltungselemente wichtiger als die Blüten, und sie bilden den Hintergrund für die Blüten der benachbarten Pflanzen. Gut dafür geeignet sind Koniferen wie hohe Wacholder, fedrige Scheinzypressen, irische Eiben und in milderen Gebieten schlanke, spitze italienische Zypressen.

Manche Sträucher lassen sich zu regelmäßigen Formen beschneiden, um einem Pflanzkonzept eine formellere Atmosphäre zu verleihen. Als traditionelle Formsträucher gelten immergrüner Lorbeer, Stechpalme, portugiesischer Lorbeer und Eibe (englische und irische - in Hidcote verleihen beschnittene englische Eiben dem berühmten Säulen-Garten Struktur). Die vernachlässigten Steinlinden (vor allem *Phillyrea angustifolia* und der baumartige *P. latifolia*), Feuerdorn, *Quercus ilex* und Buchsbaum lassen sich gut zu unterschiedlichen Umrißformen trimmen.

Kleine, laubabwerfende Bäume mit grünen oder farbigen Blättern und einem von Natur aus regelmäßigen Umriß, eignen sich ebenfalls gut für gestalterische Aufgaben. Für räumlich begrenzte Gärten sind Bäume mit kugeligen und schirmförmigen Kronen besonders geeignet, da benachbarte Pflanzen bis direkt an den Stamm heranwachsen können. Ideal sind Robinien mit hellgrünem Laub (*Robinia pseudoacacia* 'Umbraculifera') oder die goldblättrige Form (R. 'Frisa').

Steht weniger Platz zur Verfügung, können auch silbrigblättrige Weiden eingesetzt werden. In Tintinhull zeichnet sich die normale, rundkronige *Salix*

In Chilworth Manor in Surrey breiten sich Stauden mit hübschem Laub als optimaler Hintergrund für alle Blütenfarben aus; die schwertähnlichen, grünen Blätter der Montbretie mit ihren scharlachroten Blüten bieten weiteren Kontrast. Neben den sanften Tönen der Stockrose trägt der Akanthus seine rosa-weißen Blüten auf schraubigen Blütenständen.

helvetica gegen eine Eibenhecke ab. Die wolkigen Perückensträucher haben eine regelmäßige Form, da sie aber bis zum Boden mit Zweigen bedeckt sind, benötigen sie mehr Platz. Großkronige Formen des Weißdorns (Formen von *Crataegus*) und andere kleinere Zierbäume wie Holzäpfel und Zierkirschen eignen sich gleichermaßen. Formen mit ausladendem Blätterdach erzeugen die Schattenflächen, die Waldpflanzen lieben, und scharf ausgeprägte Kontraste von Licht und Schatten.

Blätter können in der Tat wichtiger sein als die vergängliche und manchmal sehr flüchtige Blüte. Frau van Bennekom-Scheffer hat hier die unterschiedlichen Farben, Strukturen und Formen von Blättern in ihrem Garten in Zeeland ausgenutzt. Grüner Buchsbaum, bronzefarbener Fenchel, silbriger Beifuß und Ziest und panaschierte Gräser bieten einen maximalen Kontrast, ohne übertrieben zu wirken. Das Licht wird von variierenden Strukturen, darunter den behaarten Blättern des Ziests, den glatteren des Wermuts und der Gräser auf unterschiedliche Weise reflektiert. Das dichte Laub der beschnittenen Buchsbaumkuppeln akzentuiert als ausgezeichnete Kulisse die weicheren und entspannteren Umrißformen der ausgebreiteten Pflanzen.

Einen hervorragenden Bodenteppich bildet dieser entzückende, niederwüchsige Hartriegel Cornus canadensis. *Seine attraktiven Blätter und weißen, vierzähligen Kronblätter werden von roten Beeren abgelöst. Durch seine kriechende Wuchsform fügt er sich perfekt in Lücken zwischen hohen Sträuchern ein, die ähnlicher Standortbedingungen bedürfen. Wir alle würden wohl einiges dafür geben, diesen niedrigwüchsigen Strauch anpflanzen zu können. In Prinzessin Sturdzas Garten, hier in Le Vasterival, erstreckt er sich im Wald als Teppich unter Rhododendren und Azaleen.*

Wirkungsvolle Sträucher zu jeder Jahreszeit

Viele für kleine Gärten oder innere Blumengärten geeignete Sträucher blühen im Frühling. Hier sollten Sie unter Abutilon, Zierquitte, *Choisya ternata* (hüten Sie sich aber vor der prunkenden, goldblättrigen *C. t.* 'Sundance'), Scheinhasel, Ginster, Seidelbast, Forsythien, Magnolien, Duftblüte, gelbblühender *Piptanthus nepalensis, Paeonia suffruticosa,* Spierstrauch und Schneeball eine Auswahl treffen. In Gärten mit saurem Boden können Kamelien, Rhododendren, Lavendelheide und *Vaccinium*-Arten miteinander kombiniert werden, um prachtvolle Wirkungen zu erzielen, obwohl sie besser in Waldbeeten aussehen.

Zu den im Sommer blühenden Rabattensträuchern gehören sowohl Strauch- wie Buschrosen, *Cistus*-Arten mit papiernen Blüten, rosa und weiße Deutzien, die rosablühenden Kolkwitzien (*Kolkwitzia amabilis* 'Pink Cloud' eignet sich am besten), malvenfarben blühender Lavendel, duftender Pfeifenstrauch, Fingerkräuter, Feuerdorn (mit Beeren im Herbst), Flieder und Weigelien. In den meisten gemäßigten Regionen tragen im Spätsommer (in heißen etwas früher) immergrüne *Abelias* und Erdbeerbaum, *Buddlejas,* rauchig-blaue Bartblume, Fuchsien, Hortensien, *Hypericum*-Arten, Indigostrauch, *Itea inicifolia,* Bechermalve, *Perovskia* und *Romneya* im Verhältnis zum Laub reichlich Blüten.

Silbrig- und graublättrige Sträucher wirken kontrastreich in einer Rabatte mit gewöhnlicherem grünem Laub und überzeugen je nach Jahreszeit auch mit ihren Blüten. Sie brauchen volle Sonne und gute Drainage. Beifuß, Strohblumen, Lavendel, Brandkraut, Heiligenkraut und strauchige *Senecio*-Arten sollten in die engere Wahl kommen. In Gegenden mit mildem Klima sollten Sie es auch mit *Leptospermum, Hoheria* und der köpfchenblütigen *Olearia* versuchen. Sträucher mit goldenen, panaschierten oder purpurnen Blättern können überwältigend wirken, müssen aber sehr sorgfältig eingeplant werden.

Mahonien, Geißblatt, schattenliebende *Sarcococca,* viele Schneeball-Arten und Zaubernuß tragen im Winter ihren besten Schmuck. Zwergmispeln tragen bis um die Weihnachtszeit rote oder gelbe Beeren, Schneeball-Arten haben glänzende, durchscheinende rote Früchte, während Strauchrosen mit apfel- oder bocksbeutelförmigen, scharlachroten oder orangen Hagebutten verziert sind.

Bodendeckende Begleitpflanzen unter Sträuchern

Als Begleitpflanzen für Sträucher sind kleine Zwiebel- und Knollenpflanzen und niederwüchsige krautige Teppichpflanzen bestens geeignet, die sich unter den Zweigen ausdehnen und sich selbst in leichtem Schatten im Sommer wohl fühlen. Zwischen den Sträuchern decken sie die nackte Erde und erweitern so das jahreszeitliche Farbspektrum der Rabatte. Für den naturnahen Frühlingsgarten geeignete Zwiebeln und Knollen sind ideal, wenn sie unter den laubabwerfenden Bäumen wachsen. Während ihrer Ruheperiode im Sommer auf einen vollsonnigen Standort angewiesene Pflanzen - etwa *Allium*-Arten und Präriekerzen - eignen sich nicht so gut, sondern passen besser mit Staudengruppen an einem offenen Standort zusammen. Später blühende Lilien passen gut zu hellblättrigen Sträuchern wie Scheinhasel, Bartblume und *Perovskia,* die viel Sonnenlicht durch ihre Zweige hindurchlassen.

Fast alle Lilien lassen sich so pflanzen, daß sie im

Frühling ihre Sprosse durch die unteren Zweige von fast niederliegenden Sträuchern erheben - im Frühling profitieren ihre frostempfindlichen Sproßspitzen von diesem zusätzlichen Schutz. Sie sollten Sträucher verwenden, die weder zu dicht wachsen, noch ein zu ausgedehntes Wurzelsystem ausbilden. *Salvia officinalis,* Beifuß-Arten, Zwergmispeln, *Romneya* sowie kriechende Rosen und Steinsame sind gute Gefährten für sonnentolerante Lilien. An schattigeren Stellen passen sie gut zu Hortensien, Fleischbeere, Kranzspiere und Schneebeere. Vor einer Strauch-Rabatte, deren Bepflanzung mit *Buddlejas, Cistus-* und *Hypericum*-Arten, Strauchveronika, Fuchsien und Fingerkräuter eine lange Blütezeit garantiert, zeichnen die Herbstzeitlosen in Felbrigg Hall in Norfolk im Spätsommer ein farbiges Band.

Schattentolerante Stauden fühlen sich unter den Sträuchern einer Rabatte wohl, doch sollte man sie von Zeit zu Zeit umsetzen, damit sich die wachsenden Sträucher ausbreiten können. Sonnenliebhaber brauchen jedoch den offenen Himmel über sich. Bestens zur Füllung von Lücken geeignet sind: Akanthus, Günsel, *Alchemilla mollis, Asarum europaeum,* Sterndolde, *Brunnera macrophylla, Buglossoides purpurocaerulea, Chiastophyllum oppositifolium,* Tränendes Herz, schattentolerante Wolfsmilch-Arten, der duftende Waldmeister *(Galium odoratum),* winterharter Storchschnabel, Christrose, Taglilie, Funkien, die kleine, blaue *Iris cristata* oder höhere Gruppen von *I. innominata* (beide bevorzugen sauren Boden), Nabelwurz, Immergrün, Lungenkraut, alle Formen des Salomonssiegels und Schattenblume *(Smilacina racemosa),* kriechende Fingerkräuter, Beinwell (Formen von *Symphytum*), Falsche Alraunwurzel und die zierliche, bronzeblättrige *Tiarella cordifolia.*

Zu den zweijährigen Pflanzen, insbesondere Selbstaussäern, die in Sonne wie Schatten gedeihen und sich selbst vermehren, gehören Nachtkerze, Fingerhut, Mutterkraut, Silberblatt, Nachtviole, *Smyrnium perfoliatum* und einige Akelei-Arten. Sehr dekorativ wirkt die heimische *Aquilegia vulgaris* mit Gruppen blau- oder pflaumenfarbener Blüten.

Diese goldene und purpurne Rabatte, zusammengestellt aus Sträuchern, Stauden und niederwüchsigen Schlingpflanzen, gehört sicher zu den phantasievollsten Konzepten, die Frau Reiss in Tintinhull entwikkelte. Der hohe, bronzeblättrige Strauch ist Sambucus nigra *'Guincho Purple'. Zusammen mit der purpurn belaubten* Berberis thunbergii *'Atropurpurea' und* B. t. *'Atropurpurea Nana' kontrastiert er mit dem goldenen* Cornus alba *'Spaethii', der jedes Jahr mit Stallmist gedüngt wird, damit seine Borke rot bleibt.* Rosa *'Rosemary Rose' besitzt dunkelbronze-getönte Blätter und scharlachrote Blüten. Vorne im Halbschatten blühen die kriechende* Polygonum affine *und die kräftig blaue* Veronica teucrium. *Viele Pflanzen blühen sowohl im Halbschatten als auch in der Sonne, wobei ihnen oft die kühleren Bedingungen mehr zusagen.*

Crathes in Schottland

Nachdem Gertrude Jekyll Ende August 1895 Crathes besucht hatte, schrieb sie in ihr Tagebuch: „Das Farbenmeer in diesen schottischen Gärten ist wirklich außerordentlich. Es ist unmöglich zu sagen, ob es am Boden oder am Klima liegt: Vielleicht könnten die längeren Tage, und damit die Sonnenscheindauer der Grund sein... Die Pflanzen unserer Juli-Gärten wie Rittersporn, Schafgarbe, Mädchenauge, Edeldistel, Nelkenwurz, Lupine, scharlachrote Lichtnelke, Indianernessel, früher Phlox und viele andere mehr, sowie das Meer der im Frühling gesäten Einjährigen, erstrahlen geradezu in Schönheit."

Obwohl sicher schon damals berühmt, haben sich die Rabatten seit dem Besuch von G. Jekyll sehr verändert. Durch die Übernahme eines Großteils der ummauerten Fläche, die in den 1890ern noch für den Obst- und Gemüseanbau genutzt wurde, konnte die Fläche des Ziergartens deutlich vergrößert werden. Man glaubt, die majestätischen Eiben noch auf das Jahr 1702 zurückführen zu können, doch im wesentlichen verdankt die von alten Mauern umgebene Anlage zu Füßen der Burg ihren Zauber Sir James und Lady Burnett von Leys. Seit etwa 1930 gestalteten sie die neuen gemischten Rabatten und Blumenbeete in einer Abfolge von Farbharmonien und Themen. Das Konzept des geometrischen Farbgartens unterhalb der Ostwände der Burg baut auf auffallendem Scharlachrot, Karmesinrot und Gelb der Sträucher und Stauden auf. Höhe wird dem Garten durch purpurblättrige Sträucher wie dem Perückenstrauch verliehen, während Eiben und ein kleiner Teich dem Zentrum das Gepräge geben. In den unteren Gärten pflanzten sie Hecken, um verborgene, geheime Räume für starkfarbige oder jahreszeitliche Themen zu gewinnen. Es gibt weiße Rabatten, Juni-Rabatten und Hauptrabatten mit den vorherrschenden herbstlichen Blütenfarben Bronze, Orange und Gold genauso wie einen Goldenen und Roten Garten mit deutlicher Betonung der Beblätterung.

Links oben: Die vorwiegend weißen Rabatten mit einem beschnittenen, portugiesischen Lorbeer als zentralem Blickfang, erreichen im Juli ihren Höhepunkt. Verschiedene Formen duftender Pfeifensträucher und der kleineren Hebe albicans *werden mit Zwiebeln am Boden kombiniert. Die hohen Blütenähren von* Veronicastrum virginicum *'Album',* Aruncus dioicus *'Kneiffii' mit fedrigen Blütenständen, die weißblühende* Tradescantia × andersonia *'Innocence' und silbrige Perlpfötchen bilden kräftige Staudengruppen.*

Links unten: Hohe Cotswold-Hybriden der Königskerze bilden schon jetzt einen Blickpunkt im Vordergrund der Haupt-Doppelrabatte, die auf den portugiesischen Lorbeer zuläuft und deuten bereits an, daß später die gelblich-goldenen Töne dominieren werden.

Oben: Vortreffliche Farbeffekte zeichnen die Hauptrabatten im Zentrum des unteren Gartens in Crathes aus. Früh im Jahr scheinen sie vorwiegend blau und rosa zu sein. Rosengirlanden auf Ketten bilden den Hintergrund für dicht gepflanzte Stauden wie Rittersporn, Schafgarbe, Katzenminze und den aufsehenerregenden, magentafarbenen Storchschnabel Geranium psilostemon. *Dazu kommt die blaue* Veronicastrum virginicum *auf der rechten Seite und Blätter des Federmohns im zentralen Vordergrund.*

Links: In der linken Rabatte werden die purpurblättrige Perilla frutescens *und die roten Blätter des Schweizer Mangolds 'Vulcan' durch roten Ziertabak, scharlachroten Federbusch, tief lachsrote* Agastache *'Firebird',* Cuphea ignea *und* C. miniata *'Firefly' und die orangefarbene* Tithonia rotundifolia *erhellt. Die Pflanzen der gegenüberliegenden Rabatte haben goldene, cremiggelbe oder panaschierte Blätter:* Weigelia florida *'Variegata', das hohe Gras* Miscanthus sinensis *'Strictus' und die strauchige* Salvia offinicalis *'Icterina' bilden den Hintergrund für Frauenmantel und die spitzen Blütenstände von* Heuchera richardsonii.

Rechts: In diesen Beeten harmonieren Sträucher, Stauden und einjährige Pflanzen gut miteinander. Links werden die empfindliche Helichrysum petiolare, *rosablühender* Salvia involucrata *und weiße Strauchmargeriten jedes Jahr neu aus Stecklingen gezogen. Ausgesät werden* Ageratum *'Southern Cross', die purpurblättrige Schwarznessel und die azurblaue* Salvia patens. Monarda *'Croftway Pink',* Rosa *'Bonica',* Anthemis *'E. C. Buxton' und silbriger* Stachys *überleben auch im Winter. Auf der rechten Seite sorgen Strohblume,* Senecio viravira *und panaschierter* Plectranthus *für den Laubhintergrund von* Agastache, Aster novae-angliae *'Andenken an Alma Pötschke' und* Argyranthemum *'Mary Wootton'.*

Stonecrop in New York State

Die inneren Blumenbeete im Garten von Francis Cabot werden von Wänden, Hekken und Spalieren eingerahmt, die alle mit kletternden und rankenden Pflanzen oder geometrisch strengen Spalierbäumen geschmückt sind. In dieser Anlage verweben sich winterharte Stauden mit exotischen Einjährigen und empfindlichen, aus Samen oder Stecklingen gezogenen, holzigen Raritäten, um im Spätsommer ihren Höhepunkt zu erreichen. Seinen Erfolg verdankt Stonecrop der Arbeit dreier Gärtner mit seltenem Interesse an ungewöhnlichen Pflanzen. Von G. Jekyll inspiriert, werden die Farbkonzepte um die lieblichen Töne der Natur erweitert. Es gibt ein kompliziert bepflanztes, farbiges Rundbeet. Doch Farbe ist nicht das A und O: Beim flüchtigen Blick wiederholen sich Pflanzengruppen immer wieder, so daß ein festes architektonisches Muster entsteht, das dem gesamten Konzept einen Sinn verleiht.

Oben: In einer großen, schwungförmig angelegten Rabatte liefern Zierkohl 'White Peacock', silbrigblättrige Artischocken und Beifuß sowie panaschierter Schöterich die kühle Laubumgebung für blauen Salbei (Salvia farinacea)*, gelbe Gänseblümchen, weiße Löwenmäulchen, weiße Spinnenpflanze* (Cleome *'Helen Campbell') und die hohe* Boltonia asteroides *'Snowbank', die in England sehr selten angepflanzt wird. Ein kletternder Knöterich* (Fallopia baldschuanica, *syn.* Polygonum baldschuanicum)*, der das Spalier am Ende des Weges verhüllt, hält dem kühler getönten Bild dieses Beetes stand. Daß eine solche Pflanzung arbeitsersparend sei, kann wirklich niemand behaupten: Die Aufzucht der Einjährigen und die Pflege der Stauden stellt hohe Anforderungen an die Gärtner.*

Ashtree Cottage, Wiltshire

Ashtree Cottage liegt unter einem Ausläufer der kühlen Downs nördlich von Stourhead in Wiltshire, wo die Winter lang und Spätfröste zu erwarten sind. Die meisten Böden haben einen niedrigen pH-Wert, der es Frau Lauderdale erlaubt, mit vielen säureliebenden Pflanzen zu experimentieren, die sie gemeinsam mit prächtig wachsenden Strauchrosen und traditionellen Rabattenstauden anzieht.

Auf Ashtree Cottage schützt eine schmale, rosenverkleidete Pergola den von der Einfahrt zum Haus fast zentral verlaufenden Hauptweg. In leicht geschwungenen Ecken wurden Bäume, blühende Sträucher, anmutige Strauchrosen, Rittersporn und Phlox gepflanzt, während sich Lavendel, Katzenminze und Rosen im Licht und Schatten der schmalen Beete unter der rahmenden Pergola abwechseln. Alte Apfelbäume, eine „neue" Mispel, weißblühende Kirschen und eine silbrigblättrige Trauerbirne verleihen den Rasenflächen Höhe und erfüllen den Garten im Frühling mit einer Fülle von Blüten.

Das Pflanzkonzept wirkt zufällig, ist aber weit davon entfernt, wahllos zu sein; wiederholte Themen, wie graue und silbrige Blätter und kraftvolle Gruppen blauen Rittersporns, halten den Entwurf zusammen. Eingerahmte „Gartenbilder", die sich von den verschiedenen Standpunkten aus bieten, lassen den Garten größer erscheinen als er ist. Hinter dem Haus gibt es einen weiteren Garten, von dem aus sich Blicke auf die Höhen der Downs eröffnen.

Oben: Ein Ausschnitt einer typischen Pflanzgemeinschaft in Ashtree Cottage: Unter die Gallica-Hybridrose 'Complicata' wurden Nelken gepflanzt.

Links: Ein Blick vom Pergola-Pfad aus zeigt einen Ausschnitt der Rabatte vor der südlichen Hecke. Purpurblättriger Salbei und silbrigblättrige Stauden und Sträucher liefern den Hintergrund für weißblühenden Phlox und weiße Jakobsleiter. Zu der silbernen Gruppe gehört auch eine Form der Ölweide. Elaeagnus angustifolia *'Caspica', mit duftenden, gelben Blüten im Frühling, die hohe* Cynara cardunculus *mit tief geteilten Blättern und der niederwüchsige* Stachys byzantina, *der über den Vordergrund kriecht.*

Links: Blauer Rittersporn und blaublühende Viola cornuta, *verflochten mit der lange blühenden Rosa 'Comte de Chambord' rahmen einen anderen Ausblick von der Pergola aus.*

Unten: Näher am Haus wächst und sät sich die cremefarbene Sisyrinchium striatum *mit irisartigen Blättern neben einigen holländischen Irisarten aus, deren hellblaue Blüten einen starken Akzent setzen. Dahinter breiten sich blaue und weiße Formen von* Campanula persicifolia *durch die Rabatte aus.*

Der umrahmte Garten

Methoden der Einrahmung

Lebende Rahmen

Umrahmte Blumenbeete

Rahmen richten und lenken den Blick und betonen damit das Bildhafte einer Gartenszene. Gärten, die ausschließlich im Hinblick auf solche Einrahmungen geplant werden, beruhen vollständig auf Geometrie und Wiederholung. Die Pflanzen werden in vorher ausgedachte Gefüge eingepaßt, so daß kaum Freiraum für Abwechslung zu verbleiben scheint. Bis zur Mitte des achtzehnten Jahrhunderts war dies die vorherrschende Mode der westlichen Gartenkünstler; im neunzehnten Jahrhundert erlebte diese Technik noch einmal eine kräftige Renaissance und wird häufig auch von modernen Gärtnern wieder aufgenommen. In der Tat gibt es nur wenige Gärten, in denen traditionell beeinflußte Konzepte nicht verwertet oder neu interpretiert werden könnten, sei es auch nur für bestimmte Teile der Anlage: So ist es möglich, in der Nähe des Hauses eine etwas formellere Atmosphäre herzustellen, selbst wenn im restlichen Garten natürliche Effekte vorherrschen.

In modernen kleinen Gärten mit begrenztem und daher doppelt kostbarem Platz, können geometrische Stilelemente Pflanzungen durchaus bereichern. Gartenunterteilungen liefern den Hintergrund für die Planung von Rabatten und kleinen, üppig blühenden Beeten - gesäumt von Buchsbaum oder eingerahmt mit Ziegelsteinen, Steinen oder Kies - und verleihen einem Ort, der ansonsten nichts als ein mäandrierender Rasen wäre, Einheit und Wirkung. Selbst im kleinsten Garten können Ausblicke erzeugt werden, die durch lineare oder räumliche Perspektive geweitet erscheinen. Von dekorativen Pflanzgefäßen mit blühenden oder attraktiv belaubten Pflanzen kann selbst auf einer winzigen Terrasse sehr wirksam Gebrauch gemacht werden. Diese architektonische Aufwertung eines Gartens, das Setzen von pflanzlichen Akzenten oder die flächendeckende Pflanzung in geometrischen Beeten oder Gefäßen, scheint dem naturnahen Gärtnern diametral entgegengesetzt zu sein. Innerhalb dieser Grundstruktur können die Pflanzstile aber sehr wild und frei sein. Jede Rabatte kann eingerahmt werden, sei es durch Pflanzung wüchsiger Stauden unterschiedlicher Höhe oder in mehr reglementierter Manier. Ein Arrangement zwanglos vermischter Pflanzen in einem edlen Stein- oder Terracotta-Krug erhält ihren formellen Rahmen durch das Gefäß. Selbst Wiesengärten, deren Blumen auf einer wilden Wiese wachsen, können durch gemähte Rasenpfade scharf begrenzt sein, so daß sie wie Blumenbeete inmitten eines glatten Rasens aussehen.

Der klassisch angelegte Garten in Hazelby House ist in eine Abfolge miteinander verbundener „Räume" geteilt, jeder bietet einen Blick auf den nächsten. Der geometrische Garten mit horizontalen Teilungen und vertikalen Hecken nutzt den Raum besonders ökonomisch. Hier rahmen Pflanzen die architektonischen Elemente ein: Die Kupferschale auf einem Sockel, den Bogengang mit einem Spalier und den Ziegelweg auf Bodenebene. Gleichzeitig bestimmt und begrenzt die Architektur den zur Verfügung stehenden Raum und kontrastiert hervorragend zu den fließenden Linien und Formen der Pflanzen.

Gegenüberliegende Seite: Michael Balston nutzt Symmetrie und Wiederholung sehr wirkungsvoll, so daß sich Architektur und Pflanzen wechselseitig ergänzen und widerstandsfähiges Material mit den weichen, wogenden Formen der Rosen und Stauden kontrastiert. Ausladende Rosenbüsche säumen die Ränder des Haupt„rahmens". In der Entfernung lockt ein rosenbedeckter Bogen als Blickpunkt, der gleichzeitig den zierlichen Umriß der aus Ringen bestehenden Erdkugel im Vordergrund betont. Schließlich wird die Erdkugel selber durch Gruppen von Rosen und Katzenminze zur Geltung gebracht.

Links: In La Garoupe fällt der Sonnenschein des Mittelmeeres durch eine Allee aus alten Olivenbäumen, die den Weg säumt, ihm eine Aura von Ferne verleiht und die steile Treppe dahinter einrahmt. Im Schutz der Olivenzweige erfreuen sich hohe Schwertlilien des lichten Schattens. Etwas später im Jahr werden die Schwertlilien von Gruppen rosafarbener Cyclamen überwuchert. Nicht jeder Garten kann in solch großem Maßstab angelegt werden, doch die besten Ausblicke entstehen dann, wenn sie zur Betonung eines entfernten Blickfangs eingerahmt und eingeengt werden. Alleen lassen sich aus Bäumen, Sträuchern aber auch kleinen Pflanzen, Statuen oder Vasen anlegen; die Größe ist weniger entscheidend, wenn nur das Auge entlang einer zentralen Perspektivlinie geleitet wird.

Methoden der Einrahmung

Die formelle Strenge, die mit einer Einrahmung erreicht wird, schließt auch die Nutzung von Symmetrien ein, so daß Vollkommenheit in jeder Blickrichtung herrscht. Dabei dienen Pflanzen als architektonisches Beiwerk einem ähnlichen Zweck wie die „soliden" Gartenstrukturen. In Paaren, Reihen oder Blöcken präsentierte Leitpflanzen mit einprägsamen Umrissen - oder zu geometrischen Formen angeordnete Pflanzen - schaffen Ausgewogenheit, wirken rhythmisch und helfen, die Perspektive zu verändern. Zu den Seiten einer Bank paarig aufgestellte Pflanzen, wie zum Beispiel hoher Meerkohl mit riesigen, luftigen Dolden weißer Blüten, betonen deren Rolle als Blickpunkt im Garten. Die einen großen Garten prägenden Gestaltungsmerkmale lassen sich durchaus auf kleine Anlagen übertragen: Eine Lindenallee, die sich als Einrahmung eines entfernten Tempels oder Hügels bis zum Horizont erstreckt, kann „en miniature" nachgeahmt werden. Ein einfacher Gartenweg, der an einem einladenden Sitzplatz oder einer betonten Pflanze endet, läßt sich von beschnittenen, immergrünen Pflanzen oder eleganten Terracotta-Urnen säumen.

Pflanzen sind besonders unwiderstehliche Rahmen, wenn sie die einladende Wirkung eines Pfades oder Torweges verstärken - der Rahmen grenzt in solchen Fällen nicht ab, sondern macht neugierig auf das, was hinter dem Gartenzaun zu erwarten ist. Ein Paar architektonischer Leitpflanzen oder niedrige Kugeln aus Buchsbaum, umgeben von Zwiebel- und kriechenden Pflanzen, rahmt eindrucksvoll ein Tor oder eine Einfahrt ein, oder steigert die Erwartung auf neue Blütenpracht, die durch die Öffnung hindurchschimmert. Selbst die schönsten Rundblicke lassen sich durch Verengung vervollkommnen; durch wohlüberlegte Rahmen wird die Bedeutung von Gartenperspektiven und Pflanzungen gesteigert. In zwei rechteckigen Beeten, die in Newby Hall in Yorkshire

Die zusammenlaufenden Linien aus Katzenminze betonen in Tintinhull die Gartenachse und lenken den schweifenden Blick in den benachbarten Apfelgarten. Flügel aus dunkler Eibe, mit Geißblatt bedeckte Säulen und zierlich überhängende Rosen - die graublättrige Rosa *'Wolley-Dod' mit muschelrosa Blüten - spielen alle ihre architektonische Rolle in dieser Komposition, indem sie durch die Jahreszeiten verschiedene Blattmuster und Blütenfarben hervorbringen.*

Unten links: Der Garten in Jenkyn Place ist in eine Abfolge unterschiedlich gestalteter „Räume" eingeteilt. In einer der einfachsten Abteilungen, mit einer vierseitigen Symmetrie und vor dem Hintergrund beschnittener Eiben, fügen sich Krüge mit Pelargonien in die formale Gestaltung ein, verleihen aber auch Leichtigkeit und Farbe.

Unten rechts: Unter einer wolkig, luftigen Crambe cordifolia *säumen Lupinen, Türkischer Mohn und rosa* Geranium sanguineum *'Splendens' den geometrischen Teich, in dem winterharter Aronstab und Japanische Sumpfiris gedeihen.*

einen zentralen Grasweg flankieren, bilden verzweigte Felsenbirnen im Frühling einen weißblühenden Schirm als Rahmen für die Blumenbeete, die sich den unteren Hang herabziehen.

Sogar freiwuchernde Pflanzen können zu architektonischen Ornamenten werden - so mildern zum Beispiel Kletterpflanzen wie ein schmückender Fries die harten Linien eines Bogengangs oder einer Pergola. Gestaltungskonzepte, die auf dem reizvollen Kontrast zwischen einem strengen Gartengerüst aus solidem Material, wie Holz oder Mauern, und den üppigen Formen lebender Pflanzen aufbauten, waren das Kennzeichen der Partner Lutyens-Jekyll und befruchten unzählige Möglichkeiten für den modernen Garten.

Das Spiel mit Kontrasten

Werden Pflanzen gezielt so angeordnet, daß sie den Kontrast ausnutzen, erreicht man überaus dramatische Effekte. Statt sie im Garten diskret als Teil eines naturnahen Konzeptes „verschwinden" zu lassen, oder ihnen in einer Rabatte eine Rolle als Mosaiksteinchen zuzuordnen, können Pflanzen, die durch einen Rahmen herausgehoben werden, merklich an Bedeutung gewinnen. In der flüchtigen Betrachtung wirkt jede dreidimensionale Pflanzung zweidimensional. Sie wird, wie die Leinwand eines Malers in ihrem Rahmen, von der Umgebung abgetrennt, tritt hervor und beansprucht unsere Aufmerksamkeit.

Ein gerahmtes Bild entsteht dann, wenn sich die plastische Form einer isolierten Leitpflanze als Blickfang vor einem ebenen Hintergrund abzeichnet. Betrachtet man eine Fläche ähnlicher Blüten, massenhaft in gleicher Höhe gepflanzt, vor einer glatten, weiten Fläche aus Gras oder Kies, ergibt sich ein anderes Bild. Die einfache, klar umrissene Form des Beetes an sich bildet den Rahmen für seinen dekorativen Inhalt. Schließlich gibt es natürlich noch die mehr dreidimensionalen Rahmen wie niedrige Hekken oder Mauern, die markante Umrisse schaffen.

Links: Geometrische Buchsbaumhecken und ornamental gepflanzter Buchs säumen einen Ziegelweg und führen zu einer eleganten Urne in der Mitte des Gartens. Der Entwurf nutzt den Kontrast zwischen den, durch den Schnitt formell wirkenden, lebenden Pflanzen und den soliden Baulichkeiten der Gartenlandschaft aus. Der Eingang wird von einem rosenumkränzten Bogen gebildet.

Unten: Die Blütenstände einer stattlichen Engelwurz beanspruchen auch ohne formale Rahmenstrukturen die Aufmerksamkeit, die einer Leitpflanze zukommt.

In einer der Abteilungen dieses Gartens bei Paris (siehe Seiten 152-153) wird Sedum 'Herbstfreude', mit flachen, dicht an dicht stehenden, rosa Blütenständen von niedrigen Buchsbaumhecken eingerahmt. Sie wurden symmetrisch angepflanzt, um der Anlage ein geometrisches Erscheinungsbild zu verleihen. Der Kies und das Rasenstück verstärken noch die Atmosphäre von Ordnung und auch die hohe Hecke, die den Hintergrund für die zentral plazierte Bank bildet, ist akkurat geschnitten. Selbst die etwas entfernteren Bäume spielen insofern eine Rolle, als sie dem Himmelshorizont Gestalt geben - etwas, das von Gartenarchitekten im Planungsstadium leicht übersehen wird. Bäume schaffen ein ihnen eigenes Muster aus Licht, Schatten und Bewegung. Sie fügen einer Gartenansicht eine weitere Dimension hinzu, da sie von natürlicherem Maßstab und Qualität sind als ein Hintergrund aus Gebäuden. Hier kontrastieren die luftigen Formen der Birken mit den strengeren Linien der beschnittenen Hecke. Genauso wie ein Garten in einem bestimmten Stil eingerichtet wird, sollten die Bäume, Hecken und horizontalen Bodenmuster ein festes Rahmenwerk vorgeben, in dem die frei fließenden Pflanzen- und Blütenformen, Farben und Strukturen mit den Jahreszeiten kommen und gehen können.

Um das Beste aus einer gegebenen Situation zu machen, kommt es wesentlich darauf an, Kontraste herzustellen. Die eindrucksvollsten Wirkungen erzielt man mit eher gedämpften Tönen und Strukturen als Hintergrund. Unbelebte Oberflächen wie Mauern, Zäune und Pflaster sind zwangsläufig rahmende Elemente, da sie die lebendigen Qualitäten der Pflanzen, die sich an ihnen hochwinden und ihre starren Formen überwuchern, deutlich herausstreichen. Genauso scharfkantig und abstrakt können aber auch die lebenden Rahmen aus beschnittenen immergrünen Pflanzen und glatten Rasenflächen wirken, wenn sie den freieren Formen von Pflanzen gegenübergestellt werden.

Lebende Rahmen

Blumengärten werden durch dauerhafte Pflanzen wie Bäume und Sträucher, die mit Form, Umriß und Schwere den Raumeindruck bestimmen, gerahmt und akzentuiert. Bezogen auf den gesamten Garten, entsteht so ein entscheidendes Kontrastelement: Glatte Rasenflächen steigern die Wirkung dichter Baum- und Strauchkronen, die sich sanft im Wind bewegen und damit Licht- und Schattenflächen in Bewegung setzen.

Bäume und Hecken bestimmen den Stil eines Gartens. Sie schaffen auch den Gestaltungsrahmen, in dem Blütenkombinationen zu einer befriedigenden Komposition angeordnet werden. Im Zentrum des „Farb-Gartens" auf Crathes Castle begrenzen L-förmig geschnittene Eibenbüsche den Raum und liefern den kontrastierenden Blickfang zu den gemischten Rabatten mit rot- und orangefarbenen Blüten in den äußeren Beeten. Ähnliche Effekte bietet auch Bickling in Norfolk, wo die als „Konzertflügel" bekannten Eibenbüsche einen Mittelpunkt in dem großartigen Gartenparterre mit seinen vergänglicheren Blumenbeeten darstellen. Im kalifornischen Filoli kontrastieren Irische Eiben in ihrer natürlich architektonischen Gestalt mit den fließenden Linien von Blütenpflanzen und liefern solide Blöcke düsterer Farbe, von der sich hellere Töne und flüchtige Blütenbilder abheben. Im äußeren Garten werden kräftig gefärbte Blumenbeete von goldlaubigen Robinien (*Robinia pseudacacia* 'Frisia'), zylindrisch geformten Irischen Eiben und Olivenbäumen eingerahmt, während die rauhe, mit Eichen übersäte Naturlandschaft die Gartenkulisse bildet.

Düsteres Laub, als Hintergrund für farbenfrohe Pflanzungen im Vordergrund verwendet, kann im Garten dramatische Kontraste hervorrufen, die geradezu nach Aufmerksamkeit schreien und auch dann im Gedächtnis fortleben, wenn die Erinnerung an zartere, zurückhaltendere Entwürfe längst verblaßt ist. In Packwood House in Warwickshire bilden die Silhouetten der alten, als „The Multitude" bekannte Eiben, einen überraschenden Hintergrund für farbenfrohe Beete entlang einer Ziegelterrasse. An anderer Stelle im Garten wachsen, angelehnt an eine hohe Mauer, niedrige Eibenhecken als intime Rahmen für Beete mit verschieden gefärbten Rosen.

Hohe Einfassungshecken

In vielen gerahmten Gärten unterbrechen hohe Hecken die weiten Rasenflächen, so daß einzelne Bereiche entstehen, die an den Stil des siebzehnten Jahrhunderts erinnern. Im Garten von Hidcote in Gloustershire teilt eine Serie von Hecken aus unterschiedlichen, oft vermischten Pflanzen die gesamte Fläche in eine Abfolge grüner Räume ein, nach Art

Lady Londonderry benutzte in Mount Steward in Nordirland anstatt solider Hekken grüne Arkaden im maurischen Stil, um den Spanischen Garten von den „wilderen" Waldflächen abzugrenzen. In den 30er Jahren unseres Jahrhunderts pflanzte sie Monterey-Zypressen, die inzwischen vom National Trust durch Leyland-Zypressen ersetzt wurden, da sie angemessener und besser für leichten Formschnitt geeignet erschienen. Die Pflanzungen des Spanischen Gartens stellen eine Mischung aus geometrischen Elementen, wie etwa schwertförmigem Flachs, und mehr naturnahen Gruppen aus Kirengeshoma palmata, Hydrangea *'Preziosa' und* Hosta sieboldiana *'Elegans' dar. Damit wird ein Bindeglied geschaffen zu dem lockeren Pflanzstil, wie er durch die Bögen zu erkennen ist.*

Der Garten von Ann Cox Chambers liegt in der Provence. Direkt an einer Hausecke hat sie einen kleinen Knotengarten eingerichtet. Buchsbaumhecken zeichnen das durch Kugeln betonte Muster vor, deren Flächen von Exacum affine *mit abwechselnd malvenfarbenen und weißen Blüten ausgefüllt wird. Die aufragende Italienische Zypresse, eingerahmt durch die eher buschige Krone eines Feigenbaums, vermeidet allzu gefällige Formen in diesem Garten.*

der Renaissance in Symmetrie und Proportionen sorgfältig geplant. Gleichzeitig liefern diese Hecken den Hintergrundrahmen für die üppig von winterharten Pflanzen und Rosen überwucherten Rabatten.

Heckenpflanzen als Mittel, dauerhafte Gartenabteilungen oder Abgrenzungen zu bilden, müssen gut an den Standort angepaßt sein, damit sie sich in mehr oder weniger regelmäßige „Wände" aus Blättern verwandeln können. Die dunkle, immergrüne Eibe mit ihrem dichten, festen Wuchs bildet im Garten ein besonders befriedigendes Rahmenwerk und verstärkt die Farben und Formen einzelner Blumen. Ihr düsteres Grün erscheint gegen den Himmel fast schwarz. Manchmal bietet ihre intensive und verfilzte Wirkung fast zuviel Kontrast: Reinweiße Blüten werden vor ihrem dunklen Laub blendend weiß und grell. In Tintinhull haben wir diesen Effekt etwas dadurch abgeschwächt, daß wir grau- und silbrigblättrige Pflanzen zwischen die blühenden Pflanzen und die Eiben gesetzt haben. Zudem haben wir nach weißen Blüten gesucht, die nicht „wäschereiweiß", sondern leicht mit hellem Rosa, Cremeweiß und Blau nuanciert sind.

Eibenhecken, die im Alter interessante bauchige Formen annehmen, verleihen jedem Garten eine nostalgische Atmosphäre. Werden Eiben zu hoch oder breit, können sie durch Rückschnitte bis auf den Hauptstamm verjüngt werden. Man sollte diesen Schnitt zunächst nur einseitig durchführen, um der Pflanze einen zu großen Schock zu ersparen. In Regionen mit kalten Wintern, wie dem Nordosten der Vereinigten Staaten, läßt sich die europäische Eibe *(Taxus baccata)* durch Formen von *Taxus cuspidata* ersetzen. Eine Gruppe von Hybriden aus diesen beiden Arten, zum Beispiel *T. × media* 'Hicksii' und 'Hartfieldii', wachsen zu pyramidenähnlichen Formen heran und sind auch als Hecken ausgezeichnet geeignet.

Stechpalmen sind wundervolle, langsam wachsende Heckenpflanzen. Solange sie noch nicht ausgewachsen sind, können Frühjahrsfröste die Zweigspitzen ernsthaft schädigen. Haben sie sich einmal etabliert, bilden ihre glänzenden Blätter einen guten Kontrast zu Blüten und hellem Laub. Beachtung verdient der stachellose *Ilex aquifolium* 'J. C. van Tol'; im Nordosten der Vereinigten Staaten bildet *Ilex crenata* einen ruhigen Hintergrund. Einige elegante amerikanische Stechpalmen, wie z.B. *I. opaca,* die sauren Boden braucht, wachsen am besten in Regionen mit heißen Sommern. Die neue, auf Long Island

Rechts: Gelbe Tulpen und weiße Stiefmütterchen werden in Olivers bei Colchester in Essex von beschnittenen Buchsbaumhecken eingeschlossen. Die Beete selber werden von Steinplatten umsäumt. Diese strenge, geometrische Aussage kontrastiert mit der sanften Landschaft dahinter, in der ein Teich als natürliche Zutat erscheint und die Bäume eine Lichtung umstehen, so daß der Blick auf eine Statue gelenkt wird.

Unten: Im Botanischen Garten von Edinburgh neigen sich Büschel von Lavandula 'Hidcote', hier als Hecke genutzt, über das Pflaster und kontrastieren mit dem silbrigblättrigen Senecio *'Sunshine' hinter einer Bank.*

gezüchtete Hybride *I.* × *meserveae* ist mit ihren purpurn bereiften Zweigen und dunkelgrünem Laub sehr attraktiv. Da sie gegenüber extrem heißen wie kalten Bedingungen resistent ist, könnte sie sehr wohl die Heckenpflanze der Zukunft werden. Zu starkwüchsigen Hecken entwickeln sich auch *I.* × *m.* 'Blue Angel' und 'Blue Princess'.

Zu den Koniferen, die bestens für Hecken in kalten Regionen geeignet sind, zählen die verschiedenen Formen der langsam wachsenden, kalktoleranten Formen von *Tsuga canadensis* mit dichtem, grünem Laub, das genauso dekorativ und brauchbar ist wie das der Eibe. In milderen Regionen, etwa entlang der Küsten der Britischen Inseln oder im Süden der Vereinigten Staaten, bildet *Podocarpus andinus* ausgezeichnete Hecken zur Einfassung von Pflanzungen und eignet sich gut als dichte, immergrüne Hintergrundfläche. Attraktive Hintergründe für Blumen liefern die laubabwerfenden Buchen- und Hainbuchenhecken. Im Frühling und Sommer ist ihr Laub von einem frischen Grün, und beschnittene Hecken behalten ihr isabellfarbenes Herbstlaub den ganzen Winter über. Manchmal werden wandteppichartige Hecken, gemischt aus roten und grünen Buchen wegen ihres interessanten Aussehens zusammengestellt. Der Feldahorn *(Acer campestre)* bringt frische, grüne Blätter hervor, die im Spätsommer manchmal karmesin überlaufen sind und sich zu einem prächtigen Gelb verfärben. In Europa ist er ideal als Grenzhecke geeignet, um den Garten mit der umgebenden Landschaft zu verbinden.

Bodendeckende Rosen wie *Rosa* 'Max Graf' mit glänzenden Blättern und klaren, rosa Blüten mit gelbem Zentrum bilden auf Bodenniveau einen lockeren Rahmen, der zudem noch das Unkraut unterdrückt.

Niedrige, musterbildende Hecken

In den letzten Jahren hat sich gezeigt, daß niedrige Hecken zur Betonung geometrischer Blumenbeetmuster arbeitssparender sind als naturnahe Pflanzweisen: Seit automatische Scheren und Heckenschneider die Handarbeit verdrängt haben, ist das Heckenschneiden einfach und ökonomisch geworden. Als Einfassung dieser neuen Beete verwendet man Steinpflaster oder künstliche Steine, zu Mustern gelegte Ziegelsteine, Kies oder Kopfsteinpflaster oder eine Kombination aus all diesen Materialien. Einmal verlegt, brauchen sie weniger Pflege als Gras, und die Pflanzen können über die Ränder wuchern, ohne

Schäden anzurichten. Als niedrige Hecken, die einmal im Jahr beschnitten werden, verwendet man meist glatte, horizontale Linien aus Buchsbaum, Lavendel, zartem Rosmarin, Heiligenkraut oder Thymian, manchmal mit phantasievollen Ornamenten oder Kuppeln, um die Ecken zu betonen. Die Wahl des Pflanzenmaterials hängt von der Größe und der Art der Beetbepflanzung ab. Am besten eignen sich verschiedene Formen von Buchsbaum, die sich ordentlich zu Formen mit fast senkrechten Seiten und einer flachen Oberfläche trimmen lassen. Nur wenige andere Heckenpflanzen sehen das ganze Jahr über gleichermaßen gut aus. Ein durch Buchs begrenztes Beet wirkt selbst dann noch aussagekräftig, wenn es offensichtlich keine blühenden Pflanzen enthält; ein einfaches, von Buchs eingerahmtes Rasenstück, strahlt Ruhe aus.

Die bei weitem häufigste Art für niedrige Hecken ist der europäische Buchsbaum: Formen von *Buxus sempervirens* oder die schon seit dem siebzehnten Jahrhundert bekannte holländische Zwergform *B. s.* 'Suffruticosa'. Bei guter Pflege und regelmäßigem Schnitt im Sommer bleibt sein schmaler Umriß erhalten, was ihn besonders geeignet für Muster auf Gartenparterren macht. In kälteren Regionen kann man statt dessen *Buxus microphylla* mit dichten, kräftig gefärbten Blättern verwenden. Der europäische Buchs wächst langsam, nach vielen Jahren erreicht er Höhen von bis zu drei Metern, doch die meisten Buchsbaumhecken werden nicht höher als 38–60 cm, bei etwa gleicher Breite. Zwergbuchs erreicht bis zu 30 cm Höhe, kann aber auch niedriger gehalten werden. In manchen Parterres schneidet man ihn auf eine Höhe von 10–15 cm und verwendet statt Blumen farbige Kiesel für die Beetflächen.

Als Alternative gibt es eine Reihe von Stechpalmen, die eine maßgeschneiderte Form beibehalten. Japanische Stechpalmen wie *Ilex crenata* haben winzige, buchsartige Blätter und können zu Zwerghekken beschnitten werden: Sie ziehen sauren Boden vor und können kalte Winter wie heiße Sommer überstehen. Andere amerikanische Stechpalmen wie *Ilex glabra* mit dunkel glänzenden Blättern und *I. vomitoria* mit kleinen, buchsähnlichen Blättern, sind hitze- und trockenresistent. Formen von *Ilex cassine* gedeihen dort, wo die heißen Sommer von hoher Luftfeuchtigkeit begleitet werden. In milden Gegenden habe ich auch schon als niedrige Hecke zugeschnittene *Trachelospermum asiaticum* gesehen. Die winterhärtesten Strauchveronika bilden niedrige, kompakte Ein-

Links: In Chilcombe zeichnen sich die pulvrigen blauen Blüten von Ceanothus × delileanus *'Gloire de Versailles' gegen eine Einfassung aus rosa Berufkraut und dazugepflanztem zweijährigem, nach Moschus duftendem* Salvia sclarea *'Turkestanica' ab. Kleinwüchsige Blumen lenken nicht von den natürlichen Formen der Sträucher, wie hier der Säckelblume, ab.*

*Unten links: Diese Ecke des Heilkräutergartens in Herterton House in Northumberland präsentiert eine prächtige Kombination von niedrigen Pflanzen in streng gegliederter Anordnung. Im mittleren Beet wächst ein panaschierter Giersch (*Aegopodium podagraria *'Variegatum') bandförmig umgeben von Grasnelke und* Saxifraga × urbium.

Rechts: In Malleny in Schottland werden 'Iceberg' Rosen von dem nostalgischen Wollziest mit dicht behaarten, silbrigen Blättern eingerahmt, während die höhere Artemisia ludoviciana *ein grünes Bindeglied zur anderen Seite des Weges herstellt. Zur Bekräftigung und Rahmung buschiger Arten - insbesondere solcher mit unansehnlich nackten Zweigen an der Basis - wirken diese krautigen Pflanzen weicher als eine niedrige Hecke aus holzigen Pflanzen. Damit sie nicht den Rahmen des Beetes sprengen, können der fast immergrüne Ziest und der Beifuß zurückgeschnitten werden.*

Links: In Tintinhull wird die Polyantha-Rose 'Nathalie Nypels' von Nepeta nervosa *eingerahmt, einer kleinen Katzenminze mit stahlblauen, fast ständig blühenden Ähren, die sich bis unter die Rosen ausbreitet. Im Frühling wird der Weg von Tulpen gesäumt. Spiegelsymmetrisch gegenüber befindet sich ein entsprechendes Beet, so daß eine Miniatur-Allee aus Rosen und Katzenminze entsteht.*

fassungshecken. Die graublättrige *Hebe pinguifolia* 'Pagei' und *H. albicans,* mit eher bläulichgrünen Blättern, sind salz- und windresistent, daher eignen sie sich gut für Gärten am Meer. Sie müssen nicht beschnitten werden und tragen dichte, weiße Blütentrauben.

Lavendel mit graugrünen, schmalen Blättern und Blüten, deren Farbtöne von schwach Blau und Mauve bis zu Rosa und Weiß reichen, entwickeln sich zu eher lockeren Hecken aus Einzelpflanzen, die im Alter verholzen und etwas steifer wirken. Zwar erhöht dies den Zauber einer Hecke, doch ist wegen der fehlenden scharfen Begrenzung Lavendel für geometrische Muster nicht zu gebrauchen.

Sowohl Rosmarin wie die silbrig- und grünblättrigen Heiligenkräuter *(Santolina chamaecyparissus, S. neapolitana und S. rosmarinifolia),* die spitzenartige oder fein zerteilte Blätter besitzen, wachsen an sonnigen Plätzen in gut wasserdurchlässigem Boden. Sie brauchen einen jährlichen Rückschnitt im Frühling, da sie zum Verholzen neigen und dann mit der nackten Basis unschön aussehen.

Nicht verholzende Pflanzen

Bei der Planung einer Einfassung für eine Pflanzung ist man nicht allein auf beschnittene holzige Arten angewiesen. Niederwüchsige, immergrüne Stauden können in ordentlichen, geraden Linien gepflanzt werden, oder man läßt sie zu natürlichen, dem Boden anliegenden Formen auswachsen. Echter Gamander *(Teucrium chamaedrys),* silbriger Ziest, *Saxifraga × urbium, S. moschata* und wilde Erdbeeren lassen sich als Einfassung ebensogut verwenden wie die lederblättrigen Bergenien mit malvenfarbenen, rosa oder weißen Blüten und die weniger derbe *Chiastophyllum oppositifolium* mit ihren gelben, quastenartigen Blüten.

Gertrude Jekyll bepflanzte mit Vergnügen den Rand von Rosenbeeten mit nostalgischem Wollziest *(Stachys byzantina),* der die kahle Basis der verzweigten Rosenbüsche weich umkleidete. Heute nimmt man statt dessen gerne die nicht blühende Form *S. b.* 'Silver Carpet'. Auf der oberen Terrasse von Knightshayes Court in Devon werden rosablühende Pelargo-

nien und Nelken von grauen und silbrigen Pflanzen umsäumt. Sonnenliebende kleine, immergrüne Thymianarten mit grünen, grauen oder panaschierten, aromatischen Blättern rahmen oft die Beete in Kräutergärten ein.

Eine lohnende Randpflanze, die sich unter die Sträucher ausbreiten und über Wege wuchern kann, ist der Frauenmantel mit limonengrünen Blüten, die sich über hellgrüne Blätter neigen. Einige der Geranienstauden lassen sich ebenfalls bandförmig als Randbegrenzung pflanzen; Sie sollten Formen auswählen, deren Blätter den ganzen Sommer über attraktiv sind und je nach Jahreszeit hübsche Blüten tragen. Weniger kräftige Pflanzen wie der *Phlox subulata,* kleine Glockenblumen und Ehrenpreis, Fetthenne und die empfindlicheren, ausläuferbildenden südafrikanischen *Diascia*-Arten eignen sich besser, um kleinere Blumengruppen zu begrenzen.

Umrahmte Blumenbeete

Viele Gartenliebhaber wählen ihre Pflanzen dem Stil ihres Hauses entsprechend aus oder lassen sich von einer bestimmten zeitgenössischen Strömung inspirieren. Im tieferliegenden Garten des alten Tudor Palastes bei Hatfield House in Herfordshire besteht das typische Knoten-Muster nur aus Pflanzen des siebzehnten Jahrhunderts, während in Westbury Court in Gloucestershire innerhalb der einfachen Einfassungen Pflanzen wachsen, die seit 1700 bekannt sind.

Die Standardpflanzen für die Knoten-Muster des sechzehnten Jahrhunderts waren Gamander und Ysop, die beide im Hochsommer blühen (zusammen mit Bergminze, Grasnelke, Heiligenkraut und Thymian) allerdings eine wuchernde Wuchsform besitzen. Seit etwa 1620 nutzte man auch Buchsbaum und

Oben rechts: In Filoli in Kalifornien folgt die Gestaltung einzelner Gartenbereiche geradezu peinlich genau geometrischen Mustern. Diese langgestreckten, von Buchsbaum begrenzten und von Blaukissen gesäumten Beete werden im Frühling gruppenweise mit Blumen bepflanzt. Die exakten Farbeffekte betonen noch die Präzision der Anlagen: Die mischfarbigen Primeln werden durch Buchsbaumhekken von den blauen Varietäten abgegrenzt. Später im Sommer kommen neue Farbkonzepte zur Wirkung.

Ganz links: Dieses klassische Knotenmuster wird von Buchsbaumhecken gesäumt und ist mit Heiligenkraut (Santolina chamaecyparissus), *einer Mittelmeerpflanze, die schon seit Jahrhunderten in den Gärten des Nordens angebaut wurde, und mit Leberbalsam, der erst im frühen neunzehnten Jahrhundert aus dem tropischen Amerika eingeführt wurde, gefüllt. Bereits seit Jahrhunderten existierende Gartenanlagen können durchaus mit später eingeführten Pflanzen bestückt werden. Dieser von Bruce Kelly geplante Garten liegt auf Long Island.*

Rechts: Der berühmte Formbaumgarten von Levens Hall in Cumbria wird durch phantasievoll beschnittene Eiben und Buchsbäume bestimmt, deren Konturen sich gegen niedrigwüchsige, flächenhaft gepflanzte Einjährige abzeichnen. Der ursprüngliche Garten wurde gegen Ende des siebzehnten Jahrhunderts geplant, doch viele der beschnittenen Bäume, auch die goldblättrigen Eiben, wurden in jüngerer Zeit erneuert oder ersetzt. Die wunderbar ausgebreitete Verbena rigida *ist historisch nicht authentisch. Zwar war die nahe verwandte Verbene schon im Mittelalter bekannt, die südamerikanischen Arten wurden aber erst im neunzehnten Jahrhundert eingeführt. In der ursprünglichen Pflanzung hätten vielleicht Löwenmäulchen ihren Platz gefunden.*

Heiligenkraut. Typische Pflanzen für die umschlossenen Beete waren sowohl die meisten dekorativen Kräuter als auch *Iris*-Arten, Hasenglöckchen, Krokusse, Anemonen, Akelei, Fingerhut, Primeln, Sumpfdotterblumen, Veilchen, Jakobsleiter, Goldlack, Gänseblümchen, Päonien, Nelken, Nachtviole, Schachbrettblumen, heimische Narzissen, Lilien und Rosen – alle bereits seit Jahrhunderten bekannt.

Gegen Ende des siebzehnten Jahrhunderts, trotz der Mode, Parterres wie in Frankreich völlig ohne Blumen anzulegen, standen den Gärtnern noch viel mehr neue Pflanzen für die Erprobung im Garten zur Verfügung. Die zeitgenössischen Autoren zählen eine ganze Reihe neuer Knollen- und Zwiebelpflanzen und Stauden auf. Während der nächsten 200 Jahre wurde der Strom neuer Pflanzen zur Flut – farbenfrohe Petunien, Verbenen, Salbei, Goldmohn, Büschelschön und Lobelien aus allen Teilen der Welt trugen mit ihren immer kräftigeren Farben zur Verschönerung der Beete bei. Auf ihrem Höhepunkt standen den viktorianischen Blumen-Gärtnern mehr Pflanzen zur Verfügung als heute.

Historische Konzepte sollten den Geist anregen, nicht eine Reihe von Regeln festlegen und können abgewandelt durchaus für jede Gartengröße verwendet werden. Herrenhäuser aus der Zeit König Jakobs glänzen mit ihren wiederhergestellten Gärten des siebzehnten Jahrhunderts, doch selbst der kleinste Vorgarten kann heute so geplant werden, daß von Buchs, Lavendel oder Heiligenkraut umrahmte Blumenbeete alle möglichen oder nur die Pflanzen der damaligen Epoche enthalten. Als typisches Beispiel für ein modernes Pflanzkonzept könnte die teppichartige Bepflanzung mit Fleißigen Lieschen gelten, dessen kräftige Hybriden den ganzen Sommer über in Sonne und Schatten reichlich Blüten tragen. Man

Die betonte Linie dieser Hecke in Eastgrove Cottage bei Worcester, trennt die Blüten und Blätter bewährter Stauden, sie verleiht Klarheit und bildet den Rahmen für die beiden Anlagen. In den Vordergrundbeeten blühen prächtige Bartfäden, während im Hintergrund zweijährige Salvia sclarea *'Turkestanica', Phlox, Elfenbeindisteln* (Eryngium giganteum), *Schafgarbe und Funkien zusammen mit der strauchigen* Perovskia *einen Rahmen für den einladenden Platz auf der Bank bilden.*

che der Einjährigen sind aber interessanter als andere. Als Grundpflanzung liebe ich den Natternkopf *(Echium vulgare)* in einer „Mischung" aus blauen, malvenfarbenen und purpurnen Blüten, wie zum Beispiel auf Crathes Castle, wo er als weicher Teppich den Blauen Garten bedeckt. Genauso schätze ich den höher wachsenden Kugelamarant, der selbst die heißesten Sommer im Mittleren Westen der Vereinigten Staaten übersteht. In unserem Küchengarten in Tintinhull pflanze ich bandförmig den wuchernden *Salvia sclarea,* und die Schmuckkörbchen werden in Pontracart in der Normandie flächendeckend so plaziert, daß der Wind ihre farnartigen Blätter und luftigen rosa Blüten in leichte Bewegung versetzt. Teppichbildende Pflanzen müssen aber keine Einjährigen sein. Ein zentraler Fliesenweg in Barnsley House in Gloucestershire wird von grünen Rasenflächen eingerahmt und von alten irischen Eiben flankiert. Strauchige rosa- und weißblühende Sonnenröschen, die ihre Blüten nur bei Sonnenschein öffnen, verweben sich mit ihren silbrig beblätterten Gefährten zu einem gemusterten Teppich.

Innerhalb niedriger Hecken können dicht gepflanzte Sträucher oder Stauden mit gefärbtem Laub ein Fundament bilden. Zu gegebener Zeit durchstoßen höhere, blühende Knollen- und Zwiebelpflanzen diesen Teppich. Heiligenkraut, panaschierter oder purpur getönter *Salvia officinalis,* und grün-weiß panaschierte Taubnesseln könnten *Allium*-Arten und Lilien beherbergen. Selbst die panaschierte Form des Giersch kann so von Hecken umschlossen werden, daß er einen Hintergrundteppich für die Blüten von Zwiebel- und Knollenpflanzen bildet. Im Weißen Garten in Sissinghurst, Kent, bahnen sich weiße Tulpen in einem mit Buchs eingefaßten Beet ihren Weg durch Taubnesseln. Ein dauerhaftes und arbeitssparendes Konzept wird im Fuchsiengarten in Hidcote, Gloucestershire, vorgestellt. Dort wächst flächendek-

kend in einfach angeordneten, von Buchs eingefaßten und durch Ziegelwege getrennten Beeten die blaublühende *Scilla sibirica.* Fest etablierte, winterharte Fuchsien werden im Frühling vor dem Auskeimen der Blausternchen dicht über dem Boden abgeschnitten, wachsen aber rasch über die Zwiebeln hinweg und blühen dann den ganzen Sommer über.

Reizvolle Pflanzgefäße

Pflanzengruppen in Gefäßen, eng begrenzt und dennoch überfließend, können den barocken Geist eines holländischen Blumenbildes aus dem siebzehnten Jahrhundert beschwören. Zwar wachsen die Pflanzen natürlich, doch hat die Art und Weise ihrer Präsentation nichts Natürliches oder Einfaches. Der holländische Maler mußte den ganzen Sommer über warten, bis nach und nach die einzelnen Pflanzen zu blühen begannen und er sie realistisch auf seiner Leinwand einfangen konnte. Entsprechend sollte auch der Gärtner sein Gefäß so bepflanzen, daß es sich in einer möglichst lang andauernden Abfolge von Blüten- und Blatteffekten zeigt. Werden Zwiebeln in unterschiedlicher Tiefe gepflanzt, so ist sichergestellt, daß sie zu verschiedenen Zeiten blühen werden. Alle Pflanzen eines Gefäßes müssen dieselben Ansprüche an Boden und Lage haben, selbst wenn sie in verschiedenen Jahreszeiten blühen.

Das einfachste Pflanzkonzept für Gefäße baut auf dicht gepflanzten Einjährigen wie Goldlack, Vergißmeinnicht und Stiefmütterchen zusammen mit Zwiebeln für den Frühling auf; im Sommer folgen Beetpflanzen. Als traditionelle Zwiebelpflanzen für den Frühling werden Tulpen verwendet, die bei geschickter Auswahl der Sorten mindestens für sechs Wochen in Blüte stehen. Zu den beliebtesten Sommerpflanzen gehören Pelargonien, Lobelien, Petunien und Leberbalsam. Werden diese Pflanzen mit grau- oder silbrigblättrigen Strohblumen vermischt, so daß ein Muster entsteht und die Farben intensiviert werden, wirkt die Komposition noch anziehender.

Ehrgeizigere Konzepte für Pflanzgefäße nutzen holzige, ausdauernde Pflanzen als Leitpflanze. Keulenlilien, Flachs, bläulich grün beblätterte Strauchmargeriten mit Köpfchenblüten (*Argyranthemum frutescens* 'Foeniculus'), rosablühende *Anisodontea capensis* und Fuchsien sind ein guter Blickfang für sonnige Standorte. Das Zentrum eines dekorativen Gefäßes wird durch die emporstrebende *Campanula pyramidalis* wirkungsvoll gesteigert. Bei ausreichender Wässerung und guter Dränage fühlen sich zarte, blaublühende Kapastern mit grünen oder panaschierten Blättern (Formen von *Felicia amelloides* oder *F. amoena*), silbrigblättrige *Helichrysum petiolare*, *Senecio vira-vira* und *S. compactus* (jetzt korrekt *Brachyglottis compacta* - im Aussehen wie *S.* 'Sunshine' aber etwas kleiner), rot- und blaublühender Salbei (die reichlich Wasser benötigen) und kleine Strauchveronika in einem Blumenkübel wohl.

Zu Füßen dieser dominierenden Pflanzen sollten, wie in jedem Pflanzkonzept auch, sommerblühende ein- und mehrjährige Pflanzen steigen und fallen: *Diascia*-Arten (darunter viele empfindliche Stauden), rotblühender Lein, blaublühender Salbei und Verbenen und vieles mehr aus dem reichen Angebot einjähriger Pflanzen wie duftender Tabak, Lobelien und Petunien, in der jeweiligen Schale vorzugsweise in gleicher Farbe. In Gefäßen mit gut gedüngter Pflanzerde gedeihen Lilien und Funkien.

Die Bepflanzung eines Ziergefäßes gleicht dem Anordnen von Blumen in einer Vase, wobei die lebenden Blüten, Blätter und das Gefäß selber zu der Gesamtwirkung beitragen. Hier durchdringt Greiskraut (Senecio vira-vira) *einen Ring aus Pelargonien und die Zwergform* Pelargonium *'L'Elegante'. Diese gut in das Gartenkonzept passende Pflanzzusammenstellung - pastellfarbene Blüten bereichert durch silbrige Blätter - wirkt unaufdringlich wie ein zarter Wandteppich.*

Chilcombe in Dorset

Der ummauerte und von Hecken umgebene Garten in Chilcombe ist in einer Abfolge von Quadraten und Rechtecken angelegt, so daß alle Sträucher und Blumen gegen den Hintergrund von Mauer- oder Laubwerk zu sehen sind. Eingefriedet durch Hecken, könnte jede der abgeschlossenen und verschwiegenen Abteilungen auch ein kleiner Garten für sich sein. Auch wenn die Gestaltung eines Hintergrundes für Blumen ins Auge gefaßt wird, sollten wir nicht vergessen, daß Mauern und den Wind brechende Hecken vor allem Schutz liefern. Indem sie die Blumen einrahmen und den Standort verbessern, dienen Hecken einem doppelten Zweck. Selbst die heftigen Winde von Chilcombe vermögen es kaum, die Pflanzen im Innern des Gartens zu bewegen.

John Hubbard ist Maler und seine Frau ist genauso in der Welt der Kunst zu Hause. Sie nutzen ihr Gefühl für Farben, um Gartenbilder zu „malen", jede Szene gerahmt wie ein zweidimensionales Gemälde. Der Garten wurde von ihnen gemeinsam angelegt, wobei sie auf die bereits vorhandene Grundstruktur, die Teilung in einzelne Räume, aufbauen konnten.

Den als senkrechten Teilern verwendeten Spalierobstbäumen, mit Rosen und Clematis überwucherten Laubengängen und Hecken aus Buche und Eibe, geben alte ausgebreitete Obstbäume mehr Substanz. In der Horizontale begrenzen Wege aus Gras, Kopfsteinpflaster oder Platten die Beetränder und geleiten den Besucher von einem der verschwiegenen Gartenräume in den nächsten, wo ein anderes Thema vorherrscht. Trotz all dessen erscheint der Garten weder zu starr noch zu abwechslungsreich oder ruhelos. Die geraden Linien in Kopfhöhe oder auf Bodenniveau werden im Gegenteil durch überwuchernde Pflanzen dauernd verwischt und gemildert. In unterschiedlichen Abteilungen wiederholte Pflanzengruppen verleihen Stabilität und verbinden scheinbar unvereinbare Themen miteinander.

Rechts: Einer der vielleicht intimsten Garten„räume", auf einer Seite von Spalierobst, auf der anderen von einer rustikalen Pergola gerahmt, atmet mit seinen stark duftenden Blüten und aromatischen Blättern den Geist des Mittelmeeres. Die Luft scheint stillzustehen, die Hitze wird durch die umstehende Vegetation festgehalten und vom Pflastersteinweg reflektiert. Die Blumen stehen in kleinen sich wiederholenden Gruppen. Königslilien, graublättriger Stachys byzantina *und Eberraute stehen vor einem Hintergrund aus* Knautia macedonica *mit kleinen, dunkelpurpurnen Blüten und blau getöntem Salbei.*

Rechts: Der Kräutergarten und der in voller Blüte stehende Salbei werden von der rosenverkleideten Pergola eingerahmt. Das „nützliche" Thema betont im Vordergrund die von den Indianern Nordamerikas als Heilpflanze verwendete Gillenia trifoliata; *sie blüht neben den marmorierten Blättern eines Judenbarts* (Saxifraga stolonifera). *Durch ihr Laub verwandeln kletternde und wuchernde Rosen die Pergola in einen schattigen Weg, ein deutlicher Gegensatz zu der Intensität des Sonnenlichtes und der Hitze im offenen Garten dahinter.*

Links: Der kreuzförmig angelegte Pflastersteinweg teilt die großen Blumenbeete, und die Pflanzen in Ziergefäßen verleihen diesem Gartenaspekt einen fast formellen Ton. Die mediterrane Atmosphäre wird durch aromatische Kräuter noch verstärkt. Guter Heinrich (Chenopodium bonus-henricus), *panaschierter Thymian, in Töpfen gepflanzte Ringelblumen* (Calendula officinalis), Helichrysum italicum, *Salbei* (Salvia officinalis *'Purpurascens' und* S. o. *'Icterina'), Weinraute* (Ruta graveolens *'Jackman's Blue') mit bläulichgrünen Blättern, Oregano und Liebstöckel* (Levisticum officinale) *wachsen in verschwenderischem Reichtum und erfüllen die Luft mit dem Duft der Alten Welt.*

*Links: Eine gemischte, zu einem Bogengang beschnittene Hecke säumt diesen breiten Rasenweg in Chilcombe. Diesen Blick aus dem Schatten ins Sonnenlicht liebe ich ganz besonders, da er ein Stück offenen Himmels im Hintergrund gerade noch erahnen läßt. Da sich in diesem von Hecken umgebenen Garten die meisten der gerahmten Ausblikke nach innen richten, entsteht ein starkes Gefühl von Sicherheit, das aber vielleicht auch bedrückend wirken könnte. Die elegante Steineinfassung und das Kreuzmuster sind auch eine Art von „Rahmen"; der Grasweg wirkt als zusätzliche Betonung wie getäfelt. Die weißen Blüten gehören zu der sich selbst aussäenden Malve (*Malva moschata *'Alba').*

Rechts: Im unteren Garten durchschneiden neu angelegte Pfade einen von Hecken umgebenen Bereich, der für Blumen und Gemüse vorgesehen war. Inzwischen scheinen die Blumen überhand zunehmen: Bartfaden, silbrig beblätterte Lotus hirsutus *(syn.* Dorycnium hirsutum*), die köpfchenblütige* Felicia amelloides *und* F. amoena *sowie das Heiligenkraut - meine Lieblingsart,* Santolina pinnata *'Sulphurea' mit fedrigen Blättern und hellen, limonengelben Blüten, wird leider viel zu selten in Gärten angepflanzt. An der Ecke beherrscht eine Gruppe mit* Salvia sclarea *'Turkestanica' die Szene. Im milden Klima von Chilcombe ist die normalerweise zweijährige Pflanze ausdauernd.*

Oben: Ein Blick auf die Pflanzungen seitlich der Hauptbeete, wo der Ausblick von einem Paar irischer Eiben eingerahmt wird. Strauchrosen, hohe silbrige Disteln (Onopordum nervosum) *und Artischocken* (Cynara scolymus), *Akanthus mit rosa Blütenähren, Lavendel und die gefüllte* Geranium pratense *'Plenum Violaceum' wachsen prächtig nebeneinander. Einen besonderen Blickpunkt bilden die fast weißen Blätter von* Stachys byzantina *neben den weißen Veilchen* (Viola cornuta 'Alba'). *Vor dem dunklen Hintergrund der Eibe wird die* Clematis heracleifolia *bald ihre blauen Blüten öffnen.*

Ein Garten bei Paris

Französische Gärten besaßen schon immer stärkere Strukturelemente als Gärten anderswo auf der Welt. Dieser Garten bildet darin keine Ausnahme. Die Planung der Blumengärten zu Füßen des Hanges beruht auf formellen und geometrischen Prinzipien. Hier werden Üppigkeit und Freiheit des Pflanzenwuchses durch Buchsbaumhecken, die in französischem Stil beschnitten werden und Rabatten und seitliche Rasenflächen einschließen, gezähmt und gesteuert.

Eine Serie von drei Gärten wird von einem gewirkten Heckenteppich aus Buche, Hainbuche, Zypressen und Eiben eingeschlossen. Einer der Gärten ist vorwiegend mit blauen Blumen bepflanzt, doch wird er durch gelb getönte Gefährten ganz im Sinne Gertrude Jekylls in seiner Wirkung gesteigert. Der zweite, dem beschnittene Buchsbaumkuppeln Förmlichkeit verleihen, beherbergt weiße Blumen. Der dritte Garten wird durch niedrige Buchsbaumhecken weiter untergliedert. In ihm wachsen vorwiegend malven- und rosafarbene Blumen – Rosen, Glockenblumen und im Herbst blühende *Sedum*-Arten. In der Beschreibung wirkt dieser Garten fast zwangsläufig streng und förmlich; in Wirklichkeit aber werden die architektonischen Linien des Rahmenwerkes überall durch fließende und emporstrebende Pflanzenformen gemildert, die mit malerischer Ungezwungenheit über ordentliche Ränder wuchern.

Oben: Oberhalb der Hekken weiten die Birken hinter dem Blumengarten die Perspektive und bilden den Rahmen für die verschwenderisch gepflanzten Stauden, ausgesucht aus einer Palette blauer und gelber Töne. Hoher Rittersporn, Iris *'Rose Queen', silbrigblättriger Beifuß, winterharte Storchschnäbel und Frauenmantel wuchern über die eine Seite; das in ähnlicher Weise konzipierte Beet auf der anderen Seite mit* Campanula glomerata *im Vordergrund, verknüpft die Anlagen miteinander. Alle Staudenbeete profitieren von dem strukturierten Hintergrund: Inselbeete sind viel schwieriger zu gestalten. Die durchgehende Hecke hinter den Blumen vereinheitlicht das Pflanzkonzept dieses Gartens.*

Rechts: Mehrere gekreuzte Achsen tragen in diesem Blumengarten zur Abgrenzung von Raumeinheiten bei, geben aber auch Blickrichtungen und Wege vor. Hier läuft einer der Hauptwege auf einen Baum im äußeren Garten zu. Von Spalieren und Hecken eingerahmte Rittersporne rahmen ihrerseits Storchschnabel und Glockenblumen und wuchernde Pflanzen wie Frauenmantel ein, die sich über die Grenzen der Rabatte drängeln. Durch die Steineinfassung wird die Anlage optisch etwas mehr in die Länge gestreckt. Nebenbei erleichtert diese Einfassung die Pflege, da die Pflanzen über die Beetränder wuchern können, ohne daß der Rasen Schaden nimmt.

Links: Innerhalb des Blumengartens bilden im Spätsommer die niedrig wachsenden Astern Farblinien; obwohl nicht verholzt, eignen sie sich gut als formelle Begrenzung eines Beetes, indem sie sowohl die inneren Pflanzen als auch Rasen und Pflaster einrahmen. Um kleinen Gärten die unentbehrliche Struktur zu verschaffen, sollten scharf gezeichnete vertikale und horizontale Linien mit den natürlichen Pflanzenformen kontrastieren. Sich wiederholende Pflanzgruppen rufen ein Gefühl von Ruhe hervor.

Filoli in Kalifornien

Die Gärten von Filoli, eine Autostunde südlich von San Francisco, sind besonders geometrisch angelegt und werden makellos gepflegt, ein gewollter Kontrast zur schroffen Landschaft der Umgebung, wo wunderschöne kalifornische Eichen *(Quercus agrifolia)* fast die einzige Vegetation auf einer verbrannten, ockerfarbenen Erde bilden. Die Gärten, die jetzt vom National Trust for Historic Preservation verwaltet werden, dehnen sich fast 6,5 Hektar weit aus. Der Garten wurde zwischen 1915 und 1919 von Bruce Porter für William Bowers Bourne II geplant. Das Konzept ist italienischer Art, wobei jede Abteilung von Hecken eingeschlossen wird. Hohe irische Eiben (*Taxus baccata* 'Fastigiata') legen Alleen fest, die den „viales" der Toskana ähneln, und Olivenbäume werden zu zylindrischen Formen zurechtgeschnitten.

In einem Tulpenbeet, eingerahmt von hohen Buchsbaumhecken, mischen sich die Farben wie in einer Stikkerei. Unter der lilienblütigen Tulipa *'White Triumphator', der rosafarbenen* T. *'Mariette' und der goldgelben* T. *'West Point' gepflanzte Gänseblümchen* (Bellis perennis) *wirken wie ein zusätzliches Stickmuster. Auf den ersten Blick wirkt alles zufällig, doch wurden die Zwiebeln sehr sorgfältig gepflanzt, um ein gleichförmiges Muster zu erzielen. Alle Pflanzungen in Filoli sind präzise wie diese, und jedes der Beete wiederholt sich noch einmal spiegelbildlich, so daß die Symmetrie des Konzeptes noch verstärkt wird. In diesem Teil des Gartens rahmt eines der Beete einen runden Teich ein.*

Jeder der inneren Gärten hat ein bestimmtes Thema. In einem davon bilden rosa Blüten und silbernes Laub das Muster gefärbten Fensterglases wie in der Kathedrale von Chartres; in einem anderen bildet Buchsbaum einen Irrgarten; wieder ein anderes ist auf holländische Weise geplant; und schließlich gibt es auch einen elisabethanischen Knotengarten, in dem die Farbkonzepte der einjährigen Beete genauso einzigartig durchdacht sind. Filoli repräsentiert ein Extrem an pflegerischer Perfektion, bildet aber einen ausgezeichneten Standard, an dem sich andere Gärten ein Vorbild nehmen könnten. Bäume fügen jedem einzelnen Thema eine weitere Dimension hinzu, wie z. B. *Gleditsia triacanthus* 'Sunburst', japanischer Fächerahorn, Chinesisches Rotholz, Glyzinen *(Wisteria sinensis)*, aber auch empfindlichere Sträucher wie Formen von *Leptospermum* und *Luma apiculata* mit brauner, sich abschälender Borke.

*In den einjährigen Rabatten strahlen scharlachrote Zinnien (*Z. *'Dreamland'), blau und weiß blühender Salbei (darunter der blaue* Salvia farinacea *'Victoria') und* S. viridis *'Claryssa' sowie die in der Ferne sichtbaren, weißen Schmuckkörbchen eine entspannende Atmosphäre aus. Sie erscheinen als wohltuendes Durcheinander kräftiger Farben und reduzieren die Spannung des Gartens. Das Ausmaß und der überschwengliche Stil dieser einjährigen Pflanzen steht in scheinbarem Widerspruch zu den unverkennbar stärker überwachten und gepflegten Bereichen, dennoch ist auch hier stets eine Einrahmung vorhanden.*

*In dem elisabethanischen Knotengarten wurden Zwergberberitze und Gamander (*Teucrium chamaedrys*) ordentlich in Form niedriger Hecken beschnitten. Dadurch entsteht ein geometrisches Muster neben Beeten mit Lavendel-Sorten, die im Alter zu fließenden Linien aus violetten und blauen Blüten auswachsen. Überall in Filoli werden die Beete durch lineare Hecken umfaßt. Wenn die Lavendelbüsche reifen und ein knorrig, holziges Erscheinungsbild erreichen, werden sie dem ganzen Garten einen Anflug von Alter verleihen, ohne ihre Aufgabe als niedrige Heckenpflanze aufzugeben.*

Pflanzen für den Blumengarten

Ein Leitfaden von A bis Z

Auf den folgenden Seiten stelle ich die Pflanzen vor, mit denen ich am liebsten experimentiere. Jede davon besitzt irgendeine besondere Eigenschaft, entweder als Solitär oder in der Gruppe, die sie für den Gärtner „unentbehrlich" macht - oder zumindest doch in meinem Idealgarten. Ich werde oft gefragt, wie wir die Pflanzen für unseren eigenen Garten in Tintinhull auswählen. Darauf weiß ich keine bestimmte Antwort. Die folgenden Beschreibungen zeigen, auf welche unterschiedlichen Eigenschaften wir Wert legen, und sollten hilfreich dabei sein, jenes schwer faßbare gewisse Etwas klarer zu umschreiben, das die eigene Vorliebe für eine spezielle Pflanze bestimmt. Für jede Pflanze werden so viele hilfreiche Merkmale wie möglich berücksichtigt, so Blüte und Blätter, Höhe und Breite, Blütezeit und Farbvariationen.

Eingeschlossen sind auch Zonen der Winterhärte und eine Tabelle (auf Seite 209), in der die minimale Temperatur angegeben wird, bei der die Pflanze noch überlebt. In der Praxis ist eine Zonenkennziffer (in eckigen Klammern) sicher hilfreich; die „Verwendungsfähigkeit", die dem Gärtner anzeigt, ob eine bestimmte Pflanze in seiner Gegend gut gedeihen wird, insbesondere wenn günstige mikroklimatische Bedingungen herrschen. Obwohl sicher niemand eine Pflanze in seinem Garten haben möchte, die gerade eben überlebt, lieben wir doch das Risiko, Pflanzen in Grenzbereichen zu kultivieren und freuen uns darüber, wenn es überraschenderweise gelingt, eine solche Pflanze zum Blühen zu bringen.

Berücksichtigt werden auch einige Sträucher und kleine Bäume, insbesondere solche, die sich nahtlos in einen Blumengarten einfügen. Heckenpflanzen wurden jedoch nicht berücksichtigt. Einige, wie z. B. Buchsbaum, Eibe und Stechpalme, wurden im vorigen Kapitel als Teil des lebenden Pflanzenhintergrunds gewürdigt, doch sollte man für eine ausführliche Beschreibung in Büchern über Gartengestaltung und Pflanzenverwendung nachlesen.

Die nachfolgenden Pflanzenbeschreibungen geben u. a. Hinweise auf die Höhe - abgekürzt mit H -, die Breite - abgekürzt mit B - und die Zonen der Winterhärte - abgekürzt mit Z. Grundsätzlich muß gesagt werden, daß die Pflanzen ab der Zone 6 nur in wintermilden Klimaten in Deutschland winterhart sind, Pflanzen für die Zone 7 nur in wintermilden Klimaten mit Winterschutz. Ab Zone 8 sind die Pflanzen bei uns nicht mehr winterhart.

Im Garten von John Sales in Gloucestershire sind die Rabatten auf traditionelle Weise bepflanzt; ein reicher Blütenteppich und farbige Blätter flankieren einen zentralen Weg. Formen und Strukturen der grasartigen und spitzen Blätter kontrastieren mit dem gezackten Laub der Christrosen und den weicheren Formen des Frauenmantels. Die Auswahl von Pflanzen für eine wirkungsvolle Anlage ist wie ein Puzzle. Erschwerend kommt hinzu, daß sie die Veränderung der Formen, Größen und Töne im Verlauf der Jahreszeiten vor ihrem inneren Auge bereits berücksichtigen müssen.

Abelia
(Caprifoliaceae)
A. × grandiflora ist ein für den Garten gezüchteter, zierlich überhängender, halbimmergrüner Strauch mit glänzenden, purpur-überlaufenen Blättern. Ab dem Spätsommer rosa Röhrenblüten, die leicht duften. Sonne; Schutz vor kaltem Wind erforderlich.
Mittelgroßer Strauch. H: 1,50–1,80 m B: 0,90–1,20 m Z: 6–10

Abutilon
(Malvaceae)
A. vitifolium (Chile) ist ein pyramidenförmiger, halbimmergrüner Strauch mit weinartigen, graugrünen Blättern und hellmalvefarbenen oder lila Blüten im Frühsommer. Schnellwüchsig; am besten vor einer schützenden Wand pflanzen. Nach der Blüte stark zurückschneiden. Die Hybride *A. × suntense* aus der Kreuzung mit *A. ochsenii* bringt etwas früher kleinere, tiefviolette Blüten hervor. Alle beschriebenen sind nicht winterhart.
Mittelgroßer Strauch. H: 2,40 m B: 1,50 m oder mehr Z: 9[9–10]

Acaena
(Rosaceae) Stachelnüßchen, Neuseeland
Immergrüne Staude, die als Bodendecker attraktiv gefiederte Blätter besitzt, graugrün bei *A. buchananii* und intensiv blaugrün bei *A. adscendens* 'Glauca'. Volle Sonne und gut wasserdurchlässiger Boden. Gut für Wege und Pflaster, insbesondere für häßliche Pflasterfugen.
H: 2,5–5 cm B: 25–50 cm Z: 3[3–10]

Acanthus
(Acanthaceae) Akanthus, Südeuropa
Halbimmergrüne oder laubabwerfende Staude mit tief eingeschnittenen Blättern von interessanter Struktur. Gut wasserdurchlässiger Boden.
A. hungaricus hat große, glänzend grüne, fiederteilige Blätter und im Sommer hübsche, 45 cm lange Ähren mit rosa-weißen, fingerhutähnlichen Blüten.
H: 90–120 cm B: 90 cm Z: 3[3–10]

Achillea
(Compositae) Schafgarbe, Europa, Westasien
Staude mit dichten Doldentrauben von Köpfchenblüten. Sonne und gut wasserdurchlässiger Boden; erträgt Trockenheit.
A. 'Coronation Gold' hat farnartige, grüne Blätter und im Sommer kräftig gelbe Blüten. Stützen erforderlich.
H: 90 cm B: 30 cm Z: 3[3–10]
A. grandiflora mit graugrünen, geteilten Blättern hat im Frühsommer trübe, weiße Blüten. Stützen erforderlich.
H: 75 cm B: 30 cm Z: 3[3–10]
A. ptarmica 'Boule de Neige' (syn. *A. p.* 'The Pearl') mit im Sommer intensiv weißen, gefüllten Blüten bildet Tuffs und breitet sich im Garten stark aus.
H: 45 cm B: 60 cm Z: 3[3–10]
A. × taygetea hat im Sommer zitronengelbe Blüten über fein zerteilten, grauen Blättern. Braucht gute Drainage.
H: 45 cm B: 15 cm Z: 3[3–10]

Aconitum
(Ranunculaceae) Eisenhut, Europa, Asien
A. napellus (Blauer Eisenhut) ist eine Staude. *A. n.* 'Bressingham Spire', ebenfalls ausdauernd, hat im Spätsommer indigoblaue Blütenähren über tief eingeschnittenen, dunkelgrünen Blättern. *A. vulparia* ist eine Staude mit helmartigen, cremeweißen Blüten im Frühsommer. Sonne oder Halbschatten und feuchter, nährstoffreicher Boden.
H: 90 cm B: 30 cm Z: 4[4–9]

Agapanthus
(Liliaceae) Schmucklilie, Südafrika
Sonnenliebende, laubabwerfende Staude mit bandförmigen Blättern und rundlichen Dolden vor allem blauer Blüten im Spätsommer. Fruchtbarer, feuchter, aber gut wasserdurchlässiger Boden.
A. campanulatus 'Albus' hat flachere Blütenköpfe aus weißen Blüten, die zu einem cremig-grünen Gesamteindruck verschmelzen. Am besten flächendeckend pflanzen.
H: 75–100 cm B: 35–45 cm Z: 6[6–10]
A.-Headbourne-Hybriden tragen abgerundete Dol-

Abutilon × suntense

Alstroemeria aurea

den von Dunkelblau über Violett und Hellblau bis hin zu Weiß: Die Pflanzen sollten zur Blütezeit ausgesucht werden. Verläßlich winterhart, sollten aber in sehr kalten Regionen gemulcht werden.
H: 60-120 cm B: 35-45 cm Z: 5[5-10]

Ajuga
(Lamiaceae) Günsel, Europa
A. reptans (Kriechender Günsel) bildet kräftige immergrüne Bodenteppiche auf normalem, beschattetem Gartenboden. Die eiförmigen Blätter können grün, purpur-bronze, in Cremetönen panaschiert sein oder dreifarbig - bronze, rosa und grün.
H: 10 cm B: 15 cm Z: 3[3-10]

Alcea
(Malvaceae) Stockrose
A. rosea (China) bildet einen farbenfrohen Hintergrund in sommerlichen Rabatten. Einfache oder gefüllte Formen sind ebenso verfügbar wie ein- oder gemischtfarbige Blüten in Rot-, Rosa-, Gelb- und Weißtönen. *A. r.* 'Nigra' hat kastanienbraune Blüten, die fast schwarz erscheinen. Wächst als zwei- oder mehrjährige Pflanze in Sonne und nährstoffreichem, gut wasserdurchlässigem Boden.
H: 1,50-3,00 m B: 0,90 m Z: 2[2-10]

Alchemilla
(Rosaceae) Frauenmantel, Osteuropa bis Kleinasien
A. mollis ist eine Staude, die zu Polstern aus hellgrünen, schirmförmigen Blättern heranwächst: Die gesägten Blattränder funkeln von Regen-, Tau- oder ausgeschiedenen Wassertropfen. Im Sommer trägt die Pflanze Wolken aus weichen, limonengrünen Blüten. Sät sich in der vollen Sonne oder im Halbschatten aus und überwuchert andere Pflanzen.
H: 30 cm B: 35 cm Z: 3[3-8]

Allium
(Liliaceae)
Verschiedene *Allium*-Arten blühen während des gesamten Sommers, mit Blütenköpfen in Schattierungen von Hellrosa bis Lila, obwohl es auch gelbe oder weiße Blüten gibt. Die Zwiebeln lassen sich gut in Zwischenräume von Staudenbeeten pflanzen - die Blütenstände und Blätter bieten Form- und Strukturkontrast.
Allium bulgaricum siehe unter *Nectaroscordum siculum* 'Bulgaricum'.
A. cernuum (Nordamerika) trägt im Sommer schlaffe Blütenköpfe in Rosa. Breitet sich rasch aus, ist aber klein genug, um unter Strauchrosen zu wachsen.
H: 45 cm B: 15 cm Z: 5[3-8]
A. christophii (Turkestan) hat riesige, aber dennoch zierliche, kugelige Blütenstände, zusammengesetzt aus einem Gewebe hell amethystgefärbter Sterne. Sie bilden im Frühsommer markante Akzente zwischen Staudengruppen.
H: 60 cm B: 45 cm Z: 5[5-10]
A. schubertii (östliches Mittelmeer, Zentralasien) ist eine Abwandlung von *A. christophii* mit unregelmäßig geformten lilarosa Blütenständen im Frühling. Die Zwiebel ist winterhart, Blätter und Blütenstengel sind aber frostempfindlich.
H: 60 cm B: 45 cm Z: 5[5-10]
A. tuberosum (Ferner Osten) besitzt flache Blütenstände aus dunkel gefleckten, weißen Blüten im Sommer. Gut für den Vordergrund einer Rabatte in Sonne oder Schatten.
H: 45 cm B: 23 cm Z: 5[4-10]

Alonsoa
(Scrophulariaceae) Peru
Staude, die häufig als Einjährige an sonnigen Stellen in nährstoffreichem, gut wasserdurchlässigem Boden verwendet wird.
A. meridionalis wächst zu einem kompakten Busch mit tiefgrünen Blättern und rötlichen Zweigen heran. Trägt im Spätsommer intensiv orangescharlachrote, gespornte Blüten. Nicht winterhart.
H: 30-60 cm B: 35 cm Z: 9[9-10]

Aloysia
(Verbenaceae)
A. triphylla (syn. *Lippia citriodora*, Chile) hat nach Zitrone duftende Blätter und Rispen winziger, malvenfarbener Blüten im Spätsommer. Dieser empfindliche, laubabwerfende Strauch läßt sich zu geometrischen Formen zurechtschneiden. Nicht winterhart.
Mittelgroßer Strauch. H: 1,50 m B: 1,20 m
Z: 9[8-10]

Alstroemeria
(Liliaceae) Inkalilie, Chile
Staude mit Speicherwurzeln und bandförmigen Blättern, die im Frühling gut den Boden deckt. Im Sommer erscheinen die Lilienblüten mit attraktiven Malen. Sollte unauffällig mit Zweigen gestützt werden. Bei uns nicht winterhart. Muß geschützt überwintert werden. Sonne oder Halbschatten.
A. aurantiaca (jetzt korrekt *A. aurea*) hat Blüten in wechselnden Gelb- und Orangetönen. Relativ leicht nach der Blüte zu versetzen.
H: 90 cm B: 30 cm Z: 7[7-10]
A.-Ligtu-Hybriden haben graue Blätter und bläulichrosa, kräftig korallenrote und sanfte, gelbe Blüten.
H: 60 cm B: 30 cm Z: 7[7-10]

Amsonia
(Apocynaceae) Nordamerika
A. tabernaemontana ist eine Staude. Stengel und Blätter verfärben sich im Spätsommer golden. Im Sommer bildet die Pflanze Gruppen sternförmiger, hellblauer Blüten. Sonne und feuchter, fruchtbarer Boden.
H und B: 60-90 cm Z: 3[3-9]

Amsonia tabernaemontana

Anaphalis
(Compositae) Perlpfötchen
A. margaritacea var. *margaritacea* (Nordamerika, Ostasien) ist eine Staude mit flaumigen, grauen Blättern und großen Blütenköpfchen im Spätsommer aus perlweißen, dauerhaften Blüten mit gelben Flecken. Sonne oder Halbschatten und gut wasserdurchlässiger Boden.
H und B: 30-45 cm Z: 3[3-9]

Anemone
(Ranunculaceae) Anemone
Die im Frühling blühenden europäischen Arten sind Stauden mit Speicherwurzeln. Die im Sommer blühenden Japanischen Anemonen sind größere Rabattenpflanzen mit faserigen Wurzeln.
A. apennina (Europa) deckt mit ihren farnartigen Blättern den Boden und bildet im Frühling blaue Blüten. Nährstoffreicher Boden und Halbschatten; verwildert gern in Rabatten unter laubabwerfenden Sträuchern.
H und B: 10-15 cm Z: 6[6-10]
Japanische Anemonen verlangen nur wenig Pflege. Mit handförmig geteilten, dunkelgrünen Blättern passen sie in Sonne oder Halbschatten und fruchtbaren, gut wasserdurchlässigen, aber feuchtespeichernden Boden.
Sie brauchen lange bis zur Etablierung und können benachbarte Pflanzen auch überwuchern, sind aber wegen der Blätter und der spätsommerlichen Blüten empfehlenswert. Die meisten Gartenpflanzen sind Hybriden: *A. × hybrida* 'Honorine Jobert' hat lang blühende, reinweiße Blüten mit auffälligen, gelben Staubblättern. *A. × h.* 'Prinz Heinrich' hat gefüllte, tiefrosa Blüten.
H: 60-90 cm B: 45-60 cm Z: 3[3-9]
A. nemorosa (Buschwindröschen, Europa) bringt im Frühling einfache Blüten - in der Regel cremigweiß - hervor, obwohl einige Formen auch rosa oder blau blühen. Verwildert im Halbschatten unter Sträuchern in blatthumusreichen Böden.
H und B: 15-20 cm Z: 3[3-9]

Angelica
(Umbelliferae) Engelswurz, Europa, Asien
A. archangelica ist eine zwei- oder mehrjährige Pflanze von dramatischer Wirkung mit tief geteilten, frisch grünen Blättern. Große, grünlichgelbe Dolden erheben sich im Sommer auf 1,80-2,40 m hohen Blütenstielen. Sonne oder Halbschatten und nährstoffreicher Boden.
H: 60-150 cm B: 90 cm Z: 4[4-9]

Anisodontea
(Malvaceae)
A. capensis (Fleißiges Lieschen, Südafrika) ist ein zierlicher, immergrüner Strauch mit attraktiven, grünen Blättern und rosa Blüten vom Frühling bis in den Herbst. Er eignet sich gut als Mittelpunkt in einem Ziergefäß.
Da er nicht winterhart ist, muß er geschützt überwintert werden. Im Spätsommer abgeschnittene Wurzelstecklinge. Die ganze Pflanze sollte frostfrei gehalten werden.
Kleiner Strauch. H und B: 90 cm Z: 10[9-10]

Anthemis
(Compositae) Hundskamille, Europa
A. tinctoria 'E. C. Buxton' ist eine Varietät der Färberkamille mit kühlen, zitronengelben Blüten im Sommer über tief eingeschnittenen, attraktiven Blättern. Nach der Blüte sollte diese Staude zurückgeschnitten werden. Sonne und gut wasserdurchlässiger Boden.
H: 75 cm B: 45 cm Z: 3[3-10]

Anthericum
(Liliaceae) Graslilie, Südeuropa
A. liliago ist ausdauernd mit schlanken Ähren eleganter, trompetenförmiger, weißer Blüten, die im Frühsommer über grasartigen Blättern blühen. Rückschnitt nach der Blüte, sofern keine Samen gewünscht werden. Sonne oder Halbschatten und guter, vorzugsweise saurer Boden.
H: 45-60 cm B: 30-38 cm Z: 5[5-10]

Aquilegia
(Ranunculaceae) Akelei
Staude für feuchten, gut wasserdurchlässigen Boden in Sonne oder Halbschatten. Das geteilte Laub erinnert an vergrößerten Frauenhaarfarn. Im Frühsommer schmückt sich die Pflanze mit trichterförmigen, gespornten Blüten.
A. canadensis (Nordamerika) hat niedliche rotgespornte, zitronengelbe Blüten und hellgrüne Blätter. Pflanzung auf naturnahen Flächen.
H: 45-60 cm B: 30 cm Z: 3[3-10]

Arbutus
(Ericaceae) Erdbeerbaum, Südeuropa, Kleinasien
A. unedo ist immergrün mit glänzenden, dunkelgrünen Blättern. Im Spätsommer mit herabhängenden Rispen, weißen krugförmigen Blüten, die sich mit erdbeerähnlichen Früchten mischen. *A.* kann auf der Wiese oder in einer Rabatte stehen. Nicht winterhart. Evtl. als Kübelpflanze. Sonne oder Halbschatten; Schutz vor kalten Winden erforderlich. Heidepflanze, aber kalktolerant.
Kleiner Baum/großer Strauch. H: 5,00-6,00 m B: 3,00-4,00 m Z: 8[8-10]

Asphodeline liburnica

Anemone apennina

Aquilegia vulgaris 'Nora Barlow'

Artemisia
(Compositae) Beifuß
Sträucher und Stauden, die mit ihren grauen und silbernen Blättern einen attraktiven Hintergrund für andere Pflanzen bilden. Überleben niedrige Temperaturen in voller Sonne und gut wasserdurchlässigem Boden. Blüten sind bei den meisten Arten in Rispen angeordnet.
A. absinthium 'Lambrook Silver', eine Sorte des europäischen Wermuts, ist ein halbimmergrüner Halbstrauch mit verholzten Zweigen, die silbergraue, geteilte Blätter tragen. Die hellgelben Blüten erscheinen im Sommer.
H und B: 90 cm Z: 4[4-10]
A. ludoviciana (Nordamerika) ist eine Staude mit silbrig-weißen, filzigen Blättern und im Sommer mit silbrig-grauen Blüten. Bildet reichlich Sprößlinge und kann aggressiv sein.
H: 120 cm B: 60 cm Z: 5[5-10]
A. pontica (Südost- und Mitteleuropa) ist eine Sprößlinge bildende Staude mit rauchiggrauen, fedrigen Blättern, die sich an sonnigen Plätzen gut als Bodendecker oder zur Begrenzung von Wegen eignet.
H: 45-75 cm B: 45 cm Z: 5[5-10]
A. 'Powis Castle' ist ein immergrüner Halbstrauch, der zu einem robusten, zinnfarbenen Polster aus fein zerteilten Blättern auswächst. Nicht winterhart.
H: 60 cm B: 45 cm Z: 8[8-10]
A. schmidtiana 'Silver Mound' ist eine Staude, die niedrige Polster aus silbrigem, grasartigem, seidigem Laub bildet.
H: 10 cm B: 25 cm Z: 4[4-10]

Arum
(Araceae) Aronstab, Südosteuropa
A. italicum 'Pictum' (korrekt *A. i. 'Marmoratum'*) hat Blätter, die sich im Herbst entfalten und bis zum Frühling üppig heranwachsen - glänzende Pfeilform mit cremeweißen Adern. Im Spätsommer treten Ähren mit roten Beeren an die Stelle der Blätter. Sät sich rein aus. Diese mehrjährige Rhizompflanze ist in Sonne oder im Halbschatten ein guter Bodendecker.
H: 38 cm B: 30 cm Z: 6[6-10]

Aruncus
(Rosaceae) Geißbart, Nordhalbkugel
A. dioicus ist eine Staude, die attraktive Tuffs eleganter, farnartiger Blätter bildet. Im Sommer cremeweiße, fedrige Blütenstände, ähnlich wie bei Astilbe, auf 2,10 m hohen Stengeln. In Rabatten unentbehrlich für pfiffige Gruppen. Sonne oder Halbschatten und nährstoffreicher, feuchter Boden.
H: 120 cm B: 90 cm Z: 3[3-9]

Asarum
(Aristolochiaceae) Haselwurz
A. europaeum (Europa) ist eine immergrüne Rhizompflanze, die in feuchtem Schatten oder Halbschatten als kriechender Bodendecker dient. Hübsche dunkelgrüne, glänzende Blätter, geformt wie ein abgerundetes Herz, verbergen im Frühling die unauffälligen, grünlichbraunen Blüten. *A. e.* bevorzugt humusreiche Moderböden. Vorsicht! Wird von Schnecken bevorzugt.
H: 12-15 cm B: 25-30 cm Z: 4[4-8]

Asphodeline
(Liliaceae) Junkerlilie, Mittelmeer
A. lutea bildet architektonische, ausdauernde Tuffs mit steifen Trieben, eingehüllt in halbimmergrüne, graugrüne, grasartige Blätter.
Auf hohe Blütentrauben mit glänzend gelben, sternförmigen Blüten im Frühsommer folgen attraktive Samen.
H: 90 cm B: 30 cm Z: 6[6-10]
A. liburnica ist eine niedrigere Form. Der verdickte Wurzelstock nimmt langsam an Größe zu. Sonne oder Halbschatten und gut wasserdurchlässiger Boden.
H: 90 cm B: 30 cm Z: 6[6-10]

Aster
(Compositae) Aster, Nordamerika
Wegen der Köpfchenblüten gepflanzte Staude. Sonne oder Halbschatten und nährstoffreicher, aber gut wasserdurchlässiger Boden.
A. divaricatus hat borstige, schwarze Stengel, die von Spätsommer bis Herbst eine Überfülle von kleinen, weißen, sternförmigen Blütenköpfchen tragen. Verträgt trockenen Schatten.
H und B: 45-60 cm Z: 3[3-9]
A. × frikartii gehört zu den bewährtesten spätblühenden Pflanzen. Sie blüht ab dem späten Sommer mit zahlreichen, lavendelblauen Blüten mit gelbem Zentrum. *A. × f.* 'Mönch' ist die beste.
H: 60-90 cm B: 38-45 cm Z: 5[5-10]
A. laterifolius 'Horizontalis' hat kompakte, dünne Zweige, die kleine, dunkelgrüne Blätter in auffällig horizontaler Lage tragen. Im Herbst sind sie mit unzähligen winzigen, sehr hellen, silbrig-lila Blüten mit bräunlichrosa Zentren gekrönt.
H: 60-90 cm B: 30 cm Z: 3[3-10]
A. novae-angliae 'Andenken an Alma Pötschke' trägt von Spätsommer bis Herbst Blütenstände langlebiger, kräftig kirschroter Blüten. Verträgt feuchtere Böden.
H: 90-150 cm B: 45-60 cm Z: 4[4-9]

Astilbe
(Saxifragaceae) Prachtspiere, Ostasien
Staude mit hübscher, farnartiger Belaubung und langlebigen, fedrigen Blütenständen. Für feuchte oder sogar moorige Böden. Sonne (in Europa) oder Halbschatten in den heißeren Zonen Nordamerikas.
A. rivularis hat elegante Blätter, die sehr tief geteilt und üppig sind. Die im Sommer erscheinenden, hohen, fedrigen Rispen langlebiger Blüten sehen auch im isabellfarbenen Verwelken noch attraktiv aus.
A.-Arendsii-Hybriden in weißen, rosa oder roten Tönen haben alle attraktive, manchmal bronzene Blätter: Die Blütenfarbe sollte je nach individuellem Konzept ausgewählt werden.
H: 1,80 m B: 1,20 m Z: 4[4-9]

Astrantia
(Umbelliferae) Sterndolde
Stauden mit attraktiven, handförmig geteilten Blättern und zierlichen Blüten im Sommer, jede ein Mini-Blumenstrauß aus Strahlenblüten inmitten von zugespitzten Hochblättern. Feuchter, nährstoffreicher Boden in Sonne oder Halbschatten.
A. major (Europa) hat grünlichweiße Blüten mit rosa Mitte. Die Sorte *A. m.* 'Rosea' hat besonders kräftig rosa gefärbte Hüllblätter. Behält diese Färbung nur im Schatten.
H: 60–90 cm B: 38 cm Z: 4[4–9]

Ballota
(Labiatae) Gottvergeß, Kreta
B. pseudodictamnus hat helle, wollige, abgerundete Blätter. Im Frühling sollte dieser immergrüne Halbstrauch zurückgeschnitten werden, damit seine kompakte Form erhalten bleibt und er wieder neue silbrig-grüne Blätter treibt. Volle Sonne im Rabattenvordergrund und gute Drainage. Nicht winterhart.
H: 30–60 cm B: 45–60 cm Z: 8[8–10]

Baptisia
(Leguminosae) Färberhülse, östliches Nordamerika
B. australis ist eine hübsche Rabattenstaude mit blaugrünen, dreilappigen Blättern und im Frühsommer mit Ähren indigoblauer Schmetterlingsblüten. Die Pflanze braucht für ihre Etablierung nährstoffreichen, feuchten, sauren bis neutralen Boden in der Sonne. Erträgt Hitze und Luftfeuchtigkeit.
H: 60–120 cm B: 60 cm Z: 3[3–9]

Bergenia
(Saxifragaceae) Bergenie
Große, abgerundete, ledrige, grüne Blätter bilden einen ansehnlichen immergrünen, ausdauernden Bodenteppich. Bergenien sind aber auch für die Stabilisierung von Vordergrundpflanzungen gut geeignet. Volle Sonne oder Schatten; gedeiht unter den meisten Bedingungen. Einige Hybriden tragen besonders attraktives Laub oder Blüten: *B. purpurascens* hat im Winter purpur-überlaufene Blätter. *B. × schmidtii* trägt im Frühling 30 cm lange Blütenzweige mit klaren, rosa Blüten. *B.* 'Silberlicht' produziert etwas später reinweiße Blüten, die mit dem Alter etwas rosa überlaufen.
H: 30 cm B: 45–60 cm Z: 4[4–10]

Boltonia
(Compositae) Nordamerika
B. asteroides ist eine Staude, die von Spätsommer bis Herbst unzählige hellila, asternartige Blüten über grauen Blättern trägt. Sie eignet sich gut für Lücken im Rabattenhintergrund als Ergänzung zu Hortensien und anderen Stauden. In Sonne oder Halbschatten und jedem fruchtbaren Boden ist sie leicht zu ziehen: Die Pflanze erträgt Hitze und Luftfeuchte.
H: 1,20–2,10 m B: 1,20 m Z: 3[3–10]

Brunnera
(Boraginaceae) westlicher Kaukasus
B. macrophylla (Kaukasus-Vergißmeinnicht) ist im späten Frühling ein sehr wirkungsvoller Bodendecker mit intensiv blauen Vergißmeinnichtblüten im Frühsommer. Die Blätter werden mit der Zeit dunkler und rauher, daher sollten sie später von Sommerblumen überdeckt werden. Sonne oder Schatten und feuchter Boden; verträgt keine feuchte Hitze. *B. m.* 'Hadspen Cream' ist eine elegant panaschierte Form, die vor austrocknenden Winden und Sonne geschützt werden muß.
H: 45 cm B: 60 cm Z: 3[3–10]

Buddleja
(Loganiaceae) Schmetterlingsstrauch
Buddlejas lieben volle Sonne und guten, lehmigen Boden. Kalktolerant.
B. alternifolia (China) kann sich als laubabwerfender Strauch ausbreiten, aber auch zu einem eleganten, kleinen Baum beschnitten werden. Die lanzettlichen Blätter sind dunkelgraugrün. Auf dem letztjährigen Holz erscheinen im Sommer rundliche Büschel sehr stark duftender, hellila Blüten.
B. a. 'Argentea' ist eine weniger wüchsige, silberblättrige Form für kleinere Gärten.
Großer Strauch. H und B: 4,00–6,00 m Z: 6[6–9]
B. crispa (syn. *B. paniculata* aus Nordindien) ist ein wunderschöner, halbimmergrüner Strauch für einen sonnigen Standort vor einer Mauer. Tief gezähnte, weißfilzige Blätter bilden eine schimmernde, staubig-silbergraue Masse als perfekte Kulisse für die endständigen Büschel duftender, lilarosa Blüten mit orangefarbenem Schlund, die im Sommer auf den diesjährigen Zweigen erscheinen. Nicht winterhart.
Mittelgroßer Strauch. H: 1,80–3,00 m
B: 1,20–2,40 m Z: 9[8–10]
B. davidii (China) ist ein laubabwerfender Strauch, dessen duftende, lilapurpurne Blüten in endständigen Trauben auf den diesjährigen Zweigen erscheinen. Gartenformen sind in verschiedenen Farbtönen erhältlich, die von warmem Purpurrot über Violett bis Blau reichen. Ihre nebligen Farben und anmutige Wuchsform fügen sich gut in gemischte, pastellfarbene Pflanzungen ein.
Mittelgroßer Strauch. H und B: 2,70 m Z: 5[5–8]

Astrantia major

Baptisia australis

Buglossoides
(Boraginaceae)
B. purpurocaerulea ist eine attraktive und nützliche Teppichpflanze mit purpurblauen Blüten vom späten Frühling bis zum Frühsommer. Wüchsig, kalk- und schattentolerant.
H: 40 cm B: 90 cm Z: 4[4-10]

Bupleurum
(Umbelliferae) Hasenohr, Mittel- und Südeuropa bis Asien
B. fruticosum ist ein rasch wachsender immergrüner Strauch mit attraktiv buschiger Wuchsform. Die jungen Blätter mit raffinierten Farbtönen in strahlendem Blaugrün und ab dem Hochsommer die grünlichgelben Blüten- und Frucht-Dolden sind ein wirkungsvoller Hintergrund für die benachbarten Pflanzen. Volle Sonne oder Halbschatten. Sollte vor Wind und Frost geschützt werden. Nicht winterhart.
Mittelgroßer Strauch. H: 1,80 m B: 3,00 m
Z: 8[8-10]

Calendula
(Compositae) Ringelblume
C. officinalis (Garten-Ringelblume aus Südeuropa) hat große, fröhliche Köpfchenblüten in Gelb- und Orangetönen. Bewährte Varietäten gibt es mit gefüllten Blüten in Rosa- und Pastelltönen und kompakterer Wuchsform. Anspruchslose Einjährige mit langer sommerlicher Blüteperiode, die sich in Sonne und auf armen Böden wohl fühlt. Sät sich oft selber aus.
H: 30-60 cm B: 23-45 cm einjährig

Callicarpa
(Verbenaceae) Schönfrucht
C. bodinieri (Chile) ist ein laubabwerfender Strauch, der im wesentlichen wegen seiner Büschel tieflila gefärbter Früchte angepflanzt wird, die zusammen mit rosenfarben getöntem Herbstlaub erscheinen.
Für den Fruchtansatz sind männliche und weibliche Pflanzen erforderlich. Die hochsommerlichen, lilafarbenen Blüten sind unscheinbar. Geschützte, sonnige Lage und guter Gartenboden.
Mittelgroßer Strauch. H und B: 1,50-1,80 m
Z: 5[5-9]

Caltha
(Ranunculaceae) Dotterblume, Europa, Nordamerika
C. palustris (Sumpfdotterblume) trägt im Frühling zahlreiche, gelbe, 25 mm lange Blüten über Kissen aus ausdauernden, runden, glänzenden, grünen Blättern. Liebt feuchten Boden in Wassernähe, gedeiht aber auch an trockeneren, schattigen Standorten, wenn der Boden nährstoffreich und feucht ist.
H: 30-60 cm B: 45 cm Z: 3[3-10]

Campanula
(Campanulaceae) Glockenblume
Glockenblumen für die Rabatte lassen sich in gutem, wohl drainierten Boden in Sonne oder Schatten leicht kultivieren. Sie blühen im Sommer. Ausdauernde Arten eignen sich gut zur Besiedelung freier Flächen, doch müssen hohe Blütenähren oft abgestützt werden.
C. lactiflora (Kaukasus) ist eine Staude mit offen verzweigten Stengeln, lanzettlichen Blättern und Rispen glockenförmiger Blüten in attraktiv „ausgewaschenen" Blautönen.
H: 90-150 cm B: 38-45 cm Z: 5[5-8]
C. latifolia macrantha ist eine Sorte der ausdauernden Riesenglockenblume (Europa, Asien). Sie bildet über einer hübschen Rosette rundlicher Blätter lange Röhrenblüten in kräftigem Blauviolett.
H: 120-150 cm B: 38-45 cm Z: 3[3-10]
C. medium (Marienglockenblume aus Südeuropa) trägt für lange Zeit große, prächtige Glockenblüten in Blau, Weiß und Pastelltönen. Nicht winterhart.
H: 38-90 cm B: 30 cm Z: 8[8-10] oder ein-/zweijährig
C. persicifolia (Pfirsichblättrige Glockenblume aus Europa, Nordafrika, Asien) ist eine Staude mit blauen oder weißen, tellerförmigen Blüten, die hohen Stengel tragen schmale Blätter.
H: 30-90 cm B: 30-45 cm Z: 3[3-10] Europa
C. pyramidalis (Südeuropa) ist eine kurzlebige Staude, die oft zweijährig gezogen wird. Hohe Ähren mit kühlen, blauen oder weißen, glockigen Blüten bilden als farbige Säule einen Blickfang über einer Pyramide aus herzförmigen Grundblättern. Nicht winterhart.
H: 120-180 cm B: 45-60 cm Z: 8[8-10]
C. takesimana (Korea) gehört zu den schönsten Stauden und sollte besser bekannt sein. Röhrig glockige, weiße Blüten auf Stengeln, die sich bogig über eine Rosette großer Blätter erheben, sind außen lila gesprenkelt und innen kastanienbraun gefleckt.
H: 60 cm B: 45 cm Z: 5[5-10]

Campsis
(Bignoniaceae) Trompetenblume
Laubabwerfende Klettersträucher, deren attraktiv gefiederte Blätter einen dichten Vorhang bilden und im Spätsommer riesige, herabhängende Büschel aus 75 mm langen, kräftig orangefarbenen Röhrenblüten hervorbringen. Volle Sonne, gut wasserdurchlässiger, nährstoffreicher Boden und ein geschützter Standort.
C. grandiflora aus Asien hat größere Blüten, ist aber nicht winterhart, während *C. radicans* aus Nordamerika in Zone 5 noch winterhart ist.
Kletterpflanze. H: 9,00-12,00 m Z: 5[5-10]

Cardiocrinum
(Liliaceae) Riesenlilie
C. giganteum (Himalaya, Tibet) bildet dramatische Blickfänge im leichten Schatten einer Strauch- oder Waldlichtung.
Im Sommer erhebt sich ein spektakulärer Blütenstand von 15 cm Höhe mit grünlichweißen, trompetenförmigen Blüten aus einem tiefen Quirl glänzender, herzförmiger Blätter. Nach der Blüte stirbt die Zwiebel ab, bildet aber Tochterzwiebeln, die drei bis fünf Jahre bis zur Reife brauchen. Bis eine gut blühende Gruppe entstanden ist, vergeht eine Zeit: doch lohnt sich Pflege und Warten. Ein Boden, der die Feuchte zurückhält, aber dennoch gut wasserdurchlässig ist und mit reichlich Humus angereichert wurde, ist für die Pflanze lebenswichtig.
H: 1,80-3,00 m B: 0,90-1,20 m Z: 6[6-9]

Carex
(Cyperaceae) Segge
Grasartige Staude mit überhängenden Blättern, die in der Sonne gut gedeiht, wo der Boden kühl und feucht ist.
C. elata 'Aurea' hat grün und gelb gestreifte Blätter, die sich im Sommer zunächst gold und dann isabellfarben verfärben.
H: 60 cm B: 45 cm Z: 5[5-9]
C. morrowii 'Evergold' bildet zottige, abgerundete Laubgruppen aus kräftig gelb und grün panaschierten Blättern, die das ganze Jahr über ihre Wirkung behalten.
H: 20-30 cm B: 15-20 cm Z: 5[5-9]

Centranthus ruber

Cestrum parqui

Caryopteris
(Verbenaceae) Bartblume, Ostasien
C. × clandonensis ist ein kleiner laubabwerfender Strauch mit schmalen, graugrünen, aromatischen Blättern, die einen rauchigen Hintergrund für Büschel lavendelblauer Röhrenblüten abgeben, die im Spätsommer erscheinen. Mehrere dunkler blaue Formen sind bekannt. Sonne und gut wasserdurchlässiger Boden.
Kleiner Strauch. H und B: 60-120 cm Z: 6[6-10]

Ceanothus
(Rhamnaceae) Säckelblume, Nordamerika
Immergrüne Arten sind empfindliche, gerne an Mauern wachsende Sträucher, die günstige Standorte brauchen, obwohl viele Hybriden winterhärter sind. Laubabwerfende Säckelblumen sind eher noch winterhärter. In gute Gartenerde pflanzen.
C. arboreus 'Trewithen Blue' wächst schnell und wird in warmen Gärten zu einem immergrünen Strauch; vor allem im späten Frühling und Frühsommer mit langen, ins Auge fallenden Rispen tiefblauer, duftender Blüten. Nicht winterhart.
Großer Strauch. H: 5,00 m B: 6,00-8,00 m
Z: 9[9-10]
C. 'Burkwoodii', ebenfalls immergrün, hat schimmernde grüne Blätter mit grauen Unterseiten und von Hochsommer bis Herbst intensiv blaue Blüten. Nicht winterhart.
Mittelgroßer Strauch. H: 1,80-3,00 m
B: 1,80-2,40 m Z: 8[8-10]
C. 'Cascade' mit ihren überhängenden Zweigen ist eine elegante immergrüne Trauerform. Kleine, intensiv blaue Blüten erscheinen im Frühsommer. Nicht winterhart.
Großer Strauch. H und B: 3,00 m Z: 9[8-10]
C. 'Gloire de Versailles' hat eine sehr offene Wuchsform und lange Rispen hellblauer Blüten, die gut in dunstige Konzepte passen.
Mittelgroßer Strauch. H und B: 1,80-2,40 m
Z: 5[5-8]

Celastrus
(Celastraceae) Baumwürger
C. orbiculatus (Nordostasien) ist eine wüchsige Kletterpflanze, die sich über Mauern, Zäune, Baumstümpfe u.a.m. windet. Die unauffälligen Blüten im Sommer sind von geringerer Bedeutung als die erbsengroßen, orangescharlachroten Früchte, die im Herbst gegen den Hintergrund des sich gelb färbenden Laubes im Überfluß gebildet werden.
Kletterpflanze. H: bis 10,00 m Z: 5[5-10]

Centranthus
(Valerianaceae) Spornblume
C. ruber (Rote Spornblume aus Südeuropa und anderen Mittelmeerländern) ist eine kurzlebige Staude mit Rispen winziger, rosaroter Blüten (bei der Form *C. r.* 'Albus' auch weiß), die ab dem Sommer über fleischigen graugrünen Blättern gebildet werden. Nach der Blüte sollten hochgeschossene Pflanzen zurückgeschnitten werden. Erträgt arme, gut wasserdurchlässige Böden und verwildert gerne in Mauern und Pflaster.
H: 45-90 cm B: 30-45 cm Z: 4[4-10]

Cerastium
(Caryophyllaceae) Hornkraut
C. tomentosum (Filziges Hornkraut aus Südeuropa) ist eine immergrüne Staude, deren silbriges Laub eine dichte Decke bildet, die im Frühsommer von sternförmigen, tellerartigen, weißen Blüten bedeckt wird. Breitet sich rasch aus und verdeckt und mildert die Wirkung von Pflaster und Mauerwerk. Sonne und gut wasserdurchlässiger Boden.
H: 15 cm B: 60 cm Z: 3[3-10]

Cestrum
(Solanaceae) Hammerstrauch, Südamerika
C. parqui ist ein halbwinterharter, laubabwerfender Strauch mit schmalen Blättern, der im Spätsommer federartige Blütenstände aus kleinen, grünlichgelben Röhrenblüten trägt - sie duften moschusartig bei Nacht. Sonniger, geschützter Standort und guter, lehmiger Boden. Wird der Strauch stark zurückgeschnitten, treibt er neue Blütensprosse aus. Nicht winterhart, Kübelpflanze.
Mittelgroßer Strauch. H und B: 1,20-1,50 m
Z: 8[7-10]

Chelone
(Scrophulariaceae) Schildblume, Nordamerika
C. obliqua bildet ausdauernde Tuffs steif beblätterter Zweige und blüht mit tief rosa oder purpurnen Ähren merkwürdiger, löwenmäulchenähnlicher Blüten vom Spätsommer bis in den Herbst als Bereicherung eines Rabattenkonzepts. Sonne oder Halbschatten und tiefgründiger, leichter Boden oder nah am Wasser.
H: 60-90 cm B: 45-60 cm Z: 3[3-9]

Chiastophyllum
(Crassulaceae) Walddickblatt, Kaukasus
C. oppositifolium ähnelt einer Miniatur-Bergenie, ihre kleinen, sukkulenten, dunkelgrünen Blätter eignen sich gut als Randbegrenzung oder um Teppiche immergrüner Stauden in Sonne oder Halbschatten zu bilden. Kleine, goldgelbe Blüten erscheinen im Spätsommer auf Blütenzweigen von 20 cm Länge an rötlichen Stengeln. Breitet sich durch Bewurzelung von Sprossen rasch aus.
H: 10 cm B: 30 cm Z: 5[5-9]

Chionanthus
(Oleaceae) Schneeflockenstrauch
C. virginicus (Nordamerika) ist ein großer, baumartiger, laubabwerfender Strauch mit duftenden, weißen Blüten aus bandförmigen Kronblättern. Blüht im Hochsommer.
Großer Strauch. H: 7,00 m B: 3,00 m Z: 5[5-9]

Chionodoxa
(Liliaceae) Schneestolz, Türkei
C. luciliae besitzt kurze Blütentrauben mit intensiv blauen Blüten mit weißen Augenflecken, die zusammen mit groben, bandförmigen Blättern im Vorfrühling erscheinen. Im Herbst sollten die Zwiebeln gruppenweise in gut wasserdurchlässigem Boden in kurzem Gras oder Rabatten gesetzt werden. Sonne oder Halbschatten.
H: 15 cm Z: 4[4-10]

Choisya
(Rutaceae) Orangenblume, Mexiko
C. ternata ist ein hübscher immergrüner Strauch mit aromatischen, glänzenden Blättern und im Frühling mit süß duftenden, orangefarbenen Blüten. Kann flächendeckend oder in formellen Rabatten mit eher architektonischer Wirkung gepflanzt werden. Sollte an kalten Standorten im Schutz einer Mauer gepflanzt und in heißeren Regionen vor der prallen Sonne geschützt werden. Gut wasserdurchlässiger Boden. Bei begrenztem Platz sollten Sie neue, kompakte Formen verwenden.
Nicht winterhart.
Mittelgroßer Strauch. H: 1,50-1,80 m
B: 1,80-2,40 m Z: 8[8-10]

Chrysanthemum
(Compositae)
Mit im Spätsommer geschnittenen Stecklingen überwintern diese empfindlichen Margeriten und wachsen zu attraktiven, strauchigen Pflanzen heran, die überreich blühen. In großen Ziergefäßen ideal als Blickpunkt in voller Sonne auf einer Mauer oder Terrasse.
C. frutescens 'Foeniculum' (Strauchmargerite von den Kanarischen Inseln) ist eine immergrüne Staude mit tief eingeschnittenen, silbergrauen, fast bläulich grünen Blättern und weißen Köpfchenblüten im Sommer. *C.* 'Jamaica Primrose' trägt reizende, hellgelbe Blüten, ergänzt durch tief eingeschnittene, grüne Blätter. Beide nicht winterhart.
H und B: 60-90 cm Z: 9[9-10]

Chrysanthemum haradjanii siehe *Tanacetum haradjanii*

Cimicifuga
(Ranunculaceae) Silberkerze
Zierliche Stauden für den Rabattenhintergrund oder als lockere Bepflanzung zwischen Sträuchern. Bevorzugt kühle, feuchte Standorte; verträgt keine hohe Luftfeuchtigkeit.
C. racemosa (östliches Nordamerika) trägt im Sommer duftende, fedrige, weiße Blüten auf 2,40 m hohen, verzweigten Stengeln.

Cimicifuga racemosa

H: 1,20–1,50 m B: 0,60 m Z: 3[3–10]
C. ramosa (China) bildet 30 cm lange Spitzen mit weißen Blüten vom Spätsommer bis in den Herbst hinein. *C. r.* 'Atropurpurea' ist eine purpurblättrige Form.
H: 1,50–2,10 m B: 0,90–1,20 m Z: 3[3–9]

Cirsium
(Compositae) Kratzdistel, Mitteleuropa
C. rivulare 'Atropurpureum' ist eine Staude, die sowohl wegen ihrer strukturell interessanten, borstig gefiederten Blätter als auch wegen der tiefweinroten, nadelkissenartigen Blüten gepflanzt wird, die im Sommer erscheinen. Sonne und feuchter Boden.
H: 60–120 cm B: 60 cm Z: 4[4–10]

Cistus
(Cistaceae) Zistrose, Mittelmeer
Sonnenliebende immergrüne Sträucher, die im Frühsommer mit weißen oder fahlrosa, rosenartigen Blüten wie übersät erscheinen. Die Blüte hält nur für einen Tag, doch bringt die Pflanze ständig neue hervor. Geeignet für steinige Hänge oder geschützte Ecken. Zieht arme, gut wasserdurchlässige Böden vor. Alle nachfolgend beschriebenen Pflanzen dieser Gattung sind nicht winterhart.
C. × cyprius, eine Hybride aus *C. ladanifer* und *C. laurifolius*, besitzt klebrige, olivgrüne Blätter und 75 mm große, papierartig dünne, weiße Blüten mit einem karmesinroten Klecks. Wüchsig.
Mittelgroßer Strauch. H: 1,80–2,40 m
B: 2,10–2,70 m Z: 8[8–10]
C. ladanifer (Lack-Zistrose) ist ein steif aufrechter Busch mit mattgrünen Blättern. Die 60 mm großen Blüten haben an der Basis ihrer Kronblätter einen schokoladenfarbenen Fleck und ein gelbes Zentrum.
Mittelgroßer Strauch. H: 1,80 m B: 1,20 m
Z: 8[8–10]
C. 'Silver Pink' ist ein attraktiver, kompakter Strauch. Büschel aus klaren, rosa Blüten mit gelbem Zentrum werden reichlich über ledrigen, dunkelgrünen Blättern mit grauen Unterseiten gebildet.
Kleiner Strauch. H und B: 60–90 cm Z: 8[8–10]

Clematis
(Ranunculaceae) Waldrebe
Die kletternden Arten und Hybriden sind als Verkleidung von Mauern, als Girlanden auf Pergolen und zur Dekoration einfacher immergrüner und beblätterter Sträucher nicht zu ersetzen. Volle Sonne wird gewünscht, die Wurzeln müssen jedoch im Schatten liegen. Alle mögen gut wasserdurchlässige, fruchtbare, etwas kalkhaltige Böden.
C. alpina (Alpen-Waldrebe, Süd- und Mitteleuropa) und *C. macropetala* (Sibirien, Nordchina) sind beides kletternde, im Frühling blühende, laubabwerfende Arten, typischerweise blau blühend und nicht besonders wüchsig.
Kletterpflanze. H: 1,80–4,00 m Z: 2–6[2–9]
C. armandii (China) ist eine wüchsige immergrüne Pflanze mit langen, ledrigen dunkelgrünen Blättern und cremeweißen, in Gruppen stehenden Blüten, die im Frühling blühen. Reichliche Düngung. Nicht winterhart.
Kletterpflanze. H: bis 10,00 m Z: 8[8–10]
C. cirrhosa (Balearen) hat farnartige immergrüne Blätter. Im Vorfrühling erscheinen die überhängenden, cremefarbenen Blüten mit purpurnen Flecken im Innern. Nicht winterhart.
C. flammula (die duftende Brennende Waldrebe aus Südeuropa) ist laubabwerfend und von buschigem Wuchs. Die Rispen mit kleinen, reinweißen, duftenden Blüten erscheinen im Spätsommer. Sollte durch Spaliere oder im Frühling blühende, kleine Sträucher mit offener Wuchsform wachsen.

Oben: Clematis viticella 'Purpurea Plena Elegans'

Links: Clematis recta

Kletterpflanze. H: 3,00 m Z: 7[7-10]
C. 'Huldine' besitzt fast durchscheinende, weiße Kronblätter, die außen sehr hell malvenfarben sind und grünliche Staubblätter enthalten. Im Winter sollte diese laubabwerfende Kletterpflanze stark zurückgeschnitten werden, damit im Sommer die Blüte aus jungem Holz angeregt wird.
Kletterpflanze H: 4,00 m Z: 5[5-10]
C. × *jackmannii* ist eine großblütige Clematis-Hybride (*C. viticella* ist ein Elter), die ab Hochsommer für viele Wochen violett-purpurne Blüten bildet. Im späten Winter sollte sie stark zurückgeschnitten und im Frühling in Form gebracht werden. Guter Pflanzgefährte für bronzenes Laub und tiefrote Blüten.
Kletterpflanze H: 4,00 m Z: 5[5-10]
C. montana (Zentral- und Westchina, Himalaya) wuchert üppig und ist in größeren Gärten als wunderbarer, laubabwerfender Hintergrund geeignet. Im Frühsommer bildet die Art weiße Blüten. Viele Varietäten in Rosa- oder Lilatönen sind erhältlich, aber weniger wüchsig. Rückschnitt nach der Blüte ist notwendig, um die Ausbreitung zu dämmen.
Kletterpflanze. H: bis 12,00 m B: 5,00-6,00 m Z: 5[5-10]
C. recta (Aufrechte Waldrebe, Südeuropa) ist eine etwas wuchernde Staude. Bildet prachtvolle Gruppen mit 180 cm langen Zweigen, die sternförmige, weiße Blüten bilden und im Frühsommer den Eindruck einer Wolke vermitteln. Guter Pflanzgefährte für frühblühende Wiesenrauten und Meerkohl.
H: 60-150 cm Z: 3[3-10]
Abkömmlinge von *C. viticella* sind mäßig wüchsige, laubabwerfende Kletterpflanzen mit sommerlichen, nickenden, glockenförmigen Blüten in Schattierungen von Blau und Purpur. *C. v.* 'Purpurea Plena Elegans' ist rosapurpur mit einer dicht gepackten Rosette aus Kelchblättern. *C.* 'Abundance' hat zart purpurne Blüten. Sie eignet sich gut für Wände und zwischen benachbarten Sträuchern und sollte im Frühjahr stark zurückgeschnitten werden.
Kletterpflanze. H: 2,70-4,00 m Z: 5[5-10]

Cleome
(Capparidaceae) Spinnenblume, tropisches Amerika
C. hassleriana (syn. *C. spinosa*) ist eine im Spätsommer blühende Einjährige mit Büscheln rosa und weißer Blüten, die an den Spitzen behaarter Blütenstiele erscheinen. Als Gruppe in sonnigen Beeten und Rabatten gepflanzt, entstehen schön verwobene Flächen aus Pastelltönen.
H: 90 cm B: 45 cm einjährig

Clerodendrum
(Verbenaceae) Losbaum, Ferner Osten
C. trichotomum ist ein stark wachsender, laubabwerfender Strauch, bestens geeignet als Solitär für einen Rasen an sonnigem, geschütztem Standort,

Convolvulus althaeoides

wo die Schößlinge kontrolliert werden können. Stark duftende, weiße, sternförmige Blüten mit dauerhaften, kastanienbraunen Kelchen erscheinen im Spätsommer, gefolgt von türkisblauen Beeren. Die Beeren von *C. t. fargesii* sind von hellerem Blau.
Kleiner Baum. H und B: 3,00-5,00 m Z: 6[6-10]

Colchicum
(Liliaceae) Herbstzeitlose
C. speciosum (Türkei, Kaukasus) hat große, krokusähnliche Blüten von 15 cm Höhe in Schattierungen von Rosa und Zartviolett; *C. s.* 'Album' ist weiß. Im Gras oder am Rand von Gesträuch, in Sonne oder Schatten gepflanzt, bilden die Pflanzen im Herbst Blütenteppiche, doch sollte man ihr Frühsommerlaub tolerieren und eintrocknen lassen, damit die Zwiebeln ausreifen können.
H: 30-40 cm B: 23-30 cm Z: 4[4-10]

Convallaria
(Liliaceae) Maiglöckchen
C. majalis 'Grandiflora' ist eine ausdauernde Pflanze, die größer ist und später blüht als die Art: Die zierlichen, wachsartigen weißen Blüten erscheinen im Spätfrühling. Sie sind glockenförmig und duften sehr süß. Mit den mittelgrünen Blättern sind die Pflanzen ein guter sommerlicher Bodendecker in Schatten und humusreichem Boden. Kriechende Rhizome breiten sich rasch aus und können bei guten Bedingungen andere Pflanzen überwuchern.
H: 20 cm B: 30 cm Z: 3[3-9]

Convolvulus
(Convolvulaceae) Ackerwinde
Alle mögen gut wasserdurchlässigen Boden und volle Sonne; an exponierten Stellen sind sie auf Frostschutz angewiesen. Die drei nachfolgend beschriebenen Arten sind nicht winterhart.
C. althaeoides (Südeuropa) ist eine laubabwerfende, etwas kletternde Pflanze mit silbrig-graugrünen, eingeschnittenen Blättern und kriechenden Trieben. Trichterförmige, muschelrosa Blüten öffnen sich weit in der Sommersonne. Gut geeignet für Pflanzgefäße oder über Mauern, wo die Ausbreitung der Wurzeln gehemmt wird, die Pflanze sich aber in entzückender Überfülle ausbreiten kann. Nicht winterhart.
H: 15 cm B: 45-60 cm Z: 8[7-10]
C. cneorum (Südeuropa) ist ein immergrüner Strauch. Die kleinen, schmalen Blätter sind von seidig silbernem Glanz. Aus rosafarbenen Knospen öffnen sich im Frühsommer weiße, trichterförmige Blüten. Nicht winterhart.
Kleiner Strauch. H: 45 cm B: 60 cm Z: 8[8-10]
C. sabatius (syn. *C. mauritanicus*, Nordafrika) ist eine kriechende Staude, die Matten graugrüner, eiförmiger Blätter bildet. Im Frühsommer öffnen sich schraubig gedrehte Blütenknospen zu großen Trichterblüten mit tieflavendelblauer Farbe. Starker Rückschnitt zur Anregung von neuem Wachstum erforderlich.
H: 15 cm B: 60 cm Z: 9[8-10]

Cordyline
(Agavaceae) Keulenlilie, Neuseeland
Immergrüne Bäume und Sträucher, die wegen ihres hübschen Laubes gepflanzt werden. Keulenlilien sind empfindlich und nicht winterhart. Sie sollten in etwa 90 cm hohen Töpfen gepflanzt werden, die als architektonische Blickpunkte verwendet und im Winter geschützt werden können.
C. australis hat Zweige, die dichte Büschel schwertförmiger Blätter auf aufrechten Stielen tragen. An günstigen Standorten bilden sie im Sommer riesige, überhängende Rispen mit duftenden, cremefarbenen Blüten. Nicht winterhart.
Kleiner Baum. H: 8,00 m B: 1,80-3,00 m Z: 9[9-10]

Coreopsis
(Compositae) Mädchenauge, Nordamerika
C. verticillata ist eine aufrechte, buschige Staude mit sehr feinen, haarartigen Blättern und lockeren Doldentrauben aus etwa messinggelben Blütenköpfchen im Spätsommer. *C. v.* 'Moonbeam', die hellere Blüten besitzt, paßt gut in ein kühler wirkendes Konzept, blüht länger und erträgt intensive sommerliche Hitze. Entfernen abgeblühter Blüten verlängert die Blühperiode. Sonne und gut wasserdurchlässiger Boden. Braucht lange bis zur Etablierung.
H: 45-60 cm B: 30-45 cm Z: 3[3-10]

Cosmos atrosanguineus

Cornus
(Cornaceae) Hartriegel
Die hier besprochenen Hartriegel sind zierliche, laubabwerfende Bäume oder Sträucher für den mittelhohen Bereich. Sie blühen im Frühling und bilden attraktives Herbstlaub.
C. alternifolia 'Argentea' (Nordamerika) ist ein hübscher, kleiner Baum mit in Reihen übereinander stehenden, zart silbern gefärbten Zweigen und grünen Blättern. Flache Doldentrauben mit kleinen Blüten erscheinen im Spätfrühling.
Kleiner Baum. H: 4,00 m B: 3,00 m Z: 4[4–9]
C. controversa 'Variegata' (China, Japan) hat ebenfalls horizontale Zweige in gestuften Reihen, und die wechselständigen Blätter haben cremefarbene Ränder. Wie *C. alternifolia* 'Argentea', wenn auch in größerem Maßstab, ist die Sorte selbst im blattlosen Winterzustand von architektonischer Wirkung.
Mittelgroßer Baum. H und B: 8,00 m Z: 6[6–10]
C. florida (östliche Vereinigte Staaten) ist ein elegant ausgebreiteter Strauch oder kleiner Baum. Im Spätfrühling sind seine winzigen grünen Blüten von vier kronblattähnlichen Brakteen (Hochblättern) umgeben. Empfindlich gegenüber Spätfrösten.
Großer Strauch/Kleiner Baum. H: 3,00–5,00 m B: 6,00 m Z: 5[5–9]
C. kousa var. *chinensis* (China) ist ein kleiner, aufrechter Baum mit ausgebreiteten Zweigen und im Frühsommer mit unauffälligen Blüten, aber prächtigen Brakteen (Hochblätter). Kalktolerant. Gut für Waldbeete mit etwas Schatten vor allzu starker Sommersonne.
Großer Strauch/Kleiner Baum. H: 3,00 m B: 2,40–3,00 m Z: 5[5–9]
C. nuttallii (Nutalls Hartriegel, westliches Nordamerika) hat im Spätfrühling bemerkenswerte weiße Brakteen, die sich in der Sonne rosa verfärben. Farbiges Herbstlaub. Saurer Boden ist unbedingt erforderlich. Nicht winterhart.
Großer Strauch. H: 5,00–6,00 m B: 2,40–3,00 m Z: 8[8–10]

Coronilla
(Leguminosae) Kronwicke
C. glauca (Südeuropa) besitzt elegante, graugrüne immergrüne Blätter. Sollte als Mauerstrauch oder als ausgebreiteter Busch in voller Sonne wachsen, etwa als Partner von violettblühendem *Abutilon*. Nicht winterhart.
Mittelgroßer Strauch. H und B: 2,10 m Z: 9[9–10]

Corydalis
(Papaveraceae) Lerchensporn
C. cheilanthifolia (Chile) bildet regelmäßige, ausdauernde immergrüne Gruppen frisch grüner, farnartiger Blätter und trägt den ganzen Sommer über kleine Ähren mit gelben Mini-Löwenmäulchenblüten. Sät sich selbst aus und überzieht rasch kühle Standorte. Gut geeignet für abwechselnde Pflanzung mit Zwiebeln und Knollen.
H und B: 25–30 cm Z: 5[5–10]

Corylopsis
(Hamamelidaceae) Scheinhasel
C. pauciflora (Japan) ist ein hübscher, laubabwerfender Strauch und gut für eine schattige gemischte Rabatte geeignet. Herabhängende, hellgelbe, tellerförmige, nach Primeln riechende Blüten bilden sich im Frühling noch vor Entfaltung der Blätter. Darunter sehen blaublühende Blausternchen oder Anemonen gut aus.
Mittelgroßer Strauch. H und B: 1,80 m Z: 6[6–9]

Cosmos
(Compositae) Schmuckkörbchen, Mexiko
C. atrosanguineus ist eine ungewöhnliche dahlienähnliche Staude mit im Spätsommer lange blühenden, nach Schokolade duftenden, samtig rotbraunen Blüten. Sonne und tiefgründiger, Feuchte zurückhaltender Boden. Sehr wirkungsvoll in einem Pflanzgefäß. Nicht winterhart.
H: 75 cm B: 30 cm Z: 9[7–10]

Cotinus
(Anacardiaceae)
C. coggyria (Perückenstrauch; Europa bis Kaukasus) ist ein laubabwerfender Strauch mit grünen, eiförmigen Blättern, die im Herbst wichtige Farbakzente setzen. Einige Formen haben purpurne Blätter.
Mittelgroßer Strauch. H und B: 2,40 m Z: 5[5–10]
C. obovatus (syn. *C. americanus*; Südosten der Vereinigten Staaten) ist ein mehr aufrechter, laubabwerfender Strauch mit purpur-überlaufenen, rosa Blättern, die im Sommer eher bläulichgrün schimmern und sich im Herbst prächtig verfärben.
Großer Strauch. H: 3,00 m B: 1,80–2,40 m Z: 6[6–9]

Cotoneaster
(Rosaceae) Zwergmispel
Niedrig wüchsige Zwergmispeln sind architektonisch wichtige Sträucher und bilden wohlgeformte Bodendecker. Höhere Formen sind gut zur Belebung oder als Hintergrund von Rabatten geeignet.
C. 'Cornubia' ist halbimmergrün mit langen, dunkelgrünen Blättern und cremefarbenen Blüten im Frühsommer.
Großer Strauch/Kleiner Baum. H und B: 6,00 m Z: 6[6–10]
C. horizontalis (China) hat steif ausgebreitete, fächerartige Zweige, die sich gut zur Verankerung aufrechter Formen eignen. Im Herbst „glüht" die Pflanze mit Blattfarben und dunkelroten Beeren. Dieser laubabwerfende Strauch sollte über benachbartes Pflaster oder Wände wuchern können.
Kleiner Strauch. H: 0,60 m B: 1,80–2,10 m Z: 5[5–10]
C. lacteus (China) ist immergrün mit großen, ovalen, unterseits grauen Blättern. Auf die sommerlichen milchigweißen Blüten folgen spät ausreifende, rote Früchte. Gut für Einfassungen.
Großer Strauch. H: 3,00–5,00 m B: 2,40–4,00 m Z: 7[7–9]
C. 'Rothschildianus' ist immergrün mit eher ausgebreiteter Wuchsform und hellgrünen Blättern. Die Früchte sind cremegelb.
Mittelgroßer Strauch. H: 1,80–3,00 m B: 3,00–5,00 m Z: 7[7–9]

Crambe
(Cruciferae) Meerkohl
C. cordifolia (Riesenschleierkraut; Kaukasus) ist ei-

ne aufregende Staude mit großen, rauhen, herzförmigen Blättern und hohen Stengeln, die im Frühsommer eine Wolke aus winzigen, weißen Blüten tragen. Die Stengel müssen gestützt werden. Die während des Sommers auftretenden, beschädigten Blätter sollten sofort abgeschnitten werden. Eine markante Hintergrund- oder Eckpfeilerpflanze für sonnige Plätze und gut wasserdurchlässige Böden.
H: 1,80 m B: 1,20 m Z: 5[5-10]

Crataegus
(Rosaceae) Weißdorn
C. × lavallei ist ein dichtkroniger, laubabwerfender Baum mit langen, glänzenden Blättern. Büschel einfacher, weißer Blüten erscheinen im Frühsommer, die orangeroten Früchte im Herbst. Verträgt Trokkenheit und Wind.
Kleiner Baum. H: 5,00-6,00 m B: 3,00-5,00 m
Z: 5[5-9]

Crinum
(Liliaceae) Hakenlilie, Südafrika
C. × powellii besitzt kräftig grüne, bandförmige Blätter, die im Frühling aus der riesigen Knolle auswachsen, gefolgt von kräftigen Stengeln, die im Spätsommer Blütenstände aus duftenden, rosa oder weißen, trompetenförmigen Blüten tragen. Sonne und tiefgründiger, nährstoffreicher Boden. Nicht winterhart.
H: 45 cm B: 30-45 cm Z: 9[7-10, sofern gemulcht]

Crocosmia
(Iridaceae) Montbretie, Südafrika
Aus Knollen entspringende Bündel schwertförmiger Blätter sorgen in Rabatten für einen nützlichen, strukturellen Kontrast, zu dem im Sommer die verzweigten Ähren mit Röhrenblüten in auffallenden Farben beitragen. Verwandte Montbretien können andere Pflanzen überwuchern. Sonniger, gut wasserdurchlässiger Standort. Bestimmte Hybriden sind winterhärter und tragen sehr zu farbigen Rabattenkonzepten bei.
C. masoniorum 'Lucifer' ist robust und dennoch elegant, mit brillanten, flammendroten Blüten im Hochsommer.
H: 120 cm B: 23 cm Z: 6[6-10, sofern gemulcht]
C. 'Solfaterre' hat bronzegetönte Blätter und helle aprikosengelbe Blüten, die zusammen einen zurückhaltend rauchigen Ton ergeben. Nicht winterhart.
H: 60 cm B: 15 cm Z: 8[7-10, sofern gemulcht]

Crocus
(Iridaceae) Krokus, Levante, Südeuropa
C. sativus (Safrankrokus) ist eine ausdauernde Pflanze mit Wurzelstock, deren große, kräftig purpurne, dunkel geäderte Blüten rote Narben und orangefarbene Staubblätter präsentieren. Die Blüten erscheinen mit den Blättern vom Spätsommer bis zum Herbst. Pflanzen sollten auf großen Flächen in Sonne und nährstoffreichen Boden gesetzt werden.
H: 10 cm B: 2 cm Z: 4[4-10]
C. tommasinianus (Jugoslawien) blüht im Frühling mit lavendelblauen bis tiefrötlichpurpurnen Blüten, es gibt auch eine weiße Form. Diese kräftige, winterharte Form verwildert gerne in kurzem Gras.
H: 75 mm B: 1,50 cm Z: 4[4-10]

Cyclamen repandum

Cyclamen
(Primulaceae) Alpenveilchen, Mittelmeerraum
Winterharte Alpenveilchen bilden an halbschattigen Standorten attraktive Teppiche aus raffiniert gemustertem Laub und rosa getönten Blüten. Gut wasserdurchlässiger, humusreicher Boden.
C. hederifolium ist eine wurzelstockbildende Staude mit gemusterten, efeuartigen Blättern im Winter und Vorfrühling. Nach deren Verschwinden bilden sich im Spätsommer und Herbst die Blüten in Schattierungen von Malve bis Hellrosa und Weiß.
H: 10 cm B: 10-15 cm Z: 5[5-10]
C. repandum ist eine wurzelstockbildende Staude mit pfeilförmigen Blättern. Im Frühling erscheinen ihre duftenden Blüten mit verdrehten Kronblättern in hellen Rosa- und Weiß- sowie tiefen Karminrottönen. Geschützter Standort. Nicht winterhart.
H: 15 cm B: 15-20 cm Z: 8[8-10]

Cynara
(Compositae) Europa
C. cardunculus (Artischoke) ist eine bemerkenswert architektonisch wirksame Staude. Durch deutlich hervortretende, kleine Gruppen tief geteilter, silbrig-grüner Blätter wird ein Entwurf genauso akzentuiert wie in größerem Maßstab als flächenhaft gepflanzte strukturelle Gruppe. Kräftige, verzweigte Stengel tragen im Sommer große, violette Distelblüten. Sonne (in heißen Gebieten mit etwas Schatten) und gut wasserdurchlässiger, fruchtbarer Boden. Nicht winterhart.
H: 1,80 m B: 0,90 m Z: 8[6-10, sofern gemulcht]

Crambe cordifolia

Cytisus
(Leguminosae) Besenginster
C. battandieri ist ein etwas empfindlicher, halbimmergrüner Strauch mit silbrigen, dreigeteilten Blättern und im Sommer mit Doldentrauben nach Ananas riechender Blüten. Nicht winterhart.
Großer Strauch. H: 5,00 m B: 2,40–4,00 m
Z: 8[8–10]
C. × praecox (Elfenbeinginster) ist laubabwerfend und winterhärter. Die Blütenzweige mit flachen, sproßartigen Blättern sind unscheinbar, aber im Frühsommer von einer Masse cremefarbener Blüten übersät. Volle Sonne und gut wasserdurchlässiger Boden.
Mittelgroßer Strauch. H und B: 1,50–1,80 m
Z: 7[7–9]

Dahlia
(Compositae) Dahlie, Mexiko
Dahlien-Hybriden bieten ein reiches Spektrum langandauernder Farben für den Spätsommer. Viele der extravaganten Arten wirken am besten flächendeckend (und sorgfältig gestützt) innerhalb von prunkvollen Beetkonzepten. Die folgend genannten haben aber ausreichenden Eigenwert, um in gemischten Pflanzungen ausdrucksvoll zur Geltung zu kommen. Die meisten Knollen sind empfindlich, können aber mit dicker Mulchschicht niedrige Temperaturen überleben.
D. 'Bishop of Llandaff' hat elegant gefiederte Blätter von metallisch bronzepurpurner Farbe, von denen sich das intensive Scharlachrot ihrer päonienartigen Blüten kräftig absetzt, und die mit ihrer Fülle zur Wirkung von Rabatten in leuchtenden oder schwermütigen Rottönen beitragen.
H: 120 cm B: 60 cm Z: 9[8–10, sofern gemulcht]
D. merckii (Mexiko) ist eine schlanke, elegante, nicht winterharte Art, die einfache, rosa bis lavendelfarbene Blüten trägt. Wird sie in einer dichten Gruppe gepflanzt, ist Stützen nicht erforderlich.
H: 1,80 m B: 0,90 m Z: 9[8–10]

Daphne
(Thymelaeaceae) Seidelbast
D. × burkwoodii 'Somerset' ist halbimmergrün mit im Frühsommer stark duftenden, rosa Blüten und gehört zu den rascher wachsenden Seidelbastarten. Sonne oder Halbschatten und gut wasserdurchlässiger Standort.
Kleiner Strauch. H und B: 90–120 cm Z: 6[6–9]

Darmera
(Saxifragaceae)
D. peltata (syn. *Peltiphyllum peltatum*; Schildblatt aus Kalifornien und Oregon) trägt im Frühling runde Blütenköpfe mit sternförmigen, rosaweißen Blüten auf hohen Stielen. Sonne oder Schatten, liebt aber feuchten Boden: gut für ein Moorbeet oder am Ufer zusammen mit Primeln.
H: 60–120 cm B: 60–90 cm Z: 5[5–9]

Dahlia merckii

Datura
(Solanaceae) Stechapfel
D. innoxia (früher *D. meteloides*; Texas) ist eine exotisch wirkende, strauchige Staude mit behaarten, grünlichen Blättern, die im Sommer 5 cm lange, duftende, cremeweiße, trompetenförmige Blüten bildet. Liebt die heiße Sonne. Gewöhnlich als einjährige Rabattenpflanze in gutem Boden verwendet; auch gut für Pflanzgefäße geeignet.
H: 90 cm B: 75 cm einjährig

Delphinium
(Ranunculaceae) Rittersporn
Die hohen Ähren der großblütigen Hybriden sind klassischer Bestandteil in traditionellen Staudenbeeten. Sonne und reichlich gedüngter, gut wasserdurchlässiger Boden.
D. × Belladonna-Hybriden sind kompakte, ausdauernde Pflanzen, die ab dem Hochsommer anmutig lockere Blütenähren bilden. Die verzweigten Sprosse brauchen kaum Unterstützung.
Die Blüten sind weiß und blau, von den hellsten Tönen bis Marineblau. *D. b.* 'Lamartine' ist eine tiefviolette Form.
H: 90–135 cm B: 60 cm Z: 3[3–10]
D.-Hybriden sind Stauden mit stattlich aufragenden Ähren, die im Sommer überreich mit Blüten in allen Schattierungen von Blau, dazu Weiß, Rosa, getöntes Lavendelblau, Malve und Violett, einige mit kontrastierenden Malen, bedeckt sind. Die Auswahl sollte bewährte Farbvariationen berücksichtigen. Die Stengel müssen im Frühsommer einzeln gestützt werden.
H. 0,90–2,40 m B: 0,60–0,90 m Z: 3[3–10]

Dierama pulcherrimum

Deutzia
(Hydrangeaceae) Deutzie
D. × rosea ist ein Strauch mit zierlich überhängenden Zweigen, die im Sommer Büschel von großen, glockenförmigen, rosa Blüten tragen. Sonne und gut wasserdurchlässiger Boden mit reichlich feuchtespeicherndem Kompost zur Anregung der Blüte.
Kleiner Strauch. H und B: 90 cm Z: 5[5–8]

Dianthus
(Caryophyllaceae) Nelke
Nelken wachsen zu ausgebreiteten Tuffs graugrüner, spitzer, grasartiger Blätter heran, die oft immergrün sind. Im Sommer erscheinen duftende, einfache oder gefüllte Blüten in Schattierungen von Rosa und Weiß, oft gefleckt oder in dunkleren Tönen zoniert. Moderne Hybriden blühen im Spätsommer häufig noch einmal. Volle Sonne oder Halbschatten und sandiger, gut wasserdurchlässiger Boden.
H: 25–38 cm B: 30 cm Z: 4[4–10]
D. barbatus (Bartnelke; Osteuropa, Asien) ist eine Staude der Bauerngärten, wird aber häufig als Zweijährige gepflanzt.
Dichte, abgeflachte Blütenstände zeigen ein Farbspektrum von Weiß über Rosa, Karmin- und Scharlach- bis Purpurrot und sind oft zweifarbig zoniert. Im Handel können häufig Farbmischungen erhältlich sein; flächendeckend in einem Beet oder als Rabattenvordergrund gepflanzt, entsteht ein Mosaik aus harmonischen Farben. Manchmal sind auch sortierte Farben erhältlich. *D. b.* 'Niger' hat düsteres, purpurn getöntes Laub und dunkelrote, fast schwarze Blüten. Sonne und nährstoffreicher,

gut wasserdurchlässiger, basischer Boden. Freilandaussaaten können im Sommer an den endgültigen Standort umgepflanzt werden.
H und B: 30-60 cm Z: 6[6-10]

Diascia
(Scrophulariaceae) Südafrika
D. vigilis (syn. *D. elegans)* bildet lockere, ausdauernde Tuffs aus aufrechten und ausgebreiteten blattbedeckten Zweigen, deren Spitzen im Sommer von Blütentrauben mit hellrosa-lippigen Blüten gekrönt werden. Eine attraktive Beet- oder Topfpflanze für gemäßigte Regionen: Überwinterung mit Stecklingen. Sonne oder Halbschatten und nährstoffreicher, gut wasserdurchlässiger, aber feuchtespeichernder Boden. Nicht winterhart.
H: 30-45 cm B: 45 cm Z: 8-9[8-10]

Dicentra
(Papaveraceae)
D. formosa (Nordamerika) besitzt hübsche, spitzenartige, graugrüne Blätter. Die im Frühsommer herabhängenden, herzförmigen Blüten sind rosa-malvenfarbig. Flache Polster aus Laub sind ein guter, ausdauernder Bodendecker im Halbschatten von Strauchrosen in den gleichen klassischen „Rosen"tönen. *D. f.* 'Stuart Boothman' bringt eine raffinierte Kombination aus rosa Blüten und rauchiggrauem Laub hervor.
H und B: 30-45 cm Z: 3[3-10]

Dictamnus
(Rutaceae) Diptam, Südeuropa, Asien
D. albus (Weißer Diptam) ist eine hübsche, langlebige Pflanze mit aromatischen Blättern. Rosa Blüten mit langen Staubgefäßen, die im Frühsommer während einer kurzen Periode an aufrechten Ähren gebildet werden, sondern ein flüchtiges Öl ab. Ihnen folgen attraktive, sternförmige Früchte. Sonne oder Halbschatten. *D. a.* 'Purpureus' hat malvenfarbene Blüten mit dunklerer Äderung.
H: 60-90 cm B: 75 cm Z: 3[3-10]

Dierama
(Iridaceae) Trichterschwertel, Südafrika
D. pulcherrimum hat einen Wurzelstock, der Tuffs grasartiger immergrüner Blätter hervorbringt, aus denen im Sommer lang überhängende „Ruten" aus Blüten erwachsen - silberne Kelche öffnen sich in hängende Glockenblüten von hell- bis tiefrosaroter Farbe. Gut wasserdurchlässiger Boden, vorzugsweise in der Sonne, obwohl die Pflanzen Halbschatten ertragen. Selbstaussaat in unerwarteten Ecken. Nicht winterhart.
H: 180 cm B: 30-60 cm Z: 9[8-10]

Digitalis
(Scrophulariaceae) Fingerhut
Hohe Ähren mit fingerhutförmigen Blüten geben im Frühsommer einer lockeren Pflanzung eine entzückende vertikale Betonung. Halbschatten oder Sonne, doch nicht zu heiß, und normaler, humusreicher Boden.
D. ferruginea (Rostblütiger Fingerhut; Südeuropa, Zentralasien) ist zwar eine Staude, sollte aber besser wie eine zweijährige Pflanze behandelt werden. Hohe Stengel mit edlen, kleinen, kupfriggelben Blütentrompeten, deren Adern rostig gefärbt sind.
H: 90-120 cm B: 30-45 cm Z: 4[4-10]
D. grandiflora (Großblütiger Fingerhut; Europa, Kaukasus, Sibirien) ist eine eher untersetzte, ausdauernde Tuffs bildende, immergrüne Pflanze. Sie hat große, cremegelbe Blüten und etwas glänzende Blätter.
H: 60-90 cm B: 30 cm Z: 4[4-10]
D. lutea (Gelber Fingerhut; Südwesteuropa, Nordwestafrika) ist eine zierliche Staude mit sich verjüngenden, schmalen Ähren aus schlanken, hellgelben Röhrenblüten. Sät sich ungehemmt selbst aus.
H: 60-90 cm B: 30 cm Z: 4[4-10]
D. purpurea 'Alba' (Westeuropa) ist die herrliche weiße Form des ein- oder zweijährigen Roten Fingerhutes. Sie sollte in Waldbeeten und „wilden" Flächen verwildern dürfen. Keimlinge mit rötlichen Blattstielen müssen ausgejätet werden, da sie rosa Blüten hervorbringen.
H: 90-150 cm B: 45-60 cm Z: 3[3-10]

Dictamnus albus und D. a. 'Purpureus'

Eryngium giganteum

Dodecatheon
(Primulaceae) Götterblume, Nordamerika
D. meadia ist eine Staude mit einer Rosette aus langen, weichen, an der Basis rötlichen Blättern, die nach der Blüte absterben. Im Frühsommer tragen kräftige 60 cm hohe Stengel lockere Dolden mit nickenden, alpenveilchenähnlichen Blüten mit zurückgebogenen Kronblättern, deren Farben von hellstem Rosaweiß bis Purpurrosa reichen. Schatten oder Halbschatten und feuchter, humusreicher Boden.
H: 30–45 cm B: 30 cm Z: 4[4–9]

Eccremocarpus
(Bignoniaceae) Schönranke, Chile
E. scaber ist eine nicht winterharte Kletterpflanze, die sich gelegentlich aussät und in kühleren Regionen als Einjährige an einer warmen Mauer oder unter dem Schutz von Sträuchern wachsen kann. Sie hat attraktiv gefiederte Blätter und Blütentrauben aus orangescharlachroten Röhrenblüten, die ab dem Hochsommer gebildet werden. Karmesinrote, gelbe und orangefarbene Formen sind erhältlich und lassen sich in der Regel auch sortenrein wieder aussäen. Die Feuerfarben eignen sich wunderbar für „heiße“ Konzepte, indem sie das Laub dunkelgrüner Nachbarn wie mit Lampen erhellen.
Kletterpflanze. H: 2,40–3,00 m Z: 9[9–10] einjährig

Echinops
(Compositae) Kugeldistel
Beeindruckende Staude mit geteilten, distelartigen Blättern und im Spätsommer mit runden Blütenköpfen auf drahtigen Stengeln. Sonne und normale Gartenerde.
E. sphaerocephalus 'Niveus' ist eine großartige, elegante Blattpflanze mit graustacheligen Blättern und weißen Blüten.
H: 180 cm B: 60 cm Z: 3[3–10]
E. ritro (Osteuropa, Westasien) ist gedrungen mit zackigen, unterseits grauen, grünen Blättern und grauen Stengeln, die tief stahlblaue, kugelige Blütenköpfe tragen.
H: 60–120 cm B: 60 cm Z: 3[3–10]

Epilobium
(Onagraceae) Weidenröschen
E. angustifolium 'Album' (Nordhalbkugel), eine weiße Form des sehr wüchsigen Schmalblättrigen Feuerkrauts, „benimmt“ sich im Garten einigermaßen, daher ist sie ausgezeichnet als Staude für Sonne oder Schatten geeignet. Hohe Spitzen himmlisch weißer Blüten über Stengeln mit schmalen grünen Blättern schaffen im Sommer eine geisterhafte Atmosphäre. Samenkapseln öffnen sich und geben glitzernde Samen frei, die fedrigen Haaren gleichen. Als anspruchslose Pflanzen gedeihen sie sowohl auf steinigen als auch auf nährstoffarmen Böden. Bildet viele Ausläufer.
H: 90–150 cm B: 60 cm Z: 3[3–9]

Epilobium canum ssp. *latifolium* siehe unter *Zauschneria californica* ssp. *latifolia*

Epimedium
(Berberidaceae) Elfenblume
Haben sie sich einmal etabliert, sind diese Stauden attraktive, unkrautunterdrückende Bodendecker in Sonne oder Schatten. Sie ziehen einen kühlen Standort vor und ertragen die Wurzelkonkurrenz unter Sträuchern. Grob herzförmige, geäderte Blätter in Rosa- und Bronzetönen im Winter. Bei einigen Arten werden die Blütenzweige im Frühling fast von den Blättern verdeckt.
E. grandiflorum 'Rose Queen' trägt über ihren Blättern lockere Ähren tiefrosa, weiß-gespornter Blüten.
H: 23–30 cm B: 30 cm Z: 5[5–9]
E. pinnatum ssp. *colchicum* (Kaukasus, Iran) ist fast immergrün und hat intensiv gelbe Blüten.
H: 23–30 cm B: 30 cm Z: 5[5–9]

Eranthis
(Ranunculaceae)
E. hyemalis (Winterling, Europa) ist eine Zwiebelpflanze mit einem Ring intensiv grüner, blattähnlicher Brakteen um die einzelnen butterblumenähnlichen Blüten, die bereits im Februar aufblühen. Flächendeckend wachsend bilden sie unter laubabwerfenden Sträuchern und Bäumen einen glühenden, goldgrünen Teppich. Die tief eingeschnittenen Blätter können zusammen mit dem Gras im Frühjahr gemäht werden.
H und B: 7,5–10 cm Z: 5[5–9]

Eremurus
(Liliaceae) Steppenkerze
E. robustus (Turkestan) hat unglaublich hohe Blütenähren mit pfirsichrosa Blüten, die sich im Sommer aus ausdauernden Büscheln lockerer, bandförmiger Blätter erheben. Gut an sonnigen Plätzen und in nährstoffreichem, gut wasserdurchlässigem Boden im Hintergrund von Rabatten, wo buschförmige Nachbarn den Platz der nach der Blüte unordentlich absterbenden Blätter einnehmen können. Empfindlich.
H: 1,80–2,70 m B: 0,90 m Z: 6[6–9]
E.-Shelford-Hybriden sind gedrungenere, ausdauernde Pflanzen mit grasartigen Blättern und sommerlichen Blüten, deren Farben vom hellsten Rosa und Gelb bis zu kräftigem Kupferorange reichen. Empfindlich.
H: 180 cm B: 75 cm Z: 6[6–9]

Erigeron
(Compositae) Berufkraut
E. karvinskianus (Zentralamerika) ist eine wuchernde, etwas strauchige Staude mit drahtigen Stengeln, die eine Unmenge weißer, später rosa-überlaufener Blütenköpfchen tragen. In warmem Klima blüht sie von Frühling bis in den Herbst, wobei sie gut wasserdurchlässige Flecken wie Trockenmauern und Pflaster besiedelt. Nicht winterhart.
H: 15–45 cm B: 60 cm Z: 9[9–10]

Eryngium
(Umbelliferae) Edeldistel
Hübsche Pflanze in verschiedenen Arten mit stahlblauen, silbrig oder weiß marmorierten Blättern auf aufrechten Stengeln. Blütenstände sind kugelig oder zylindrisch. Die Pflanzen sind insgesamt anspruchslos und unempfindlich.
E. giganteum (Elfenbeindistel; Kaukasus, Iran) ist zweijährig. Die Pflanze sollte in der Sonne wachsen, damit die im Frühjahr grünen Blätter ihr fast durchscheinendes Grau annehmen, ein wunderschöner Hintergrund für die hellblaugrauen Distelköpfe im Hochsommer. Gut wasserdurchlässiger Boden. Zweijährig; sät sich an geeigneten Stellen aus.
H: 90-120 cm B: 60 cm Z: 8[8-10]
E. × zabelii 'Violetta' ist gedrungener und ausdauernd. Die großen, im Sommer erscheinenden Blütenstände mit Kränzen aus eleganten Brakteen (Hochblätter) sind blauviolett.
H: 60 cm B: 45 cm Z: 5[5-10]

Erysimum
(Cruciferae) Schöterich
E. 'Bowles Mauve' (auch als *E. linifolium* 'E. A. Bowles' und *Cheiranthus* 'Bowles Mauve' geführt) ist ein kurzlebiges, ausdauerndes Holzgewächs. Klare, hellmagentarote Ähren mit goldlackähnlichen Blüten ragen im Frühsommer für viele Wochen aus buschigen Tuffs graugrüner Blätter heraus. Im Frühling gezogene Stecklinge können im Spätsommer ausgepflanzt werden. Sonne, verträgt keine hohe Luftfeuchtigkeit. Nicht winterhart.
H: 60 cm B: 45 cm Z: 8[8-10]

Erythronium
(Liliaceae) Hundszahn
Gedeiht in nährstoffreicher Walderde. Um Bäume und Sträucher angeordnete Tuffs dieser kleinen, winterharten Zwiebelblumen gehören zu den angenehmsten frühsommerlichen Blütenpflanzen. *E. grandiflorum* und *E.* 'Pagoda' breiten sich beide langsam aus.
E. grandiflorum hat einfache, grüne Blätter und intensiv gelbe Blüten.
H: 30-45 cm B: 15 cm Z: 4[4-9]
E. 'Pagoda' hat leuchtend gelbe Blüten mit zurückgeschlagenen, türkenbundähnlichen Kronblättern über marmorierten Blättern.
H: 30-45 cm B: 15 cm Z: 4[4-9]

Escallonia
(Escalloniaceae) Südamerika
Diese immergrünen, sommerblütigen Sträucher mit glänzenden Blättern bilden in geschützten, sonnigen Gärten gemäßigter Gebiete attraktive Hekken, Solitäre und Mauerpflanzen. Je nach Gartenanlage sollten Sie die geeignete Größe, Wuchsform und Blütenfarbe wählen.
E. 'Apple Blossom' ist eine der kompakteren Formen mit rosaweißen Blüten. Wegen ihrer regelmäßigen Form eignet sie sich gut als ruhender Pol in Rabatten. Nicht winterhart.
Mittelgroßer Strauch. H und B: 1,50 m Z: 8[8-10]
E. 'Donard Seedling' ist eine Trauerform, die sich gut als attraktiv herabfließende Hecke eignet. Die dunkelgrünen Blätter erscheinen im Sommer durch rosaweiße Blüten etwas weicher. Nicht winterhart.
Mittelgroßer Strauch. H: 1,80-2,40 m
B: 1,50-1,80 m Z: 8[8-10]
E. 'Iveyi' hat eine regelmäßige Pyramidenform, die sie vor einer besonnten Mauer wie eine solide Stütze erscheinen läßt. Aufrechte Rispen mit weißen Blüten bedecken den Strauch im Spätsommer. Nicht winterhart.
Großer Strauch. H: 3,00 m B: 1,80-2,40 m
Z: 8[8-10]

Digitalis ferruginea

Eucomis bicolor

Eschscholzia
(Papaveraceae) Goldmohn
E. californica (Schlafmützchen) wird gewöhnlich wie eine Einjährige behandelt, obwohl sie in wärmerem Klima eine ausdauernde, wenn auch kurzlebige Art ist. Orangefarbige Mohnblüten erscheinen in langer Folge über den blaugrünen, farnartigen Blättern ab dem Frühsommer, wenn Verblühtes regelmäßig entfernt wird. Die Farben der Sorten reichen von Creme- über Gelb- und Orange- bis zu Rosa- und Rottönen. Am besten bepflanzen Sie ein ganzes Beet mit einer intensiven Farbmischung, indem Sie den Samen an einem sonnigen Platz direkt ins Freiland streuen.
H: 20-45 cm B: 30 cm Z: 9[9-10] oder einjährig

Eucomis
(Liliaceae) Schopflilie, Südafrika
Aus großen Zwiebeln treibt im Frühling eine Rosette schlaffer, fleischiger Blätter und Blütenähren als spätsommerlicher Blickfang. Jeder der ananasartigen Blütenstände aus sternförmigen Blüten wird von einem Büschel blattartiger Brakteen (Hochblätter) gekrönt. Sonniger Platz in einem Pflanzgefäß; geschützte Überwinterung der unten genannten Arten, da nicht winterhart, z. B. in einem Gewächshaus erforderlich.
E. bicolor hat hellgrüne Blüten mit purpurnem Rand und kastanienbraun gesprenkelte Stengel.
H: 45 cm B: 30 cm Z: 9[8-10]
E. comosa ist zierlich und farbenfroher, die cremefarbenen Blüten haben eine auffällig violette Mitte.
H: 75 cm B: 30 cm Z: 9[8-10]

Eucryphia
(Eucryphiaceae) Australasien, Südamerika
Diese großen Sträucher haben glänzende Blätter und cremeweiße, tellerförmige Blüten, die gelbe Staubgefäße im Zentrum präsentieren. Die meisten lieben sauren Boden.
E. × intermedia 'Rostrevor' ist ein schnell wüchsiges, immergrünes Gehölz mit aufrechter Wuchsform. Es blüht im Spätsommer und sollte hinter Kirengeshoma und Krötenlilien gepflanzt werden. Relativ kalkverträglich. Nicht winterhart.
Großer Strauch. H: 3,00 m B: 1,80–2,40 m
Z: 9[9–10]

Eupatorium
(Compositae) Wasserdost
E. coelestinum (südliche Vereinigte Staaten, Karibik) ist eine Staudenform des einjährigen Leberbalsams mit Büscheln kräftig blauer Blüten ab dem Spätsommer. Gedeiht in heißer Sonne, wenn der Boden genügend naß ist.
H: 30–90 cm B: 30–45 cm Z: 6[6–10]
E. ligustrinum (Mexiko) ist ein immergrüner Strauch, der an einer warmen Mauer aufwärts wächst oder freistehend einen rundlichen Busch bildet. Er ist allerdings nicht winterhart. Seine elliptischen, etwas gesägten, glänzenden Blätter sind das ganze Jahr über attraktiv. Im Spätsommer gleichen seine Wolken kleiner, rosaweißen Blüten dem Schleierkraut.
Mittelgroßer Strauch. H und B: 1,20–2,40 m
Z: 9[9–10]
E. maculatum 'Atropurpureum' (Nordamerika) ist eine gruppenbildende Staude. Wirtel aus zugespitzten, purpurn geäderten Blättern geben dem Hintergrund einer Rabatte den gesamten Sommer über ein kennzeichnendes Gepräge. Sonne oder Halbschatten und nährstoffreicher, feuchter Boden.
H: 1,20–1,80 m B: 0,90–1,20 m Z: 3[3–10]

Euphorbia
(Euphorbiaceae) Wolfsmilch
Vertreter dieser vielfältigen Gattung mit attraktivem Laub und bemerkenswerten, kronblattähnlichen Brakteen (Hochblätter) spielen wichtige Rollen im Blumengarten.
E. amygdaloides 'Robbiae' (Kleinasien) ist eine Ausläufer bildende Staude, die auf armen Böden oder im Wald einen guten Bodendecker abgibt. Sie bildet dunkelgrüne Rosetten aus ledrigen Blättern. Die Pflanze gedeiht und breitet sich im Schatten aus, doch die im Frühling lange beständigen, hellgelben Brakteen sehen am schönsten in voller Sonne aus. Purpurblättrige Formen in leicht beschatteten Beeten sehen zwischen Hundszahn gut aus.
H: 30–60 cm B: 30–45 cm Z: 5[5–8]
E. characias und *E. c.* ssp. *wulfenii* (Mittelmeerraum; beide nicht winterhart) sind ähnlich, sie bilden runde Tuffs aus aufrechten Stengeln mit linealischen, fleischigen blaugrünen Blättern. Das immergrüne Laub ist von architektonischer Wirkung und bleibt das ganze Jahr über hübsch. Bereits Monate vor der Blüte im Frühsommer krümmen sich die Blütenähren attraktiv über das Laub. *E. characias* hat Brakteen mit schwarzen Augenflecken; die von *E. c. wulfenii* und ihrer zahllosen Sorten sind reingrünlichgelb mit einem gelben Zentrum. Verblühtes sollte entfernt werden, wenn die Blütenstände unansehnlich werden, doch vermeiden Sie den Kontakt mit dem Milchsaft. Sonne oder Halbschatten und gut wasserdurchlässiger Standort.
Kleiner Strauch. H: 90–150 cm B: 90 cm
Z: 8[8–10]
E. cyparissias (Zypressen-Wolfsmilch, Europa) ist eine Staude mit zierlichen, hellgrünen Blättern, und im Frühsommer limonengelben Blüten. Sie breitet sich mit unterirdischen Ausläufern aus und unterdrückt Unkraut als Bodendecker in Sonne oder Halbschatten. Obwohl wuchernd, würgt sie keine anderen Pflanzen ab und kann daher unter Strauchrosen gepflanzt werden.
H: 30 cm B: 30–45 cm Z: 3[3–9]
E. griffithii 'Fireglow' bildet im Frühsommer lebenssprühende, tomatenrote Brakteen. Die roten und orangefarbenen Töne des gut aussehenden Laubes bereichern „heiße" Farbkonzepte den ganzen Sommer über. Da die Pflanzen Schatten und Feuchtigkeit besser ertragen als *E. cyparissias*, breiten sie sich zu ausdauernden Gruppen aus, aber nicht unerträglich wuchernd. Braucht in den ersten Jahren nach Pflanzung Winterschutz.
H: 90 cm B: 60 cm Z: 5[5–9]
E. myrsinites (Südeuropa, Kleinasien) ist eine immergrüne Staude mit kriechenden Trieben, gekleidet in eisgraue Blätter. Im Frühling trägt sie gelbe Brakteen. Da sie Sonne und gute Drainage benötigt, kann sie sich in Steingärten oder über niedrige Mauern ausbreiten.
H: 15 cm B: 30–38 cm Z: 5[5–10]

Euryops
(Compositae) Afrika
E. acraeus (früher *E. evnasii*) ist ein immergrüner Strauch mit aufrechten, steifen Zweigen und linealischen Blättern von intensiv silbrig-grauer Farbe. Sie sollten im Spätsommer Stecklinge abschneiden. Gute Füllpflanze für den Vordergrund einer sonnigen, gut wasserdurchlässigen Rabatte. Nicht winterhart.
Kleiner Strauch. H: 45–60 cm B: 45 cm Z: 9[9–10]

Exochorda
(Rosaceae) Asien
E. × racemosa ist ein gedrungener, laubabwerfender Strauch, gut als Solitärstrauch für den Rasenplatz oder gemischte Rabatten geeignet. Seine anmutig geneigten Zweige sind im Frühsommer mit Massen eleganter, weißer Blüten übersät. Sonne oder Halbschatten.
Kleiner Strauch. H: 3,00 m B: 1,20–1,80 m
Z: 5[5–9]

Exochorda × racemosa 'The Bride'

Felicia
(Compositae) Südafrika
F. amelloides (Kapaster) ist eine einjährige Sommerblume mit aufrechter Wuchsform und hellblauen Köpfchenblüten im Sommer. Für eine dauerhafte Blüte muß Verblühtes entfernt werden. Sowohl für ein Pflanzgefäß als auch für eine sonnige Rabatte geeignet.
H: 45 cm B: 30 cm Z: 9[9–10] einjährig

Ferula
(Umbelliferae) Steckenkraut, Südeuropa
F. communis (Riesenfenchel) ist eine Sommerblume, die zu einem Busch fein zerteilter Blätter heranwächst, dessen sanft schimmernde Struktur einen vortrefflichen Hintergrund für deutlichere Blüten- und Blattformen in der Umgebung abgibt. Wenn sie sich gut etabliert hat, heben im Sommer große, kräftige Stengel breite Dolden mit grünlichgelben, kerbelartigen Blüten 2,40 m hoch empor. Sonne und gut wasserdurchlässiger Boden.
H: 60 cm B: 90 cm Z: 7[7–10]

Festuca
(Gramineae) Schwingel
F. glauca (Blauschwingel, Mittel- und Südwesteuropa) ist ein horstbildendes, ausdauerndes Gras mit feinen, graublauen Blättern und gedrungener Wuchsform. Strohfarbene Blüten im Sommer und abgestorbene Blätter dämpfen das etwas leuchtende Blau. Gut als Randbepflanzung und in Gruppen im Rabattenvordergrund. Sonne und gut wasserdurchlässiger Boden.
H: 30 cm B: 45 cm Z: 4[4–8]

Filipendula
(Rosaceae) Mädesüß
F. purpurea (Japan) bildet hübsche Gruppen mit geteilten Blättern, aus denen sich gegen Ende des Sommers abgeflachte Blütenstände mit winzigen, tiefrosa Blüten erheben. Am besten im Halbschatten, verträgt aber auch Sonne, sofern der Boden tiefgründig und feucht ist. Gute Staude für den Hintergrund von Rabatten oder am Ufer.
H: 90–120 cm B: 60 cm Z: 5[5–8]

Foeniculum
(Umbelliferae) Fenchel, Europa
Die jungen fedrigen Blätter von *F. vulgare purpureum* (Kupferfenchel) sind mit einem Mahagoniton überhaucht. Später in der Vegetationsperiode nehmen sie einen weichen Bronzeton an. Das rauchige Flair des Laubes lockert die Wirkung einer kompakteren Blattmasse auf. Flache Dolden mit winzigen, gelben Blüten erscheinen im Spätsommer auf den hohen Stengeln dieser kurzlebigen Staude: Sie sollten entfernt werden, sonst keimen massenhaft Samen aus. Sonne und armer oder normaler, gut wasserdurchlässiger Boden. Nicht winterhart.
H: 0,90–1,80 m B: 0,60 m Z: 8[8–10]

Francoa
(Saxifragaceae) Chile
F. sonchifolia bildet ein ausdauerndes Polster behaarter, tief gelappter Blätter; zierliche Ruten mit kleinen, tiefrosa Blüten bilden einen langandauernden sommerlichen „Blütenkranz". Die Früchte bleiben für viele Wochen attraktiv. In warmen Gegenden guter immergrüner Bodendecker; in kälteren Regionen kann die Pflanze in Töpfen gezogen und unter Glas überwintert werden. Nicht winterhart.
H: 60–90 cm B: 45–60 cm Z: 8[8–10]

Fritillaria
(Liliaceae)
F. imperialis (Kaiserkrone, Iran) ist eine majestätische Pflanze, die seit dem 16. Jahrhundert in Gärten bekannt ist. Der kräftige Stengel wird von einer Krause intensiv grüner, glänzender Blätter eingehüllt.
Im Frühling trägt die Stengelspitze ein herabhängendes Bündel großer, glockenförmiger Blüten unter einem Büschel blattartiger Brakteen (Hochblätter): Zur Ergänzung benachbarter Farben sollten Blüten in reinem Gelb, verbranntem Orange oder Rot gewählt werden.
In fruchtbarem, gut wasserdurchlässigem Boden nehmen die Zwiebeln langsam an Größe zu, vor allem dort, wo sie im Sommer von der Sonne „verbrannt" werden. Gut geeignet für eine Frühlingsrabatte.
H: 90–120 cm B: 30 cm Z: 5[5–10]
F. meleagris (Schachbrettblume, Nordeuropa) bildet glockenförmige Blüten, die einzeln oder paarweise von grasartigen Stengeln herabhängen. Die Blüten sind schachbrettartig gezeichnet - weiß, schwach gemustert mit Grün, oder hellen und intensiven Tönungen von Purpurrosa. Heimisch in feuchten Wiesen, verwildert diese Zwiebelpflanze wunderschön im Gras, gedeiht aber auch in trockenen Rabatten.
H: 30 cm B: 10–15 cm Z: 5[5–9]
F. persica 'Adiyaman' aus dem Vorderen Orient ähnelt der Kaiserkrone in Wuchsform und Ansprüchen. Die Blütentrauben bestehen aus hängenden, schlanken, konischen Blüten in Schattierungen von bemerkenswert düsterem, schwärzlichem Purpur.
H: 100 cm B: 30 cm Z: 5[5–9]

Fuchsia
(Onagraceae) Fuchsie
In unseren Breiten bedingt winterharte Fuchsien sind nützliche Rabattenpflanzen. Sie sollten aus der Unzahl von Hybriden und Sorten jene auswählen, die den klimatischen Bedingungen und Farbkonzepten entsprechen.
Möglich ist auch, besondere Lieblinge als Einjährige in Töpfen zu ziehen und jeden Herbst Stecklinge zu schneiden.
F. magellanica 'Alba' ist ein laubabwerfender

Fritillaria persica

Strauch mit hellrosa Blüten in Sommer und Herbst.
Großer Strauch. H: 3,00–1,00 m B: 1,00 m
Z: 7[7–10]
F. 'Thalia' ist eine laubabwerfende Sorte, die gut in rote Beetkonzepte paßt: Ihre dunkelgrünen Blätter sind unterseits rot schattiert und die Büschel zierlicher, trompetenförmiger Blüten sind im Sommer von weichem Orangescharlachrot. Nicht winterhart.
Kleiner Strauch. H: 90 cm B: 60 cm Z: 9[9–10]

Galanthus
(Amaryllidaceae) Schneeglöckchen
Die Zwiebelpflanzen können in verschiedenen Gartentypen verwendet werden; auch für Waldbeete geeignet. Die Pflanzen neigen zum Verwildern und sind relativ unempfindlich.
G. elwesii (Riesenschneeglöckchen, Kleinasien) blüht etwas früher als *G. nivalis*.
H: 10–30 cm B: 5–7,5 cm Z: 5[5–9]
G. nivalis (Europäisches Schneeglöckchen) ist als Teppiche bildende Zwiebelpflanze für den Vorfrühling unverzichtbar. Die hängenden, weißen Blüten und graugrünen Blätter mögen das Licht und die Luft unter blattlosen Sträuchern, genießen aber gleichermaßen den sommerlichen Schatten. Weit verbreitet.
H: 7,5–20 cm B: 7,5–15 cm Z: 2[2–9]

Galega × hartlandii

Gentiana asclepiadea

Galega
(Leguminosae) Geißraute
G. officinalis (Südeuropa, Kleinasien) ist eine alte Bauerngartenstaude mit hohen, buschigen Gruppen hellgrüner, gefiederter Blätter. Die im Sommer erscheinenden Schmetterlingsblüten sind weiß oder in hellen, ausgewaschenen Blautönen, doch gibt es gute Gartenformen wie *G. × hartlandii* in wärmeren Tönen von Lila, Lavendel oder Rosamalve. Gut zum Ausfüllen von Lücken in sonnigen oder halbschattigen Rabatten.
H: 90–150 cm B: 75–90 cm Z: 4[4–9]
G. orientalis (Kaukasus) ist ähnlich, doch sind die aufgerichteten Blütenähren von violett-überlaufenem Blau und bleiben im Spätfrühling für viele Wochen erhalten. Breitet sich überhandnehmend aus, ist aber gut zu verwenden.
H: 90–120 cm B: 60 cm Z: 5[5–9]

Galium
(Rubiaceae) Labkraut
G. odoratum (Waldmeister, Europa, Sibirien) kann andere Pflanzen überwuchern, doch die Quirle aus schmalen, grünen Blättern sind an schattigen Standorten attraktive, ausdauernde Bodendecker. Büschel weißer, sternförmiger Blüten erscheinen im Frühsommer.
H: 15–25 cm B: 30 cm Z: 3[3–9]

Galtonia
(Liliaceae) Südafrika
G. candicans (Riesenhyazinthe) ist eine nützliche, spät im Sommer blühende Zwiebelpflanze. Sie hat aufrechte Stengel, die elegante, lockere Spitzen mit glockenförmigen, duftenden, weißen Blüten tragen, die grün schattiert oder markiert sein können. Die langen, schlaffen Blätter sind grau getönt. Zusammen mit früher blühenden Pflanzen in eine Rabatte setzen. Sonne und nährstoffreicher, gut wasserdurchlässiger Boden. Sofern die Drainage nicht wirklich ausgezeichnet ist, sollte die Pflanze in jedem Klima als einjährig behandelt werden, d. h., die Zwiebel sollte im Herbst herausgenommen und frostfrei überwintert werden. Nicht winterhart.
H: 120 cm B: 30 cm Z: 8[7–10]

Gaura
(Onagraceae) Prachtkerze, Südosten der Vereinigten Staaten
G. lindheimeri ist eine Staude, die einen offenen Busch mit weidenähnlicher Belaubung bildet. Drahtige Stengel tragen hohe Ähren, die von Sommer bis Herbst elegant mit kleinen, zart rosa Blüten besetzt sind. Für die Konkurrenz in Rabatten nicht wüchsig genug, doch lohnt es sich, einen besonderen Platz für die Pflanzen zu suchen: als Tuff ein spätsommerlicher Blickfang. Sonne und gut wasserdurchlässiger Boden.
H: 90–120 cm B: 60–90 cm Z: 7[7–10]

Gazania
(Compositae) Gazanie, Südafrika
Gazanien bilden gedrungene, graublättrige Tuffs mit Blütenköpfchen, die vorwiegend orangefarben und im Zentrum braun abgesetzt sind. Bewährte Hybriden sind in einem breiten Spektrum von Gelb, Braun, Rosa und warmem Rot erhältlich, oft lebendig farblich abgesetzt. Da sie ab dem Sommer blühen, eignen sie sich gut als farblich sortierte Gruppe im Vordergrund einer Rabatte. Nicht winterhart; Pflanzen in Form von Stecklingen überwintern.
H: 15–30 cm B: 30 cm Z: 9[9–10] oder einjährig

Genista
(Leguminosae) Ginster
G. aetnensis (Sardinien, Sizilien) ist ein fast blattloser Strauch, im Hochsommer mit einer Wolke goldgelber Blüten auf bogig überhängenden, binsenartigen Zweigen, die ihr anmutiges Aussehen auch für den Rest des Jahres behalten. Sollte in der Nähe „soliderer“ buschartiger Sträucher stehen und mit niedrigen, blühenden Pflanzen unterpflanzt

werden. Sonne und normaler oder armer, gut wasserdurchlässiger Boden. Nicht winterhart.
Großer Strauch. H: 5,00-6,00 m B: 5,00-5,50 m Z: 8[8-10]

Gentiana
(Gentianaceae) Enzian
G. acaulis (Stengelloser Enzian, Europa) ist eine niederliegende immergrüne Staude mit prächtigen, trompetenförmigen Blüten, die sich im Frühsommer aus einer Matte glänzender Blätter erheben. Die Blüte ist nicht sicher vorhersagbar. Sonniger, offener Standort und feuchter, humusreicher Boden.
H: 7,5 cm B: 45 cm Z: 5[5-9]
G. asclepiadea (Schwalbenwurzenzian, Europa) ist eine zierliche Staude für schattige Rabatten. Überhängende, beblätterte Stengel tragen im Spätsommer Blütenbüschel in verschiedenen Schattierungen von Blau.
Tiefgründiger feuchter, humusreicher und vorzugsweise (aber nicht notwendig) saurer Boden. Wertvoll für Sonne und Schatten, doch sollten die Nachbarn nicht zu wüchsig sein.
H: 90 cm B: 60 cm Z: 5[5-9]
G. sino-ornata (Westchina, Tibet) ist eine herbstblütige und säureliebende, niederliegende immergrüne Staude. Über einem Blatteppich erheben sich strahlend blaue Blüten mit tiefblauen und grünen Streifen.
H: 15 cm B: 30-38 cm Z: 5[5-9]

Geranium
(Geraniaceae) Storchschnabel
Die meisten der winterharten Storchschnabelarten blühen zum Glück sehr früh. Nach der Blüte sollten Stengel und Blätter zurückgeschnitten werden, damit für den Rest der Vegetationsperiode neues, attraktives Blattwerk gebildet wird. Einige Arten eignen sich am besten flächendeckend als Bodendecker; andere haben mehr Charakter und verdienen einen Platz in der Rabatte. *G.* 'Ann Folkard' ist eine Staude mit gelbgrünen Blättern, ähnlich wie jene des elterlichen *G. psilostemon*. Die sommerlichen großen, purpurmagentafarbenen Blüten haben schwarze Adern und ein schwarzes Zentrum.
H und B: 45 cm Z: 5[5-10]
G. × *clarkei* 'Kashmir Purple' hat im Sommer große, tellerförmige Blüten mit dünnen, roten Adern auf purpurnen Kronblättern. Die tief geteilten Blätter stehen an aufrechten und verzweigten Sprossen.
H und B: 45 cm Z: 4[4-10]
G. himalayense 'Johnson's Blue' bildet eine ausgebreitete Masse eleganter, zierlich gelappter Blätter. Die violettblauen Blüten erscheinen langdauernd ab dem Frühsommer.
H: 30-60 cm B: 60 cm Z: 5[5-10]
G. × *magnificum* trägt im Frühsommer dunkel geäderte, violettblaue Blüten über aufrechten, ausdauernden Büscheln hübsch gelappter, mittelgrüner Blätter, die sich im Herbst rot verfärben. Guter Pflanzgefährte für helle Gelb- und Rosatöne im Vordergrund von Rabatten.
H: 45-60 cm B: 60 cm Z: 3[3-10]
G. maderense (Madeira) ist eine wirkungsvolle, halbimmergrüne Staude mit großen, farnartigen Blättern und im Frühsommer mit purpurrosa Blüten, die im Zentrum dunkel und am Rand der Kronblätter weiß geädert sind. Sät sich freigiebig aus: Keimlinge sollten in kalten Regionen unter Glas überwintern. Sonnige, geschützte Standorte. Nicht winterhart.
H: 90-120 cm B: 60-90 cm Z: 10
G. nodosum (Europa) ist eine der kompaktesten Stauden, die sich im Schatten wohlfühlen. An einer besonderen Stelle wird sich die Pflanze selbst aussäen und rasch ausbreiten. Die während des gesamten Sommers gebildeten Blüten sind rosalila, die leuchtenden Blätter attraktiv.
H und B: 45 cm Z: 5[5-9]
G. palmatum (Kanarische Inseln) hat geteilte, anemonenähnliche Blätter und im Spätsommer purpurrote Blüten. Das rosa oder rot getönte Laub dieser halbimmergrünen Staude läßt sich gut mit *Viola labradorica purpurea* unterpflanzen. Sät sich freigiebig aus: Keimlinge sollten in kühlen Regionen unter Glas überwintern. Sonniger, geschützter Standort. Nicht winterhart.
H: 45 cm B: 60 cm Z: 8[8-10]
G. psilostemon (Armenien) hat im Sommer auffallend magentafarbene Blüten mit schwarzen Augenflecken und Adern, die wunderbar die Töne des purpurbronzenen Laubes, wie etwa von *Rosa glauca*, widerspiegeln und ausgezeichnet zu dunkelrosa

Geranium clarkei 'Kashmir Purple'

Geranium maderense

Geranium renardii

Strauchrosen passen. Die etwas schlaffen, ausdauernden Tuffs eleganter Blätter benötigen ein wenig Unterstützung. Schöne Farbveränderungen der Blätter im Spätsommer.
H: 75–120 cm B: 90–120 cm Z: 5[5–10]
G. renardii (Kaukasus) bildet ordentliche, ausdauernde Polster samtig graugrüner Blätter und hat im Frühsommer sternförmige, weiße Blüten mit violetten Adern. Offene Plätze.
H und B: 30 cm Z: 4[4–10]

Gillenia
(Rosaceae) östliches Nordamerika
G. trifoliata ist eine kräftigdrahtige, aber dennoch zierliche Staude mit rötlichen Zweigen und dreigeteilten Blättern, die etwa einem überhängenden Spierstrauch gleicht. Auf lockere Büschel niedlich sternförmiger, weißer oder rosagetönter Blüten im Sommer folgen attraktive, rote Kelche. Vorliebe für sauren Boden und Halbschatten.
H: 60–120 cm B: 60 cm 4[4–9]

Gladiolus
(Iridaceae) Gladiole
G. communis ssp. *byzantinus* (Europa) ist eine frühblühende Art mit den typischen schwertähnlichen Gladiolenblättern und im Frühling mit rötlichpurpurnen Blüten. Sät sich aus und besiedelt rasch leichte Böden: Diese nicht ausdauernde Knollenpflanze sollte in einer betonten Gruppe stehen, in harmonischem Nebeneinander mit *Geranium psilostemon*, der Rugosa-Rose *R.* 'Roseraie de l'Hay' oder einem purpurnen Perückenstrauch. Sonne oder Halbschatten.
H: 90 cm B: 10 cm Z: 7[7–10]

Glaucidium palmatum

Glaucidium
(Paeoniaceae) Japan
G. palmatum ist eine hübsch beblätterte Staude des Waldes, die im Frühling große, elegante Mohnblüten von hellem Lavendel (oder Weiß bei *G. p. leucanthum*) trägt. Feuchtespeichernder, humusreicher, saurer Boden; vor Sonne und Wind schützen.
H: 60–120 cm B: 60 cm Z: 6[6–9]

Glaucium
(Papaveraceae) Hornmohn, Europa und andere Mittelmeerländer
G. flavum ist eine ausgebreitet wachsende, widerspenstige Staude mit großen, gelben, tellerförmigen, papierartigen Blüten, die sich im Spätsommer von den sehr attraktiven, hellgraugrünen, gelappten Blättern abheben. Sie kann in Sonne und armem, gut wasserdurchlässigem Boden wachsen; ansonsten sät sie sich als ein- oder zweijährige Pflanze selbst aus. Nicht winterhart.
H: 25–60 cm B: 45 cm Z: 8[8–10] ein-/zweijährig

Gomphrena
(Amaranthaceae)
G. globosa (Kugelamaranth, Indien) ist eine buschige einjährige Pflanze mit kleeartigen, dauerblühenden Blütenköpfen in Weiß, Gelb, Orange oder Rosapurpur, die im Spätsommer erscheinen. Gut im Beet oder in einem Pflanzgefäß. Heiße Sonne und gut wasserdurchlässiger Boden.
H: 30 cm B: 15–25 cm einjährig

Gunnera
(Gunneraceae)
G. manicata (Brasilien) bereichert mit riesigen, schirmartigen Blättern große Gärten um ein dramatisches Element. Die runzligen und gefalteten, nierenförmigen Blätter von bis zu 3 m im Durchmesser, sind braunüberlaufen und verbergen im Sommer exotisch aussehende, keulenförmige Blütenknospen. Diese Staude bevorzugt sumpfige Böden, sie sorgt an wassernahen Plätzen zusammen mit rosa und roten Primeln und Astilben für Größe und Masse. Gut düngen; die Sproßknospen vor Frost schützen.
H: 1,80–3,00 m B: 2,40–3,00 m Z: 7[7–10]

Gypsophila
(Caryophyllaceae) Schleierkraut
G. paniculata (Osteuropa, Sibirien) ist eine Staude, die im Sommer einen lange bestehenden Blütenschaum aus winzigen, weißen Einzelblüten hervorbringt. Ausgezeichnet geeignet, um Lücken zwischen intensiv- oder pastellfarbigen Nachbarn aufzufüllen und die verwelkenden Stengel und Blüten von vorher blühenden Stauden zu verbergen. Sie sollten vermeiden, die tief liegenden, fleischigen Wurzeln etablierter Pflanzen zu stören. Aus Stecklingen anziehen, die sich im Spätfrühling bewurzeln und austreiben.
Sonne und gut wasserdurchlässiger, tiefgründiger und vorzugsweise kalkhaltiger Boden. Rosa und gefüllte Formen sind erhältlich. *G. p.* 'Bristol Fairy' mit gefüllten, weißen Blüten ist häufig launenhaft, lohnt aber die Mühe.
H und B: 90–120 cm Z: 3[3–10]

Halimium
(Cistaceae) Mittelmeer
H. lasianthum ist ein nicht winterharter, zistrosenähnlicher immergrüner Strauch mit graugrünen Blättern und im Spätfrühling und Frühsommer mit Cistus-Blüten, deren goldgelbe Kronblätter an der Basis mahagoni gefleckt sind. Sonne und gut wasserdurchlässiger Boden: perfekt für einen Steingarten oder Hochbeete.
Kleiner Strauch. H: 45–90 cm B: 60–120 cm Z: 9[9–10]

Hebe
(Scrophulariaceae) Strauchveronika, Neuseeland
Strauchveronika ist unschätzbar, um bestandsbildende Blattstruktur und Blütenfarbe zu liefern. Die Winterhärte hängt von der Art ab, alle lieben jedoch die Sonne, gut wasserdurchlässigen Boden und reichlich Feuchtigkeit - keine toleriert ein kaltes Klima.
H. albicans ist ein nicht winterharter, dichter, gedrungener immergrüner Strauch mit runden, bläulichgrünen Blättern und kurzen, weißen Blütenähren im Frühling. Gut als niedriger Bodendecker und im Vordergrund einer Rabatte.
Kleiner Strauch. H und B: 60 cm Z: 8[8–10]
H. buchananii ist ein immergrüner Zwergstrauch, der ausgebreitete Kissen kleiner, abgerundeter Blätter bildet, die im Sommer mit weißen Blüten übersät sind.
Zwergstrauch. H: 5 cm B: 15 cm Z: 7[7–10]
H. hulkeana ist untypisch: Die attraktiven immergrünen Blätter sind glänzend grün, gezähnt und eiförmig. Zierliche, lavendelblaue Blüten in großen lockeren Rispen werden im Sommer ausgebildet. Im Topf kultivieren. Nicht winterhart.
Kleiner Strauch. H: 90–120 cm B: 60–120 cm Z: 9[9–10]
H. 'Midsummer Beauty' ist immergrün, hat purpurn getönte Blätter und den ganzen Sommer über lange, lavendelfarbene Blütentrauben. Nicht winterhart.
Mittelgroßer Strauch. H: 1,80 m B: 1,50 m Z: 8[8–10]
H. pinguifolia ist ein niederliegender immergrüner Strauch mit kleinen, blaugrauen Blättern und kurzen, weißen Blütenähren im Frühsommer. Gut als Bodendecker unter Rosen und offenen Sträuchern.
Kleiner Strauch. H: 40 cm B: 50 cm Z: 6[6–10]

Hebe hulkeana

Hebe albicans

Hedera
(Araliaceae) Efeu
Optimal im Schatten und feuchtespeicherndem Boden ist Efeu unentbehrlich als Hintergrund und Bodendecker. Größe, Form und Farbe der Blätter tragen zu einer Vielfalt von Strukturelementen bei.
H. helix ssp. *canariensis* 'Gloire de Marengo' hat große, dreieckige Blätter an langen, rosa Blattstielen. Cremefarbene, an der Basis etwas breitere Ränder umgeben das dunkle, graugrün gezeichnete Zentrum. Nicht winterhart.
Kletterpflanze. H: 5,00-6,00 m Z: 8[8-10]
H. colchica (Persischer Efeu) hat herzförmige Blätter, die größten der Gattung. Die Pflanze klettert rasch, bedeckt aber den Untergrund nur unvollkommen. Die Blätter von *H. c.* 'Sulphur Heart' sind im Zentrum mit gelben Flecken versehen. Nicht winterhart.
Kletterpflanze. H: 6,00-10,00 m Z: 8[8-10]
H. helix (Europäischer Efeu) ist in einem breiten Angebot von Sorten erhältlich. *H. h.* 'Angularis Aurea' hat gold überschattete Blätter, während die Blätter von *H. h.* ssp. *helix* 'Digitata' (Fingerblättriger Efeu) fingerförmig in fünf schmale Lappen geteilt sind, woraus ein dunkler Spitzenvorhang aus Blättern resultiert. *H. h.* ssp. *helix* 'Hibernica' zeichnet sich durch besonders große Blätter aus.
Kletterpflanze. H und B: 4,00 m Z: 5[5-9]

Hedychium
(Zingiberaceae) Indien
Hedychien sind in warmen Gegenden prächtige immergrune Stauden; in gemäßigten Regionen überstehen sie in geschützter, sonniger Lage auch leichten Frost, ihre cannaähnlichen Blätter sterben dann im Winter ab. Die fleischigen Rhizome müssen flach in nährstoffreichen, feuchten Boden gepflanzt werden. Bei reichlicher Wässerung gedeihen die Pflanzen gut in Töpfen. Abgeblühte Blütenähren müssen zurückgeschnitten werden, nach der Blüte ist eine reichliche Mulchauflage zu empfehlen.
H. gardnerianum bildet im Spätsommer bis zum frühen Herbst Ähren mit gelben, orchideenähnlichen, stark duftenden Blüten, aus denen die roten Staubgefäße hervorragen. Große, bläulichgrune Blätter tragen zum tropischen Eindruck in spätblühenden Rabatten bei. Nicht winterhart.
H: 1,50-1,80 m B: 0,90 m Z: 9[9-10]

Hedysarum
(Leguminosae) Süßklee
H. coronarium (Italienischer Hahnenkopf) ist eine wüchsige, strauchige Zweijährige oder kurzlebige Staude mit lockeren Zweigen, hellen, graugrünen, gefiederten Blättern und im Sommer blühenden Ähren aus duftenden, zartrosa Schmetterlingsblüten. Paßt gut sowohl in pastellfarbene als auch intensive Farbkonzepte. Sonne und gut wasserdurchlässiger Boden.
H: 75-120 cm B: 45-60 cm Z: 7[7-10] oder einjährig

Helenium
(Compositae) Sonnenbraut, östliches Nordamerika
Diese gruppenbildenden Stauden eignen sich gut für spätsommerliche Rabatten. Hybriden von *H. autumnale* haben Köpfchenblüten, jede mit hervortretendem Zentrum, in reichen Farbabstufungen von Gelb und Kupferrot. Sonne und feuchtespeichernder Boden.
H.-Hybride 'Moerheim Beauty' ist gedrungen mit prächtig bronzeroten Blüten vom Sommer bis in den Herbst.
H: 90 cm B: 30-45 cm Z: 3[3-10]

Helianthemum
(Cistaceae) Sonnenröschen
Das ausgebreitete Laub aus kleinen, mattgrunen Blättern liefert das ganze Jahr über einen guten Vordergrund für Rabatten. Sehr gut wasserdurchlässiger und leicht basischer Boden. Die Varietäten sollten je nach Blatt- und Blütenfarben ausgewählt werden.
Zwei attraktive, graublättrige Sorten sind *H.*-Hybride 'Wisley Pink' mit sanften, rosa und *H.*-Hybride 'Wisley Primrose' mit eleganten, gelben Blüten. Beide eignen sich als Vorpflanzung von Rabatten in Pastelltönen.
Zwergstrauch. H: 15-25 cm B: 60 cm Z: 5[5-10]

Helianthus
(Compositae) Sonnenblume, Vereinigte Staaten
H. annuus erreicht mit groben, herzförmigen Blättern und riesigen Wagenradblüten in sonnigen Gelbtönen mit braunen oder purpurnen Zentren große Höhe. Als Gruppe im Hintergrund sonniger

Hibiscus trionum

Rabatten bilden die Pflanzen im Spätsommer einen herausfordernden Farbklecks.
H: 90–300 cm B: 30–45 cm einjährig
H. decapetalus und ihre Formen sind gruppenbildende, ausdauernde Pflanzen für den Hintergrund besonnter Rabatten. *H.* 'Capenoch Star' bildet im Sommer Blüten in hellen, kühlgelben Tönen, die besser in Farbkonzepte passen als viele der intensiver gefärbten Hybriden.
H: 1,20–1,50 m B: 0,60 m Z: 5[5–10]

Helichrysum
(Compositae) Strohblume
H. petiolare (Südafrika) ist ein nicht winterharter, ausgebreiteter immergrüner Halbstrauch. Herzförmige, hellgrüne, kurz weißflaumige Blätter bedekken horizontal verzweigte Triebe und bilden einen attraktiven, silbergrauen Laubhintergrund für benachbarte Pflanzen. Auch als auskleidender Hintergrund für Leitpflanzen in Töpfen sind die Halbsträucher nicht zu ersetzen. Blütenzweige mit hellen, cremefarbenen Blüten können im Sommer erscheinen. Sonne und gut wasserdurchlässiger Boden; erträgt Trockenheit leichter als Feuchtigkeit.
H: 30–60 cm B: 45–75 cm Z: 9[9–10] oder einjährig
H. rosmarinifolium (syn. *Ozothamnus rosmarinifolius*; Tasmanien) ist ein aufrechter immergrüner Strauch, im Erscheinungsbild dem Rosmarin ähnlich, mit weißwolligen Stengeln und ledrigen Blättern. Kleine, weiße Blüten öffnen sich im Frühsommer in einer attraktiven Doldentraube mit rötlichen Knospen. Nicht winterhart.
Mittelgroßer Strauch. H: 1,80–2,70 m
B: 0,60–1,50 m Z: 9[9–10]

Helleborus argutifolius

Helictotrichon
(Gramineae) Wiesenhafer, Südwesteuropa
H. sempervirens ist ein ausdauerndes Ziergras, das dichte, überhängende Büschel aus schmalen, stahlblauen Blättern bildet.
Wiesenhafer kann einem grauweißen Garten Farbe und Struktur verleihen. Im Sommer erscheinen die 120 cm hohen, fedrigen, isabellfarbenen und relativ unscheinbaren Blütenstände.
Die Pflanzen bevorzugen einen sonnigen Standort und gut wasserdurchlässigen Boden. Sie überwuchern keine anderen Pflanzen. Abgestorbenes Material muß im Frühling entfernt werden.
H: 60 cm B: 30 cm Z: 4[4–9]

Heliotropium
(Boraginaceae) Heliotrop, Peru
H. arborescens wächst in ganz warmen Gegenden zu einem immergrünen Strauch heran.
Das hübsche, gewellte Laub ist tiefgrün, oft bronze-überlaufen. Violettpurpurne oder weiße Blütenstände aus dicht zusammenstehenden, duftenden Blüten erscheinen vom Frühsommer bis in den Winter hinein.
Kann zu einem attraktiven Hochstämmchen getrimmt werden. Sonne und fruchtbarer, gut wasserdurchlässiger Boden. Nicht winterhart.
Kleiner Strauch. H: 45–120 cm B: 30–75 cm
Z: 9[9–10] oder einjährig

Helleborus
(Ranunculaceae) Nieswurz
H. argutifolius (Korsika) bildet ausdauernde, strauchähnliche Polster aus bemerkenswerten graugrünen, dreigeteilten Blättern mit stacheligen Rändern, die so gut wie immergrün sind. Überhängende Büschel cremegrüner Blüten erscheinen im Frühling und halten mehrere Wochen. Schutz vor starkem Wind, in kalten Wintern vor der Wintersonne erforderlich.
H und B: 60–75 cm Z: 7[7–10]
H. orientalis (Kleinasien) ist eine immergrüne Staude, die ohne Schwierigkeiten Hybriden bildet, so daß immer neue entzückende, tellerförmige Blüten in einem Spektrum raffinierter Farbtöne von Weiß über errötendes Rosa bis Kastanienbraun und düsterem Purpur entstehen, häufig überlaufen mit Grün und innen gesprenkelt mit Purpur. Die Blüten erscheinen im späten Winter oder zeitig im Frühling inmitten glänzender, tief geteilter Blätter. Schatten oder Halbschatten, kühle Umgebung und tiefgründiger nährstoffreicher Boden.
H und B: 45–60 cm Z: 3[3–10]

Hemerocallis
(Liliaceae) Taglilie
Helle bis mittelgrüne, grasartige Blätter breiten sich zu einem fast immergrünen, ausdauernden Bodendecker aus: das Laub stirbt oft nur während einer kurzen Periode im Winter ab. Die lilienähnlichen Blütentrompeten duften und leben nur kurz, werden aber in langer Folge gebildet. Moderne, sommerblütige Hybriden (es gibt viele wunderschöne amerikanische Formen) sind in bewährten Farbschattierungen von klarem Gelb bis Orange, Aprikose, Isabellfarbe und Bronze erhältlich. Sonne oder Halbschatten und jeder nicht zu trockene Boden.
H. citrina hat von Juli bis August zitronengelbe Blüten.
H: 105–120 cm B: 60–90 cm Z: 3[3–10]
H. fulva 'Kwanzo Variegata' besitzt cremefarben gestreifte Blätter, die im Frühling einen Blickpunkt darstellen. Die Blüten gleichen denen von *H.* 'Flore Pleno', einer in alten englischen Gärten beliebten Form mit duftend lohfarbenen, orangegetönten, gefüllten Blüten im Sommer; das hellgoldene Laub ist im Frühling ein wunderbarer Hintergrund für geschwungene Linien aus blauen Blüten.
H: 120 cm B: 90 cm Z: 3[3–10]
H. lilio-asphodelus (syn. *H. flava;* Südosteuropa bis Japan) ist eine hellgelbe Art mit zurückgebogenen Kronblättern, die im späten Frühling bis Frühsommer blüht.
H: 60–90 cm B: 45 cm Z: 4[4–10]

Hesperis
(Cruciferae) Südeuropa, Westasien
H. matronalis (Nachtviole) ist eine Bauerngartenstaude, die flächendeckend in ungezwungenen Rabatten gut aussieht. Die am Abend duftenden Blüten in lockeren Blütenständen über schmalen, dunkelgrünen Blättern sind im Frühsommer weiß, rosa und malvenfarben. Entfernen von Verblühtem, um neue Blütenbildung zu fördern. Sät sich reichlich selber aus. Am besten als Zweijährige wachsen lassen, da ältere Pflanzen zur Verholzung neigen. Sonne.
H: 60–120 cm B: 45–60 cm Z: 5[5–8]

Heuchera
(Saxifragaceae) Purpurglöckchen, Nordamerika
H. × brizoides-Hybriden (*H.*-Hybriden) bilden ausdauernde Polster aus abgerundet muschelförmigen, behaarten Blättern, grau und grün gefleckt, die bis auf sehr kalte Regionen immergrün sind. Verholzte Wurzeln breiten sich zu einem bewährten Bodendecker in gut wasserdurchlässigem Boden aus – in voller Sonne blühen sie am besten, im Halbschatten wirken nur die Blätter. Schlanke Blütenrispen erheben sich im Frühsommer auf drahtigen Stengeln weit über das Laub. Die ausgesuchte Form sollte mit den benachbarten Blatt- und Blütenfarben harmonieren. *H. × b.* 'Coral Cloud' hat korallenrosa Blüten.
H: 45–60 cm B: 30–45 cm Z: 3[3–10]
H. micrantha 'Palace Purple' ist ausdauernd und wird wegen ihres hübschen, bronzenen Laubes mit tiefroten Unterseiten gepflanzt.
H und B: 60 cm Z: 4[4–10]

× Heucherella
(Saxifragaceae)
× *H. tiarelloides* ist eine immergrüne Hybridstaude aus *Heuchera* und *Tiarella* mit winzigen, rosa Blüten, die im Frühsommer erscheinen, und weichen, grünen Blättern ohne die typische Marmorierung der *Heuchera*-Arten. Stellt ähnliche Ansprüche wie *Heuchera* und ist eine ausgezeichnete Rabattenpflanze.
H: 45 cm B: 30–45 cm Z: 3[3–10]

Hibiscus
(Malvaceae) Hibiskus, Eibisch
H. moscheutos (Sumpfeibisch, Vereinigte Staaten) ist eine hübsche Staude mit gezähnten, leicht gelappten, eiförmigen Blättern. Die satinartigen, weit geöffneten Malvenblüten können Durchmesser von 15–20 cm erreichen. Sie sind weiß, rosa oder karmesinrot und erscheinen im Sommer. Sonne und feuchter, nährstoffreicher Boden. Leicht aus Samen zu ziehen.
H: 0,90–1,50 m B: 0,90 m Z: 6[6–10]
H. trionum (Stundeneibisch, Afrika) ist einjährig mit dunkelgrünen, gesägten Blättern. Große, cremefarbene Malvenblüten mit purpurbraunen Zentren öffnen sich typischerweise morgens, Blütezeit ist im Spätsommer. Jedes Frühjahr neu aussäen.
H: 75 cm B: 30 cm Z: 8[8–10] einjährig

Hoheria
(Malvaceae) Neuseeland
Hoheria-Arten sind aufrecht wachsende, laubabwerfende oder immergrüne Sträucher, die in voller Sonne gut blühen. Immergrüne Formen sind empfindlich, doch *H.* 'Glory of Amlwch' (*H. glabrata × H. sexstylosa*) ist halbimmergrün mit großen, weißen Malvenblüten im Sommer. Sowohl *H. glabrata* als auch *H. lyallii* sind keine winterharten Arten.
Großer Strauch. H: 7,00 m B: 5,00 m Z: 9[9–10]

Hoheria glabrata

Iris pallida 'Variegata'

Hosta
(Liliaceae) Funkie, Ostasien
Vor allem wegen Farbe und Struktur ihres Laubes gepflanzt, beeindrucken diese Stauden während der Sommermonate auch durch ihre Blütenfarben. Fast jede gute Gartenfunkie besitzt panaschierte Blätter mit goldenen, cremefarbenen oder weißen Malen.
H. fortunei 'Aureomarginata' hat breite, salbeigrüne Blätter, die von einem cremegelben Band umrandet werden. Im Sommer heben sich hellila Blüten auf lockeren Blütenständen empor. Wüchsig und gut als Bodendecker.
H: 75 cm B: 60 cm Z: 3[3-9]
H. plantaginea 'Royal Standard' besitzt üppig grüne, herzförmige Blätter mit Adern und Runzeln. Duftende, lilienähnliche, weiße, lila überschattete Blüten erscheinen im Sommer. Robust; erträgt fast alles, selbst die heißeste Sonne und Halbschatten.
H: 60-90 cm B: 60 cm Z: 6[6-10]
H. sieboldiana var. *elegans* ist eine Form dieser herrlichen Gattung, mit großen, kreppartigen Blättern in einem tiefen Blaugrau. Dichte Blütenstände mit zartvioletten Blüten erscheinen im Sommer direkt über dem Laub.
H: 75 cm B: 60 cm Z: 3[3-9]
H. ventricosa hat üppige, gleichmäßig geäderte Blätter von glänzend dunkelgrüner Farbe. Glockenförmige, spätsommerliche Blüten haben kräftige Violettöne.
H: 60-90 cm B: 60 cm Z: 3[3-9]

Humulus
(Moraceae) Hopfen, Amerika, Asien, Europa
H. lupulus ist eine wüchsige, ausdauernde Kletterpflanze mit attraktiven, handförmigen Blättern und duftenden, grünen Früchten. *H. l. 'Aureus'* ist eine goldblättrige Form; sie ist weniger wüchsig und blüht nicht so reichlich, windet sich aber auch in tiefstem Schatten empor und besitzt schönes, weiches, leuchtendes Laub. Bei der Gartengestaltung kann Humulus als Vertikale eingesetzt werden, von der sich besonders Blautöne bestens abheben. Blüht im Herbst. Toleriert dunkle Gärten in der Stadt oder in Hinterhöfen.
Kletterpflanze. H: bis 3,00 m Z: 5[5-9]

Hydrangea
(Hydrangeaceae) Hortensie
Laubabwerfende Waldpflanze, die Halbschatten und feuchtespeichernden, nährstoffreichen Lehmboden bevorzugt.
H. anomala ssp. *petiolaris* (Kletterhortensie; Japan) ist eine laubabwerfende Kletterpflanze. Im Frühsommer werden ihre großen, flachen Dolden aus grünlichweißen Blüten von sterilen weißen Randblüten eingerahmt.
Kletterpflanze. H: bis 18,00 m Z: 5[5-9]
H. arborescens (östliches Nordamerika) ist ein lokkerer Strauch mit grünlichweißen sterilen Einzelblüten, die von Hochsommer bis Herbst einen kugeligen Blütenstand bilden.
Mittelgroßer Strauch. H und B: 1,20-1,80 m Z: 5[5-9]
H. aspera ssp. *aspera* (China, Himalaya) ist bestens für sonnige Plätze geeignet, sofern die Wurzeln kühl und feucht gehalten werden. Blätter, Stengel und Blütenstiel sind weich behaart, die spätsommerlichen kardinalroten Blüten tragen große weißliche Randblüten. Die Blütensprosse sind durch Spätfröste gefährdet.
Mittelgroßer Strauch. H und B: 2,40 m Z: 7[7-10]
H. paniculata 'Grandiflora' hat im Spätsommer auffallend große, cremeweiße, endständige Rispen steriler Einzelblüten, die mit dem Alter rosa überlaufen.
Großer Strauch. H und B: 4,00-5,00 m Z: 4[4-9]
H. quercifolia (Südosten der Vereinigten Staaten) hat eichenartige Blätter. Im Sommer mit üppig blühenden weißen Rispen, mit sowohl fruchtbaren als auch unfruchtbaren Blüten. Am besten an einer Mauer, geschützt vor Wind und heißer Sonne.
Mittelgroßer Strauch. H: 1,80 m B: 1,20-1,80 m Z: 6[6-9]

Hypericum
(Guttiferae) Johanniskraut
Strauchige Johanniskrautarten breiten sich über unterirdische Ausläufer rasch aus und bilden vorwiegend immergrüne Bodendecker, die im Sommer mit goldgelben Blüten übersät sind.
H. calycinum (Südosteuropa, Kleinsasien) ist wintergrün mit graugrünen, eiförmigen Blättern. Es trägt Büschel attraktiver, zitronengelber Blüten. Gut humoser und wasserdurchlässiger Boden und volle Sonne.
Zwergstrauch. H: 23-30 cm B: unbeschränkt Z: 5[5-10]

Iberis
(Cruciferae) Schleifenblume, Mittelmeer
I. sempervirens ist eine niedrigwüchsige, sich ausbreitende immergrüne Staude mit dunkelgrünen Blättern, von Frühling bis in den Frühsommer bedeckt von unzähligen weißen oder rosaweißen Blüten.
Ein Formschnitt nach der Blüte erhält ihre gedrungene Wuchsform. Sonne und gut wasserdurchlässiger, leicht basischer Boden.
H: 30 cm B: 90 cm Z: 5[5-10]

Impatiens
(Balsamininaceae) Springkraut
Die meisten Gartenformen des Springkrauts werden als kräftig blühende Einjährige gepflanzt, um schattige Beete und Rabatten zu zieren.
I. balsaminae (Mitteleuropa) bildet aufrechte Pflanzen. In den Blattachseln bilden sich ab Juni kräftig rosafarbene Blüten. Schatten oder Halbschatten und nährstoffreicher, feuchter, durchlässiger Boden, nicht winterhart.
H: 60-90 cm B: 30 cm Z: 10 oder einjährig

Indigofera
(Leguminosae) Indigostrauch
I. decora (syn. *I. heterantha*) ist ein sonnenliebender, laubabwerfender Strauch mit frischgrünen, gefiederten Blättern und purpurrosa Schmetterlingsblüten. Bei uns nicht winterhart; in Randgebieten sollte er durch eine Mauer geschützt werden. Starker Rückschnitt im Frühling, um alle Frostschäden zu entfernen und die Blüte anzuregen.
Mittelgroßer Strauch. H: 1,50–1,80 m
B: 1,20–1,50 m Z: 8[8–10]

Iris
(Iridaceae) Schwertlilie, Iris
Schwertlilien sorgen in Gärten für den unentbehrlichen Kontrast der Blattformen – als durch die Schwertform betonte Vertikale oder in Form geschwungener Linien grasartiger Blätter –, und das breite Spektrum der Blütenfarben trägt während der Blütezeit zu einer vergänglichen Bereicherung bei.
I. orientalis (syn. *I. ochrolenca*) (Kleinasien) bildet kräftige Gruppen steifer, schwertartiger Blätter und breitet sich in gutem, nährstoffreichem, feuchtem Boden rasch aus, wobei die Pflanze Unkraut verdrängt. Die Blüten im Frühsommer sind weiß mit einem breiten, gelben Streifen auf den zurückgebogenen Kronblättern.
H: 80 cm B: 38 cm Z: 4[4–9]
Pacific-Coast-Hybriden (meist von *I. douglasiana* und *I. innominata* abstammend) sind bartlose, ausdauernde Rhizompflanzen mit grasartigen, mitunter immergrünen Blättern und frühsommerlichen Blüten in Purpurblau, Lavendel, Gelb, Orange und verschiedenen Weißtönen, raffiniert von Adern durchzogen. Gut wasserdurchlässiger, humusreicher Boden, vorzugsweise kalkfrei; erträgt Halbschatten.
H: 23–45 cm B: 30 cm Z: 6[6–10]
I. pallida (Europa) ist eine ausdauernde Bartiris mit Rhizom und gräulich-blaugrünen, fast immergrünen Blättern, die von Spätfrühling bis Frühsommer mit den hellen, lavendelblauen Blüten harmonieren. Panaschierte Formen mit gelb oder weiß gestreiften Blättern breiten sich langsamer aus und blühen nicht so freigiebig.
H: 90–120 cm B: 60 cm Z: 3[3–10]
I. pseudacorus (Sumpf-Schwertlilie; Westeuropa, Nordafrika) mag feuchte Plätze und sauren Boden. Diese bartlose, ausdauernde Rhizompflanze bildet blaugrüne, schwertförmige Blätter und im Sommer Blütenstände mit bis zu fünf gelben Blüten. Im Frühsommer ist die panaschierte Form sehr dekorativ.
H: 90–120 cm B: 30 cm Z: 4[4–9]
I. sibirica (Sibirische Schwertlilie; Europa, Nordasien) ist eine bartlose, ausdauernde Rhizompflanze, die ein kompaktes, hohes Bündel aus grasartigen Blättern bildet. Blüht im Frühsommer mit Blüten in zahlreichen Blauschattierungen in verzweigten Blütenständen. Verträgt feuchte und trockenere, fruchtbare Böden.
H: 75–120 cm B: 45–90 cm Z: 4[4–10]
I. unguicularis (Algerische Iris, Winteriris) liebt arme Böden zu Füßen einer sonnigen Mauer. Leicht duftende, violette Blüten öffnen sich auf kurzen Stengeln im Winter, oft teilweise von den langen, grasartigen Blättern verborgen. Diese bartlose, ausdauernde immergrüne Pflanze sollte nicht gestört werden, doch muß man im Frühling das Laub zurückschneiden, damit die Rhizome der Sonne ausgesetzt sind, nicht winterhart, Überwinterung im Kalthaus.
H: 30–45 cm B: 30 cm Z: 8[8–10]

Isatis
(Cruciferae)
I. tinctoria (Färberwaid; Südeuropa, Westasien) ist eine zweijährige Pflanze mit einer Rosette langer, dunkelgrüner Blätter. Im Frühsommer trägt sie unzählige winzige, limonengelbe, schleierkrautartige Blüten, die sich in herabhängende, glänzende Früchte verwandeln. Sät sich problemlos selbst aus. Sonne und nährstoffreicher, gut wasserdurchlässiger Boden.
H und B: 90 cm Z: 4[4–9]

Itea
(Iteaceae) Zentral-China
I. ilicifolia ist ein bei uns nicht winterharter immergrüner Strauch mit schlaffen, ilexartigen Blättern und von Hoch- bis Spätsommer mit langen, duftenden Blütentrauben grünlichgelber Blüten. Sonne und im Grenzbereich der Winterhärte zusätzlich eine schützende Wand.
Großer Strauch. H: 3,00 m B: 1,80 m Z: 9[8–10]

Jasminum
(Oleaceae) Jasmin, Asien
J. nudiflorum (Winter-Jasmin) ist eine wüchsige, laubabwerfende Kletterpflanze, die ein verschlungenes Netz aus mittelgrünen, dreiteiligen Blättern und Büscheln von gelben Röhrenblüten webt. Fühlt sich in der Sonne und normalem Gartenboden wohl, wird aber bei guter Düngung mit ihrem üppig wuchernden Blattwerk Laubengänge einhüllen und langweilige Zäune verkleiden.
Kletterpflanze H: 5 m Z: 6[6–10]

Kirengeshoma
(Hydrangaceae) Japan
K. palmata ist eine Staude von großer Würde mit wundervollen, hellgrünen, weinähnlichen Blättern, abgesetzt vor dunkelelfenbeinfarbenen Stengeln. Im Spätsommer wird das elegante Laub durch herabhängende Blüten in hellen, buttergelben Tönen ergänzt, die oberhalb der Blätter stehen. Wunderbar in einer Laubrabatte, wo der Boden nährstoffreich, feucht und etwas sauer ist.
H: 90–120 cm B: 60–90 cm Z: 5[5–9]

Hydrangea arborescens 'Grandiflora'

Kniphofia
(Liliaceae) Fackellilie, Afrika
Auffällige, hohe Blütenähren erheben sich über lokkeren, grasartigen Blättern und sorgen damit in der Rabatte sowohl für einen deutlichen Formkontrast als auch mit ihren karmesinroten oder zart zitronengelben Blüten für einen wunderschönen Blickfang.
Prägende oder akzentuierende Pflanze für Sonne und gut wasserdurchlässige, aber nicht trockene Böden.
K.-Hybriden sind ausdauernde Pflanzen mit bläulichgrünem, oft immergrünem Laub. Dicke Blütenstiele mit „Feuerhaken" korallenroter Knospen öffnen sich im Herbst zu hellen, zitronengelben oder orangefarbenen Blüten. Die Sorten können mit ihren besonderen Farben zur Bereicherung von früh-, hoch- und spätsommerlichen Konzepten beitragen.
K. 'Green Magic' ist eine Form mit hellen, kühl cremegelben Blüten im Sommer.
H: 90–120 cm B: 60 cm Z: 7[7–10]

Kolkwitzia
(Caprifoliaceae) Kolkwitzie, westliches China
K. amabilis gehört zu den schönsten frühsommerlichen, laubabwerfenden Blütensträuchern. Herabhängende Zweige mit weichen, behaarten Blättern sind mit sanften Blütenglocken von hellstem Rosa geschmückt, die sich aus dunkelrosa Knospen öffnen. Die zarte Färbung harmoniert gut mit anderen Farben, aber auch mit dunklerem Rosa und kräftigen Rottönen. Sonne und gut wasserdurchlässiger Boden.
Großer Strauch. H: 1,80–4,00 m B: 1,20–3,00 m
Z: 5[5–9]

Lavatera thuringiaca

Lamium
(Labiatae) Taubnessel, Europa, Asien
L. maculatum (Gefleckte Taubnessel) eignet sich im Schatten oder Halbschatten mit ihren weiß gefleckten Blättern als attraktiver – wenn auch oft überschätzter – ausdauernder immergrüner Bodendecker. Blüht mitten im Frühjahr. Hellrosa- oder weißblühende Varietäten überwuchern andere Pflanzen weniger als die Form mit den trüben, malvenrosa Blüten.
L. m. 'Roseum' hat rosa Blüten. *L. m.* 'Beacon Silver' mit rosaroten Blüten besitzt glänzendere, silbrige Blätter; diese Pflanze gedeiht im Halbschatten, ist aber nicht so winterhart wie andere Sorten. *L. m.* 'White Nancy' ist eine niedrigwüchsige Form mit weißen Blüten und silbernen Blättern; sie liebt den Schatten.
H: 20–40 cm B: 30 cm Z: 3[3–10]

Lantana
(Verbenaceae) Wandelröschen
L. camara (Karibik) ist ein empfindlicher immergrüner Strauch mit hübsch geäderten, eiförmigen Blättern und hochgewölbten Büscheln kleiner Röhrenblüten, deren Farben von Weiß über Gelb bis zu Ziegelrot reichen. Oft im Beet als Unterpflanzung oder wegen der sommerlichen Blüte im Topf gepflanzt; nicht winterhart.
Kleiner Strauch. H: 45–120 cm B: 30–90 cm
Z: 10 oder einjährig

Lathyrus
(Leguminosae) Platterbse
Die Platterbsen, von denen viele klettern, gedeihen alle in der Sonne und in nährstoffreichem, gut wasserdurchlässigem Boden.
L. latifolius 'Albus' (Staudenwicke, Europa) ist die weiße Form der malvenrosablühenden, ausdauernden Platterbse. Durch ihre ins Auge fallende Fülle steigert die Pflanze das Interesse an spätsommerlichen Rabatten. Aus Samen selber ziehen oder tief gelegene Wurzeln zur Teilung ausgraben. Im Winter zurückschneiden, um Abgestorbenes zu entfernen, wobei darauf geachtet werden muß, daß die „Gastpflanze" nicht beschädigt wird. Sonne.
Kletterpflanze. H: 3,00 m Z: 5[5–10]
L. nervosus (Südamerika) ist eine seltene, aber sehr schöne Staude mit zierlichen Blütenzweigen voller duftender, immergrünblauer Blüten im Sommer und graugrünen Blättern; nicht winterhart.
Kletterpflanze. H: 1,50 m Z: 9–10 oder einjährig
L. odoratus (Wohlriechende Wicke, Italien) kann auf Stativen oder Rahmenkonstruktionen gezogen werden. Verblühtes sollte abgeschnitten werden, damit die Blühperiode vom Sommer bis in den Herbst hinein gestreckt wird. Es gibt Sorten mit weißen bis zu rosa, malvenfarbenen, blauvioletten und kräftig kastanienbraunen Blüten, nicht winterhart.
Kletterpflanze. H: bis 3,00 m Z: 9[9–10] einjährig
L. rotundifolius (Osteuropa, Kleinasien) ist eine Staude mit abgerundeten, tiefgrünen Blättern. Im Sommer bildet sie Büschel aus warmen, rosagetönten Blüten.
Kletterpflanze. H: 1,80 m Z: 6[6–10]
L. vernus (Frühlings-Platterbse, Europa) ist eine ausdauernde, nicht kletternde Pflanze, die im Spätfrühling attraktive Polster aus gefiederten, zugespitzten Blättern in Kombination mit den kleinen, purpurnen Blüten bildet. Bewährte farbige Formen sind erhältlich.
H: 38 cm B: 30 cm Z: 4[4–9]

Lavandula
(Labiatae) Lavendel, Südeuropa
Die nebliggraugrünen, linealischen Blätter des Lavendels lassen sich gut für kurzlebige, niedrige Hekken oder abgerundete Kissen verwenden, deren Blätter gut zu den solideren Blattformen der Nachbarpflanzen kontrastieren. Die duftenden Blütenähren ziehen Bienen an, die mit ihrem Gesumme zu der heiteren Atmosphäre eines Sommergartens beitragen. Sonne und gut wasserdurchlässiger Boden.
L. angustifolia (Echter Lavendel) ist immergrün und trägt im Spätsommer über silbergrauen Blättern Blütenähren, die „Stammvater" der hellen Farbe Lavendel sind. Einige Sorten sind winterhärter als die Art.
Kleiner Strauch. H und B: 90–120 cm Z: 5[5–10]
L. a. 'Hidcote' ist dichter, von gedrungenerer Form mit tief purpurblauen Blüten.

Kleiner Strauch. H: 30-60 cm B: 45-60 cm Z: 5[5-10]

L. stoechas (Schopflavendel) ist ein immergrüner Strauch, dessen Zweige in aromatische, graugrüne Blätter gekleidet sind. Endständige dunkelpurpurne Blüten, jede gekrönt mit einem Büschel flatternder Brakteen (Hochblätter), erscheinen im Sommer. Bei uns nicht winterhart.

Kleiner Strauch. H und B: 30-60 cm Z: 9[9-10]

Lavatera

(Malvaceae) Buschmalve, Europa

L. thuringiaca ist eine schnellwüchsige, halbimmergrune, verholzende Staude mit flaumigen, fünflappigen Blättern. Während des gesamten Sommers sind seine geäderten, rosa-weißen Blüten eine Zierde. Starker Rückschnitt im Frühling. Sonne und gut wasserdurchlässiger Boden.

Mittelgroßer Strauch. H und B: 1,50-2,40 m Z: 6[6-10]

L. olbia 'Rosea' ist eine verholzende Staude, die im Spätsommer eine üppige Fülle großer, weit offener, intensiv rosa Blüten trägt. Damit harmoniert weiches, graugrünes, gelapptes Laub. Wächst rasch, um eine neue Rabatte zu füllen, und sorgt für Farbe gegen Ende der Vegetationsperiode. Bei uns nicht ganz winterhart.

Mittelgroßer Strauch. H und B: 1,50-2,40 m Z: 6[6-10]

Leptospermum

(Myrtaceae) Australien, Neuseeland

Etwas empfindlicher immergrüner Strauch in Pyramidenform, der im Kübel an warmen Wänden oder geschützten Plätzen stehen kann. Reichlich Sonne, gut wasserdurchlässiger und saurer oder neutraler Boden. Nachfolgend genannte Arten sind bei uns nicht winterhart.

L. grandiflorum hat silbrige Blätter und große, weiße Blüten, die sich im Spätfrühling und Frühsommer öffnen.

Großer Strauch. H: 3,00 m B: 2,10 m Z: 9[9-10]

L. lanigerum hat auch silberne Blätter, doch sind seine ab dem Spätfrühling gebildeten Blüten etwas kleiner.

Großer Strauch. H: 3,00 m B: 2,10 m Z: 9[9-10]

Leucojum

(Amaryllidaceae) Knotenblume, Europa

L. aestivum (Sommerknotenblume) ist ein Zwiebelgewächs, das in einer feuchten, wassernahen Wiese gedeiht und im Gras verwildert. Im Mai hängen weiße Blütenglocken mit grünen Malen von langen Stielen herab. Sonne oder Halbschatten.

H: 60 cm B: 15 cm Z: 4[4-9]

L. vernum (Märzenbecher) ist kleiner und blüht früher, fast noch vor Erscheinen der Blätter.

H: 15-20 cm B: 7,5-10 cm Z: 4[4-9]

Lilium

(Liliaceae) Lilie

Die prächtigeren Formen dieser knolligen, ausdauernden Pflanzen setzt man am besten isoliert oder mit nicht konkurrierenden Gefährten zusammen, so daß sie in einem Pflanzgefäß oder vor Laubhintergrund als Blickpunkt dienen können. Andere tragen mit ihrer Struktur oder Farbe zur Wirkung einer gemischten Pflanzung bei.

L. auratum (Goldbandlilie; Japan) hat prächtige, cremeweiße Kronblätter mit goldenen Streifen und weinroten Punkten. Die Knollen setzt man im Schatten in nährstoffreichen, sauren Boden, doch sollten sich die spätsommerlichen Blüten in der Sonne entfalten dürfen. Gut hinter früher blühenden Nieswurzarten oder kleinen immergrünen Sträuchern.

H: 90-180 cm B: 23 cm Z: 5[5-9]

Backhouse-Hybriden *(L. martagon × hansonii)* haben im Sommer über Büscheln mittelgrüner Blätter Türkenbundblüten in Schattierungen von Weiß, Creme, Gelb, Isabell, Orange und Weinrot. Wüchsig und in waldigen Bereichen oder normalen Standorten im Halbschatten reichlich blühend. Kalktolerant.

H: 120-150 cm B: 25-30 cm Z: 4[4-9]

L. candidum (Madonnenlilie, Kleinasien) braucht einen warmen, sonnigen Platz in neutralem oder basischem Boden, in einem Pflanzgefäß oder vor einer Hitze reflektierenden Mauer. Im Sommer bringt sie mehrere, reinweiße, weit geöffnete, duftende, trompetenförmige Blüten hervor.

H: 120-150 cm B: 23 cm Z: 4[4-9]

L. tigrinum (Tigerlilie; Ferner Osten) eignet sich gut für eine spätsommerliche Rabatte in der Sonne. Orangefarbene Türkenbundblüten sind schwarz und purpurn getupft und gesprenkelt.

H: 90-180 cm B: 23 cm Z: 3[3-9]

L. regale (Königslilie; China) bildet im Sommer lockere Büschel trichterförmiger, cremeweißer Blü-

Kolkwitzia amabilis

Lathyrus vernus

Lilium candidum

ten mit gelben Zentren, äußerlich purpurn schattiert. Leicht im Topf zu ziehen oder als Gruppe in einem Staudenbeet, wo die ausdauernden Pflanzen die hervorbrechenden Sprosse vor den Spätfrösten schützen. Sonne oder Halbschatten, z. B. lockerer Baumbestand. Saurer oder basischer Boden, angereichert mit Lehm, Laubhumus und Kompost.
H: 90–180 cm B: 30 cm Z: 4[4–9]

Linum
(Linaceae) Lein
L. grandiflorum (Algerien) ist ein einjähriger Lein mit tellerförmigen, roten Blüten im Sommer;
L. g. 'Rubrum' ist kräftiger karmesinrot.
H: 30–50 cm B: 15 cm Z: 9[9–10] einjährig

Liriope
(Liliaceae)
L. muscari (Ostasien) bildet ausdauernde immergrüne Polster aus grasartigem, dunkelgrünem Laub. Ausgezeichnet als Begrenzung oder Bodendecker in Sonne oder Schatten. Liebt sauren, gut durchlüfteten Boden.
H: 30 cm B: 45 cm Z: 6[6–10]

Lobelia
(Campanulaceae) Lobelie
L. cardinalis (Vereinigte Staaten) ist ausdauernd mit einer grundständigen Rosette grüner oder bronzener Blätter, über denen sich im Spätsommer Ähren mit scharlachroten Lippenblüten prachtvoll entfalten. Hybriden (oft mit *L. fulgens*) bieten feine Unterschiede in den Schattierungen von Blatt- und Blütenfarben an: *L. fulgens* 'Queen Victoria' hat tiefrote Blüten und Blätter in der Farbe von Roter Bete. Die Blüten von *L.* 'Dark Crusader' sind sogar noch tiefer rot, hinzu kommen kupfergrüne Blätter. *L.* 'Cherry Ripe' ist von intensiv kirschscharlachroter Farbe. Sonne und nährstoffreicher, feuchter Boden, nicht winterhart.
H: 90 cm B: 30 cm Z: 8[8–10]
L. tupa (Chile) ist ein attraktiver, empfindlicher, bei uns nicht winterharter Halbstrauch mit dunklen, aufrechten Sprossen, die lange, flaumige, hellgrüne Blätter tragen. Im Sommer stehen die wunderlichen, rotbraunen Blüten in spitz zulaufenden Trauben. Sonne und guter, feuchter Boden.
H: 1,50–2,10 m B: 0,90 m Z: 9[9–10]

Lonicera
(Caprifoliaceae) Geißblatt
Die kletternden und windenden Geißblattarten sind attraktive Blatthintergründe. Je nach benachbarter Bepflanzung und den Licht-Bedingungen des Standortes sollten Sie aus dem breiten Spektrum der Blütenfarben und Blühzeiten auswählen.
L. × brownii ist halbimmergrün, mit langen, bläulichgrünen, flaumigen Blättern und Büscheln orangescharlachroter Blüten im Frühling/Sommer. Diese exotische Färbung sieht als Hintergrund für andere empfindliche, sonnenliebende Pflanzen gut aus und ist nicht zu wüchsig für eine gemischte Bepflanzung dieser Art. *L. × b.* 'Dropmore Scarlet' ist eine bewährte Form.
Kletterpflanze. H: 3,00–5,00 m Z: 3[3–9]
L. etrusca (Mittelmeerraum) ist halbimmergrün und trägt im Hochsommer duftende, große, cremefarbene bis gelbe, auffallende Blüten. Sonne. Nicht winterhart.
Kletterpflanze. H: 4,00 m B: 1,80 m Z: 8[8–10]
L. × heckrottii ist laubabwerfend und bringt den ganzen Sommer über lange, duftende, purpurrosa Blüten hervor, die sich im Öffnen gelb verfärben.
Kletterpflanze. H: 4,00 m B: 1,80 m Z: 5[5–10]
L. japonica 'Halliana' ist halbimmergrün (laubabwerfend in den Zonen 5–6) und wüchsig und trägt den ganzen Sommer über duftende Blüten, deren Weiß zu Gelb verblaßt. In Sonne oder Schatten.
Kletterpflanze. H: 4,00 m Z: 5[5–9]
L. × tellmanniana ist eine frühaustreibende starkwachsende Art mit rötlichen Knospen, die sich im Sommer zu orangegelben Blüten öffnen. Bildet hübsches, tiefgrünes Laub (laubabwerfend), duftet aber nicht. Gedeiht im Halbschatten.
Kletterpflanze. H: 5,00 m Z: 5[5–9]
L. tragophylla ist laubabwerfend, schattenverträglich und wüchsig; die sommerlichen Blüten sind wunderschön reingelb, duften aber nicht.
Kletterpflanze. H: 6,00 m Z: 6[6–9]

Lotus
(Leguminosae) Hornklee
L. hirsutus (syn. *Dorycnium hirsutum*, Behaarter Backenklee; Südwesteuropa) ist ein ausgebreiteter immergrüner Halbstrauch mit flaumigen, graugrünen Blättern, der als weiches Polster über Wände oder auf Wegen wuchert. Rosa und weiße Klee-Blüten erscheinen im Sommer, und die attraktiven rötlichbraunen Schoten bleiben den Winter über erhalten. Jedes Frühjahr sollten die Zweige um die Hälfte zurückgeschnitten werden, um neue Sprosse und frisches neues Laub anzuregen. Sonne und armer, gut wasserdurchlässiger Boden. Nicht winterhart.
H: 30–60 cm B: 60 cm Z: 8[8–10]

Lunaria
(Cruciferae) Silberling, Europa
L. annua (Judassilberling) ist zweijährig, sät sich selber aus und liefert im Frühling und Frühsommer nützliche Hintergrundfarbe. Die Blüten sind malvenfarben bis purpurscharlachrot. Die Gattung hat attraktive, papierartige Fruchtwände. *L. rediviva* ist der ausdauernde Vetter mit duftenden, lavendelweißen Blüten; gut für Schatten geeignet.
H: 60–90 cm B: 60 cm Z: 6[6–10]

Lupinus
(Leguminosae) Lupine
L. arboreus (Baumlupine, Kalifornien) ist ein bei

Ganz links: Matteuccia struthiopteris
Links: Linum grandiflorum 'Rubrum'

uns nicht winterharter, schnellwüchsiger, ausgebreiteter, halbimmergrüner Strauch mit attraktiv gefingerten Lupinenblättern und im Sommer mit kleinen Ähren duftender Schmetterlingsblüten in kühlem Gelb oder Schattierungen von Purpur und Blau. Sonne und gut wasserdurchlässiger Boden.
Kleiner Strauch. H: 120 cm B: 90 cm Z: 8[8-10]

Luzula
(Juncaceae) Hainsimse
L. sylvatica (Wald-Hainsimse, Südwesteuropa) ist eine immergrüne Rhizomstaude, die in feuchtem Schatten hübsche Horste aus grasigen Blättern bildet. Im Frühsommer erscheinen die lockeren Gruppen bräunlicher Blüten.
Breitet sich langsam zu einem rauhen Bodendecker aus, der ideal für Waldränder ist; kleine Gruppen liefern Formkontrast.
H: 45 cm B: 30 cm Z: 5[5-9]

Lysichiton
(Araceae) Scheinkalla
Beide Arten dieser Gattung sind laubabwerfende, ausdauernde Sumpfpflanzen, die in feuchtem Boden nahe am Wasser gedeihen. Im Frühling erheben sich die eindrucksvollen aronstabähnlichen Spathae (Blütenscheiden), gefolgt von massigen, weichen, eiförmigen Blättern.
L. americanus (Kanada, nördliche Vereinigte Staaten) hat klare, gelbe, grünspitzige Spathae. Sät sich reichlich selbst aus, nachdem sich die Pflanze etabliert hat.
H und B: 60-120 cm Z: 7[7-9]
L. camtschatcensis (Sibirien, Japan) hat reinweiße Spathae.
H und B: 45-90 cm Z: 7[7-9]

Lysimachia
(Primulaceae) Felberich
L. clethroides (Schneefelberich; China, Japan) hat sternförmige, grauweiße Blüten, die im Spätsommer auf zierlich geneigten Ähren getragen werden. Kann Sprößlinge bilden und in feuchtem Boden andere Pflanzen überwuchern, doch zum Glück gedeiht diese Staude auch an trockeneren Plätzen.
H: 90 cm B: 60 cm Z: 3[3-10]
L. ephemerum (Südwesteuropa) wächst zu einer immergrünen ausdauernden Gruppe in einem grau-weißen Garten heran. Im Frühling bläulich grüngraue Blätter werden später grün. Im Sommer erscheinen die hohen, schlanken Ähren mit eleganten, gräulichweißen Blüten. Sonne (aber nicht zu heiß) oder Schatten und vorzugsweise saurer Boden.
H: 90 cm B: 30 cm Z: 6[6-9]

Lythrum
(Lythraceae) Weiderich
Weiderich wächst in jedem vernünftigen Boden und belebt den spätsommerlichen Schatten mit seinen Blütenfarben. Bewährte Gartenformen stammen von zwei ausdauernden Arten ab.
L. salicaria (Blutweiderich; gemäßigte nördliche Klimazone) hat graugrüne, weidenähnliche Blätter und hohe magentafarbene Blütenähren. *L. s.* 'Feuerkerze' ist von intensivem Rosarot.
H: 60-90 cm B: 45-60 cm Z: 3[3-10]
L. virgatum (Rutenweiderich; Osteuropa) ist ähnlich, aber zierlicher. Die Blüten sind in einem warmen Rosaton.
H: 60-90 cm B: 45-60 cm Z: 3[3-10]

Macleaya
(Papaveraceae) Federmohn, Ferner Osten
M. microcarpa ist eine architektonisch wirkungsvolle Staude für den Hintergrund von Rabatten mit großen, tief gelappten, oben graugrünen und unterseits grauweißen Blättern. *M. m.* 'Kelway's Coral Plume' hat braungrüne Blätter und hohe, flockige, federartige Rispen aus winzigen, kupferrosa Blüten. Sonne und gut wasserdurchlässiger, tiefgründiger, lehmiger Boden. Kann benachbarte Pflanzen überwuchern.
H: 1,50-2,40 m B: 0,90-1,20 m Z: 4[4-10]

Malva
(Malvaceae) Malve
M. moschata (Moschusmalve) ist eine kurzlebige Staude. Im Sommer bildet sie Ähren mit offen trichterförmigen, rosaroten Blüten aus (oder weißen bei *M. m. alba*), von denen die buschige Belaubung aus weichen, grünen, tief gelappten und eingeschnittenen Blättern bedeckt wird. Volle Sonne und normaler Gartenboden; verträgt arme, trockene Böden. Sollte sich in situ aussäen können.
H: 60-75 cm B: 60 cm Z: 3[3-10]

Matteuccia
(Onocleaceae)
M. struthiopteris (Straußfarn; Trichterfarn; Nordhalbkugel) ist ein feuchteliebender, sich durch Rhizome ausbreitender Farn. Sein intensives Frühlingsgrün bildet den perfekten Hintergrund für Primeln oder Scheinmohn. Halbschatten, toleriert aber auch Sonne; austrocknende Winde sollten vermieden werden.
H: 90-150 cm B: 60-90 cm Z: 2[2-9]

Matthiola
(Cruciferae) Levkoje
M. bicornis (Griechenland) ist einjährig und wird wegen des abendlichen Duftes angepflanzt. Einfache, lila Blüten, die sich in Sommernächten öffnen, sind über Büschel graugrüner Blätter verstreut. Sollten in kleinen Gruppen zwischen auffallenderen Stauden gepflanzt werden.
H: 38 cm B: 23 cm Z: 9[9-10] einjährig
M. incana (Südeuropa) ist ein Elter von vielen der kräftig duftenden Gartenhybriden mit dichten Blütenähren, darunter Brompton- und Tenweek-Levkojen. Die Art ist eine kurzlebige Pflanze mit schmalen, filzig graugrünen Blättern und Ähren mit malvenfarbenen Blüten im Sommer.
H: 30-60 cm B: 30 cm Z: 8[8-10]

Malva moschata 'Alba'

Meconopsis
(Papaveraceae) Scheinmohn
M. betonicifolia (Blauer Himalaja-Scheinmohn; Asien) ist eine Staude, deren hellblaue, papierartig strukturierte Blütenblätter (55-75 mm im Durchmesser) sich im Sommer auf schlanken Stielen über graugrünen Laubblättern entfalten. Die größeren, tiefer blauen Blüten von *M. grandis* erscheinen etwas früher. *M. × sheldonii* ist eine schöne Hybride der obengenannten Art mit großen, nickenden, reinblauen Blüten. Alle asiatischen Scheinmohnarten sind auf relativ milde Winter angewiesen und mögen nährstoffreiche, tiefe, kalkfreie Böden an geschütztem Platz mit Luftfeuchte und Halbschatten - eine Lichtung im Wald ist ideal.
H: 90-120 cm B: 45 cm Z: 7[7-9]
M. cambrica (Westeuropa) ist eine Staude, die man wie eine einjährige Pflanze behandeln kann, da ihre

Meconopsis × sheldonii

Monarda-Hybriden 'Cambridge Scarlet'

Pfahlwurzel schwer zu entfernen ist. Den ganzen Sommer über trägt sie reingelbe Blüten über frisch grünen, farnartigen Blättern. Fühlt sich in jedem Boden und an jedem Standort wohl; sät sich zwanglos aus.
H: 30–60 cm B: 30 cm Z: 5[5–9] oder einjährig

Melianthus
(Melianthaceae) Honigstrauch
M. major (Indien, Südafrika) ist ein wunderschöner, exotisch aussehender immergrüner Halbstrauch mit großen, gezähnten, graugrün gefiederten Blättern. Er ist bei uns nicht winterhart. In warmen Regionen erscheinen die kastanienbraunen Blüten im Frühling, doch wird die Pflanze oft nur wegen der architektonischen Wirkung ihres Laubes angepflanzt. Vom Frost geschädigte Zweige treiben im Frühjahr wieder aus. Volle Sonne und gut wasserdurchlässiger Boden.
H: 1,50–3,00 m B: 1,20 m Z: 9[8–10]

Mertensia
(Boraginaceae) Blauglöckchen
M. virginica (syn. *M. pulmonarioides;* östliche Vereinigte Staaten) hat blaugrünes Laub und beblätterte Triebe, die im Spätfrühling herabhängende Büschel duftender lavendelblauer Blütenglocken hervorbringen.
Die Pflanze verschwindet im Hochsommer; an ihrer Stelle sollten Farne gepflanzt werden. Ausdauernde Waldpflanze für sauren Lehmboden in Schatten oder Halbschatten.
H: 30–60 cm B: 45 cm Z: 3[3–10]

Mimulus
(Scrophulariaceae) Gauklerblume
M. aurantiacus (westliches Nordamerika) ist eine strauchige Staude von ausgebreiteter Wuchsform mit klebrigen, mittelgrünen Blättern an zerbrechlichen Zweigen. Den ganzen Sommer über erscheinen die hell durchscheinenden, gelborangefarbenen, trompetenförmigen Blüten. Stecklinge brauchen in kühlen Regionen Winterschutz. Zieht sonnigen Standort vor, erträgt aber auch Schatten. Nicht winterhart.
H und B: 30 cm Z: 9[9–10]

Mirabilis
(Nyctaginaceae)
M. jalapa (Wunderblume, tropisches Amerika) blüht im Sommer überreich. Duftende, trompetenförmige Blüten von 30 mm Durchmesser und Farbabstufungen von Karmesin über Rosa bis Gelb und Weiß öffnen sich am Nachmittag und verblühen bis zum nächsten Morgen. Dahlienähnliche Knollen müssen zur Überwinterung im Haus ausgegraben werden. Möglich ist auch die einjährige Anzucht aus Samen. Sonne und mäßig nährstoffreicher Boden.
H: 60–90 cm B: 60 cm Z: 10[9–10]

Miscanthus
(Gramineae) Chinaschilf, Ferner Osten
M. sinensis ist ein riesiges, ausdauerndes Ziergras mit blaugrünen, weiß gestreiften Blättern. Es bildet Horste, überwuchert aber keine anderen Pflanzen und eignet sich hervorragend als windbrechender Hintergrund. Sonne und nährstoffreicher Boden.
H: bis 1,80 m B: 0,90 m Z: 5[5-10]
M. s. 'Gracillimus' ist gedrungener. Seine schmalen, bläulichgrünen Blätter verwelken im Winter zu Strohfarbe.
H: 30-75 cm B: 45-60 cm Z: 5[5-10]

Monarda
(Labiatae)
M. didyma (Indianernessel; Nordamerika) ist eine hohe, sommerblütige Rabattenstaude für Sonne oder Halbschatten und nährstoffreichen feuchten Boden; kann andere Pflanzen überwuchern. *M.*-Hybride 'Cambridge Scarlet' trägt scharlachrote Blüten mit tiefkarmesinroten Kelchen in dicht wirteligen Blütenständen.
H: 75-90 cm B: 45 cm Z: 4[4-10]

Myosotis
(Boraginaceae) Vergißmeinnicht, Europa
M. alpestris trägt von Mai-August Büschel von duftenden, azurblauen Blüten mit gelbem Auge. Diese buschig-wachsende Staude ist für Halbschatten und gut wasserdurchlässigen Boden mit organischem Material geeignet.
H: 10 cm B: 15 cm Z: 5[5-9]
M. sylvatica ist ähnlich, wenn auch größer. Erhältliche Formen dieser zweijährigen Pflanze haben im Frühsommer tiefer blaue Blüten. Sät sich in einer schattigen Rabatte bereitwillig aus und sollte jedes Jahr durch Sämlinge des Vorjahres ersetzt werden.
H und B: 30 cm Z: 5[5-9]

Nandina
(Nandinaceae) China
N. domestica ist ein eleganter immergrüner Strauch mit sehr großen, elegant gefiederten Blättern, die in der Regel rosaüberlaufen sind. Die großen, endständigen Rispen mit kleinen, weißen Sommerblüten reifen zu scharlachroten oder weißen Früchten aus. Nährstoffreicher, feuchter, gut wasserdurchlässiger Boden; bei uns ist der Strauch nicht winterhart.
Mittelgroßer Strauch. H: 1,20-1,80 m
B: 0,60-0,90 m Z: 8[8-10]

Narcissus
(Amaryllidaceae) Narzisse
Die meisten Narzissen verwildern gerne auf grasigen Lichtungen oder unter laubabwerfenden Bäumen. Für intensiv gefärbte Blickpunkte zu Jahresbeginn sollten die ausdauernden Knollen in Pflanzgefäße gesetzt werden.
N. cyclamineus (Iberische Halbinsel) hat Einzelblüten in kräftigem Gelb mit alpenveilchenähnlichen, zurückgeschlagenen Kronblättern und langen Trompeten im späten Winter und Vorfrühling. Eine wunderschöne Art für Grasflächen, aber auch für torfige Nischen im Steingarten. Liebt feuchten Boden.
Cyclamineus-Hybriden sind höher und schwungvoller.
H: 15-20 cm B: 10 cm Z: 5[5-10]
N. pseudonarcissus (Osterglocke; Europa) hat helle, fast weiße Kronblätter mit zitronengelben Trompeten im Frühling. Kommt natürlicherweise auf Feuchtwiesen vor.
H: 20-35 cm Z: 3[3-10]
N. tazetta (Tazette; Mittelmeerraum, Kleinasien, Ferner Osten) ist für frostfreie Regionen geeignet, vorzugsweise, wenn die Knolle im Sommer von der Sonne verbrannt wird. Dicht gedrängte Blütenstände mit kleinen, duftenden, creme- und papierweißen Blüten erscheinen Mitte des Frühjahrs. Nicht winterhart. Diese Narzissen-Art eignet sich vor allem für Pflanzgefäße.
H: 30-45 cm Z: 9[9-10]
N. triandrus 'Tresamble' hat die zurückgeschlagenen Kronblätter und hängenden Blütenstände der Triandrus-Gruppe. Büschel aus drei cremeweißen Blüten an hohen Stielen erscheinen im Vorfrühling.
H: 20-35 cm Z: 3[3-10]

Mirabilis jalapa

Nectaroscordum (syn. Allium)
(Liliaceae)
N. siculum 'Bulgaricum' (syn. *Allium bulgaricum* manchmal als *Allium siculum* bezeichnet; Südeuropa) besitzt Blätter und Zwiebeln, die beim Zerreiben den charakteristischen Geruch der Küchenzwiebel annehmen. Die langen, gekielten Blätter sind mittelgrün. Im Frühsommer stehen auf hohen, drahtigen Stengeln Dolden aus glockenförmigen, grünlichweißen Blüten, die trübpurpurne Male zeigen. Verleiht einer gemischten Rabatte nützliche Form und Struktur. Wüchsig genug, um im Gras zu verwildern oder um Kolonien zwischen Sträuchern zu bilden.
H: 60-120 cm B: 25 cm Z: 5[5-9]

Nepeta
(Labiatae) Katzenminze
Katzenminze ist eine winterharte Staude, die gut wasserdurchlässigen Boden und Sonne mag.
N. × faassenii hat weiche, graugrüne Blätter und im Frühsommer eine verschwenderische Fülle bogig herabhängender Ähren mit lavendelfarbenen Blüten. Nach der Blüte zurückschneiden, um eine zweite Blüte im Spätsommer anzuregen. Gut für Einfassungen, als Hecke oder Bodendecker.
H: 30-60 cm B: 45 cm Z: 3[3-10]

Nectaroscordum siculum 'Bulgaricum'
(syn. Allium bulgaricum)

N. nervosa (Kaschmir) wächst zu einem gutaussehenden, rundlichen Busch aus langen, schmalen, grünen Blättern mit hervortretender Äderung heran. Trägt den ganzen Spätsommer über intensiv blaue Blüten.
H: 30-60 cm B: 30 cm Z: 4[4-9]
N. grandiflora 'Souvenir d'André Chaudron' (syn. *N.* 'Blue Beauty') hat fast bronzefarbene Blätter und lang andauernde, hellblaue Blüten im Sommer. Nützlich für eine Rabatte.
H: 45 cm B: 25 cm Z: 5[5-10]

Nerine
(Amaryllidaceae) Nerine, Guernsey Lilie, Südafrika
N. bowdenii liefert gegen Ende des Sommers wertvolle Farbe. Dolden mit zarten, lilienrosa Blüten stehen auf starken, nackten Stielen, ehe die im Frühsommer verwelkten, bandförmigen Blätter wieder neu austreiben. Bei uns nicht winterhart. Gut wasserdurchlässiger, sommertrockener Boden.
H: 45-60 cm B: 15-20 cm Z: 8[8-10]

Nicotiana
(Solanaceae) Tabak
N. alata (Südamerika) ist eine Staude, die als Einjährige gezogen wird. Röhrenblüten, deren Farben von Weiß (oft gelb- oder grün-überlaufen) bis Rot und Purpur reichen, liefern den ganzen Sommer über Farbe und Duft. Klebrige, grüne Blätter sind zur Unterdrückung des Unkrauts gut geeignet. Sonne und gut wasserdurchlässiger, nährstoffreicher Boden. Nicht winterhart.
H: 60-90 cm B: 30 cm Z: 9[9-10] oder einjährig
N. glauca (Südbolivien, Nordargentinien) ist ein wuchernder, empfindlicher, halbimmergrüner Strauch mit lockeren Zweigen, die glatte, graugrüne Blätter tragen; kann in warmen Gegenden andere Pflanzen überwuchern. Bei uns nicht winterhart. Großer Strauch. H: 3,00 m B: 1,20 m Z: 9[9-10] oder einjährig
N. langsdorfii (Brasilien, Chile) ist bei uns eine Pflanze, die als Einjährige verwendet wird. Merkwürdige herabhängende, schwefelgelbe Blüten erscheinen im Frühsommer. Nicht winterhart.
H: 75 cm B: 30 cm Z: 9[9-10] oder einjährig
N. sylvestris (Argentinien) ist eine majestätische Staude, wird als Einjährige gezogen. Herabhängende Büschel aus fast liliengleichen, langen, weißen Röhrenblüten entstehen im Spätsommer über großen Blättern. Schön in einer Gruppe im Hintergrund einer Rabatte. Sonne oder leichter Schatten. Sät sich am Ort selber aus.
H: 150 cm B: 30 cm Z: 9[9-10] oder einjährig

Nigella
(Ranunculaceae) Schwarzkümmel
N. damascena (Jungfer im Grünen) 'Miss Jekyll' hat klare, blaue, kornblumenartige Blütenköpfchen, umgeben von einem Kranz fädiger Brakteen (Hochblätter) inmitten von elegantem, grasartigem Laub. Säen Sie im Frühling für die sommerliche Blüte direkt an Ort und Stelle aus. Kann sich aber auch selbst aussäen und bildet dann einen sommerlichen Blütenteppich; zwischen den Rhizomen der Iris verbergen ihre Blütenköpfchen die unschönen Irisblätter.
H: 45-60 cm B: 25 cm Z: 9[9-10] einjährig

Nymphaea
(Nymphaeaceae) Seerose
Die vorhandene Wassertiefe, Winterhärte der Pflanzen, Größe und Wüchsigkeit sind neben Blütenfarbe und -form wichtige Faktoren, die bei der Auswahl dieser ausdauernden Wasserpflanzen berücksichtigt werden müssen. Die winterharte *N.* 'James Brydon' hat zum Beispiel Blüten in rosakarmesinroter Farbe von 10 cm Durchmesser, die zusammen mit den kastanienbraun gesprenkelten Blättern die Uferbepflanzung aus tief gefärbten Astilben und bronzefarbenem Schaublatt widerspiegeln; geeignet für Wassertiefen bis zu 45 cm.

Oenothera
(Onagraceae) Nachtkerze
O. biennis (Schinkenkraut; Nordamerika) ist zweijährig mit Rosetten langer, grüner Blätter, aus denen sich aufrechte Stengel erheben, die ab dem Hochsommer Büschel hellgelber Blüten tragen. Die eleganten Farben der neu geöffneten Blüten harmonieren ausgezeichnet mit Blau- und Purpurtönen. Sonne und gut wasserdurchlässiger Boden.
H: 50-100 cm B: 30 cm Z: 7[7-10]
O. speciosa (südliche Vereinigte Staaten) ist eine gedrungene, etwas empfindliche Pflanze, die andere überwuchert. Die schüsselförmigen Blüten in eleganten, ausgewaschenen Rosa- und Weißschattierungen erscheinen tagsüber im Sommer.
H: 15-60 cm B: 60 cm Z: 6[6-10]

Omphalodes
(Boraginaceae) Nabelwurz
O. cappadocia (Türkei) bildet ausdauernde Polster aus langstieligen, grünen Blättern. Blütenzweige mit azurblauen Blüten, die etwas an ein bemerkenswertes Vergißmeinnicht erinnern, entstehen im

Frühling. Gut auf Flächen am Rand eines Wäldchens oder unter Sträuchern. Halbschatten und torfiger Boden. In kalten Lagen frostgefährdet.
H und B: 15–23 cm Z: 6[6–10]
O. linifolia (Griechenland) wird als Einjährige behandelt. Entzückende, fast bläulichweiße Blüten werden im Sommer über hellsilbrigen Blättern gebildet. Kann an sonnigem Platz in einem Pflanzgefäß gezogen werden, um die schaumige Blüte zu präsentieren.
H und B: 30 cm Z: 6[6–9] oder einjährig
O. verna (Gedenkemein; Europa) ist eine halbimmergrüne Staude, die sich über kriechende Ausläufer rasch zu einem Teppich herzförmigen Laubes verbreitet, der im Frühling durch Blütenzweige mit kleinen, blauen Blüten verziert wird. In frostfreien Regionen immergrün.
H: 15–20 cm B: 30 cm Z: 5[5–9]

Onopordum
(Compositae) Eselsdistel
O. acanthium (Großbritannien) ist eine markante zweijährige Blattpflanze, im Hochsommer mit purpurnen Blüten. Die himmlisch silbrig-grauen Blätter und die verzweigten Stengel sehen im Zwielicht geisterhaft aus und bilden eine Hauptstütze in „weißen" Gärten. Wegen der allseitigen Stacheln ist die Pflanze aber schmerzhaft für die Hände des unkrautjätenden Gärtners und schadet den weichen Blättern benachbarter Pflanzen. In kalten Regionen müssen die Samen einzeln in Töpfen auskeimen und überwintert werden. Sonne oder Halbschatten und nährstoffreicher Boden.
H: 180 cm B: 75 cm Z: 6[6–10] zweijährig

Osmanthus
(Oleaceae) Duftblüte
Meist winterharte immergrüne Sträucher für jeden Zweck, die dichte, buschige Formen aus dunkelglänzendem Grün bilden und im Frühling duftende Blüten hervorbringen.
O. decorus (Asien) hat glatte, harte, längliche Blätter, die sich zu einer dichten, zierlichen Kuppel zusammenfügen, ideal, um einen Hauch von Förmlichkeit zu erzeugen. Langsam wachsend. Sonne oder Halbschatten.
Großer Strauch. H: 3,00 m B: 1,80 m Z: 8[8–10]
O. delavayi (China) hat hübsche, dunkelgrüne, gezähnte Blätter. Im Spätfrühling versinkt der bei uns nicht winterharte Strauch unter prachtvollen, weißen, jasminähnlichen Blüten in achselständigen Büscheln; kann für Einfassungen verwendet werden. Bevorzugt offene, sonnige Plätze.
Mittelgroßer Strauch. H und B: 1,80–2,40 m
Z: 8[8–10]

Osmunda
(Osmundaceae)
O. regalis (Königsfarn; weltweit, außer Australasien) ist ein hübscher, laubabwerfender, ausdauernder Farn mit doppelt gefiederten Wedeln, die denen von *Dryopteris filix-mas* (Gemeiner Wurmfarn) gleichen und sich im Frühling in Form von kupfer getönten „Bischofsstäben"entfalten. Feuchter, humusreicher Boden.
H und B: 90–120 cm Z: 3[3–9]

Osteospermum
(Compositae)
O. ecklonis (Südafrika) ist ein etwas empfindlicher, bei uns nicht winterharter, wuchernder immergrüner Halbstrauch, der den ganzen Sommer über eine Fülle weißer Köpfchenblüten mit blauem Zentrum hervorbringt. Sonne und etwas fruchtbarer, gut wasserdurchlässiger Boden. Verträgt Trockenheit.
H: 60–90 cm B: 30–60 cm Z: 9[9–10]

Pachysandra
(Buxaceae) Dickmännchen
P. procumbens (Nordamerika) ist eine halbimmergrüne Staude – weniger wüchsig als *P. terminalis* – die in waldiger Umgebung reizend aussieht. Im Frühling bildet sie Ähren mit weißen oder purpurnen Blüten.
P. terminalis (Ysander) ist eine kriechende Staude, die flächenhaft als Bodendecker unter laubabwerfenden und immergrünen Bäumen und Sträuchern verwendet werden kann. Büschel rautenförmiger, glatter Blätter mit gezähntem Rand bilden einen hübschen Kontrast zu Gras oder gröberem Laub. Im Frühling erscheinen die Ähren mit unscheinbaren, weißlichen Blüten. Säureliebend, bei reichlichem Laubhumus tolerieren die flachen Wurzeln aber auch Kalk.
H: 30 cm B: 45 cm Z: 5[5–9]

Paeonia
(Paeoniaceae) Päonie, Pfingstrose
In dieser dekorativen Gattung findet sich ein breites Spektrum strauchiger und krautiger Pflanzen mit überwältigend prachtvollen Blüten. Das Laub bildet einen guten Bodendecker und kann sich oft im Herbst hübsch verfärben. Nährstoffreicher, gut wasserdurchlässiger Boden. Die Wurzeln sollten so wenig wie möglich gestört werden.
P. cambessedesii (Balearen) ist eine etwas empfindliche Staude, die einen besonderen Standort in der Sonne braucht. Die im Spätfrühling erscheinenden Blüten sind tiefrosarot mit dunkleren Zentren und die Blätter, in exotischen Farben mit tiefroten Stielen und Unterseiten, ausgesprochen hübsch. Nicht winterhart.
H und B: 45 cm Z: 9[9–10]
P. lactiflora (Chinesische Päonie; Mongolei, Sibirien); mit attraktiven, mittel- bis tiefgrünen Blättern und, ab dem Frühsommer, großen Blüten in allen Schattierungen von Rosa und Weiß. Varietäten dieser Stauden sind mit einfachen, gefüllten oder halbgefüllten Blüten und anderen mehr erhältlich, doch die einfachen Formen, oft mit auffallend gelben Staubblättern, sind die elegantesten.
H: 45–105 cm B: 60–90 cm Z: 2[2–10]
P. mlokosewitschii (Kaukasus) ist die Staude, die sehr früh blüht. Der Frühling wird von dicken Kirschknospen angekündigt, die sich zu klaren, zitronengelben, kugeligen Blüten öffnen, deren goldene Antheren (Staubbeutel) in Büscheln zwischen blaugrünen Blättern stehen. Die Früchte öffnen sich im Hochsommer und entlassen glänzend schwarze Samen, eingehüllt in karmesinrotes „Futter".
H und B: 60 cm Z: 5[5–10]
P. officinalis (Echte Pfingstrose; Südeuropa, Asien) ist eine knollenbildende Staude, die im Spätfrühling blüht. Einfache und gefüllte Formen in Weiß-, Rosa- und Rottönen sind erhältlich. Das frisch grüne Laub hält den ganzen Sommer. Gut unter und mit Strauchrosen.
H: 75 cm B: 90 cm Z: 2[2–10]
P. suffruticosa (Strauchpäonie; China, Tibet) ist ein laubabwerfender Strauch mit einfachen, weißen Blüten, die an der Basis ihrer Kronblätter karmesin-

Nigella damascena 'Miss Jekyll'

Papaver somniferum

rot bis kastanienbraun gefleckt sind. Es gibt viele wundervolle Sorten mit rosa oder gelben Blüten.
Mittelgroßer Strauch. H und B: 1,50–1,80 m
Z: 5[5–9]
P. wittmanniana (Kaukasus) ist eine hübsche Staude mit etwas rauheren Blättern. Im Spätfrühling bildet sie helle, einfache, weiße bis gelbe Blüten mit karmesinroten Staubblättern im Zentrum.
H: 90 cm B: 60 cm Z: 5[5–10]

Papaver
(Papaveraceae) Mohn
P. orientale (Armenien) ist eine Staude mit grellleuchtenden, seidenpapierähnlichen Blüten in Weiß, Rosa, Scharlach- und Zinnoberrot inmitten borstiger, tief eingeschnittener Blätter. Nach der Blüte wirkt die Pflanze unordentlich und sollte von später blühenden Gefährten verdeckt werden. Sonne und tiefgründiger, gut wasserdurchlässiger Boden.
H: 60–120 cm B: 60–90 cm Z: 3[3–9]
P. rhoeas (Klatschmohn; Europa) mit papierartigen, scharlachroten Kronblättern auf zierlichen Stengeln verleiht jeder sommerlichen Waldblumenwiese mehr Farbe. Gartenvarietäten wie die Shirley-Mohnsorten eignen sich, auf rosa, weißen oder roten Flächen gepflanzt, als Rabattenvordergrund.
H: 60 cm B: 20 cm einjährig
P. somniferum (Schlafmohn; Griechenland, Orient) ist einjährig mit glatten, graugrünen Blättern. Päonienblütige Varietäten haben gefüllte Blüten in Weiß, Rosa, Rot und Purpur im Sommer. Erträgt sehr hohe Temperaturen.
H: 75 cm B: 30 cm einjährig

Parahebe
(Scrophulariaceae)
P. catarractae ist ein netter kleiner immergrüner Strauch. Ein Polster aus mittelgrünen Blättern wird im Sommer von unzähligen hellweißlichmalvenfarbenen, ehrenpreisartigen Blüten überzogen. Sonne und gut wasserdurchlässiger Boden.
H: 15–20 cm B: 30–45 cm Z: 9[9–10]
P. perfoliata (oft als *Veronica perfoliata* geführt; Australien) ist ein ungewöhnlich markanter, nicht winterharter Halbstrauch mit wachsiggrauen, ovalen Blättern. Im Spätsommer kriechen elegante Blütentrauben lavendelblauer Blüten anmutig über den Rand niedriger, besonnter Mauern.
H: 60 cm B: 45 cm Z: 8[8–10]

Parthenocissus
(Vitaceae) Jungfernrebe
Diese selbst kletternden, laubabwerfenden Rankengewächse verkleiden Mauern und bilden mit ihrem dichten Blattvorhang eine gute Kulisse für Rabatten, wobei ihre leuchtenden Herbstfarben besonders dramatisch wirken.
P. henryana hat attraktive, handförmig geteilte, samtig dunkelgrüne Blätter, die mit Weiß und Rosa entlang der Mittelrippen und Adern panaschiert sind. Die Panaschierung bleibt erhalten, bis sich die dunkelgrünen Blätter im Herbst feurig rot verfärbt haben. Nicht winterhart.
Kletterpflanze. H: 8,00–10,00 m Z: 8[8–10]
P. quinquefolia (Wilder Wein, Nordamerika) hat gesägte, fünffach gefiederte Blätter, die sich im Herbst in brillantes Karmesinrot verfärben.
Kletterpflanze. H: 30,00 m Z: 3[3–9]
P. tricuspidata 'Veitchii' (China, Japan) hat variable Blätter, häufig jedoch mit drei Fiederblättchen oder drei Lappen.
Kletterpflanze. H: 15,00 m Z: 4[4–9]

Pelargonium
(Geraniaceae) Pelargonie
Wird Verblühtes entfernt, blühen die dichten, abgerundeten Blütenköpfe den ganzen Sommer über. Die bekannten Formen sollten aus Samen gezogen werden, oder man wählt sorgfältig nach Farben aus, die in das wohlkomponierte Konzept eines Sommerbeetes passen.
P. 'The Boar' hat hübsche, lachsrosa Blüten und dunkles Laub. Staude, sollte aber einjährig aus Samen oder Stecklingen gezogen werden.
H und B: 90 cm Z: 10, einjährig

Pennisetum
(Gramineae) Federborstengras
P. alopecuroides (Argentinien, Ostasien, Ostaustralien) ist ein ausdauerndes Gras mit schmalen, graugrünen Blättern, die einen dichten Horst bilden. Die Blütenähren erscheinen im Herbst. Sonne; vor Frost schützen.
H: 90 cm B: 45–60 cm Z: 5[5–10]

Penstemon
(Scrophulariaceae) Bartfaden, Nord- und Zentralamerika
Bartfäden tragen mit ihren ungehemmt gebildeten, lockeren Ähren aus Röhrenblüten in herrlich intensiven Farben wesentlich zur Wirkung sommerlicher oder herbstlicher Rabatten bei. Varietäten für die Rabatte sind oft gar nicht oder nur halbwinterhart, doch lassen sich Stecklinge leicht bewurzeln und können so als Einjährige im Beet gezogen werden (läßt man sie an Ort und Stelle stehen, werden sie im Winter unansehnlich und leiden unter den kalten Frühjahrswinden). Verblühtes muß entfernt werden. Sonne und gut wasserdurchlässiger, fruchtbarer Boden.

P. 'Garnet' (korrekt *P.* 'Andenken an Friedrich Hahn') ist eine halbimmergrüne Staude, die von Hochsommer bis Herbst tiefpurpurrot blüht. Unter rosa Strauchrosen kommt die Blütenfarbe besonders gut zur Geltung.
H: 75 cm B: 60 cm Z: 8[8-10]
P. heterophyllus ist eine halbimmergrüne, bei uns nicht winterharte, alpine Art mit schmalen, graugrünen Blättern und blaublühenden Ähren im Sommer.
Kleiner Strauch. H und B: 45 cm Z: 7[7-10]
P. hartwegii 'Schoenholzeri' hat scharlachrote Blüten, die neben anderen „heißen" Farben vom Hochsommer bis in den Herbst erglühen. Wüchsige, buschige, halbimmergrüne, bei uns nicht winterharte Staude.
H: 90 cm B: 60 cm Z: 8[8-10]

Perilla
(Labiatae) Schwarznessel
P. frutescens (China) ist einjährig und braucht zur Samenreife heiße Sonne. Die Pflanze hat hübsche, purpurbraune Blätter in zugespitzter Form und mit attraktiv strukturierter Äderung. Weißblühende Ähren erscheinen im Spätsommer.
H: 60 cm B: 30 cm Z: 9[9-10] einjährig

Perovskia
(Labiataeae)
P. atriplicifolia (Afghanistan bis Tibet) ist ein zierlicher, laubabwerfender Strauch mit graublauen Blättern und offenen Rispen blauvioletter Röhrenblüten den ganzen Sommer über: Die Wirkung der Pflanze als Gesamtheit in einer Rabatte übersteigt bei weitem die Summe ihrer Teile. Muß im Winter bis zum Boden zurückgeschnitten werden und treibt von der Basis her neu aus. Sprößlinge können andere Pflanzen überwuchern. Sonne und gut wasserdurchlässiger Boden.
H: 90-150 cm B: 45-60 cm Z: 5[5-10]

Persicaria syn. **Polygonum**
(Polygonaceae) Knöterich
P. campanulata (Himalaja) hat attraktiv geäderte und braun markierte Blätter, die im Vorfrühling erscheinen. Große verzweigte Blütenstände mit winzigen, muschelrosa Glöckchen bleiben vom Hochsommer bis in den Herbst hinein erhalten. Besiedelt feuchte oder kühle Böden und ist dort im Halbschatten oder an einem nicht allzu vollsonnigen Standort ein ausdauernder Bodendecker.
Wegen der leicht zu kontrollierenden, flachen Wurzeln ist die Pflanze weniger aggressiv als andere Knötericharten.

Links: Perovskia atriplicifolia 'Blue Spire'

Rechts: Philadelphus coronarius

H und B: 90 cm Z: 5[5-9]
P. capitata (Himalaja) ist ein entzückender, bei uns nicht winterharter Bodendecker mit dunkelgrünen, braunmarkierten Blättern. Diese Knöterichart blüht den ganzen Sommer mit reizenden, kleinen rundlichen, rosa Blütenständen.
Im Haus überwintern oder als Einjährige pflanzen.
H: 10-15 cm B: 30-45 cm Z: 9[9-10]

Philadelphus
(Philadelphaceae) Pfeifenstrauch
Laubabwerfende Sträucher in vielen Arten und Hybriden, die in Größe und Blütezeit voneinander abweichen.
P. 'Belle Etoile' ist ein gedrungener Strauch mit einfachen, weißen Blüten, die im Sommer ihre hübschen kastanienbraun gefleckten Kronblattbasen präsentieren.
Mittelgroßer Strauch. H und B: 2,40 m Z: 5[5-9]
P. coronarius (Südeuropa) hat im Frühsommer kräftig duftende, cremeweiße Blüten, und ist nicht wählerisch in bezug auf Boden oder Standort. Die goldblättrigen und panaschierten Formen brauchen Halbschatten.
Mittelgroßer Strauch. H und B: 1,80-3,00 m
Z: 5[5-9]
P. 'Innocence' trägt im Sommer einfache, reinweiße Blüten. Die Blätter sind markant cremefarben und weiß panaschiert (Abb. siehe Seite 194).
Mittelgroßer Strauch. H: 2,40 m B: 1,80-2,40 m
Z: 5[5-9]
P. 'Virginal' bildet im Sommer weit geöffnete, gefüllte, weiße Blüten an aufrechten Zweigen. Anspruchslose Art.
Mittelgroßer Strauch. H: 2,40-3,00 m
B: 1,80-2,40 m Z: 5[5-9]

Phillyrea
(Oleaceae) Steinlinde, Südeuropa, Nordafrika, Vorderer Orient.
Steinlinden sind langsam wachsende immergrüne Holzgewächse mit einer dichten Masse glänzenden Laubes. Sie lassen sich in geometrische Formen schneiden, um üppig blühenden Gefährten als nachdrücklicher Kontrast zu dienen. Beide nachfolgend genannten Arten sind bei uns nicht winterhart.
P. angustifolia 'Rosmarinifolia' wächst zu einem gedrungenen, kuppelförmigen Busch mit schmalen, dunkelgrünen Blättern heran.
Kleiner Strauch. H und B: 60 cm Z: 8[8-10]
P. latifolia ist ein eleganter, nicht winterharter Baum, ähnlich der Olive, dessen kleine Blätter helle Unterseiten präsentieren und sich in einer Brise eindrucksvoll bewegen.
Kleiner Baum. H und B: 5,00 m Z: 8[8-10]

Philadelphus 'Innocence'

Phlomis
(Labiatae) Brandkraut
P. fruticosa (Strauchnessel; Mittelmeer) ist ein bei uns nicht winterharter, wuchernder, buschiger Strauch mit behaartem, graugrünem Laub und Wirteln intensiv gelber Blüten.
Kleiner Strauch. H: 90-120 cm B: 60-90 cm Z: 8[8-10]
P. italica (Balearen) stellt im Sommer eine wundervolle Harmonie aus silbrig-graufilzigen Blättern und sehr hellen, schmutzigrosa Blüten dar. Im Frühsommer kräftig zurückschneiden, wenn nötig bis zum Boden, damit die Pflanze zu einem wohlgeformten, aufrecht immergrünen Busch auswächst. Sonniger, geschützter Standort und gut wasserdurchlässiger Boden.
Kleiner Strauch. H: 30-45 cm B: 30 cm Z: 8[8-10]

Phlox
(Polemoniaceae) Phlox, Flammenblume
Die Gattung *Phlox* bereichert mit ihren Blütenfarben fast jede Jahreszeit und alle Bereiche des Gartens. *P. divaricata* 'Chattahoochee' ist eine kriechende, kurzlebige Staude der Wälder, eignet sich aber hervorragend als Frühblüher für den Rabattenvordergrund. In Sommer und Herbst verwelken die intensiv weichblauen Blüten mit purpurnem Augenfleck zu einem hellen Lavendelblau in einer Mischung harmonisch verschmelzender Farben. Die Blätter sind dunkel, behaart und etwas zugespitzt. Halbschatten und kühler Boden.
H: 25 cm B: 30 cm Z: 4[4-9]
P. divaricata (Nordosten der Vereinigten Staaten) - wahrscheinlich verwandt mit *P.* 'Chattahoochee' - bildet eine offene, ausdauernde Matte aus halbimmergrünen Blättern. Im Frühling trägt die Pflanze lockere Büschel hellblauer oder lavendelfarbener Blüten. Braucht die im Wald herrschenden Bedingungen von Halbschatten und feuchtem, humusreichem Boden.
H und B: 30 cm Z: 4[4-9]
P. douglasii (westliches Nordamerika) ist eine immergrüne Staude, die eine dichtstrauchige Matte mittelgrüner Blätter bildet. Gartenformen bilden im Frühsommer Blüten in Schattierungen von Rosa, Violett und Weiß. Gut für den Vordergrund in einer sonnigen Rabatte.
H: 7,5 cm B: 45 cm Z: 5[5-8]
P. drummondii (Texas) ist eine nicht winterharte Pflanze, die ab Hochsommer mit dichten Blütenständen in Schattierungen von Rot, Rosa, Lavendel und Weiß blüht. Gartenvarietäten sind in kompakterer Wuchsform mit verschiedenen Blütenformen und Farben erhältlich.
H: 38 cm B: 23 cm Z: 9[9-10] einjährig
P. maculata (östliche Vereinigte Staaten) ist ausdauernd und bildet ab dem Spätsommer zylindrische Blütenstände mit duftenden, malvenfarbenen Blüten. Nützlich als spätblühende Pflanze für eine offene Rabatte oder Halbschatten. Nährstoffreicher, feuchtespeichernder, gut wasserdurchlässiger Boden. *P. m.* 'Alpha' hat weichlilarosa Blüten mit dunklem Augenfleck. *P. m.* 'Omega' ist weiß, leicht lila-überlaufen und hat einen violetten Augenfleck.
H: 60-120 cm B: 45-60 cm Z: 3[3-9]
P. paniculata (Nordosten der Vereinigten Staaten) ist ausdauernd. Von dieser Art gibt es viele bewährte Varietäten, die im Sommer in allen Tönen von Blauviolett bis Rot blühen. Die schweren, pyramidenartigen Blütenrispen bedürfen manchmal einer Stütze. Reichlich düngen und regelmäßig teilen, damit die Blühfreudigkeit erhalten bleibt. Gut für offene Rabatten. Halbschatten und nährstoffreicher, feuchtespeichernder, gut wasserdurchlässiger Boden.
H: 45-150 cm B: 45-60 cm Z: 3[3-9]
P. stolonifera (Südosten der Vereinigten Staaten) bildet eine niedrige immergrüne Matte aus ovalen Blättern mit lockeren Büscheln purpurrosa Blüten im Spätfrühling; es gibt rosa, weiß oder hellblau blühende Sorten. Verträgt Sonne, wenn sie nicht zu intensiv ist.
H: 15-20 cm B: 30 cm Z: 3[3-9]
P. subulata (Osten der Vereinigten Staaten) bildet eine dichte, ausdauernde Masse dünner, immergrüner Blätter, im Spätfrühling mit rosa oder malvenfarbenen Blüten. Bekannte Zuchtformen sind in bewährten Tönen von Rosa, Rot und Lavendel erhältlich.
H: 7,5 cm B: 45 cm Z: 3[3-8]

Phormium
(Agavaceae)
P. tenax (Neuseeländischer Flachs) ist eine immergrüne Staude mit festen, schwertförmigen Blättern, die sich vom Boden in einem riesenhaften Fächer erheben und damit einen bemerkenswerten architektonischen Blickpunkt und einen wertvollen Kontrast zu den meisten anderen Blattformen und -strukturen schaffen.
Rispen dunkelbräunlichroter Blüten erheben sich über den Blättern im Sommer. Sonne und Feuchtigkeit, aber gut wasserdurchlässiger, fruchtbarer Boden. Verträgt Salz, Dürre und Stadtluft. Bei uns nicht winterhart.
P. t. 'Purpureum' hat graugrüne Blätter mit purpurnem Glanz. Weiterhin gibt es eine Reihe empfindlicher Sorten und Hybriden mit panaschierten und purpurnen Blattönungen. Bei uns nicht winterhart.
H: 1,80-3,00 m B: 1,20 m Z: 8[8-10]

Phygelius × rectus 'African Queen'

Phygelius
(Scrophulariaceae) Südafrika
Diese Halbsträucher sind in warmen Regionen immergrün, können aber auch an geschützten, sonnigen, gut wasserdurchlässigen Standorten gezogen werden.
P. aequalis ist ein ausgebreiteter Halbstrauch mit schmutzig lachsfarbenen Blüten vom Hochsommer bis in den Herbst. *P. a.* 'Yellow Trumpet', eine gedrungene Form, hat Ähren mit extrem hellgelben, schlanken Röhrenblüten.
H: 75 cm B: 50 cm Z: 7[7-10]
P. × *rectus* sind Hybriden zwischen *P. aequalis* und *P. capensis*. *P.* × *r.* 'African Queen' hat hellrote Blüten mit gelbem Schlund vom Hochsommer bis zum Herbst. *P.* × *r.* 'Winchester Fanfare' trägt von Hochsommer bis frühen Herbst herabhängende, schmutzigrote Blüten mit gelben Rändern; nicht winterhart.
H: 75 cm B: 50 cm Z: 8[8-10]

Pilostegia
(Hydrangaceae)
P. viburnoides (China) ist eine bewährte immergrüne, sich selbst verankernde Kletterpflanze mit trübgrünen Blättern und im Spätsommer und Herbst mit cremefarbenen Blüten in endständigen Rispen. Bei uns nicht winterhart.
Kletterpflanze. H und B: 6,00 m Z: 9[9-10]

Piptanthus
(Leguminosae)
P. nepalensis (Himalaja) ist ein kurzlebiger, nicht winterharter Strauch. Blütentrauben mit intensiv gelben Schmetterlingsblüten im Spätfrühling heben sich von silbrig-behaarten, jungen Blättern ab, die sich später in elegante, lange, oberseits dunkelgrüne und unterseits gräuliche Fiedern verwandeln. Sonne; am besten geschützt nahe einer warmen Mauer pflanzen.
Großer Strauch. H und B: 2,40-4,00 m Z: 8[8-10]

Plumbago
(Plumbaginaceae) Bleiwurz
P. auriculata (syn. *P. capensis*; Südafrika) ist eine immergrüne Kübelpflanze mit entzückenden Rispen aus eisblauen, primelartigen Blüten, die im Sommer für viele Monate inmitten weicher, grüner, elliptischer Blätter blühen. Sie sollten die lockeren Stengel an eine Wand anbinden oder ihnen erlauben, sich über benachbarte Pflanzen auszubreiten. Rückschnitt nach der Blüte und sparsames Wässern im Winter. Überwintern in einem frostfreien Gewächshaus.
Kletterpflanze. H: 5,00 m B: 3,00 m Z: 9[9-10]

Podophyllum
(Podophyllaceae) Fußblatt
P. hexandrum (syn. *P. emodi*; Indien) ist eine Staude, die feuchte, schattige Rabatten langsam besiedelt. Tief gelappte Blätter entfalten sich zunächst abwärts eingefaltet wie ein zusammengeklappter Regenschirm und öffnen sich, um ihre kupferbraunen Male zur Schau zu stellen. Tellerförmige, rosa oder weiße Blüten im Frühsommer werden gefolgt von eiförmigen, roten Früchten. Die Pflanze ist giftig.
H: 30 cm B: 45 cm Z: 5[5-9]

Polemonium
(Polemoniaceae) Jakobsleiter
Jakobsleitern sind hübsche, ausdauernde Rabattenpflanzen für Sonne oder Halbschatten und normalen Gartenboden. Verblühte Blütenstiele sollten zurückgeschnitten werden.
P. caeruleum (Asien, Europa) bildet bodennahe Tuffs aus kräftig grünen, gefiederten Blättern und produziert im Frühsommer lockere Büschel glokkenförmiger, lavendelblauer Blüten mit orangefarbenen Staubblättern.
H: 60-90 cm B: 30-60 cm Z: 3[3-9]
P. foliosissimum (westliches Nordamerika) hat aufrechte Triebe, die dunkelgrüne, gefiederte Blätter tragen und in dichten Gruppen breitglockenförmiger, intensiv blaulila Blüten enden, die den ganzen Sommer in reicher Folge gebildet werden.
H: 75-90 cm B: 60 cm Z: 4[4-9]

Polygonatum
(Liliaceae) Salomonssiegel
P. × *hybridum* 'Weihenstephan' ist eine elegante, schattenliebende, sich langsam ausbreitende Staude für die Rabatte. Lange, überhängende Stengel tragen horizontal stehende Blätter und im Frühsommer in Büscheln herabhängende, grün getönte, weiße Blütenglocken. Die hellgrünen Blätter verbergen das verwelkende Laub der Anemonen und *Fritillaria*-Arten, ihre einfache Linienführung stellt eine perfekte Kulisse sowohl für formschöne Farn- und *Akanthus*-Blätter als auch für massigeres, dunkles, kleinblättriges Laub dar.
H: 90-120 cm B: 60 cm Z: 4[4-10]

Polygonum
(Polygonaceae) Knöterich
P. campanulatum (Himalaja) hat attraktiv geäderte und braun markierte Blätter, die im Vorfrühling erscheinen. Große, verzweigte Blütenstände mit winzigen, muschelrosa Glöckchen bleiben vom Hochsommer bis in den Herbst erhalten. Braucht feuchte oder kühle Böden und ist dort im Halbschatten oder in nicht allzu heißer Sonne ein ausdauernder Bodendecker. Wegen der leicht zu kontrollierenden, flachen Wurzeln ist die Pflanze weniger aggressiv als andere Knötericharten.
H und B: 90 cm Z: 5[5-9]
P. capitatum (Himalaja) ist ein entzückender, bei uns nicht winterharter Bodendecker mit dunkelgrünen, braunmarkierten Blättern und mit den ganzen Sommer über in langer Folge blühenden, kleinen rundlichen, rosa Blütenständen. Im Haus überwintern oder als Einjährige pflanzen.
H: 10-15 cm B: 30-45 cm Z: 9[9-10]

Podophyllum hexandrum

Polystichum
(Aspidiaceae)
P. setiferum (Schildfarn; Europa) hat zierlich elegante Wedel und ist nicht sehr anspruchsvoll. Diese immergrüne oder halbimmergrüne Staude erträgt Trockenheit, wächst aber besonders üppig an einem humosen, kühlen und schattigen Platz.
H: 60-120 cm B: 90-150 cm Z: 5[5-9]

Potentilla
(Rosaceae) Fingerkraut
Diese nützlichen, winterharten, laubabwerfenden Sträucher haben eine lange Blühperiode.
P. fruticosa 'Abbotswood' trägt überreichlich weiße Blüten, abgesetzt von einer Masse gräulicher Blätter vom Sommer bis in den Herbst hinein.
Kleiner Strauch. H: 90 cm B: 120 cm Z: 2[2-9]
P. f. 'Arbuscula' (Himalaja, Nordchina) hat salbeigrüne Blätter und braune, rauhhaarige Sprosse im Winter. Büschel großer, leuchtendgelber Blüten zieren vom Frühsommer bis in den Herbst.
Kleiner Strauch. H: 60 cm B: 150 cm Z: 2[2-9]
P. f. 'Hachmann's Gigant' ist etwa kuppelförmig und trägt kostbare, kanariengelbe Blüten, die vom Spätfrühling bis zum frühen Herbst freigebig gebildet werden. Gut für Einfassungen oder Gruppenbepflanzungen geeignet.

Kleiner Strauch. H: 90 cm B: 120 cm Z: 2[2-9]
P. f. 'Jackmann' hat behaarte, silbrig schimmernde Blätter und primelgelbe Blüten von Spätfrühling bis zum frühen Herbst und eine etwas aufrechtere Wuchsform als *P. f.* 'Hachmann's Gigant'.
Kleiner Strauch. H: 120 cm B: 90 cm Z: 2[2-9]

Primula
(Primulaceae) Primel, Schlüsselblume
Asiatische Arten bevorzugen Halbschatten und kühlen, humusreichen Boden - feucht oder gut gemulcht, doch ohne Staunässe im Winter.
P. florindae (Westchina, Tibet) ist eine hübsche, wüchsige Staude für einen feuchten Standort mit lange anhaltender Sommerblüte. Mehrere, hohe Stiele tragen herabhängende, duftende, schwefelgelbe Blüten über einem Polster großer, abgerundeter Blätter.
H: 60-90 cm B: 60 cm Z: 5[5-9]
P. pulverulenta (Westchina) ist eine ausdauernde Etagenprimel mit runzligen, grünen Blättern und aufgereihten Blüten, die sich im Frühsommer auf mehligbestäubten Stengeln erheben. Gartensorten sind in Schattierungen von fast Karmesinrot mit dunkelrotem oder purpurnem Augenfleck bis hin zu weicheren Rosatönen erhältlich. Auf Flächen am Teichufer gepflanzt, mit bronzefarbenem Schaublatt oder *Gunnera*-Blättern als Hintergrund, wirken sie am besten.
H: 60-90 cm B: 45 cm Z: 5[5-9]
P. sikkimensis ist eine zarte Version von *P. florindae* mit schmaleren Blättern und hellgelben Blüten im Sommer. Diese ausdauernde Pflanze ist schwieriger zu halten.
H: 45 cm B: 23-30 cm Z: 5[5-9]
P. vulgaris (Kissenprimel; Europa) ist eine ausdauernde Pflanze, die ruhig unter Sträuchern und in Waldbeeten siedeln sollte, ihre einfachen, gelben Blüten kündigen das Nahen des Frühlings an.
H: 15 cm B: 23 cm Z: 5[5-9]

Prunus
(Rosaceae) Zierkirsche
P. maackii (China) ist laubabwerfend und besitzt außergewöhnlich goldbraune Borke, die mit dem Alter abschuppt. Der Baum kommt am besten in einer Pflanzgruppe zur Geltung, wo er vor einem einfachen Hintergrund leuchten kann. Die Farbintensität wird zusammen mit gelbem Eisenhut am schönsten widergespiegelt.
Mittelgroßer Baum. H: 12,00 m B: 6,00 m
Z: 2[2-9]
P. 'Ukon' (Japanische Zierkirsche) ist laubabwerfend und hat lang bestehende, grün-überlaufene, cremefarbene, gefüllte Blüten, die sich gegen Mitte des Frühlings von dem jungen, bronzefarbenen Laub abheben, vor dunklem Hintergrund eine wunderschöne Kombination.
Kleiner Baum. H: 5,00-6,00 m B: 5,50-8,00 m
Z: 6[6-9]

Pulmonaria
(Boraginaceae) Lungenkraut
Lungenkrautarten sind nützliche, ausdauernde Bodendecker an feuchten, schattigen Plätzen. Zwei Arten mit formschönen Blättern sind wegen ihrer strukturierten Blätter interessanter als andere. Für nährstoffreiche, durchlässige Böden.
P. angustifolia (Schmalblättriges Lungenkraut; Mitteleuropa) hat elliptische, reindunkelgrüne Blätter. Diese entfalten sich im Frühling zusammen mit den Blüten. Blaue Röhrenblüten öffnen sich aus rosa Knospen.
H: 23-30 cm B: 30-45 cm Z: 3[3-9]
P. saccharata 'Mrs. Moon' (Westeuropa) hat schmal zugespitzte Blätter mit weißen Flecken, und ihre dichten Büschel blauer Frühlingsblüten bleiben länger als die meisten anderen der Gattung erhalten.
H: 30 cm B: 45 cm Z: 5[5-9]

Pulsatilla
(Ranunculaceae)
P. vulgaris (Gewöhnliche Küchenschelle; Europa) bildet im Frühling purpurne Blüten, noch bevor sich das elegante, fein eingeschnittene Laub völlig entfaltet hat. Seidige Haare lassen diese Staude silbrig erscheinen.
Volle Sonne und gut wasserdurchlässiger, trockener, kalkhaltiger Boden.
H und B: 23-30 cm Z: 3[3-9]

Primula florindae

Etagenprimeln

Pyrus
(Rosaceae) Birne
P. calleryana 'Chanticleer', eine Sorte der chinesischen Wildbirne, ist laubabwerfend und von zierlich pyramidenförmiger Wuchsform. Im Frühling trägt sie einen Überfluß an weißen Blüten und im Herbst eine schöne, reichfarbige Belaubung.
Mittelgroßer Baum. H: 15,00 m B: 6,00 m
Z: 5[5–9]
P. salicifolia 'Pendula' hat elegant überhängende, dunkle Zweige und weidenähnliche, silberne Blätter; ihre Farbe schimmert vor einem dunklen Hintergrund besonders eindrucksvoll, bereichert aber auch gemischte Rabatten.
Die unteren Zweige sollten abgeschnitten werden, um die elegante Form dieses laubabwerfenden Baumes zu bewahren.
Kleiner Baum. H: 8,00 m B: 6,00 m Z: 5[5–9]

Ranunculus
(Ranunculaceae) Hahnenfuß
R. aconitifolius (Eisenhutblättriger Hahnenfuß; Europa) bildet kräftig belaubte, ausdauernde Tuffs dunkelgrüner Hahnenfußblätter. Drahtig verzweigte Stengel tragen im Frühsommer lockere Gruppen niedlicher, weißer Blüten. Die wunderbar weißen Blüten der gefüllten *R. a.* 'Flore Pleno' kontrastieren elegant zu dem dunklen Laub. Sonne oder Halbschatten und feuchter Boden.
H und B: 90 cm Z: 4[4–9]

Rehmannia
(Gesneriaceae) China
R. elata (syn. *R. angulata*) ist eine lang blühende, sich selbst aussäende Staude, im Früh- und Spätsommer mit merkwürdig gehelmten, fingerhutähnlichen Blüten in Purpurrosa mit gefleckten Malen im Innern. Sonne oder Schatten und gut wasserdurchlässiger Boden. Bei uns zweijährig kultivieren. Winterhärter ist *R. gentinosa* mit gelblichen Blüten.
H: 60–90 cm B: 30–60 cm Z: 8[8–10]

Reseda
(Resedaceae) Gartenresede
R. odorata (Nordafrika) ist eine einjährige Bauerngartenpflanze mit nach Honig duftenden, flaumigen Blütenähren. Die Blüten der Art sind grünlichgelb, in einigen Varietäten aber rot überlaufen.
H: 30–60 cm B: 15–23 cm einjährig

Rheum
(Polygonaceae) Zier-Rhabarber, China
R. palmatum ist eine Staude für [illegible] Pflanzungen mit überaus dekorativem Laub aus tief gezähnten, großen rauhen Blättern, bei der Art grün und purpurn getönt, während das junge Laub von *R. p.* 'Atrosanguineum' (syn. *R. p.* 'Atropurpureum') leuchtend rot ist und sich mit der Reife nach Purpurweinrot verfärbt. Im Sommer tragen hohe, fedrige Blütenstände weiße, rosa oder rote, astilbenähnliche Blüten. Sonne oder Halbschatten und tiefgründiger, feuchter Boden.
H und B: 1,80 m Z: 5[5–9]

Ricinus
(Euphorbiaceae) Wunderbaum
R. communis (tropisches Afrika) ist ein empfindlicher, baumartiger Strauch mit aufrechter Wuchsform, der wegen seiner hübschen, handförmig geteilten Blätter gepflanzt wird. Am besten im Sommer des Vorjahres aussäen und frostfrei überwintern, damit der attraktive Strukturkontrast in der Rabattenbepflanzung zur Geltung kommt. Rot- oder bronzeblättrige Formen sind ebenfalls erhältlich.
Kleiner Strauch. H: 150 cm B: 90 cm Z: 9[9–10]
einjährig

Rodgersia
(Saxifragaceae) Schaublatt
Als Staude, die sich in feuchtem Boden wohl fühlt, breitet sich das Schaublatt rasch aus und bildet unkrautsichere Teppiche aus hübschen, grünlich-bronzefarbenen Blättern, die wunderschön zu hellgrünem oder fedrigem Laub kontrastieren. Rosa oder cremefarbene, fedrige Blütenstände bereichern das hochsommerliche Bild.
R. aesculifolia (China) hat runzlige, bronzefarbene, kastanienartige Blätter, von denen sich die dicht stehenden, fedrigen Blütenstände mit cremeweißen Blüten absetzen, und die mit benachbarten, rosa getönten Blüten harmonieren.
H: 90–150 cm B: 60–75 cm Z: 4[4–9]
P. pinnata 'Superba' ist eine bemerkenswerte Sorte mit besonders tiefbronzefarben-überlaufenen, gefiederten Blättern und brillanten, rosa, astilbeähnlichen Blütenständen.
H: 90–120 cm B: 60–75 cm Z: 4[4–9]
R. tabularis (jetzt korrekt *Astilboides tabularis*; China, Korea) hat weichere, schirmförmige, hellgrüne Blätter, etwa wie eine kleine *Gunnera*. Bildet hohe Rispen mit cremeweißen Blüten. Spätfrostgefährdet.
H und B: 90 cm Z: 4[4–9]

Romneya
(Papaveraceae) Kalifornien
R. coulteri ist eine Staude mit tief gelappten, bläulichgrünen Blättern. Von Spätsommer bis Herbst bildet sie riesige, papierartig weiße Mohnblüten, duftend und mit gelbem Zentrum.
R. c. 'White Cloud' hat vielleicht noch prächtigere Blüten. Ist schwer zu etablieren, überwuchert dann aber leicht andere Pflanzen. In warmen Regionen wächst sie zu einem früher blühenden, ansehnlichen Strauch aus. In kälteren Zonen ist sie nicht winterhart. Gut wasserdurchlässiger, tiefer Boden, Sonne und Winterschutz in kalten Gegenden.
H und B: 1,20–1,80 m Z: 8[8–10]

Rehmannia elata (syn. R. angulata)

Rosa
(Rosaceae) Rose
In dieser Zusammenfassung lege ich mehr Wert auf jene Rosen, die sich anmutig in eine Komposition einfügen. Die wegen ihrer perfekten Blüten gewählten Rosen, die eine bevorzugte Behandlung an herausgehobener Stelle benötigen, werden hier nicht berücksichtigt. Die Liste könnte unendlich verlängert werden, daher hier nur eine kleine Auswahl.
Rosen für gemischte Rabatten
Viele Rosen verdienen den Status einer „Leitpflanze", andere rangieren als Begleitpflanzen.
Moschata-Hybriden sind wertvolle Strauchrosen mit einer verzweigten, fächerartigen Wuchsform und riesigen Büscheln hochsommerlicher Blüten mit einer zweiten Blüte im Spätsommer, wenn Verblühtes zurückgeschnitten wird. Die Farben variieren von Reinweiß bis zu verschiedenen intensiven

Rosa 'Albertine'

Rosa 'Penelope'

Rosatönen (*R.* 'Penelope' ist zartrosa) und der warmen, cremebronzefarbenen *R.* 'Buff Beauty'.
Moderne Strauchrosen sind in einem breiten Spektrum von Sträuchern erhältlich, manche noch mit der eleganten und üppigen Wuchsform der elterlichen Art. Die Auswahl an Blütenfarben ist schier unbegrenzt, meist mit einer sommerlichen Blüte und einer späteren zweiten Blühperiode. Die Pflanzen sind widerstandsfähig, relativ resistent gegen Krankheiten und problemlos. Zu meinen Favoriten gehören die riesige *R.* 'Cerise Bouquet' und die hellgelbe *R.* 'Frühlingsgold'.
Buschrosen werden weniger ihrer Wuchsform als vielmehr ihrer Blüten wegen angepflanzt. Zu dieser Gruppe gehören hochgezüchtete Tee-Hybriden mit formschönen Blüten, die am besten flächendeckend in formellen Anlagen gepflanzt werden. Besser für Rabattenkonzepte sind Floribunda-Rosen mit lokker gruppierten Blüten geeignet und die elterlichen Polyantha-Rosen - kompakte Büsche mit kleinen Blüten in dicht gepackten Bündeln.

Rosen für die frei gestaltete Pflanzung

In weniger formellen Gärten sorgen Rosenarten und ihre nahe verwandten Hybriden je nach Jahreszeit für attraktives Laub und Blüten von zarter Schönheit. *R. pimpinellifolia* (Bibernell-Rose) wächst mit ihren Sprößlingen zu einem Dickicht aus farnartigen Blättern heran und hat Formen, deren im Frühsommer weiße oder rosa, gefüllte oder einfache Blüten von schwarzen Hagebutten gefolgt werden. Werden die Wurzeln an der Ausbreitung gehindert, lassen sich diese Rosen zu einer entzückenden Hecke in einem strenger geplanten Blumengarten heranziehen.
Rosa alba-Abkömmlinge blühen nur einmal im Frühsommer, sie haben weiche, graue Blätter, eine attraktive Form und hübsche hellrosa oder weiße, gefüllte oder halbgefüllte, duftende Blüten in dichten Büscheln. *R.* 'Alba Maxima' und *R.* 'Great Maiden's Blush' gehören zu meinen Favoriten.
Rosa rugosa-Abkömmlinge (Abkömmlinge von *R. rugosa*, der Kartoffelrose oder Japanischen Apfelrose) haben apfelgrüne, stark geäderte, faltige Blätter und sehr stacheliges, helles Holz. Duftende Blüten von Weiß bis Rosa und tiefem Weinscharlachrot werden den ganzen Sommer in reichlicher Fülle gebildet, gefolgt von kugeligen, roten Hagebutten. Lassen sich zu attraktiven und undurchdringlichen Hecken ziehen.
Rugosa-Rosen sind winterhart, problemlos im Garten und vertragen auch salzhaltige Winde, alles Qualitäten, die sich auf viele Rugosa-Hybriden übertragen haben. *R.* 'Fru Dagmar Hastrup' hat einfache, rosa Blüten, schöne Früchte und wird nicht zu groß.

Rosen als Hintergrund

In größerem Maßstab können Rosen vertikale Oberflächen verkleiden oder sich kaskadenartig über Böschungen ergießen, um damit einem Blumengarten die dritte Dimension zu verleihen. Vielleicht die schönsten Hintergründe werden von Arten und Sorten mit kleinen oder dicht gedrängten Blüten gebildet, die sich zu flächenhaften Farbwirkungen vereinigen.
Viele Kletterrosen stammen von *R. wichuraiana* ab: *R.* 'Albertine' hat rötlichkupferne Knospen, die sich zu Erdbeeren-mit-Schlagsahne-rosafarbenen Blüten öffnen; *R.* 'Albéric Barbier' trägt cremefarbene Blüten und glänzend grüne Blätter. Die wüchsigeren wie *R.* 'Bobbie James' sollten in Bäumen emporklettern dürfen. *R.* 'Paulii' hat einfache, weiße Blüten und stachelige Zweige, die über eine Mauer herabfließen oder einen Hang verkleiden können. Die kriechende *R.* × *jacksonii* 'Max Graf' bildet rosarote Blüten mit goldenem Zentrum.
Stärker wachsende Kletterrosen haben ihre Hauptblütezeit in der Regel im Frühsommer und blühen dann ab und zu später noch einmal: zur Bereicherung Ihrer Farbkonzepte sollten Sie tiefe Rot- oder reiche Gelbtöne wählen, hellere Töne ziehen weniger den Blick auf sich. Eine anspruchslose nostalgische Kletterrose ist *R.* × *odorata* 'Pallida' (syn. 'Old Blush China'), eine Rose mit köstlichen, halbgefüllten, rosa Blüten, die während vieler Monate des Jahres gebildet werden.

Rosmarinus

(Labiatae) Rosmarin
R. officinalis (Südeuropa, Kleinasien) ist ein immergrüner Strauch mit gräulichgrünen, linealischen Blättern und hellmalvenblauen Blüten im Frühling. Verbesserte Formen sind mit kräftiger blauen Blüten und in einer Auswahl aufrechter bis gedrungener Wuchsformen erhältlich, sind aber häufig nicht winterhart.
Mittelgroßer Strauch. H: 1,80–2,10 m B: 1,50–1,80 m Z: 8[8–10]

Rudbeckia

(Compositae) Sonnenhut, Nordamerika
R. laciniata bildet robuste, ausdauernde Tuffs tief eingeschnittener Blätter und verleiht im Spätsommer dem Hintergrund großer Rabatten Farbe. Die Art hat große, gelbe Blüten mit herabhängenden Randblüten und hochgewölbten, grünlichen Scheibenblüten. *R. l.* 'Golden Glow' ist eine gefüllte Form mit messinggelben Blüten. Kann andere Pflanzen überwuchern.
H: 1,80–2,10 m B: 0,60 m Z: 3[3–10]

Salvia

(Labiatae) Salbei
Salbeiarten haben gewöhnlich hübsche Blattstrukturen und Ähren mit Röhrenblüten, die von zart bis prunkhaft reichen. Der Gewürzsalbei ist eine Pflanze mit nützlichem Laub, während viele der empfindlicheren „neuweltlichen" Arten wegen ihrer schmückenden Blüten und auffallenden Farben die Pflege lohnen. Brauchen Sonne und gut wasserdurchlässigen Boden.
S. argentea (Silberblattsalbei; östliches Mittelmeer) wird im wesentlichen wegen der Blattrosette aus

großen, silberweißen, behaarten Blättern mit gekräuselten und gezähnten Rändern angepflanzt. Entfernt man im Sommer die Blütenknospen, wird diese kurzlebige in wintermilden Gebieten zu einer ausdauernden Pflanze.
H: 90 cm B: 60 cm Z: 5[5–10]
S. farinacea 'Victoria', eine nicht winterharte Sorte, wird gewöhnlich als Einjährige angepflanzt. Im Spätsommer erscheinen über lange Zeit intensiv blauviolette Blütenähren auf verzweigten, filzigen Stengeln mit graugrünen Blättern.
H: 45 cm B: 30 cm Z: 9[9–10] oder einjährig
S. fulgens (Mexiko), einjährig verholzend, bildet im Spätsommer samtige Blütenähren in lebhaftem Scharlachrot über immergrünen Blättern. Nicht winterhart.
H: 60–90 cm B: 45 cm Z: 9[9–10]
S. guaranitica (Südamerika) ist ein nicht winterharter Halbstrauch mit groben, dunkelgrünen Blättern. Die intensiv königsblauen Salbeiblüten erscheinen im Spätsommer und Herbst. Gut mulchen. Im Herbst lassen sich Stecklinge bewurzeln.
H: 150 cm B: 60–90 cm Z: 9[9–10] oder einjährig
S. leucantha (Mexiko) ist ein nicht winterharter immergrüner Halbstrauch mit überhängenden, grauweißen Zweigen und strukturierten Blättern. Im Spätsommer und Herbst produziert diese Art schlanke Blütenzweige mit kleinen, lavendelweißen Blüten mit auffallend filzigen, violett getönten Kelchen.
H und B: 60–90 cm Z: 9[9–10]
S. microphylla neurepia (Mexiko) ist ein bei uns nicht winterharter, immergrüner Strauch mit frisch grünen Blättern und kleinen, brillant scharlachroten Blüten in langer Folge vom Frühsommer bis in den Herbst.
Kleiner Strauch. H: 120 cm B: 90 cm Z: 9[9–10]
S. officinalis (Gartensalbei; Südeuropa) und seine Formen eignen sich gut als Blattpflanzen mit geflechtartigem Laub - niederwüchsige buschig immergrüne Sträucher mit panaschiertem oder purpurnem Laub, die sich in unterschiedliche Farbkonzepte einfügen. Kleine Ähren blauvioletter Röhrenblüten erscheinen im Sommer.
Kleiner Strauch. H: 60 cm B: 45 cm Z: 5[5–10]
S. patens (Mexiko) ist eine gedrungene, nicht winterharte Staude mit Wurzelstock, die im Spätsommer und Herbst lockere Ähren intensiv blauer, gehelmter Blüten auf verzweigten Stengeln bildet. In warmem Klima ist sie immergrün und verholzt im Alter; in kühleren Regionen muß sie jedes Frühjahr neu ausgesät werden.
H: 45–75 cm B: 30–45 cm Z: 9[9–10] oder einjährig

S. sclarea 'Turkestanica' (Muskatellersalbei; Turkestan) ist eine Zweijährige oder kurzlebige Staude mit gefalteten Blättern, die im Sommer Salbeiblüten mit auffällig lavendelpurpurnen Brakteen tragen. Nicht winterhart.
H: 90 cm B: 45 cm Z: 8[8–10] zweijährig
S. uliginosa (Südamerika) ist eine Staude mit im Spätsommer lockeren Ähren intensiv azurblauer Blüten auf hohen, sich neigenden Stengeln. Nicht winterhart. Relativ feuchter Boden und warmer Standort.
H: 150 cm B: 45–60 cm Z: 8[8–10] oder einjährig
S. viridis (syn. *S. horminum*; Südeuropa) hat von Hochsommer bis zum Spätsommer auffallend gefärbte Brakteen (Hochblätter) in verschieden abgetönten Schattierungen von Purpurblau, sanftem Rosarot, Rosa und Weiß, die alle gut miteinander harmonieren.
H: 45 cm B: 23 cm Z: 8[8–10] einjährig

Sanguinaria
(Papaveraceae) Blutwurz
S. canadensis 'Multiplex' (syn. *S. c.* 'Plena') ist eine kriechende Staude mit gefüllten Blüten, die dichte cremeweiße Kronblätter bilden. Letztere entfalten sich später zu flach ausgestreckten, hübschen, graugrün gelappten Blättern, die bis zu ihrem Absterben im Sommer einen guten Bodendecker ausmachen. Halbschatten und gut wasserdurchlässiger, nährstoffreicher, saurer Lehmboden.
H: 15–23 cm B: 30 cm Z: 3[3–9]

Santolina
(Compositae) Heiligenkraut, Europa
Heiligenkrautarten sind kleine, immergrüne Sträucher. Wo die Sonne ausreicht, das Holz reifen zu lassen und im Winter keine Staunässe die Wurzeln gefährdet, sind sie fast winterhart. Kräftiger Rückschnitt im Frühling erhält die Form. Gut als Einfassung, niedrige Hecke und Bodendecker.
S. chamaecyparissus wächst zu einem dichten, abgerundeten Busch heran, im Frühling grünlich, später silbrig. Kleine, gelbe, knopfförmige Blüten wetteifern im Sommer mit kühlen Pastellkonzepten in Malvenfarbe und Rosa.
Kleiner Strauch. H und B: 45–60 cm Z: 7[7–10]
S. rosmarinifolia (syn. *S. virens*) hat schmale, hellgrüne Blätter und attraktive, schwefelgelbe Sommerblüten. *S. r.* 'Primrose Gold' hat hellere, gelbe Blüten. Nicht immer winterhart.
Kleiner Strauch. H: 60 cm B: 90–120 cm Z: 7[7–10]

Sarcococca
(Buxaceae) Asien
Diese kleinen immergrünen Sträucher mit glänzen-

Links. Rosa × odorata 'Pallida' (syn. 'Old Blush China')

Rechts: Salvia viridis 'Rose Bouquet'

Selinum tenuifolium

den Blättern bringen mitten im Winter intensiv duftende Blüten hervor, gefolgt von farbigen Beeren. Als bodendeckende Gruppe im Schatten höherer, goldblättriger Sträucher sehen sie hübsch aus. *S. hookeriana* und die etwas kleinere *S. humilis* (mit Sprößlingen) haben schwarze Früchte.
Kleiner Strauch. H und B: 38 cm Z: 7[7–9]

Saxifraga
(Saxifragaceae) Steinbrech
Obwohl viele Arten alpin sind und an gut wasserdurchlässigen, steinigen Plätzen gedeihen, passen sie sich bereitwillig in normale Rabatten ein.
S. cortusifolia fortunei 'Wada' ist eine halbimmergrüne krautige Staude mit Rosetten glänzender, ledriger, oberseits glänzend grüner und unterseits karminroter, abgerundeter Blätter. Im Herbst erscheinen sternförmige, weiße Blüten mit gelben Zentren auf roten Stengeln. Gut für eine geschützte, kühle Ecke.
H und B: 30 cm Z: 7[7–9]
S. moschata (Pyrenäen bis Kaukasus) ist eine immergrüne Staude, die ein moosartiges Kissen mit tief geteilten, kräftig grünen Blättern bildet. Zuchtformen sind mit sommerlichen, tellerförmigen Blüten in Gelb erhältlich.
H: 7,5–15 cm B: 30–45 cm Z: 5[5–9]
S. stolonifera (Judenbart; Ostasien) hat runde oder nierenförmige Blätter mit silberner Äderung und rötlichen Unterseiten. Luftige Blütentrauben mit kleinen, weißen Blüten erscheinen im Sommer. Verträgt Schatten und feuchte oder trockene Böden.
H: 23–30 cm B: 30 cm Z: 7[7–10]
S. umbrosa ist eine immergrüne Staude. Sie wächst zu einem Unkraut unterdrückenden Geflecht mit fleischigen Blattrosetten heran, über die sich im Frühsommer ein Hauch aus rosa Blüten erhebt.
H und B: 30 cm Z: 5[5–9]

Scilla
(Liliaceae) Blaustern
Diese im Frühling blühende, winterharte Knollenpflanze fühlt sich in jedem gut bearbeiteten Boden zu Hause. *S. bifolia* (Zweiblättriger Blaustern; Südeuropa und Kleinasien) hat im Vorfrühling lockere Trauben mit malvenblauen bis blauen Blüten; rosa und weiße Formen sind bekannt. Verwildert im Gras. Schattenverträglich.
H: 5–10 cm B: 10 cm Z: 5[5–10]
S. peruviana (Peru-Blaustern; westliches Mittelmeer) hat dichte, blaue Blütenstände, die sich im Frühsommer über ansehnlichen Büscheln bandförmiger Blätter erheben. Nicht winterhart.
H: 23–30 cm B: 20 cm Z: 8[8–10]
S. siberica (Mittel- und Südrußland) bildet im Vorfrühling drei oder vier Stengel mit jeweils einigen intensiv blauen, glockenförmigen Blüten.
H: 5–10 cm B: 10 cm Z: 4[4–9]

Sedum
(Crassulaceae) Fetthenne
Die krautigen Sedum-Arten sind gut für offene sonnige Rabatten geeignet, wobei ihre fleischigen, bläulichgrünen Blätter und im Spätsommer die flachen Blütenstände mit dicht gedrängten, sternförmigen Blüten harmonisch zu Pflanzgefährten in Sonne und gut wasserdurchlässigem Boden passen.
S. spectabile (Ostasien) ist eine Staude mit hellgrünen, fleischigen Blättern, die sich im Frühling entfalten und langsam zu einem Polster zusammenwachsen. Blüht gegen Ende des Sommers, die schweren, kühlen staubigrosa Blütenstände neigen sich oft nach außen.
S. s. 'Brilliant' hat Blüten in kräftigerem Rosa. Gut für den Rabattenvordergrund.
H und B: 30–45 cm Z: 4[4–10]
S. telephium 'Purpureum' ist eine Staude mit flachen Blüten in düster trübem Rot, die auf gedrungenen Stielen mit dunkler grünen Blättern stehen.
H und B: 45–60 cm Z: 4[4–10]
S. telephium 'Herbstfreude' ist eine Staude mit lang haltenden Blütenständen in kräftigem Rosa, die sich nach und nach lachskupfrig und rostigrot verfärben.
H und B: 60 cm Z: 4[4–10]

Selinum
(Umbelliferae)
S. tenuifolium (Himalaya) ist eine zierliche, kerbelähnliche Staude mit fein eingeschnittenen, farnartigen Blättern und im Sommer mit flachen Dolden aus weißen Blüten mit schwarzen Antheren (Staubbeutel). Halbschatten.
H: 90–150 cm B: 60 cm Z: 4[4–8]

Senecio
(Compositae) Kreuzkraut
S. 'Sunshine' (jetzt korrekt *Brachyglottis repanda* 'Sunshine') ist ein immergrüner, nicht winterharter Strauch mit graufilzigen Blättern. Durch Rückschnitt im Frühling und Formschnitt im Sommer wird das Wachstum frischen Laubes angeregt. Blüht vom Früh- bis in den Hochsommer. Als Solitär gut geeignet, um die Ecken traditioneller Rabatten zu betonen, oder flächendeckend in einer Gruppe.
Kleiner Strauch. H und B: 120 cm Z: 8[8–10]

Silene
(Caryophyllaceae) Leimkraut
S. maritima 'Weißkehlchen' bildet niedrige ausdau-

ernde Geflechte graugrüner Blätter, vom Hoch- bis in den Spätsommer hinein mit weißen Nelkenblüten bedeckt. Sonne und gut wasserdurchlässiger Boden.
H: 15 cm B: 30 cm Z: 4[4–9]

Silybum
(Compositae)
S. marianum (Mariendistel; Mittelmeer) bildet eine Rosette dunkelglänzender, stacheliger und gelappter Blätter, deren weiß gezeichnete Adern ihnen ein marmoriertes Aussehen verleihen. Im Spätsommer erscheinen die purpurnen Distelblüten auf verzweigten Stengeln, die sich an sonnigen Standorten oft selbst aussäen. In kalten Gegenden sollten die Keimlinge in Töpfen überwintert werden.
H: 60–120 cm B: 60 cm Z: 9[9–10] ein- oder zweijährig

Sisyrinchium
(Iridaceae) Binsenlilie
S. striatum (Anden) ist eine halbimmergrüne Staude mit grauen, irisartigen Blättern. Schlanke Ähren mit cremeweißen, sternförmigen Blüten erscheinen im Sommer. Einmal etabliert, sät sich die Pflanze bereitwillig selbst aus. Sonne und gut wasserdurchlässiger, humusreicher Boden. *S. s.* 'Aunt Mary' hat kräftig cremegelb gestreifte Blätter, ist schlanker und muß vor intensiver Sonnenstrahlung geschützt werden.
H: 45–60 cm B: 23–30 cm Z: 7[7–10]

Smilacina
(Liliaceae) Schattenblume
S. racemosa (Nordamerika) ist eine Waldstaude. An bogig geneigten Zweigen stehen ähnlich wie beim Salomonssiegel paarige, hell geäderte Blätter. Im Frühling kommen duftende, flockige, cremefarbige, fedrige Blütenstände hinzu. Halbschatten und tiefgründiger, nährstoffreicher Boden.
H: 45–90 cm B: 30–45 cm Z: 3[3–9]

Smyrnium
(Umbelliferae) Pferdeeppich
S. perfoliatum (Südeuropa bis Kaukasus) hat herzförmige, stengelumfassende Blätter und kleine weiße Doldenblüten im Frühsommer. Sollte am Rand des Gartens, in Strauchgehölzen oder offenem Wald verwildern dürfen.
H und B: 45–60 cm Z: 5[5–9]

Solanum
(Solanaceae) Nachtschatten, Südamerika
Halbimmergrüne Kletterpflanzen für sonnige Standorte. Nachfolgend genannte Arten und Sorten sind bei uns nicht winterhart.
S. crispum hat ab dem Hochsommer etwas duftende, purpurblaue Kartoffelblüten mit gelben Zentren. *S. c.* 'Glasnevin' hat kräftiger blaue Blüten und eine etwas längere Blühperiode. Buschig kletternde Wuchsform.
Kletterpflanze. H: 5,00–6,00 m Z: 8[8–10]
S. jasminoides 'Album' ist empfindlicher und nicht winterhart; doch trägt sie an günstigen Plätzen im Sommer und Herbst eine Fülle in Gruppen stehender, bläulichweißer Kartoffelblüten mit gelben Zentren.
Kletterpflanze. H: 3,00–5,00 m Z: 9[9–10]

× Solidaster
(Compositae)
× S. luteus hat im Sommer offene Blütenköpfchen in hellem Kanariengelb auf drahtigen, beblätterten Stengeln. Nützlich als unauffällige „unordentliche" Rabattenstaude.
H: 60–75 cm B: 45–60 cm Z: 4[4–10]

Smilacina racemosa

Smyrnium perfoliatum

Stipa gigantea

Spartina
(Gramineae)
S. pectinata 'Aureomarginata' hat zierlich schmale, sich neigende, gelb gestreifte Blätter. Herabhängende Ähren sind zur Blütezeit mit purpurnen Staubblättern geschmückt. Trockener Boden, um der Ausbreitung dieses ausläufertreibenden Grases Einhalt zu gebieten.
H: 1,80 m B: 0,90 m Z: 5[5–9]

Sphaeralcea
(Malvaceae) Kugelmalve
S. munroana (westliches Nordamerika) hat kriechende Sprosse mit behaarten, gelappten und eingeschnittenen Blättern. Den ganzen Sommer über bildet die Pflanze kleine Malvenblüten in Schattierungen von Rot bis Aprikose und Rosa. Sonnenliebende, laubabwerfende Halbsträucher für armen, gut wasserdurchlässigen Boden, die auch Trockenheit vertragen. Bei uns nicht winterhart.
H: 30–90 cm B: 30–45 cm Z: 8[8–10]

Spiraea
(Rosaceae) Spierstrauch
Laubabwerfende Sträucher, flächendeckend in lockerer Bepflanzung oder zwischen Stauden als Rabattenpflanze geeignet.
S. arguta ist im Frühling völlig von weißen Blüten bedeckt.
Mittelgroßer Strauch. H und B: 1,80–2,40 m
Z: 4[4–9]
S. thunbergii (China, Japan) hat kleine, schmale, hellgrüne Blätter. Noch vor den Blättern erscheinen im Frühling Büschel von weißen Blüten.
Mittelgroßer Strauch. H: 1,50–1,80 m
B: 1,80–2,40 m Z: 4[4–9]
S. veitchii (China) hat lange, flaumige, überhängende Zweige, die im Hochsommer mit dichten, flachen Doldentrauben winziger, weißer Blüten übersät sind – eine gute Kulisse für eine bogig geneigte Strauchrose. Nährstoffreicher, feuchter Boden.
Großer Strauch. H und B: 3,00 m Z: 5[5–9]

Stachys
(Labiatae) Ziest
S. byzantina (Wollziest, Eselsohr; Kaukasus bis Iran) ist eine immergrüne Staude, die attraktive, niedrige Tuffs silberfilziger Blätter bildet. Wollige Blütenähren in Malvenrosa, von der Art im Sommer gebildet, beeinträchtigen diese glatte Teppichwirkung und sollten beschnitten werden – es sei denn, man möchte neue Keimlinge. Entscheidet man sich für die sterile Sorte *S. b.* 'Silver Carpet', entfällt diese Komplikation. Sonne und gut wasserdurchlässiger Boden.
H: 30–45 cm B: 30 cm Z: 4[4–10]
S. grandiflora (syn. *S. macrantha*; Kaukasus) hat markante, grüne, dreieckige Blätter und im Frühsommer Wirtel mit tiefpurpurnen Lippenblüten. Neben kahlästigen Strauchrosen harmonieren besonders gut die rosa oder violetten Formen. Sonne oder Halbschatten.
H: 30–60 cm B: 30–45 cm Z: 3[3–10]

Stauntonia
(Lardizabalaceae)
S. hexaphylla (Nordostasien) ist eine bei uns nicht winterharte immergrüne Kletterpflanze, die im Frühling exotisch duftende, violettgetönte, weiße Blüten trägt. Klettert an einem sonnigen geschützten Platz.
Kletterpflanze. H: 10,00 m B: 3,00 m Z: 8[8–10]

Stephanandra
(Rosaceae) Kranzspiere
S. tanakae (Japan) ist ein zierlicher, laubabwerfender Strauch mit sich neigenden, rotbraunen Zweigen, deren gelappte, frisch grüne Blätter sich im

Symphytum × uplandicum 'Variegatum'

Symphytum caucasicum

Schatten oder vor dunklen Immergrünen sehr gut machen. Die Herbstfarben sind gemischte Orangetöne. Weiße, sternförmige Blüten werden im Sommer gebildet.
Mittelgroßer Strauch. H und B: 1,50–2,10 m
Z: 5[5–9]

Stipa
(Gramineae) Federgras
S. gigantea (Spanien) bildet dichte, ausdauernde Horste graugrüner, fast immergrüner Blätter. Im Sommer bildet die Pflanze hohe, fedrige Blütenstände von haferartigem Aussehen, die sich purpurn getönt öffnen und schließlich ein schimmerndes Gelbbraun annehmen. Sonne.
H: 90–180 cm B: 60–90 cm Z: 5[5–10]

Symphytum
(Boraginaceae) Beinwell
S. caucasicum (Kaukasus) bildet im Schatten einen guten, etwas derben Bodendecker, überwuchert aber andere Pflanzen. Die grob strukturierten, gräulichen Blätter werden im Sommer grün. Lockere Blütenzweige mit vergißmeinnichtblauen Röhrenblüten leuchten im Frühling.
H und B: 60 cm Z: 3[3–9]
S. × uplandicum 'Variegatum' ist eine hübsche, langsamwüchsige Staude mit den familientypischen, rauh behaarten Blättern, hellgrün mit cremeweißen Rändern. Rosa Blütenknospen öffnen sich im Spätfrühling und Frühsommer zu hellblauvioletten Blüten. Halbschatten und tiefer, feuchtespeichernder Boden.
H: 90 cm B: 60 cm Z: 4[4–9]

Syringa
(Oleaceae) Flieder
Alle hier besprochenen kleinblättrigen Flieder sind in Rabatten als Begleitpflanzen geeignet.
S. meyeri 'Palibin' ist laubabwerfend und hat lilarosa Blüten im Frühsommer. Ideal für kleine Gärten.
Kleiner Strauch. H und B: 1,20 m Z: 5[5–9]
S. microphylla 'Superba' ist im Frühsommer übersät mit hübsch duftenden, rosaroten Blüten und blüht mit Unterbrechungen bis in den Herbst hinein. Die Blätter sind klein und werden im Winter abgeworfen.
Kleiner Strauch. H und B: 1,20 m Z: 4[4–9]
S.× persica (Iran bis China) ist laubabwerfend und von zierlicher Wuchsform. Im Spätfrühling trägt der Strauch überreichlich hellrosa Blüten. *S.× persica* 'Alba' ist eine weißblühende Form.
Mittelgroßer Strauch. H: 1,80–2,10 m B: 1,80 m
Z: 5[5–9]

Tagetes
(Compositae) Studentenblume
T. erecta (Mexiko). Einfache oder gefüllte Blüten über tief eingeschnittenen und duftenden, glänzend grünen Blättern können gelb, gold oder orangefarben sein. Sie sollten Sorten ganz nach Ihrem Geschmack auswählen.
H: 60–90 cm B: 30–45 cm Z: 10 einjährig

Tanacetum (syn. Chrysanthemum)
(Compositae)
T. haradjanii (Anatolien) ist eine prachtvolle halbstrauchige immergrüne Staude, deren kleine, farnartig silbrige Blätter ein kriechendes Geflecht bilden. Volle Sonne und gut wasserdurchlässiger sandiger Boden. Nicht winterhart.
H: 15 cm B: 30–38 cm Z: 8[8–10]

Teucrium
(Labiatae) Gamander
T. chamaedrys (Edelgamander; Europa) ist eine strauchige Staude mit zierlichen, dunkelgrünen Blättern und im Sommer mit Ähren aus hellrosa Lippenblüten. Gut als Bodendecker und für Einfassungen geeignet.
H: 25–30 cm B: 30–45 cm Z: 5[5–10]
T. fruticans (Strauchiger Gamander; Südeuropa) hat kleine, einfache, aromatisch duftende Blätter, oberseits grün und unterseits behaart, was den Strauch als Ganzes silbergrau erscheinen läßt. Helle, lavendelfarbene Blüten im Sommer könnten an warmen Plätzen bis in den Winter hinein gebildet werden. Bei uns nicht winterhart.
Kleiner Strauch. H: 120–150 cm B: 90–120 cm
Z: 9[9–10]

Syringa × persica

Thalictrum
(Ranunculaceae) Wiesenraute
Wiesenrauten sind zierliche Stauden mit eleganten, farnartigen Blättern, deren leichte Laubmasse gut mit plastischer wirkenden Nachbarn kontrastiert und damit sowohl in strenge Rabatten als auch in die aufgelockerten Pflanzgruppen eines Bauerngartens paßt.
T. aquilegiifolium (Amstelraute; Europa, Nordasien) hat bläulichgrüne Blätter, die denen der Akelei ähneln. Die großen, offenen Rispen flockiger Blüten im Frühsommer sind gewöhnlich malvenfarben; *T. a.* 'Thundercloud' hat tiefpurpurne Blüten. *T. a.* 'Album' ist eine besonders attraktive, weiße Form mit graugrünen Blättern.
H: 60–90 cm B: 30–45 cm Z: 5[5–10]
T. delavayi (Westchina) hat delikateres Laub und die im Sommer erscheinenden Blütenzweige tragen winzige, malvenrosa Blüten, die sich weiter öffnen und auffällig gelbe Staubblätter besitzen. *T. d.* 'Hewitt's Double' hat malvenfarbene Blüten mit einem Stich ins Gelbe, die in sehr langer Folge blühen.
H: 120–150 cm B: 45–60 cm Z: 5[5–10]
T. flavum ssp. *glaucum* (syn. *T. speciosissimum*; Gelbe Wiesenraute, Europa) hat wunderschön bläulichgrüne, geteilte Blätter und hohe Zweige mit flockigen, gelben Blüten im Sommer. Die Blätter fügen sich vom Frühling bis zum Herbst gut in anderes graugrünes Laub ein. Fest, aber unauffällig stützen.
H: 90–150 cm B: 45–60 cm Z: 6[6–10]
T. rochebrunnianum (Japan) wirkt ähnlich wie *T. delavayi*. Eine Masse eleganter bläulichgrüner Blätter wird im Sommer von großen, lockeren Rispen mit hellpurpurnen Blüten mit hellgelben Staubblättern gekrönt.
H: 120–180 cm B: 45–60 cm Z: 5[5–10]

Thymus
(Labiatae) Thymian
Thymian protzt mit einer attraktiven Kombination aus graugrünen Blättern und winzigen, malvenrosa Blüten im Sommer. Kriechende Thymiansorten sollten dort gepflanzt werden, wo man über die Blätter streichen kann, um den Duft freizusetzen: am Rand von Rabatten, in Pflasterfugen oder um Rasenflächen zu überdecken. Sonne und gut wasserdurchlässiger Boden.
T. × citriodorus ist immergrün und mit gefärbten oder panaschierten Blättern sowie auch mit Zitronenduft erhältlich. Wintert mitunter aus.
Zwergstrauch. H: 5–20 cm B: 30 cm Z: 4[4–10]

Tiarella
(Saxifragaceae)
T. cordifolia (Schaumblüte; Nordamerika) ist ein attraktiver, ausdauernder Bodendecker, der im Schatten zwischen Sträuchern das Unkraut unterdrückt. Das niedrige immergrüne Geflecht kräftig grüner, gelappter Blätter überzieht sich im Winter mit einer Bronzefarbe; cremeweiße, fedrige Blütenähren schimmern im Frühsommer über den Blättern.
H: 15–30 cm B: 30–45 cm Z: 3[3–9]

Tolmiea
(Saxifragaceae)
T. menziesii (westliche Vereinigte Staaten) ist eine bei uns nicht winterharte, manchmal halbimmergrüne Staude. Bildet attraktive Tuffs aus behaarten ahornähnlichen, mittelgrünen Blättern und im Frühsommer spitz zulaufende Blütenstände mit grünlichen oder kupfertonigen, kleinen Blüten. Auf älteren Blättern bilden sich kleine Keimpflänzchen, die sich leicht bewurzeln und zu neuen Pflanzen auswachsen. Gut als Bodendecker im Schatten oder leichtem Sonnenlicht. *T. m.* 'Taff's Gold' ist unregelmäßig cremegelb panaschiert; ähnelt dem schattenfleckigen Sonnenlicht.
H: 15–30 cm B: 30–38 cm Z: 8[8–10]

Trachelospermum
(Apocynaceae) Sternjasmin
Diese windenden immergrünen Kletterpflanzen haben dunkelgrüne, glänzende Blätter, die sich im Spätherbst rot und gelb verfärben. Die duftenden cremeweißen, jasminartigen Blüten öffnen sich im Sommer. Empfindlich, nicht winterhart.
T. asiaticum (Japan, Korea) ist eine etwas winterharte Art mit zierlichen, kleinen Blättern und kom-

Tiarella cordifolia

Tricyrtis formosana

Trachelospermum asiaticum

pakter Wuchsform, die eine Mauer dicht mit Laub verkleiden kann; nicht winterhart.
Kletterpflanze. H: 5,00 m Z: 8[8–10]
T. jasminoides (China) ist wüchsig mit längeren, glänzenden Blättern und einer eher ausgebreiteten Wuchsform, die etwas in Form gebracht werden muß. Nicht winterhart.
Kletterpflanze. H: 6,00 m Z: 9[9–10]

Tricyrtis
(Liliaceae) Krötenlilie
Krötenlilien haben exotische, spätsommerliche Blüten, die wie kleine, hochgewölbte Lilien aussehen. Diese Stauden sollten dort gepflanzt werden, wo man ihre Blüten genau betrachten und genießen kann. Halbschatten und feuchter Boden.
T. formosana (Taiwan) trägt Blütenzweige mit purpurn gefleckten, malvenfarbenen Blüten mit gelbem Schlund auf verzweigten Stengeln, die mit glänzend dunkelgrünen Blättern besetzt sind.
H: 60–90 cm B: 45 cm Z: 5[5–9]
T. hirta (Japan) hat aufrechte, unverzweigte Stengel und behaarte Blätter. Die Blüten sind weißlich mit lila Flecken und bei *T. h. alba* grünlichweiß.
H: 30–90 cm B: 60 cm Z: 5[5–9]

Trillium
(Liliaceae) Dreiblatt
Im Frühling blühende Waldstaude mit Blättern so wie Kelch- und Kronblättern in Dreizahl. Schatten und saurer, ziemlich feuchter Lehmboden. Gut für Rabatten.
T. grandiflorum (Osten der Vereinigten Staaten) hat glänzende Blätter mit hervortretenden Nerven und wächst zu einer kuppelförmigen Pflanze heran. Die Kronblätter der reinweißen, trichterförmigen Blüten sind etwas zurückgeschlagen.
H: 30–45 cm B: 30 cm Z: 3[3–9]
T. sessile (Vereinigte Staaten) bringt graubraun und tiefgrün marmorierte Blätter hervor. Die stengellos aufrechten Blüten sind dunkelkastanienbraun.
H: 20–30 cm B: 23–30 cm Z: 5[5–9]

Trollius
(Ranunculaceae) Trollblume
Trollblumen bilden ganzjährig attraktive Tuffs aus dunkelgrünen, tief eingekerbten Blättern und mit formschönen Blüten vom Spätfrühling bis Frühsommer. Diese Stauden lieben einen Platz nahe am Wasser, gedeihen aber auch in Rabatten, wenn der Boden Feuchte speichert.
T. × *cultorum* sind Gartenhybriden mit großen, kugeligen Blüten, die gefüllten Butterblumen gleichen. Das Farbspektrum reicht von gelben bis zu orangefarbenen Tönen. *T.* 'Alabaster' hat eine zart cremefarbene Elfenbeinfarbe, *T.* 'Canary Bird' dagegen hat klare, hellgelbe Blüten.
H: 60–90 cm B: 30–45 cm Z: 4[4–9]

Tropaeolum
(Tropaeolaceae) Kapuzinerkresse
T. peregrinum (Peru) ist eine wüchsige, kurzlebige, laubabwerfende Kletterstaude, die aber gewöhnlich als einjährige Pflanze gezogen wird. Sie hat hellgrüne, gelappte Blätter und im Sommer und Herbst intensiv klargelbe Blüten mit grünen Spornen und gefransten Kronblättern.
Kletterpflanze. H: 4,00 m B: 0,90 m einjährig
T. speciosum (Chile) ist eine laubabwerfende, ausdauernde Kletterpflanze, deren sechsfach gelappte Blätter genauso dekorativ wirken wie grüne Blumen vor einem dunkelblättrigen Hintergrund. Kleine, brillant scharlachrote brunnenkresseartige Blüten werden in langer Folge im Spätsommer gebildet. Kühler, saurer Boden. Nicht winterhart.
Kletterpflanze. H: 3,00–5,00 m B: 0,60–0,90 m
Z: 8[7–9] oder einjährig
T. tuberosum (Bolivien, Peru) ist eine empfindlichere, nicht winterharte, laubabwerfende Kletterpflanze, geeignet für eine besonnte Mauer in gemäßigtem Klima. Im Spätsommer wird die Masse bläulichgrüner, gelappter Blätter durch rotstielige, gespornte Röhrenblüten in roten und gelben Tönen aufgehellt. *T. t.* 'Ken Aslet' blüht früher.
Kletterpflanze. H: 3,00 m B: 0,90 m Z: 9[8–10]
oder einjährig

Tulipa
(Liliaceae) Tulpe
Ab der Frühlingsmitte bis zum Frühsommer blüht eine lange Folge verschiedener Tulpen. Mit ihren elegant geformten Blüten entfalten sich die Hybriden und Sorten in wohl durchdachten Farbkombinationen.
Einfachere Formen der Tulpenarten eignen sich besser für lockere Gruppierungen.
Arten
T. acuminata (syn. *T.* 'Cornuta'; eine sehr alte Sorte) blüht im Spätfrühling, trägt rote oder gelbe Blüten, deren schlanke Kronblätter in einer gedrehten Spitze enden (Abb. siehe Seite 206).
H: 45–60 cm B: 10–12 cm Z: 3[3–9]
T. clusiana (Iran bis Kaschmir) hat schmale, aufrechte, graugrüne Blätter. Die schlanken, weißen Blüten im Spätfrühling sind an der Außenseite karmesinrot überhaucht, so daß eine streifige Wirkung entsteht.
H: 23–30 cm B: 7,5 cm Z: 3[3–10]
T. kaufmanniana (Turkestan) trägt auf kurzen Stielen schlanke, cremefarbene Blüten, die sich im frühen Frühling zu weiten Sternen öffnen. Die Kronblätter sind an der Basis und außen rot überhaucht.

Tropaeolum tuberosum

Tulipa acuminata (syn. T. *'Cornuta')*

Kaufmanniana-Hybriden sind stämmige Pflanzen, häufig mit zweifarbigen Blüten und attraktiv gezeichneten Blättern.
H: 12-25 cm B: 15 cm Z: 3[3-10]
T. sylvestris (Waldtulpe; Europa, Westasien, Nordafrika) bildet schlanke, graugrüne Blätter und im Spätfrühling zart duftende, hellgelbe Blüten, Halbschatten unter laubabwerfenden Bäumen und Sträuchern.
H: 38 cm B: 10 cm Z: 3[3-10]
Hybriden und Gartensorten
T. 'Golden Appeldoorn' (Darwin) besitzt im Spätfrühling reiche, goldgelbe Blüten mit schwarzer Basis.
H: 60 cm B: 15 cm Z: 3[3-10]
T. praestans 'Fusilier' trägt im Frühling vier bis sechs intensiv orangescharlachrote Blüten je Stiel.
H: 25 cm B: 12 cm Z: 3[3-10]
T. 'Purissima' (Fosteriana) hat große äußere Kronblätter, die milchigweiß bis cremefarben sind, und attraktive graugrüne Blätter.
H: 50 cm B: 15 cm Z: 3[3-10]
T. 'Queen of Night' (spätblühend) bildet im Spätfrühling große, tief samtigkastanienbraune Blüten.
H: 70 cm B: 15-20 cm Z: 3[3-10]
T. 'White Triumphator' (lilienblütig) hat lange Stengel mit wunderschönen, cremeweißen, zurückgeschlagenen Kronblättern in Spätfrühling und Frühsommer.
H: 65 cm B: 15 cm Z: 4[4-9]

Vancouveria
(Berberidaceae)
V. hexandra (Westen der Vereinigten Staaten) verbreitet sich in waldähnlichen Pflanzungen zu einem ausdauernden Bodendecker mit zierlichem Laub. Die gelappten Blättchen ähneln kleinen Efeublättern. Im Spätfrühling oder Frühsommer stehen lokkere Rispen mit kleinen, weißen Blüten auf drahtigen Stielen.
H: 15-45 cm B: 100 cm Z: 5[5-9]

Veratrum
(Liliaceae) Germer
Diese Stauden wachsen am besten in nährstoffreichem Boden im Halbschatten oder zumindest nicht in brennender Sonne.
V. nigrum (Schwarzer Germer; Europa, Asien) ist eine bemerkenswerte Blattpflanze. Große Blätter, gefaltet und fächerartig geknickt, durchstoßen im Vorfrühling den Boden und wachsen zu bogig geneigten Tuffs aus frischem Grün heran. Einmal etablierte Pflanzen bilden eindrucksvolle Blütenstiele, die im Spätsommer bräunlichkastanienfarbige, fedrige Blütenstände aus winzigen Sternen tragen.
H: 90-150 cm B: 60 cm Z: 3[3-9]
V. viride (Nordamerika) hat in Blätter eingehüllte Zweige, die im Sommer dichte Rispen hellgelbgrüner Blütenstiele tragen - ein wunderschöner Kontrast zu den gefältelten Blättern.
H: 1,20-2,10 m B: 0,60 m Z: 3[3-9]

Verbascum
(Scrophulariaceae) Königskerze
Königskerzen haben große, ledrige, grüne oder filzige graue Grundblätter, aus denen sich die kräftigen Blütenstiele erheben, die im Sommer die Blüten tragen; für gut wasserdurchlässige, sonnige, gemischte Rabatte.
V. chaixii (Süd- und Mitteleuropa) bildet einen hübschen, ausdauernden Tuff aus bodendeckenden, grauen Blättern und schlanken Ähren, die dicht mit kleinen, gelben Blüten mit purpurnen Augenflekken besetzt sind.
H: 75-90 cm B: 45 cm Z: 5[5-10]
V. olympicum (Türkei) ist eine zweijährige Riesenkönigskerze mit riesigen Rosetten silberfilziger Blätter und einem wolligen Blütenstiel, der gelbe Blüten trägt. Sät sich direkt am Ort aus, möglich ist auch die Auswahl junger Keimlinge, die im folgenden Jahr zur Blüte kommen.
H: 1,80-2,40 m B: 0,90 m Z: 6[6-10]
V. 'Vernale' ist im Grunde genommen eine größere Version von *V. chaixii* mit verzweigten Blütenähren aus intensiv gelben Blüten.
H: 1,80-2,40 m B: 0,90 m Z: 6[6-10]

Verbena
(Verbenaceae) Verbene
V. patagonica (Südamerika) ist eine außergewöhnliche Sommerblume, die in kühlen Klimazonen als Einjährige gezogen wird. Sie bildet quadratische Stengel und schirmartige Büschel winziger, lilapurpurner, duftender Blüten, die sich im Hochsommer über die benachbarten Pflanzen erheben. Sie sollte sich zwischen niedriger wachsenden, silber- oder graublättrigen Pflanzen wie etwa Lavendel aussäen dürfen, um ein Netzwerk von Duft und Farbtönen in mittlerer Höhe zu bilden. Nicht winterhart.
H: 90-150 cm B: 60 cm Z: 9[8-10]
V. rigida (Südbrasilien bis Argentinien) wird bei uns als Einjährige gezogen. Verzweigte, beblätterte, aufrechte Zweige werden im Sommer von purpurvioletten Blüten gekrönt.
H: 30-60 cm B: 30 cm Z: 9[8-10] oder einjährig
Gartenhybriden
Halbwinterharte oder empfindliche Staudenverbenen werden oft als Einjährige aus Samen gezogen und können als Stecklinge überwintern. Sie bilden attraktive Kissen aus dunkelgrünen, tief eingeschnittenen Blättern; im Spätsommer verwandeln sie sich in ein Blütenmeer. Gute Zuchtformen, die aus Stecklingen vermehrt werden, sind zum Beispiel: *V.* 'Hidcote Purple' (tiefes intensives Purpurrot); *V.* 'Loveliness' (rosa); *V.* 'Silver Anne' (weiches rosa und duftend). *V.* 'Sissinghurst' ist strauchig und duftet nicht, hat aber Blüten in einem lebhaften, den Blick auf sich ziehenden Rosa. Nicht winterhart.
H und B: 50 cm Z: 10 einjährig

Veronica
(Scrophulariaceae) Ehrenpreis
Ehrenpreisarten sind an sonnigen Plätzen leicht zu pflegende Stauden.
V. austriaca ssp. *teucrium* (Südeuropa, Nordasien) bildet ein lockeres Polster aufrechter oder wuchernder Zweige und gezähnter, ovaler Blätter für den Vordergrund einer Rabatte. Im Sommer werden weiche Ähren mit intensiv blauen Blüten gebildet.
H und B: 30-45 cm Z: 5[5-10]
V. gentianoides (Kaukasus) bildet im Rabattenvordergrund dichte Geflechte aus glänzend beblätterten Rosetten, die im Frühsommer spitz zulaufende Blütenstände mit eisblauen Blüten tragen.
H: 30-60 cm B: 45 cm Z: 5[5-9]
V. virginica (syn. *Veronicastrum virginicum*; östliches Nordamerika) ist eine himmlisch elegante Pflanze, die gut zu benachbarten buschigen oder kuppelartigen Formen kontrastiert. Aufrechte Stengel tragen horizontale Wirtel schlanker, mittelgrüner Blätter und enden in zierlichen, spätsommerlichen Blütenähren in hellstem Blau, Lilarosa oder Weiß.
H: 120-180 cm B: 45-60 cm Z: 4[4-10]

Viburnum
(Caprifoliaceae) Schneeball
In dieser großen Gattung gibt es eine Unzahl ausgezeichneter Arten und Hybriden mit interessanten Blüten, Blättern, Früchten oder Wuchsformen.
V. × bodnantense ist ein laubabwerfender Strauch, der seine Büschel süß duftender, rosa Röhrenbluten vom Spätherbst bis in den Winter hinein auf blattlosen Zweigen trägt. Jungwuchs ist bronzefarben überlaufen, schön ist auch die herbstliche Färbung.
Großer Strauch. H und B: 2,70–4,00 m Z: 7[7–10]
V. × burkwoodii (China) ist mit seinen duftenden, rosa getönten, weißen Blüten, die ab dem späten Frühjahr für Wochen bestehen bleiben, eine der besten Hybriden. Unterseits sind die dunkelgrünen Blätter filzig graubraun. In warmen Regionen ein bewährter immergrüner Strauch; winterhart, unempfindlich und ohne Schwierigkeiten in bezug auf Bodenansprüche.
Mittelgroßer Strauch. H: 2,40 m B: 2,70–4,00 m
Z: 5[5–9]
V. × carlcephalum ist laubabwerfend mit schöner Herbstfärbung; große, abgerundete Blütenstände mit duftenden, cremeweißen Blüten öffnen sich im Spätfrühling aus rosa Knospen.
Mittelgroßer Strauch. H: 2,40 m B: 1,80–2,10 m
Z: 5[5–9]
V. opulus 'Xanthocarpum' ist laubabwerfend und eine Gartenform des europäischen Gemeinen Schneeballs mit klaren goldgelben Früchten. Vor glühendem Herbstlaub im frühen Winter sieht der Strauch unübertrefflich aus.
Großer Strauch. H und B: 4,00–5,00 m Z: 3[3–8]
V. plicatum 'Mariesii' ist laubabwerfend und von stark architektonischer Wirkung mit horizontal ausgerichteten verzweigten Ästen, die im Frühsommer mit Blüten wie von Schnee bedeckt sind. Bewährt wegen der Herbstfärbung.
Mittelgroßer Strauch. H: 2,40–3,00 m
B: 3,00–5,00 m Z: 5[5–9]
V. sargentii 'Onondaga' ist laubabwerfend und hat bronze getönte, junge Blätter, die sich im Herbst hübsch verfärben. Die Blütenrispen als „Spitzenhäubchen" aus weißen Blüten öffnen sich aus rosa Knospen im Frühsommer und wandeln sich zu tiefroten Beeren.
Mittelgroßer Strauch. H und B: 1,50–2,10 m
Z: 3[3–9]
V. tinus 'Eve Price' wächst zu einem gedrungenen, runden immergrünen Busch mit dunklen, gesund aussehenden, lorbeerartigen Blättern heran. Tiefrosa Knospen öffnen sich zu flachen Dolden rosawei-

Verbena patagonica und Anemone × hybrida, Nicotiana sylvestris, Lablab purpureus (syn. Dolichos lablab) und Macleaya

Viburnum sargentii 'Onondaga'

ßer Blüten von Spätherbst bis in den Vorfrühling und werden gefolgt von blauschwarzen Früchten. Schattenverträglich. Gut für Einfassungen. Bei uns nicht winterhart.
Kleiner Strauch. H und B: 90–120 cm Z: 8[8–10]

Vinca
(Apocyanaceae) Immergrün
Immergrün breitet sich zu immergrünen Bodendekkern mit hübschen, glänzend dunkelgrünen, einfachen Blättern aus, deren Blüten noch einen zusätzlichen Vorteil darstellen. Die Stauden gedeihen und blühen gut an einem offenen Standort, wenn man Verblühtes entfernt und sie einmal im Jahr beschneidet.
V. minor (Europa) hat kräftig blaue, pflaumenfarbene oder weiße Blüten, die oft gefüllt sind; die von *V. m.* 'Atropurpurea' sind sehr tiefpurpurn, die von *V. m.* 'Azurea Flore Pleno' gefüllt und von klarem Blau. Die Blüten erscheinen im Frühling und Frühsommer, setzen sich aber oft bis zu den ersten Frösten fort.
H: 15 cm B: 60 cm Z: 4[4–10]

Viola
(Violaceae) Veilchen
V. cornuta (Hornveilchen; Pyrenäen) bildet einen ausgebreitet wuchernden Teppich frisch grüner Blätter, im Sommer gekrönt von hohen Blütenstielen mit blaulila Blüten (weiß bei *V. c. alba*). Verblühtes entfernen oder beschneiden, um erneute Blüte anzuregen. Kühler, feuchter Boden. Nicht ausdauernd.
H: 15–30 cm B: 30–38 cm Z: 6[6–10]
V. cucullata (syn. *V. obliqua*; östliches Nordamerika) ist eine Rhizomstaude. Veilchenblüten in Schattierungen von Lavendel mit dunkleren Zeichnungen auf den unteren Kronblättern erscheinen im Spätfrühling und Frühsommer.
H: 25–30 cm B: 30 cm Z: 4[4–8]
V. riviniana 'Purpurea' (früher als *V. labradorica* 'Purpurea' bekannt) ist eine Rhizomstaude mit dunkelpurpurnen Blättern und im Frühsommer mit intensiv blauvioletten Blüten. Die Blätter verfärben sich gegen Ende des Sommers dunkelgrün. Gut in der unmittelbaren Nähe von grauem Laub, unter Rosen oder in geometrischen Beetmustern: Mit der reichlichen Selbstaussaat schleicht sich ein auflockerndes Element ein.
H: 15 cm B: 30–38 cm Z: 3[3–9]
Gartenformen
Zwei alte Hornveilchensorten oder Miniatur-Viola, die vom Frühling bis in den Herbst hinein blühen, sind *V.* 'Irish Molly' mit merkwürdig attraktiven,

Viola riviana 'Purpurea'
(früher V. labradorica 'Purpurea')

Viola cornuta

Wisteria sinensis

grünlichgelben, bronzegetönten Blüten und *V.* 'Jackanapes' mit rostigrotbraunen oberen und intensiv gelben unteren Kronblättern. Vermehrung über Stecklinge. *V.* 'Bowles Black', eine andere klassische Form, sät sich freigiebig zwischen anderen Pflanzen in einer blauen Rabatte aus und schafft so tiefe Schattentönungen. Diese kurzlebige Staude blüht vom Frühling bis in den Herbst.
H: 10–15 cm B: 23 cm Z: 6[6–8]

Vitis
(Vitaceae) Wein
Rankender Wein läßt sich zu schattigen Laubvorhängen aufziehen, oder man erlaubt ihm das Wuchern durch entsprechend robuste Wirtsbäume und Sträucher.
V. 'Brant' ist laubabwerfend und hat Blätter, die im Herbst eine geheimnisvolle, tief bronzerote Tönung annehmen, während die Adern grün bleiben.
Kletterpflanze. H: 6,00 m Z: 6[6–10]
V. coignetiae ist eine wüchsige, laubabwerfende Kletterpflanze. Oberseits glatte, große, herzförmige Blätter sind unterseits rothaarig filzig. Die Herbstfärbung ist von großartig karmesinroter Dramatik.
Kletterpflanze. H: 6,00–8,00 m Z: 5[5–10]
V. vinifera 'Purpurea' ist eine laubabwerfende Sorte des „normalen" Weins. Den ganzen Sommer über purpurrote Blätter dunkeln im Herbst nach.
Kletterpflanze. H: 6,00 m Z: 6[6–10]

Wisteria
(Leguminosae) Glyzine
Es gibt nichts Schöneres als die frühsommerlichen Girlanden dieser laubabwerfenden Kletterpflanzen mit langen, herabhängenden Blütentrauben mit lila, hellmalvenfarbenen oder weißen Schmetterlingsblüten, um Pergolen, Laubengänge und selbst alte Bäume zu drapieren.
W. floribunda 'Multijuga' (syn. *W. f.* 'Macrobotrys') ist eine Form der japanischen Glyzine mit 90 cm langen duftenden, purpurviolett getönten, lila Blütentrauben und hellgrünen, gefiederten Blättern.
Kletterpflanze. H: bis 9,00 m Z: 5[5–10]
W. sinensis (China) ist wüchsiger mit duftenden, 30 cm langen, malven- oder lilafarbenen Blütentrauben an blattlosen Stielen. *W.* 'Black Dragon' ist eine Hybride mit dunkelpurpurnen, gefüllten Blüten.
Kletterpflanze. H: bis 18,00 m Z: 5[5–10]

Yucca
(Agavaceae) Palmlilie
Yuccas sind sehr dekorative und langlebige Immergrüne, das ganze Jahr über wichtig zum Setzen von Schwerpunkten und als Kontrast zu blattreicheren Gefährten. Prachtvolle Blütenstände sind im Spätsommer von dramatischer Wirkung. Wüstenpflanzen, daher lieben sie Sonne und armen, sandigen Boden mit minimaler Feuchte.
Y. filamentosa (Südosten der Vereinigten Staaten) ist ein immergrüner Strauch mit etwas steifen, bläulichgrünen Blättern, die in herabhängenden Fasern enden. *Y. f.* 'Variegata' hat cremefarben gestreifte und gerandete Blätter, kann aber weniger winterhart sein. Trägt aufrechte Rispen.
Kleiner Strauch. H: 60–75 cm B: 90–120 cm Z: 4[4–10]
Y. recurvifolia (Südosten der Vereinigten Staaten) bildet auf einem langsamwachsenden Stamm riesige, elegante Rosetten mit schmalen, bogig überhängenden immergrünen Blättern.
Kleiner Strauch. H und B: 90–180 cm Z: 6[6–10]

Zantedeschia
(Araceae)
Z. aethiopica (Zimmerkalla; Südafrika) ist eine bei uns nicht winterharte knollenbildende Staude, die in der Regel in der Form *Z. a.* 'Crowborough' angepflanzt wird, die auch die trockenen Bedingungen einer Rabatte verträgt (die Art braucht Feuchtigkeit und wird selbst mit Staunässe fertig). Blüht im Spätfrühling; eine flackernd weiße Spatha (Blütenscheide) umgibt eine duftende, gelbe Spadix (Blütenkolben). Sie ist mit ihren glänzend dunkelgrünen Blättern auch eine hübsche Blattpflanze. Nahrstoffreicher Boden.
H: 90–120 cm B: 30–60 cm Z: 9[8–10]

Zauschneria
(Onagraceae)
Z. californica ssp. *latifolia* (syn. *Epilobium canum* ssp. *latifolium*) ist eine halbstrauchige Staude, die zu einem Tuff aus hellgrau behaarten Blättern heranwächst, über den sich im Spätsommer schlanke, aufrechte Blütenstiele mit scharlachroten, trompetenförmigen Blüten erheben. Braucht gut wasserdurchlässigen Boden. Nicht winterhart.
H: 30–90 cm B: 45 cm Z: 8[8–10]

Zinnia
(Compositae) Zinnie
Z. elegans und ihre Gartensorten, die als Einjährige gezogen werden, sehen in intensivem Sonnenlicht am besten aus, sind aber oft zu auffällig, um im Beetvordergrund die Lücken zu füllen. Diese prachtvollen Blumen, die im Sommer und Frühherbst oft zweifarbig blühen, werden im Handel häufig als bunte Mischung angeboten. Manche sind auch sortiert erhältlich; andere in harmonischen Abstufungen. Da die Pflanzen rasch aus dem Samen heranwachsen, kann die Auswahl für ein bestimmtes Konzept dann erfolgen, wenn sich die Blütenfarben zeigen. Nicht winterhart.
H: 15–75 cm B: 20–60 cm Z: 10 einjährig

Die Zonen-Einteilungen

Ungefähre Temperaturbereiche der durchschnittlich auftretenden Jahres-Mindesttemperaturen:

1	unter -45 °C
2	-45 °C bis -40 °C
3	-40 °C bis -34 °C
4	-34 °C bis -29 °C
5	-29 °C bis -23 °C
6	-23 °C bis -18 °C
7	-18 °C bis -12 °C
8	-12 °C bis -7 °C
9	-7 °C bis -1 °C
10	-1 °C bis +4 °C
11	über +4 °C

Die Zonen - im Text mit dem Buchstaben „Z" und der entsprechenden Nummer versehen - geben die ungefähren Temperaturbereiche an, die die jeweiligen Pflanzen in den Wintermonaten noch tolerieren. Diese Zoneneinteilungen können aber nur Anhaltspunkte liefern, da die Kälteresistenz einer Pflanze von vielen Faktoren abhängig ist: von der Durchwurzelungstiefe, dem Wassergehalt in den Pflanzenteilen, die dem Frost ausgesetzt sind, der Dauer der Kälteperiode, den Windverhältnissen und der Länge sowie den Temperaturen des vorangegangenen Sommers.

Register

Fette Seitenzahlen verweisen auf Abbildungen

A

B

C

D

E

F

G

H

I

J

K

L

M

N

O

P

R

S

T

U

V

W

Y

Z

Dank und Bildnachweis

Danksagungen der Autorin

Den größten Dank schulde ich Frances Lincoln und ihrem Team. Ich frage mich, ob andere Autoren ebensolches Glück haben. Von Anfang an stand mir Frances hilfreich zur Seite, dazu ihre Chefredakteurin Erica Hunningher und Penny David, die als meine rechte Hand alle meine Bücher herausgegeben hat. Sie standen mit ihrer perfekten Verlagsstruktur jederzeit bereit, um mich zu kritisieren und herumzukriegen, aber auch, um mir mit inspirierenden Ratschlägen während des Schreibens beizustehen. Anne Fraser ruhte nicht eher, bis sie die besten und geeignetsten Bilder für jede Seite aufgespürt hatte, mit denen dann Caroline Hillier und Louise Tucker dieses Buch so wunderbar gestalteten. Die Photographen scheinen von Jahr zu Jahr besser zu werden, ihre Pflanzen- und Gartenaufnahmen sind aufregend und informativ. Der gartenbauliche Inhalt verdankt der Hilfe von Tony Lord viel, er bestimmte die Pflanzen und ihre korrekten Namen. Ohne diese persönlichen Bindungen zu den Verlagsmitarbeitern wäre das Buch in seiner jetzigen Form wohl nicht entstanden.
Bedanken möchte ich mich auch beim National Trust, der es mir und meinem Mann John Malins ermöglicht, als Verwalter in Tintinhull zu leben. Ohne die Inspiration von Tintinhull und die praktische Erfahrung, die ich dort sammeln kann, könnte ich nicht über Blumengärten schreiben. Gänzlich unmöglich wäre das Schreiben dieses Buches ohne die Hilfe meines Mannes John gewesen. Am meisten habe ich ihm für seine unendliche Geduld zu danken.

Danksagungen der Verleger

Die Verleger möchten folgenden Personen und Organisationen ihren Dank für die Erlaubnis, in ihren Gärten zu photographieren, aussprechen:
Richard Bisgrove, Beth Chatto, Helen Dillon, John und Mary Hawgood, John und Caryl Hubbard, Frank Lawley, The National Trust (Wallington), The National Trust for Scotland (Malleny House), Jim Reynolds.

Folgenden Personen danken wir für ihre Mitarbeit bei der Produktion des Buches:
Jo Chisholm, Serena Dilnot, Susan Kennedy und Sarah Mitchell für ihre redaktionelle Mitarbeit; John Laing und Claudine Meissner für die Gestaltung.

Horticultural Consultant Tony Lord
Editor Penny David
Art Director Louise Tucker
Picture Editor Anne Fraser
Production Adela Cory

Editorial Director Erica Hunningher
Associate Art Directors Tim Foster, Caroline Hillier
Production Director Nicky Bowden

Bildnachweis

r = rechts l = links u = unten o = oben
m = Mitte

Nic Barlow 52, 79
Deni Bown 168, 195
Boys Syndication/Jaqui Hurst 56
Geoff Dann 45 © FLL
John Fielding 159, 160, 166 u, 170 r, 172, 177 r, 180 r, 202 o, 208 o
Garden Picture Library: Stephen Robson 55; Marijke Heuff 173 u, 187; David Russell 180 l, 197
Giancarlo Gardin 94 r, 104, 105
John Glover 194 o
Nancy-Mary Goodall 69, 167 o
Mick Hales 7, 54, 109, 110, 135 u, 139, 140
Jerry Harpur 24 (Gartenarchitekten: Oehme, van Sweden), 39 u (Gartenarchitekten: Oehme, van Sweden & Associates), 61 l (Gartenarchitekt: Arabella Lennox-Boyd), 73, 74 und 75 (Gartenarchitekt: Edwina Von Gal), 91, 102, 103, 108, 128, 129, 133, 135 o, 141 o, 144 l, 145, 146, 157, 207 (Peter Wooster)
Marijke Heuff 23 (Beeuwkes), 25, 26 (van Bennekom-Scheffer), 27 (Adriaanse), 32 (Greve), 37 (Great Dixter), 44 o, 53 o (Greve), 61 ur (Goossenaert), 63 l und 63 ur (van Bennekom-Scheffer), 64 l (Ton ter Linden), 64 r und 65 (Greve), 67 o (Ton ter Linden), 68 (Beth Chatto), 70 u (Ton ter Linden), 83, 84 l, 92, 94 l, 98, 99, 100, 101, 117 (Greve), 123, 125, 137 l (Greve), 142 ur, 201 r (Beth Chatto), 204 r (Goossenaert)
Saxon Holt 30 r, 33, 35 u, 42, 43, 44 u, 76 r, 95, 96, 114, 121, 144 r, 154, 155, 164 l
Jacqui Hurst, alle © FLL: 34, 38, 49, 71 o, 77 (veröffentlicht mit Erlaubnis des National Trust und des Knightshayes Garden Trust), 84 r, 85, 87 r
Michèle Lamontagne 147
Andrew Lawson 1, 2 (Powis), 10, 11, 12 ol, or und ul, 14, 15, 17, 18, 19, 20, 21 o, 29, 30 l, 31, 35 o, © FLL (Powis), 39 o © FLL, 41, 47 (Marwood), 48, 58 © FLL (The Gables), 60 © FLL (Crathes), 62, 63 or, 66 u (Kemerton), 67 u (Kemerton), 112, 115, 118, 119 (Marwood), 120, 126 © FLL, 127 © FLL, 130, 131, 137 r, 141 u, 143 © FLL, 148, 149, 150, 151 l, 158 r, 161 r, 163, 164 r, 166 o, 169 u, 170 l, 171, 173 o, 174, 175, 176 o, 179 r, 181, 182, 183, 184, 185 r, 188 u, 189, 190, 191, 192, 193, 194 u, 196 l, 198, 199 l, 201 l, 202 ul, 203, 204 l, 205 o, 206, 208 ul und ur, 209
Georges Lévêque 36, 46, 80, 113 o, 124, 134, 138, 152, 153
Tony Lord 51, 59, 61 or, 70 o, 71 u, 76 l, 93 u, 136 r, 176 u, 177 l, 178, 188 o
Marianne Majerus 13 © FLL, 53 u, 88 © FLL, 93 o, 113 u © FLL, 122, 196 r
S & O Mathews 111, 162, 165, 186 l
Clive Nichols 57, 136 l
Elizabeth Rodgers 97
Smith Collection 16, 158 l, 161 l, 169 o, 177 m, 179 l, 185 l und m, 186 r, 199 r, 200, 202 ur
Rosemary Weller 9, 12 ur
Elizabeth Whiting & Associates/Jerry Harpur 82 (Miriam Rothschild), 86, 89, 107
Peter Woloszynski 40
Steve Wooster alle © FLL: 4, 21 u (Beth Chatto), 28 (Beth Chatto), 50, 81, 87 l, 116, 142 o und ul, 151 r, 205 u (Beth Chatto)